Alain PEYREFITTE
de l'Académie française

QUAND LA ROSE SE FANERA...

Du malentendu à l'espoir

PLON
8, rue Garancière
PARIS

IL A ÉTÉ TIRÉ DE CET OUVRAGE,
SUR VÉLIN PUR FIL DES PAPETERIES
VAN GELDER, CINQUANTE EXEMPLAIRES
DONT QUARANTE-CINQ EXEMPLAIRES NUMÉROTÉS
DE 1 A 45 ET CINQ EXEMPLAIRES HORS COMMERCE
MARQUÉS H.C. 1 A H.C. 5, CONSTITUANT
L'ÉDITION ORIGINALE.

© Alain Peyrefitte et Librairie Plon, 1983.

ISBN 2-259-01005-9 (Edition brochée)
ISBN 2-259-01011-30 (Edition reliée)

QUAND LA ROSE
SE FANERA...
Du malentendu à l'espoir

DU MÊME AUTEUR

RUE D'ULM, Chroniques de la vie normalienne, 1946 (nouvelles éditions, 1964 et 1978).

LE SENTIMENT DE CONFIANCE, *essai,* 1947.

LES ROSEAUX FROISSÉS, *roman,* 1948 (nouvelle édition, 1978).

LE MYTHE DE PÉNÉLOPE, *essai,* 1949 (nouvelle édition, 1977).

FAUT-IL PARTAGER L'ALGÉRIE ? *essai,* 1961.

QUAND LA CHINE S'ÉVEILLERA... le monde tremblera, *essai,* 1973 (nouvelle édition, 1980 ; éditions de poche, 1975 et 1979).

LE MAL FRANÇAIS, *essai,* 1976 (édition de poche, 1978, nouvelle édition, 1979).

DISCOURS DE RÉCEPTION à l'Académie française ET RÉPONSE de Claude Lévi-Strauss, 1977.

LES CHEVAUX DU LAC LADOGA, La justice entre les extrêmes, *essai,* 1981 (édition de poche, 1982).

DIRECTION D'OUVRAGES COLLECTIFS

QU'EST-CE QUE LA PARTICIPATION ? (auditions de François Bloch-Laîné, José Bidegain, François Ceyrac, Eugène Descamps, etc., avec une introduction et des commentaires de l'auteur), 1969.

LA DROGUE (exposés du Pr Jean Delay, *de l'Académie française,* du Pr Deniker, du Dr Lebovici, du Dr Olievenstein, etc., introduits et commentés par l'auteur), 1970.

DÉCENTRALISER LES RESPONSABILITÉS. Pourquoi ? Comment ? (rapports d'enquêtes de Michel Crozier et Jean-Claude Thoenig, d'Octave Gelinier, d'Elie Sultan, présentés par l'auteur), 1976 (édition de poche, 1979).

RÉPONSES A LA VIOLENCE. Rapport au président de la République du Comité d'études sur la violence, la délinquance et la criminalité, présidé par l'auteur, 1977 (édition de poche, 1977).

A PARAÎTRE

LA SOCIÉTÉ DE CONFIANCE, essai sur les origines et la nature de la civilisation industrielle.

Introduction

LE MALENTENDU

Les malentendus ont fait plus de mal au monde que les tremblements de terre.

Lemontey (1817).

Si vous voulez le savoir, il y a eu malentendu. Et pour peu que vous connaissiez le monde, vous ne vous en étonnerez pas.

Albert Camus, *le Malentendu*, III, 3.

Depuis le printemps 1981, on entend couramment deux discours.

« François Mitterrand, dit l'un, détient la légitimité pour sept ans. Il a reçu, avec une Assemblée introuvable, un chèque en blanc pour cinq ans. La gauche* est libre de prendre toutes décisions. Et on ne doit pas parler d'une « expérience » socialiste. La marche vers le socialisme est sans retour. Les futurs gouvernements ne pourront jamais revenir en arrière. L'alternance ne jouera plus qu'entre courants de la gauche.

— Les Français, répond l'autre, ont voulu changer non de société, mais d'hommes. Ils n'avaient pas d'autre moyen de le faire, le 10 mai, que de voter Mitterrand. Ce jour-là est un accident de l'Histoire. Les députés socialistes, dans la foulée, ont bénéficié de l'effet de surprise. Mais les citoyens se sont ressaisis. Depuis l'été 1981, toutes les élections prononcent autant de sanctions contre les bouleversements introduits par le nouveau pouvoir.

— Il est intolérable, reprend le premier, qu'un républicain intente contre un président et son gouvernement un procès en suspicion d'illégitimité, parce qu'ils perdent des élections locales. La Ve République n'a-t-elle pas été créée pour donner au pouvoir le moyen de surmonter les sautes d'humeur de l'opinion ? Les trois premiers présidents de la République ont-ils quitté l'Elysée parce qu'ils avaient perdu des cantonales ou des municipales, ce qui leur est arrivé plus d'une fois ?

— De Gaulle, Pompidou, Giscard essayaient de réformer, donc de changer la société. Mais aucun n'a prétendu changer de société. Ils se

---

Les notes utiles à la compréhension du texte sont placées en bas de page ; les notes documentaires ou érudites sont numérotées et renvoyées en fin de volume.

* Le malentendu que recèlent les termes de « gauche » et de « droite » sera exposé plus loin. Nous ne les adoptons, provisoirement et sous toutes réserves, que par commodité.

contentaient de gérer celle qu'ils avaient en charge. Mitterrand, sans en avoir reçu le mandat, conduit la France vers un collectivisme marxiste, que les Français n'ont jamais souhaité et ne toléreront jamais. C'est pourquoi ils le désavouent à chaque élection partielle. C'est pourquoi ils transforment leur cités en « villes mortes » quand il visite la province, le sifflent le jour de la Fête nationale, ou conspuent régulièrement ses ministres. On l'a caché longtemps, grâce à une mainmise sans précédent sur les médiats* ; mais le public finira par le savoir.

— Si la France a marqué un progrès en 1958, c'est en se dotant d'institutions qui ne sont plus contestées. Il serait impardonnable de porter atteinte à leur crédit. De Gaulle, lui aussi, a provoqué des bouleversements qui étaient loin de faire l'unanimité.

— De Gaulle a bien changé de république, mais il s'en était fait donner expressément le mandat : par la dernière Assemblée de la IVᵉ République, puis par un référendum. Quand il a voulu émanciper l'Algérie, il a fait approuver, d'abord l'intention, ensuite la décision, par deux référendums. Et quand il a voulu modifier le fonctionnement des pouvoirs publics, par la décentralisation et la réforme du Sénat, il a encore donné la parole au peuple ; la réponse ayant été négative, il est parti aussitôt. Qu'attend notre président pour se comporter de la sorte ? On ne bouleverse pas un pays à la sauvette et contre son gré. Ou si on le fait, ce n'est pas impunément. Mitterrand est un imposteur ; pire, un usurpateur. Les Français sont en état de légitime défense : ils doivent le chasser. »

Un pouvoir démocratique peut-il agir sans mandat ?

Chacun devine qu'aucune de ces deux thèses extrêmes n'est pleinement satisfaisante, et qu'il convient d'essayer de les dépasser, en s'élevant au-dessus de leur antagonisme.

Est-il vrai que les électeurs ont seulement rejeté le président sortant, parce qu'ils ne voulaient pas le voir gouverner la France pendant quatorze ans ? Qu'ils ont élu Mitterrand sans approuver son programme, ni la participation des communistes au gouvernement ? Que les nouveaux princes ont réussi à persuader le public que le septennat précédent était responsable du chômage et de l'inflation, mais qu'ils allaient mettre ces spectres en fuite ? Qu'au contraire, ils ont aggravé la situation ? Ce sont là des faits, non des points de doctrine ; on doit pouvoir les prouver.

Si l'on devait répondre oui à ces questions, le pouvoir serait-il admis à mettre en place les principales dispositions du Programme commun,

---

* Nous proposons cette orthographe, conforme au génie de la langue française, à la place de médias, indéfendable barbarisme [1].

préalablement déclaré forclos ? A collectiviser sans retour un pays qui s'y refuse ? A installer, pour des décennies, un pouvoir marxiste pourtant nettement minoritaire dans le pays ?

Ne risquerait-il pas alors de voir s'opposer de plus en plus le pays légal et le pays réel ? Le tapis du pouvoir démocratique ne finirait-il pas par se retirer sous ses pieds, au terme soit du septennat, soit de la législature ; ou encore par rejet social — car la vie invente toujours de nouvelles formes d'expression, quand, dans une démocratie encore libre, la volonté populaire n'arrive pas à se faire entendre ? Ne serait-il pas tenté de se « radicaliser », de sortir des chemins de la démocratie libérale, en se servant de tous les leviers à sa disposition pour se maintenir en place ? La situation ne contient-elle pas un risque de dictature ?

Au confluent de quatre sources

Comment déchiffrer l'avenir au miroir des énigmes, si l'on ne commence par désembuer la glace ? Pour essayer de deviner où va la France, on doit d'abord établir le cheminement qui l'a conduite là où elle est, et les directions vers quoi il débouche. Quatre sources d'informations nous y aideront.

Des textes. *On ne comprendrait rien à la Révolution de 1789, si on ne s'imprégnait des auteurs qui l'ont inspirée : Voltaire et Rousseau, les encyclopédistes et Beaumarchais, Robespierre et Saint-Just. Les textes des vainqueurs du 10 mai doivent être connus, expliqués, éclairés les uns par les autres.*

Des chiffres. *A peine le Premier ministre avait-il déclaré superbement « Non au langage des chiffres », que les chiffres se sont vengés. Il n'y a de connaissance exacte de l'état d'un pays que par des résultats scientifiquement établis : les réalités économiques, par les statistiques ; les réalités sociales, par les enquêtes d'opinion ; les réalités politiques, par l'analyse des résultats électoraux.*

Une société-témoin : *la circonscription électorale de Provins-Montereau. Depuis 1958, elle a présenté une singularité*: elle s'est trouvée, pour toutes les consultations nationales**, dans la moyenne métropolitaine,*

---

* Qu'elle a partagée avec quatre autres circonscriptions législatives sur 492 (situées dans l'Aube, le Jura, la Marne, et la Vienne). Cette particularité tient au fait que les proportions des catégories socio-professionnelles, des modes d'habitat, etc., sont semblables à la moyenne nationale.

** Les six référendums de 1958, 1960, avril et octobre 1962, 1969, 1972 ; les huit scrutins présidentiels des 5 et 19 décembre 1965, des 1er et 15 juin 1969, des 5 et 19 mai 1974, du 26 avril et du 10 mai 1981. Les élections législatives dépendent trop des candidats en présence pour refléter aussi exactement une tendance nationale.

à la virgule près. En outre, cette micro-société a bénéficié d'un privilège, partagé avec trois autres circonscriptions seulement, celui de donner lieu, six mois après les élections législatives de juin 1981, à une seconde campagne et un second scrutin.

En un quart de siècle, cette micro-société ne m'a jamais trompé sur l'état de l'opinion. Quand je prends son pouls — dans une permanence, au cours d'une réunion publique ou sur un marché — c'est significatif comme un sondage-minute. Au cours des deux campagnes du printemps 1981 et de l'hiver 1982, des centaines et des centaines d'électeurs* m'ont fait des remarques ou des répliques qui forment un étrange carnet de route.

*Un témoignage : mon expérience vécue, depuis 1958, dans des rôles qui m'ont mêlé de près aux combats politiques et aux conseils de gouvernement, tout en me valant au jour le jour quelques confidences des trois premiers présidents de la V*e *République.*

Ces quatre sources seront sans cesse brassées et confrontées.

Au ras des textes

Le parti socialiste, comme le parti communiste, est un parti de théoriciens. Il a produit une abondante littérature. Tout citoyen devrait en prendre connaissance. Pour décrypter les faits, il faut avant tout décoder les textes.

D'abord, les programmes : communiste de 1971 (Changer de cap), *socialiste de janvier 1972* (Changer la vie) *socialo-communiste de juin 1972* (Programme commun), *socialistes de 1980* (Projet socialiste pour les années 1980) *et de janvier 1981* (Programme de Créteil, *suivi des « 110 propositions »*).

Ces textes pèsent d'un poids politique fort lourd. Ils engagent des mouvements doctrinaires qui marquent — depuis 1920 pour le parti communiste, depuis 1971 pour le nouveau parti socialiste** — une étonnante continuité sur l'objectif essentiel : extirper le système « capitaliste », qui est intrinsèquement pervers.

Il faut se plonger aussi dans l'énorme quantité de discours, articles, entretiens, rapports, documents, livres, qui apportent d'instructives lumières sur certains points obscurs des programmes officiels. Pour qui sait lire, l'avenir est indiqué sans ambages.

Enfin, les ouvrages de François Mitterrand, depuis la Chine au défi

---

* Les plus intéressants : ceux qui ont voté Mitterrand le 10 mai après avoir voté « à droite » le 26 avril, ou ceux qui ont voté Giscard le 10 mai et qui se sont abstenus en juin — avant de s'en repentir quelques mois plus tard.

** Sans presque aucune différence doctrinale entre les deux partis, bien qu'avec de grandes différences dans la tactique et dans les méthodes.

jusqu'à Politique II. *Textes remarquables de talent, mais aussi de transparence, et qui traduisent à coup sûr sa pensée profonde ; y compris ceux qui ont disparu des librairies, comme le* Coup d'Etat permanent, *bizarrement introuvable depuis le 10 mai 1981.*

De cette masse de textes, ressort une certitude. Depuis 1971, les socialistes français, tout en désapprouvant énergiquement les méthodes totalitaires du parti communiste, partagent, en matière économique et sociale, l'idéologie communiste. Déjà, avant même de négocier le Programme commun, François Mitterrand avait ainsi défini le programme socialiste : « L'apport théorique principal qui l'inspire est et reste marxiste » [2]. *Depuis lors, l'Union de la gauche n'a fait que renforcer cet « apport »*

Les socialistes français sont bien différents des travaillistes britanniques, des socialistes suédois, autrichiens, allemands et même italiens ou espagnols, qui admettent le système capitaliste, tout en voulant le rendre plus juste. Eux sont décidés à l'éradiquer ; à sortir tôt ou tard de l'économie de marché ; à « moraliser » la société, en éliminant le profit ; à organiser le « front de classe » ; à pourchasser patronat, grand capital, multinationales ; à porter au pouvoir les représentants des « travailleurs ». On n'emploie plus, même au P.C., l'expression dictature du prolétariat, mais l'idée reste inchangée.

Les textes révèlent, depuis 1971, une puissante convergence. Beaucoup de Français s'étaient convaincus que cette littérature n'était que « paroles verbales ». Mal leur en a pris. Il est tout juste temps qu'ils réparent leur erreur, en examinant ces documents pour savoir ce qui les attend.

Il est singulier que les Français aient superbement ignoré avant le 10 mai les « 110 propositions » où est venu s'inscrire leur avenir. Ils ignorent tout autant la filiation qui relie au Programme Commun ces « 110 propositions », et le Programme commun aux ouvrages de Marx, Engels et Lénine.

Puisque la France, après « l'Union de la gauche », a fondé son avenir sur ces écrits, rien n'est plus instructif que de les rapprocher, et d'éclairer leurs phrases les plus obscures par les gloses les plus autorisées. Ainsi, cette littérature se met à parler un langage intelligible. Et pourtant, c'est le sien.

Au sein de la communication, l'incommunicabilité

Prononcez une phrase à l'oreille de votre voisin de table. Demandez que la phrase fasse le tour des convives. Elle vous reviendra défigurée. L'incommunicabilité se glisse au sein de la communication.

Les idées dominantes ne sont pas forcément des idées justes. La répétition finit par faire admettre l'erreur comme vérité. Les techniques de manipulation de l'opinion risquent de devenir de plus en plus le secret de l'art de gouverner.

Ce phénomène se développe surtout à la faveur d'une certaine ignorance. Mais on le retrouve dans la « classe politique ». Les préjugés sont au moins aussi enracinés dans certaines catégories socio-professionnelles supérieures, que dans la masse des « travailleurs ». Beaucoup de cadres supérieurs, en 1981, ont cru que la réélection de Giscard entraînerait un écrasement de la hiérarchie des salaires, et que leur salut passait par l'élection de Mitterrand.

Il est des moments où l'opinion est perméable à certains messages, même faux, et imperméable à certains autres, si justes soient-ils. La vérité objective ne passe pas, parce qu'on n'est pas prêt à l'entendre. L'opinion ne retient que les raisonnements qui vont dans le sens de son penchant du moment.

Le soir du 24 mai 1968, de Gaulle expose aux Français son analyse et leur annonce son projet. Il dégage « la portée des actuels événements, universitaires puis sociaux ». Il y décèle les signes qui démontrent « la nécessité d'une mutation de notre société » ; tout indique que « cette mutation doit comporter une participation plus étendue de chacun à la marche et aux résultats de l'activité qui le concerne directement ». Un référendum en décidera.

Jamais de Gaulle n'était allé si loin dans le diagnostic des maux de notre société. Et jamais aucun de ses discours ne fut plus mal accueilli. Pour le succès d'un appel, la valeur des arguments compte moins que la coïncidence avec une attente. Le 30 mai 1968, ayant senti son erreur, il incriminera la volonté de subversion des communistes, qui avaient néanmoins tout fait, depuis le début du mois, pour noyer la subversion... Qu'importe ! Le 24 mai 1968, il fit une analyse juste qui sonnait faux ; le 30 mai 1968, une analyse fausse qui sonnait juste.

En avril et mai 1974, ce que disait Chaban sur « la société bloquée » et la « nouvelle société » faisait l'effet d'un rabâchage : ce discours défraîchi avait paru, en 1969, d'une merveilleuse fraîcheur. En revanche, ce que disait maintenant Giscard était accueilli avec faveur : il était la jeunesse, la nouveauté, le changement sans risque. En 1981, le même style avait cessé de faire mouche. La même argumentation, si fondée restât-elle en termes rationnels, et justement parce qu'elle le restait, n'était plus reçue. Mitterrand parlait un langage émotif. Il s'adressait aux sentiments et aux passions. Il était le littéraire en face du « matheux ». Il disait ce que les Français voulaient entendre.

Du malentendu en politique

Peut-on accéder au pouvoir sans accepter une certaine dose d'ambiguïté ? « Je vous ai compris ! » clame de Gaulle du balcon d'Alger.

X

Il se garde bien, pour commencer, de rejeter l' « intégration », formule magique, mais solution impraticable. Il veut garder la chance de convaincre : il met l'accent sur les points de convergence.

Tout autre chose est de prétendre faire accepter à la sauvette, par l'ensemble des Français, un changement de société auquel ne croyaient pas, et dont ne voulaient pas, la plupart d'entre eux.

Le malentendu se situe déjà au stade de la simple compréhension des termes et des questions évoquées.

Une étude a été effectuée dans l'année scolaire 1981-1982, sur le vocabulaire des élèves de seconde d'un grand lycée de province. Il s'agit d'adolescents ayant accédé à un niveau d'instruction très supérieur à la moyenne*; à l'exclusion de toute population ouvrière et immigrée**. Les résultats sont à peine croyables. Les termes que voici obtiennent le pourcentage suivant de réponses exactes : « Les Hébreux vivaient dans la sujétion » : 12 %. « Un auteur contemporain » : 8 %. « Un indigent » : 2 % « Une information erronée » : 20 %. « Il a des idées subversives » : 6 %. « Des occupations prosaïques » : 0 %.

La nature des réponses inexactes est encore plus inquiétante que leur nombre. Exemples : « Aride = cultivable ». « Pudique = sans gêne ». « Eluder = résoudre ». « Omnivore = qui mange de l'homme ». « Insulaire = fiche de renseignements ». « Velléitaire = qui voyage ».

Sans doute le déficit en vocabulaire est-il l'une des causes de l'échec scolaire; d'un échec qui, à ce degré, est celui de la scolarité plus que celui des scolarisés. Mais il est surtout une cause de malentendu, entre ceux qui ne s'en tiennent pas strictement au français fondamental, et ceux qui sont censés les comprendre.

Ce fut une grande supériorité de Mitterrand sur Giscard que de parler un langage lyrique, qui s'exprimait par le geste, le ton et le regard, et non un langage rationnel, qui supposait l'exacte compréhension des termes***.

---

* Le Service d'information et de relations publiques des armées (S.I.R.P.A.) procède systématiquement, de six mois en six mois, à des enquêtes approfondies de ce type. Un tiers des conscrits sont à la limite de l'analphabétisme ; un autre tiers ont un vocabulaire et une compréhension du langage fort limités.

** Il est vrai que, contrairement à ce qui se passait au début des années 1960, au temps où Bourdieu et Passeron dénonçaient une culture réservée aux *héritiers,* la corrélation entre le niveau de vocabulaire de l'élève et son milieu socio-culturel tend à disparaître. Cette enquête inédite est analysée en annexe.

*** Les recherches sur la communication de Jean-Marie Cotteret et du Conseil Français des Etudes et Recherches sur l'Information et la Communication (CFERIC) ont montré qu'il existe deux discours ambigus, tandis que les autres discours usuels réduisent au maximum l'ambiguïté : le discours politique et le discours amoureux. Les études rassemblées dans le volume *la Démocratie catholique* (1982) font apparaître le discours de François Mitterrand comme exceptionnellement ambigu.

Ce lyrisme s'appuyait sur quelques mots d'un usage constant, porteurs d'une charge émotionnelle, bien que d'une signification incertaine. La « gauche » (synonyme de « générosité », de « liberté », d'« égalité »), par opposition à la « droite » (synonyme de « privilèges », de « réaction », d'« injustice »). Les régimes « socialistes » sont de « gauche » et signifient donc « progrès », « justice », « bonheur » du « peuple » (même si, en fait, ils provoquent pénurie et régression). Les régimes « capitalistes » sont de « droite » et symbolisent donc « l'égoïsme » rapace des « classes nanties » (même s'ils entraînent pour tous l'élévation du niveau de vie).

La télévision a sans doute bien amélioré les connaissances générales. Mais elle n'a pas augmenté le vocabulaire ni la capacité de compréhension. Sous le matraquage des images, le bagage conceptuel des téléspectateurs moyens reste réduit à quelques centaines de mots. Comment le malentendu ne naîtrait-il pas d'un vocabulaire aussi restreint ?

Une erreur indéfiniment répétée

« La répétition, disait Napoléon, est la plus grande figure de la rhétorique. » Une erreur indéfiniment répétée s'enfonce dans les esprits comme une vérité irréfutable.

L'histoire est pleine de fausses rumeurs qu'on se redit de bouche à oreille en les amplifiant. La « grande peur » d'août 1789 revit en nous. La « rumeur d'Orléans » a transformé pendant des mois une ville paisible en communauté hystérique, prête à lyncher d'innocents commerçants, soupçonnés de faire disparaître des jeunes femmes pour la traite des Blanches sous prétexte d'essayages. Pendant l'été 1982, les bruits les plus fous ont circulé en France. Dans le Lot, un lâcher de « trois mille vipères » aurait été effectué par un avion sur une forêt. Un jeune enfant aurait été mortellement piqué par un serpent-minute qui était caché dans un régime de bananes vendu par un hypermarché près de Mulhouse. On a beau démentir ces nouvelles, elles continuent longtemps d'être colportées.

A plus forte raison, des affirmations, totalement invérifiables pour ceux qui les répandent, se répètent à l'infini. Pas un automobiliste qui ne croie que la vignette, créée par Ramadier pour les « économiquement faibles », a été détournée de son but. Essayez d'expliquer que l'Etat dépense pour eux plus du double de ce que lui rapporte la vignette, on vous rira au nez.

Arago était un chaud partisan des chemins de fer. On le présente comme leur ennemi irréductible, parce qu'il avait émis des objections à un des tracés possibles de la ligne Paris-Versailles, qui comportait un tunnel. On s'imagine que la transmission du privilège des bouilleurs de cru a été supprimée par Pierre Mendès France. Elle l'a été par Michel Debré. Seulement, Mendès en avait eu l'intention : son courage malheureux a assuré sa légende.

XII

Si l'on meurt de faim dans les pays sous-développés, c'est que les multinationales capitalistes les exploitent. Expliquez qu'un pays naguère riche, comme la Guinée, a été précisément réduit à la misère après avoir rompu avec le capitalisme et les multinationales ; alors que sa jumelle la Côte-d'Ivoire, qui était plutôt moins bien servie par la nature, est devenue étonnamment prospère pour avoir accueilli ces mêmes sociétés capitalistes...

Le vocabulaire quotidien charrie des associations hâtives, fondées sur l'ignorance et entretenues par elle. Arabe = viol, cruauté. Juif = méfiance, vol. Américain = bénéfices fabuleux. Gauche = générosité. Droite = brutes bornées. Police = bavures. Profit = profiteurs. Centrale nucléaire = bombe atomique. Derrière ces associations, devenues instinctives à force de répétitions, que de haines, que de terreurs...

Peut-on admettre qu'un mandat de sept ans, à la faveur d'une méprise, à partir d'une infime majorité, autorise à provoquer dans une société des bouleversements définitifs ? Peut-on accepter qu'un piège se referme sur un peuple parce qu'il aura mal entendu ?

Un agriculteur m'a formulé cette idée, dans sa langue familière : « On voulait changer de binettes, et ils nous changent de France. »

Le malentendu permanent

Les Français ont souhaité, ont exigé un changement. Celui qu'on leur impose répond-il à leur volonté ? Si non, pourquoi ? Et que leur reste-t-il à faire ?

Les fabuleuses victoires du printemps 1981 ont convaincu le parti socialiste qu'il avait été aimé pour lui-même, et pour son programme. Les nouveaux élus du P.S. étaient à la fois des militants et, le plus souvent, des enseignants — donc, doublement idéologues. En toute bonne foi, ils ont cru que tout était possible tout de suite. Si la majorité sortante n'avait pas réalisé en vingt-trois ans ce qu'ils allaient réaliser aussitôt, c'est qu'elle était composée d'hommes corrompus ou pervers. Il fallait rejeter « l'ancien régime » dans les ténèbres.

Le véritable intellectuel ne hurle jamais avec les loups. Son premier devoir est d'exercer son esprit critique par rapport aux idées dominantes. Beaucoup d'intellectuels français, après avoir massivement soutenu la « gauche » pendant vingt-trois ans, prennent leurs distances avec elle maintenant qu'elle s'est installée au pouvoir. Si malentendu il y eut, l'intelligentsia devrait jouer les premiers rôles pour le déceler et le dissiper.

A l'origine, le malentendu vient des deux parties concernées. Si l'une n'a pas su comprendre, c'est aussi que l'autre n'a pas su, ou pas voulu, ou pas pu, expliquer. Acceptons le verdict des torts partagés.

Mais le temps passe : il vient un moment où le malentendu est imputable à celui qui s'y installe, parce qu'il lui est avantageux de s'y installer. Les dirigeants d'aujourd'hui prolongent le malentendu, parce qu'ils ne pourraient le dissiper sans renoncer soit à leurs dogmes, soit au pouvoir. *A force de se prolonger, le malentendu devient refus d'entendre.*

Le devoir des intellectuels est d'analyser dans tous ses replis le malentendu qui est né en 1981. Afin que nul ne puisse se prévaloir de l'ignorance ou de l'irréflexion pour s'y complaire. Et afin d'en sortir, si possible, dans la paix publique et la légalité. Ce sera difficile : par la vitesse acquise, ce malentendu du printemps 1981 est devenu peu à peu un système de gouvernement — le malentendu permanent.

Les faits, les chiffres, les témoignages, les arguments tirés du réel, sont suffisamment forts par eux-mêmes, pour que nous nous dispensions des critiques qui portent atteinte aux hommes. Qu'aucune querelle de personnes ne vienne envenimer et rabaisser un combat d'idées !

Il y a peu de moments, dans l'existence d'un homme politique, où il puisse, autrement qu'en rêve, se dire : « Qu'est-il arrivé à mon pays ? Que va-t-il lui arriver ? Que pourrais-je faire pour contribuer à lui éviter le pire et à lui donner accès au meilleur ? » J'ai le sentiment que les hommes et les femmes qui ont fait partie de la majorité pendant vingt-trois ans, viennent d'aborder un de ces moments. Ils ont vécu, encore récemment, en contact trop étroit avec les réalités pour céder à la tentation des songes. Après l'accablement de la défaite, ils ont repris courage ; ils savent qu'ils doivent se préparer pour demain — ou pour après-demain — « car tu ne sais ni la date, ni l'heure ».

Les observations ou réflexions auxquelles se livrent, jour après jour, depuis le 10 mai, l'homme de la rue, les journalistes, les écrivains politiques, sont souvent pertinentes et convaincantes. La plupart restent dispersées et fugitives. Si toutes ces lumières dans la nuit se rassemblaient en faisceau lumineux, n'éclaireraient-elles pas mieux la route ? La fonction d'analyse est correctement assumée. La fonction de synthèse reste déficiente.

Le « petit train » eut son heure de gloire à la télévision. Un dessin animé faisait passer un train sur le petit écran. A chaque instant, on ne voyait qu'un wagon. Chaque wagon portait un mot d'une phrase qu'il fallait recomposer, ou une partie d'un objet dont il fallait deviner la nature : bateau, table ou lit. Quand le train était passé, le téléspectateur avait vu défiler tous les fragments de l'ensemble. Mais comme il avait oublié au fur et à mesure ceux qu'il avait déjà vus, il restait impuissant à reconstituer le tout.

Essayons de rapprocher des images fugaces. Mettons bout à bout les fragments de notre réalité d'aujourd'hui et de demain, pour tâcher d'en faire apparaître la signification d'ensemble.

PREMIÈRE PARTIE

Que s'est-il passé ?
ou
Changer de têtes

Celui qui n'accepte pas la rupture, celui qui ne consent pas à la rupture avec l'ordre établi, avec la société capitaliste, celui-là, je le dis, ne peut pas être adhérent au parti socialiste.

François Mitterrand [1] (1970).

Il ne s'agit pas d' « occupation du pouvoir » pour une « gestion loyale ». Il s'agit de commettre, en toute lucidité et en toute conscience, ce que Blum appelait « une sorte d'escroquerie » : mettre à profit la faille ouverte dans le système, pour changer, désarticuler, briser la machine étatique de la bourgeoisie en même temps que les bases de son pouvoir économique, construire une société et un Etat fondamentalement autres : tout le pouvoir pour tous les travailleurs.

Cahiers du C.E.R.E.S. [2] (1974).

C'est toujours une aventure que de déléguer son pouvoir à un homme, à une institution, fût-ce une heure.

François Mitterrand [3] (1980).

Chapitre premier

Méprise « à droite »

Les Français avaient eu l'impression, en 1958, qu'ils passaient d'une république où le pouvoir était incertain de tout et d'abord de sa durée, à une autre où il était assuré de lui-même, de sa longévité et donc de ses entreprises. François Mitterrand, Pierre Mendès France et quelques autres en avaient conclu que ce n'était pas un régime démocratique ; la démocratie ne se distingue-t-elle pas de la dictature par l'alternance, que ce régime semblait exclure ?

De fait, en 1958, les opposants au nouveau régime furent écrasés. François Mitterrand et Pierre Mendès France perdirent des fiefs qu'on disait inexpugnables ; le parti communiste fut réduit à dix députés. Bien plus, la S.F.I.O., encore qu'elle se fût ralliée à de Gaulle et participât à son gouvernement, fut également maltraitée par les électeurs : la plupart des anciens ministres socialistes furent battus *.

De la précarité du pouvoir

Mais, dès 1962, la « gauche » relevait la tête. Par son alliance avec la « droite » anti-gaulliste, elle espérait bien empêcher la réforme constitutionnelle pour l'élection du président au suffrage universel. Elle échoua. Mais le général de Gaulle subit une grave désillusion en n'obtenant, au référendum d'octobre 1962, que 62 % des suffrages : il plaçait haut la barre de la légitimité **. Il nous annonça son intention de se retirer du pouvoir.

Le succès électoral de novembre *** lui rendit une sérénité teintée d'humour. « Finalement, me déclara-t-il, il est plus facile de garder le pouvoir que de le prendre. »

Après la déception du référendum de 1962, vint l'amertume de la pénible réélection de 1965, le souci des législatives de mars 1967, le

---

* Tels Gaston Defferre, Robert Lacoste, Gérard Jacquet, Paul Ramadier, Jules Moch. Félix Gouin ne s'était pas représenté. Guy Mollet ne dut son élection qu'à l'instruction donnée par le général de Gaulle de ne pas présenter de candidat U.N.R. contre lui.

** Il m'avoua qu'il la plaçait à 50 % des électeurs inscrits. Or, les 62 % de suffrages exprimés ne correspondaient qu'à 46,66 % des inscrits.

*** Les communistes passèrent cependant de dix à quarante et un députés ; François Mitterrand, Gaston Defferre, Jules Moch revinrent à l'Assemblée.

3

chagrin de mai 1968. Le Général avait acquis un sens aigu de la précarité de son pouvoir.

En mai 1968, François Mitterrand et les communistes réclamaient la dissolution ; si de Gaulle n'avait pas rétabli la situation par une disparition terrifiante et un discours de quatre minutes, on allait à bride abattue à un renversement du régime. Même l'Assemblée introuvable de juin 1968 comprit vite qu'un miracle n'arrive jamais deux fois. Dès avril 1969, de Gaulle était mis en minorité par le pays. Si Georges Pompidou, grâce à la consigne d'abstention des communistes, l'emporta largement au second tour, sa victoire n'était pas jouée d'avance*.

Dans les douze ans qui suivirent, l'opposition de « gauche », en 1973, 1974, 1978, ne fut jamais battue que sur le fil.

« Nous allons sans doute gagner ces élections », m'avait déclaré le Général le 14 juin 1968, en pleine campagne législative. « Mais si nous ne profitons pas de ce répit pour transformer rapidement la condition des ouvriers, des jeunes, des citoyens, par la *participation* dans tous les domaines de la vie et de la société, nous perdrons le pouvoir. Les communistes, les *gauchards,* les *politichiens,* et tous ceux qui auront envie de voir autre chose, nous chasseront. Il serait désastreux que l'on puisse nous identifier à ce qu'on appelait " la droite ", et qu'on laisse " la gauche " se présenter comme un meilleur défenseur que nous du progrès social et de l'indépendance nationale. Si l'Etat se confond avec les multinationales, les possédants, les nantis — avec l'argent — fatalement il tombera aux mains des communistes et de leurs alliés. C'est qu'il aurait failli à sa tâche de rassembler les Français sur la France ; *tous* les Français, qu'ils soient de gauche, de droite ou du milieu. »

L'ouverture à gauche

Jacques Chaban-Delmas me parut dans le droit fil de ces propos du Général, avec son beau discours du 16 septembre 1969 sur la « société bloquée », dont les Français pourraient sortir en bâtissant une « nouvelle société ». Il tirait les leçons de mai 1968, évitait de tomber dans le piège de la réaction, remodelait les responsabilités politiques pour la gestion du territoire, élevait la concertation sociale à la hauteur d'une institution. Quelques jours plus tard, Georges Pompidou me surprit par la froide résolution avec laquelle il me

---

* Un sondage de l'I.F.O.P., juste avant le premier tour, laissait prévoir qu'il serait battu au second.

signifiait son refus de suivre son Premier ministre dans cette voie ∗.

Je voulus entendre l'autre point de vue. « Avec la *nouvelle société*, me confia Chaban, j'ai planté un décor. Ce qu'il faut maintenant, c'est faire une *nouvelle politique* ». Il entendait renouer avec les prémices de la Vᵉ République. Le Général avait regretté le départ de Guy Mollet à la fin de 1958 : il trouvait trop ample le succès des gaullistes de l'U.N.R., qu'il aurait voulu pouvoir équilibrer par les socialistes.

Aujourd'hui, les conditions étaient de nouveau excellentes pour recréer un consensus national. Gaston Defferre, candidat de la gauche non communiste au premier tour de l'élection présidentielle, venait, avec le concours de Pierre Mendès France, de recueillir 5,1 % des voix, tandis que Duclos en rassemblait 21,5 % ; cette disproportion des forces interdisait pour l'heure à la vieille S.F.I.O. de s'allier avec les communistes. Quant au parti radical, il était tombé à rien. « C'est quand l'adversaire est à terre qu'il faut lui tendre la main. » D'autant que les hommes avec lesquels Chaban comptait mener l'opération n'étaient pas des adversaires, mais de vieux amis : Gaston Defferre et Félix Gaillard. Il avait pris des contacts préalables. « L'ouverture à gauche », pour la première fois depuis 1958, devenait possible. La « gauche » non communiste allait pouvoir, sans perdre la face, participer à un gouvernement et à une majorité qui engageaient une politique dont elle eût aimé prendre l'initiative.

Mais Chaban se heurtait à Pompidou : « Vous avez une Assemblée introuvable, et cela ne vous suffit pas ? Tâchez de vous entendre avec les trois quarts de cette Assemblée, qui forment votre majorité, au lieu d'essayer de débaucher dans le dernier quart, votre maigre opposition, des *débris de vieux partis* qui ne représentent plus rien. »

Chaban répondait que si la majorité d'aujourd'hui ne profitait pas de sa force, évidemment provisoire, pour entraîner dans son mouvement la gauche non communiste, celle-ci, fatalement, renaîtrait un jour de ses cendres, et n'aurait d'autre solution que de s'allier avec le parti communiste ; un jour viendrait où le besoin irrésistible d'alternance donnerait le pouvoir à cette alliance.

— Avant qu'une alliance des socialistes et des communistes obtienne la majorité, répondait Georges Pompidou, de l'eau coulera sous les ponts de la Seine. Les Français sont individualistes. Ils ont trop peur du système soviétique. En attendant, creusons le sillon de la Vᵉ République le plus profondément et le plus loin que nous pourrons. Rendons irréversibles ses grands choix : les mécanismes

---

∗ J'ai conté cette conversation dans *le Mal français* (chapitre 10 : « Le malentendu »... déjà).

5

institutionnels, l'indépendance nationale, la force de dissuasion, une industrie et une technologie puissantes, la conquête des marchés. Peut-être la gauche arrivera-t-elle un jour au pouvoir. Le plus tard sera le mieux pour la France. Retardons sa venue, qui amènerait le déclin du pays. Ce sera toujours autant de pris. Battons-nous pour des réalités, non pour des chimères. Ne cédons pas à la tentation de faire rêver les Français.

Pompidou fut intraitable. L'Histoire lui donna raison pendant onze ans ; à Chaban, la douzième année. Chaban voulait « marginaliser » le parti communiste, en rassemblant tous ceux, ou à peu près, qui ne lui appartenaient pas — comme de Gaulle avait réussi à le faire en 1958. Pompidou, confiant que la France ne se donnerait pas au P.C., se souciait peu de s'embarrasser d'une majorité hétéroclite et ingouvernable. Un cabinet et une majorité homogènes lui permettraient d'aller de l'avant pour moderniser la France.

Le risque était qu'à la longue, cette majorité homogène apparût comme trop conservatrice et appelât, par choc en retour, cette coupure entre nantis et défavorisés que craignait tant de Gaulle, et que Fustel de Coulanges décrivait déjà dans *la Cité antique* : « On disait du gouvernement de la cité grecque qu'il était aristocratique quand les riches étaient au pouvoir, démocratique quand c'étaient les pauvres [1]. »

L'Union de la gauche

Les « *débris du vieux parti* », François Mitterrand sut les rassembler pour créer l'Union de la gauche. Dès le Congrès d'Epinay, il proclama que le nouveau parti socialiste, le « P.S. », n'avait pas d'autres fins que l'union intime et contractuelle avec les communistes, pour conquérir et partager le pouvoir avec eux. L'opération fut rondement menée en vue des législatives de mars 1973. Dès la signature du « Programme commun », en juin 1972, la « dynamique de l'Union de la gauche » commença à jouer ; les sondages grimpèrent rapidement en sa faveur. Le politologue Jean Charlot, dans un ouvrage au titre significatif : *Quand la gauche peut gagner[2]*, montra, chiffres à l'appui, que, pour la première fois depuis 1956, elle était en état de remporter les élections.

En juillet, Georges Pompidou remplaça Chaban par Messmer. Il me demanda de prendre la tête de l'U.D.R. pour mener la campagne législative. J'eus alors quelques révélations. La puissance de *l'effet unitaire* de la « gauche ». La fascination qu'il exerçait sur les jeunes, les intellectuels, le microcosme du Tout-Paris. Le désir croissant d'alternance dans le pays. La marge minuscule qui séparait le succès

6

de l'échec. La nécessité vitale de l'union de la majorité en face de ce danger. Restaient encore, certes, les « centristes », mais leur clientèle était attirée par la « gauche » : combien de temps tiendrait ce dernier glacis ?

Les discussions sur les investitures à accorder aux candidats « giscardiens » ou « gaullistes » donnèrent lieu à quelques affrontements avec mon homologue Michel Poniatowski. Dès qu'un écho leur était donné dans la presse, la cote de la majorité baissait dans les sondages, avant de remonter, tel un ludion, pour peu que s'éloignât le bruit de ces discordes.

Georges Pompidou me mit sévèrement en garde : « Ne vous amusez pas à ce jeu-là. Pour grapiller quelques voix de plus, qui seraient allées aux giscardiens, ne laissez pas naître l'impression que la majorité est divisée. En face de l'Union de la gauche, notre arme principale est notre unité. »

Nous gagnâmes ; mais avec les sentiments que peut éprouver un automobiliste quand, réchappé d'un accident, il se tâte, émerveillé, en constatant qu'il est indemne.

La fêlure au flanc du vase

A la mort de Georges Pompidou, la victoire que nous avions remportée de justesse un an plus tôt était remise en cause. Qui pourrait battre François Mitterrand ?

Dans les jours qui avaient suivi les législatives de mars 1973, Georges Pompidou m'avait fait cette confidence :

« Les choses se sont passées, en gros, comme je l'avais prévu. Mais le courant de l'Union de la gauche est plus fort que je ne m'y attendais. Il n'y a qu'un homme qui puisse, dans les circonstances présentes, battre Mitterrand aux présidentielles. C'est moi. Je ne vois personne d'autre, dans les trois ans, qui puisse rassembler sans histoire tous ceux qui ne veulent pas voir les communistes au pouvoir. Ce sera donc un devoir pour moi de me représenter à la fin de mon septennat. »

Ne se sentait-il pas encore atteint par le mal dont les progrès, déjà, nous inquiétaient tant ? Ou voulait-il inconsciemment se donner le change ? Je ne crois pas qu'il ait voulu le donner aux autres, tant sa résolution sonnait vrai.

Lui disparu, trois hommes pouvaient aspirer à jouer le rôle qu'il eût tenu plus aisément qu'aucun d'eux.

Pierre Messmer, institutionnellement le mieux placé ; Jacques Chaban-Delmas, que les sondages continuaient à placer très haut, et qui pouvait arguer des résultats appréciables atteints par sa marche vers la *nouvelle société* et par sa politique de concertation ; Valéry Giscard d'Estaing, qui avait depuis douze ans, avec une habile ténacité, tracé son sillon, parallèle mais bien distinct.

Pierre Messmer eût bénéficié d'un atout essentiel : l'unité de la majorité, puisque son ministre des Finances eût alors renoncé à être candidat. Mais pouvait-il aller contre son instinct ? Il ne ressentait pas l'appel. J'ai de l'estime pour lui de l'avoir compris. Il prit son temps. Chaban fonça. Giscard suivit. Les jeux étaient faits.

Non sans que l'unité de l'ancienne majorité fût mise à mal. Une légère fêlure mordit alors le flanc du vase. Inexorablement, les années suivantes l'étendirent et l'aggravèrent. Au terme du nouveau septennat, le vase était bien brisé, et toutes les tempêtes d'Eole s'étaient échappées par sa fente.

« La discorde chez l'ennemi » : voilà qui dut bien réjouir l'opposition. Des rangs de ses adversaires, lui arrivait un renfort inespéré.

La surprise de 1978

A l'approche des législatives de mars 1978, les électeurs modérés eurent, pour la première fois depuis 1958, le sentiment que l'opposition allait arriver au pouvoir. Elle venait de remporter les élections cantonales de 1976 et municipales de 1977. Les sondages, non seulement annonçaient la victoire de la « gauche », mais montraient que le public n'en doutait plus.

L'échec, une fois de plus, de la « gauche », fit une profonde impression. Les Français qui se préparaient, dans la crainte ou la résignation, à la voir arriver au pouvoir, furent si surpris d'assister à sa défaite, *qu'ils en retirèrent une confiance illimitée dans la stabilité de ce régime et de cette majorité.* Celle-ci se crut invincible.

Ceux des électeurs qu'effrayait le collectivisme n'avaient plus rien à craindre. Mais alors, qu'on ne leur demande plus d'être inconditionnels ! Il y avait une marge : ils pouvaient jouer. Et l'élection présidentielle ouvrait bientôt le jeu.

Certains voulurent donner une leçon à Giscard, pour diminuer sa liberté d'action et l'obliger à tenir compte de leurs préoccupations.

D'autres pensèrent qu'ils pouvaient aller jusqu'à battre Giscard aux présidentielles, pour faire gagner ensuite les législatives à la majorité sortante.

Certains se disaient que, même si, par malchance, ils amenaient Mitterrand au pouvoir, celui-ci ferait la politique de la « droite ».

D'autres, enfin, n'hésitant pas devant la politique du pire, considéraient que le socialisme à haute dose serait aussitôt impopulaire et que les Français le rejetteraient.

Tant va la cruche à l'eau...

Le 6 décembre 1980, j'accompagnai Valéry Giscard d'Estaing à Valognes, le berceau de Tocqueville. Des paysans du Cotentin et des adversaires du centre de retraitement nucléaire de La Hague l'accueillirent durement *.

Dans l'avion du retour, je lui fis part de mon pessimisme. Il rencontrerait, s'il se représentait, l'hostilité de maintes catégories qui avaient voté pour lui sept ans plus tôt : non seulement ceux dont nous venions d'avoir un aperçu — agriculteurs, écologistes — ; mais les juifs irrités de sa politique arabe ; les professions libérales, qui l'accusaient de dirigisme ; les commerçants en colère contre les grandes surfaces ; les artisans et petits patrons, exaspérés par la taxe professionnelle ; les cadres qui se sentaient laminés par l'écrasement de la hiérarchie des salaires. C'était le résultat, sans doute inévitable, de l'usure du pouvoir dans un temps de crise... Il accueillit mes propos avec sérénité, mais en silence.

A la mi-janvier 1981, le gouvernement se réunit en séminaire à Rambouillet. Invité à ouvrir la discussion, je déclarai que l'élection présidentielle ne serait gagnée — difficilement — au second tour, que si le report des voix qui auraient choisi au premier tour les différents candidats issus de l'actuelle majorité s'effectuait parfaitement. L'essentiel était donc d'apaiser tout conflit, de manière à favoriser au maximum l'union du second tour. Il n'y avait pas de temps à perdre.

Ces objections furent diversement reçues. Pareille conviction n'était pas répandue. Les sondages, régulièrement, la démentaient. Pourtant, les mêmes électeurs qui, majoritairement, ne doutaient pas du succès de Giscard, s'apprêtaient à voter majoritairement contre lui.

Pour des raisons « de droite »

Vote-leçon, vote-sanction. Déjà, avant le premier tour de l'élection présidentielle de 1965, nombre d'agriculteurs, de commerçants, de membres de professions libérales, de petits patrons, disaient : « Naturellement, de Gaulle sera élu ! Naturellement, on votera pour lui au second tour, si on réussit à le mettre en ballottage ! Mais il faut *lui donner chaud aux fesses.* » Telle était, ce mois-là, l'expression à la mode.

---

* Notons que de telles manifestations, qui se produisirent à la fin du septennat de Giscard, apparurent dès le début de celui de Mitterrand.

Les mêmes, ou leurs pareils, disaient à la veille du 10 mai 1981 : « Avec Mitterrand, nous aurions le Programme commun en sept semaines. Mais nous l'aurions en sept ans avec Giscard, si nous le laissons faire. Alors, il faut lui taper sur les doigts, pour qu'il comprenne. — Et si Mitterrand passe ? — Il ne passera pas ! D'ailleurs, si jamais il passait, ça ne pourrait pas être pire. Ce serait même sans doute mieux. La France n'est pas à gauche ! Il sera vite rejeté ! Alors, autant vider l'abcès tout de suite ! »

A quoi tiennent les choix de la nation ? Avant tout, à des symboles. Ces électeurs-là reprochaient encore au président, sept ans après, le refus de porter le grand cordon de la Légion d'honneur, le ralentissement de *la Marseillaise,* le petit déjeuner avec les éboueurs immigrés, la poignée de main aux détenus de Lyon. Sans parler de la légalisation des avortements. Mais surtout, d'avoir effectué une marche à grands pas vers la social-démocratie, qu'il semblait considérer comme inéluctable, en la baptisant « société libérale avancée ».

« Nous, nous ne marchons pas. Pas de socialisme ! Même à mots couverts. Surtout à mots couverts. » C'est ainsi que ces hommes de « droite » élirent Mitterrand, comme Gribouille se jetait à l'eau pour éviter la pluie. Pour éliminer les hommes coupables à leurs yeux de social-démocratie, ils firent appel au social-marxisme. La plupart d'entre eux, à vrai dire, ne croyaient pas que Mitterrand donnerait dans le marxisme. *Les mêmes qui reprochaient à Giscard de faire du socialisme tout en prétendant faire du libéralisme, crurent que Mitterrand ferait du libéralisme tout en prétendant faire du socialisme.* Ce rescapé de la IVe République était, à leurs yeux, trop matois pour ne pas à la fois tromper ses alliés et satisfaire ses adversaires : ses discours sibyllins n'étaient destinés qu'à attraper les voix communistes.

On a beau faire le tour : bonnes ou mauvaises, superficielles ou profondes, fondées ou dérisoires, *ce sont toujours des raisons « de droite » qui ont poussé ces électeurs « de droite » à refuser leurs voix au seul candidat « de droite » qui restât en lice.* Ils se sont servis de Mitterrand pour laisser paraître leur désarroi ou expectorer leur amertume.

Nombre d'agriculteurs, de commerçants, d'artisans, de membres de professions libérales, de petits patrons se souvenaient que les gouvernements socialistes de la IVe République avaient pris, pour leur catégorie respective, des mesures bénéfiques. « Ils nous ont traités moins durement que Barre », me disait-on souvent. Ainsi, le parti socialiste de 1981, bien qu'il eût pris le contre-pied de la S.F.I.O. de Paul Ramadier et de Guy Mollet, bénéficiait de ces bons souvenirs.

Un ingénieur m'a même dit : « Ce monde est devenu tellement

technique qu'en réalité, le choix est imposé. Un problème, une solution. Les gouvernants, quels qu'ils soient, ne disposeront d'aucune marge. Alors, pourquoi pas Mitterrand ? »

Sept ans, ça suffit ! Quatorze ans, c'est trop !

Pour une bonne part de l'électorat modéré, jouait à plein l'effet d'usure. On avait oublié que le général de Gaulle lui-même avait été mis en ballottage sévère à la fin de son premier septennat. Comment, pour ma part, l'aurais-je oublié ? Jeune ministre de l'Information, j'avais vécu de trop près, heure par heure, la douloureuse épreuve de la campagne présidentielle de 1965. Cette expérience m'avait laissé la conviction que vouloir présider aux destinées de la France pendant quatorze ans d'affilée, est un pari presque impossible. *Sept ans, c'est long. Quatorze ans, c'est trop long**.

Le style de vie de nos démocraties est impitoyable à l'homme public ; spécialement en France, pays de dénigrement. Le pouvoir n'est plus sacré ; mais il est plus que jamais personnalisé : le jeu de massacre est ouvert en permanence. La Ve République a garanti la continuité de l'action. Elle ne peut assurer la pérennité des acteurs. A intervalles réguliers, il faut donc que d'autres reprennent le rôle.

De cette exigence du changement, Georges Pompidou avait finement joué en 1969. En retrait depuis un an, il n'avait pas été atteint par l'échec du référendum. Mieux, il apparaissait à certains comme une victime de l'ingratitude du Général. Aussi incarnait-il parfaitement, comme il sut l'exprimer, le « changement dans la continuité ».

En 1974, Giscard avait su soigner sa figure de « marginal ». Sa majorité ne serait ni tout à fait la même, ni tout à fait une autre. Lui aussi trouva la formule qui convenait : « le changement sans risque ».

Le même instinct allait pousser les Français à chercher, à l'occasion d'un nouveau septennat, quelque chose de neuf. Et même au prix, cette fois, si on les y acculait, d'une rupture avec la continuité.

---

* Sous la IIIe République, aucun des présidents réélus ne put, si restreint que fût son rôle, venir à bout de son second mandat. Aux Etats-Unis, une convention voulait, depuis George Washington, que le président ne dépassât pas deux mandats de quatre ans. Après l'unique exception de Roosevelt, un amendement constitutionnel a interdit qu'elle ne se renouvelât. Depuis la guerre, on ne peut citer, dans les démocraties occidentales, qu'un cas d'une durée équivalente à deux septennats : Adenauer resta chancelier de 1949 à 1963.

Giscard demandait le renouvellement de son mandat ; on cherchait le mandataire d'un renouveau.

Le printemps des dupes

Le candidat n'est pas seul.

En choisissant le capitaine, on choisit l'équipe. Celle de François Mitterrand paraissait, depuis que Michel Rocard était rentré dans le rang, parfaitement unie. Celle de la majorité sortante semblait avoir mis tous ses soins, depuis des années, à pratiquer le jeu personnel. Les conduites avaient cessé d'être diverses, pour devenir adverses. Les Français y voyaient cet affrontement personnel qui fait les vraies tragédies.

Pourtant, il était clair que les raisons de convergence — à commencer par les choix de société et de régime — l'emportaient sur les raisons de divergence. Mais il s'agissait bien de raisons ! On touchait par moments à l'irrationnel. Les électeurs de la majorité n'étaient pas divisés ; ses députés guère plus ; les uns et les autres avaient le sentiment que les germes de la désunion venaient surtout des chefs. Les électeurs de la majorité en punirent d'abord les chefs, ensuite les députés, et finalement eux-mêmes.

En tout cas, rien ne pouvait davantage donner crédit à l'opposition. Ses attaques se trouvaient soudain authentifiées et cautionnées. Elles rejoignaient alors les déceptions et mauvaises humeurs largement répandues dans la France profonde. Elles donnaient de la consistance aux promesses utopiques, soulageaient de toute culpabilité les modérés déçus, qui pouvaient, sans remords, laisser libre cours à leur irritation.

Ainsi, dans l'électorat « de droite », une méprise s'était glissée. Une fraction importante de cet électorat voulait manifester sa volonté qu'on tienne davantage compte de... sa volonté. Avec la force que confère le sentiment d'être, au jour des élections, le juge souverain. Elle croyait pouvoir juger en toute tranquillité, puisqu'il n'y avait aucun danger. Le paradoxe fut qu'elle confia l'exécution du jugement à un parti socialiste bien décidé à n'en faire qu'à sa tête.

Chapitre 2

Méprise « à gauche »

Le 10 mai 1981, François Mitterrand déclare, de Château-Chinon :
« Cette victoire est celle des forces rassemblées dans un grand élan
national [1]. » Quelles forces ? « Ces millions et ces millions de femmes
et d'hommes, ferment de notre peuple, qui, deux siècles durant, ont
façonné l'histoire de la France, sans y avoir accès autrement que par
de brèves et glorieuses fractures de notre société. Troisième étape
d'un long cheminement, après le Front populaire et la Libération *, la
majorité politique des Français vient de s'identifier à sa majorité
sociale [2]. »

Ainsi, une imagerie à la fois héroïque et populaire vient conférer au
nouveau régime une légitimité historique, comme pour exorciser
l'incrédulité devant une victoire à laquelle on ne s'attendait pas.
Jusque-là, la France s'était prise pour « une nation de bourgeois qui
se défendent de l'être en attaquant les autres parce qu'ils le sont » [3].
Ce soir-là, après la fête, la France se serait endormie socialiste.
Apaisée et rassemblée par son nouveau Président. Pareille à ce qu'elle
avait toujours souhaité d'être. Telle qu'en elle-même enfin, son vote
l'avait changée.

Le « grand élan du peuple de gauche »

La France allait retrouver son âme immortelle : son âme « de
gauche ». Jamais, sauf en de rares fulgurances, le pays n'avait su faire
coïncider sa « majorité politique » avec sa « majorité sociale ». Mais
voici qu'il renoue avec les plus hauts moments de son histoire,
curieusement limitée à deux siècles. Le 14 juillet 1789, 1792 **, les

---

* Surprenante récupération. La Libération ne fut-elle pas un mouvement
spontané d'unité nationale et, en aucune façon, la victoire d'une classe sociale sur une
autre ? Le peuple n'acclamait-il pas de Gaulle, Leclerc de Hauteclocque et de Lattre
de Tassigny, plutôt que les revenants socialistes de la IIIᵉ République ?

** A l'Hôtel de Ville, le 21 mai 1981, François Mitterrand fait de 1792 la première
date utile de l'histoire de France. Il ne précise pas s'il s'agit de la proclamation de la
République, ou de Valmy, ou des massacres de Septembre.

Trois Glorieuses de 1830, février 1848, la Commune de 1871, la Libération, mai 1968[4] : ces rêves brefs ponctuant une nuit interminable, voici qu'ils s'accomplissent dans la pleine lumière d'une journée de printemps. Mais ce n'est plus le sursaut passionnel d'une foule ; c'est le vote réfléchi, résolu, de tout un peuple. Et ce n'est plus pour une percée fugitive ; c'est pour un bel et bon mandat de sept ans, indéfiniment renouvelable.

Voilà le langage qui a un moment tourné la tête à bon nombre de Français, tant est puissant chez nous le magnétisme du « moment historique ». Pendant des mois, la « gauche » s'est crue fortement majoritaire dans le pays, et les Français ont partagé cette conviction. La lune de miel commencée le 10 mai dura tout l'été. La France était devenue socialiste ; ou du moins, les socialistes le croyaient.

Maintenant que les électeurs de mai et juin 1981 ont retrouvé leurs esprits, quel jugement porteraient-ils sur ce langage ? Est-ce bien le « grand élan du peuple de gauche » qui porta François Mitterrand et ses amis au pouvoir ?

Vous pensiez qu'en bonne doctrine socialisme, le peuple était par définition « de gauche », puisque travailleur ? Comment se présenter comme le représentant unique des « forces populaires », si l'on reconnaît qu'une partie d'entre elles n'est pas « de gauche » ?

Reste, comme « peuple de gauche », l'ensemble hétérogène d'électeurs qui votent socialiste ou communiste. Disparaît le *peuple,* au sens où Michelet et le général de Gaulle aimaient à employer ce mot, et où Bernanos déclarait : « Il y a une bourgeoisie de gauche et une bourgeoisie de droite. Il n'y a pas de peuple de gauche et de peuple de droite. Il n'y a qu'un peuple[5]. »

Repli de la « gauche » au premier tour

« Au premier tour on choisit, au second tour on élimine. » Cet axiome de Jules Guesde — que j'avais un jour traduit irrévérencieusement : « Au premier tour on se défoule, au second on refoule » — n'a jamais été démenti en France. Il est l'expression du bon sens. Ou de l'instinct. Freud eût dit : « Le principe de plaisir d'abord, le principe de réalité ensuite. » Si un « grand élan du peuple de gauche » s'était manifesté parmi nous, c'est le 26 avril qu'on l'aurait senti, non le 10 mai.

Or, le 26 avril, les cinq candidats « de gauche » * furent nette-

---

* F. Mitterrand 25,81 %, G. Marchais 15,31 %, A. Laguiller 2,30 %, M. Crépeau 2,21 %, H. Bouchardeau 1,10 %, soit un total de 46,73 % des suffrages exprimés.

ment devancés par leurs quatre adversaires « de droite » *.

Pis encore, le parti socialiste et le parti communiste, à eux deux, enregistrent un *recul* par rapport à leur candidat commun à l'élection présidentielle de 1974 **, et par rapport à la performance de leurs deux partis au premier tour des élections législatives de 1978 ***. Bref, pas de « grand bond en avant » porteur de révolution. Pas le moindre. Le « peuple de gauche » marque le pas. Que dis-je ? Il se replie.

Il est vrai que la majorité recule aussi. Mais elle reste en tête, avec une avance confortable ****.

Si « gauche » et modérés piétinent, qui donc avance ? L'abstentionnisme et l'écologie : un Français sur quatre s'y réfugie. Des électeurs très sensés m'ont déclaré : « Je ne *peux* plus voter... » « Je n'y crois plus... » Symptôme d'un délabrement de la démocratie, ou d'un besoin de changement ? En tout cas, comportement de récusation.

D'ailleurs, les électeurs désertent les « grands ». Ils votent délibérément *inutile :* les « petits candidats », bien qu'ils ne soient que six en 1981, réunissent 10 % des électeurs, c'est-à-dire un tiers de plus que les « petits candidats » de 1974, qui étaient pourtant au nombre de neuf.

De nombreux Français sont toujours soumis à « l'effet Coluche ». Leur premier mouvement va à la dérision ; le second ne les porte qu'au désenchantement.

Un électeur sur cinq pour le changement de société

Resterait à savoir ce qu'ont voulu les électeurs qui ont voté « à gauche ». Etait-ce bien pour « changer de société », pour « rompre avec le capitalisme » ?

Créditons de ce projet les électeurs d'Arlette Laguiller, d'Huguette Bouchardeau, et même de Georges Marchais *****. Mais assurément pas les électeurs de Michel Crépeau, qui faisait campagne pour la libre entreprise et l'initiative privée. Quant aux électeurs de François Mitterrand, le recoupement de divers sondages ****** nous montre

---

* V. Giscard d'Estaing 28,31 %, J. Chirac 17,99 %, M. Debré 1,65 %, M.-F. Garaud 1,33 %, soit un total de 49,28 % des suffrages exprimés.

** 41,1 % contre 43,2 % des suffrages exprimés au premier tour [6].

*** 43,2 % des suffrages exprimés.

**** 2,55 % des suffrages exprimés.

***** Encore qu'on puisse en douter. Selon un sondage, un électeur communiste seulement sur dix souhaitait voir les communistes arriver au pouvoir !

****** Les études effectuées par Cathelat et par la C.O.F.R.E.M.C.A. montrent la prédominance d'un « groupe central », nullement marxiste, dans l'électorat de F. Mitterrand.

qu'au moins deux sur trois ne rêvaient pas d'une autre société et ne souhaitaient nulle « rupture ». Ils étaient de tendance « centre-gauche » ou « sociale-démocrate » *.

Quant aux écologistes, qui s'apprêtaient à voter en masse pour François Mitterrand, ils sont préoccupés de combattre les centrales atomiques et la pollution, non les mécanismes de l'économie de marché. Ils comptent sur François Mitterrand pour arrêter le programme nucléaire, nullement pour bouleverser la société.

Le « vote de rupture avec le capitalisme » ne dépasse pas le tiers du « vote de continuité ». On a beau faire et refaire les comptes : on ne trouve guère, le 26 avril, *qu'un votant sur quatre, qu'un électeur sur cinq,* pour chanter avec conviction : *Du passé faisons table rase...*

Pourtant, le 26 avril, il y eut bien une rupture — la rupture du « front de la gauche » : le P.C. était en débandade. Le recul de la « gauche » lui était entièrement imputable, puisque l'électorat socialiste progressait presque autant que l'électorat communiste régressait.

Or, cette configuration était la plus propice à François Mitterrand. Malgré le recul de la gauche le 26 avril, il va gagner le 10 mai. La défaite du P.C. a endormi la défiance de l'opinion. Des centaines de milliers d'électeurs, qui ne « peuvent plus voir Giscard », ou se sentent « le cœur à gauche », tout en refusant les communistes et le chambardement, vont pouvoir voter Mitterrand en toute sérénité. L'homme qui a réduit le P.C. leur apparaît comme le plus capable de réformer sans bouleverser.

Dans une « gauche » en recul, le grave revers communiste, joint à son propre succès personnel, met Mitterrand, le soir du 26 avril, en bonne place pour recueillir le mandat. Paradoxalement, les électeurs y liront l'adieu au Programme commun de la gauche et la dissolution de la coalition collectiviste, et lui, la mission d'appliquer l'essentiel de ce même Programme commun et de reconstituer cette même coalition.

D'un dimanche à l'autre

S'est-il passé, entre le 26 avril et le 10 mai, quelque chose qui ait transformé une France majoritairement modérée en un peuple surgi tout à coup du plus légendaire 1789 ?

Il s'est passé que 1 200 000 Français qui avaient voté, au premier

---

* Le publicitaire de François Mitterrand, Jacques Séguéla, précise, dans son livre *Hollywood lave plus blanc,* que, d'après un sondage non publié qu'il a fait faire, 42 % des électeurs de François Mitterrand n'avaient pas émis un vote politique et « ne voulaient pas entendre parler de socialisme ».

tour, pour un des quatre candidats « de droite » ont, au second, voté Mitterrand.

En effet, les voix de gauche, et particulièrement les voix communistes, ne pouvaient suffire : le complément est venu d'ailleurs. Une part décisive de l'électorat de Jacques Chirac s'est reportée sur François Mitterrand, tandis qu'une moindre part se réfugiait dans l'abstention[7]. Les électorats de Michel Debré et de M.-F. Garaud se sont répartis suivant les mêmes proportions.

La vraie question que pose le second tour n'est donc pas : d'où vient « l'élan du peuple de gauche » pour porter François Mitterrand au pouvoir ? D'un tel élan, nulle trace. La seule question est : d'où vient cet « élan du peuple de droite » pour ne pas reconduire Giscard ?

Les Français ne s'y sont pas trompés : 24 % seulement des personnes interrogées au lendemain du 10 mai[8] estiment que « si Mitterrand a été élu, c'est parce que *la gauche est devenue majoritaire dans le pays* ». Même les électeurs « de gauche » ne se font aucune illusion : *ce n'est pas Mitterrand qui a gagné, c'est Giscard qui a perdu.* Ce fut un scrutin de rejet, non de projet.

Au « troisième tour » : un raz de marée fictif

Mais, direz-vous, si François Mitterrand ne fut élu que par une faible majorité*, en revanche les députés socialistes et communistes remportèrent aux élections législatives de juin un succès éclatant**. C'est précisément ici que le malentendu s'aggrave.

Les élections législatives auraient pu le dissiper en rétablissant la situation : par ce « troisième tour », le « peuple de droite » aurait retrouvé sa courte, mais certaine majorité. Ce calcul était dans la tête de beaucoup des électeurs de Chirac le 26 avril, qui votèrent Mitterrand le 10 mai.

Rarement calcul politique fut mieux déjoué par le destin. La « gauche » eut sa Chambre introuvable ; et pourtant, d'un mois à l'autre, la réalité politique du pays n'avait pas changé.

Comment expliquer ce paradoxe ? D'abord, comme on l'a vu, beaucoup d'électeurs modérés, qui ne voulaient pas du socialisme, croyaient fermement que les socialistes n'en voulaient pas non plus.

D'autres craignaient qu'en renversant leur choix du 10 mai, ils ne rendissent la France ingouvernable. Depuis vingt-trois ans, la Ve République leur avait inlassablement appris la logique des choix :

---

* 533 406 voix, soit 1,75 % des suffrages exprimés, ou 1,46 % des inscrits.

** 1 367 204 voix de majorité, soit 5,44 % des suffrages exprimés, ou 3,77 % des inscrits.

« Donnez au président une majorité. » Ils avaient retenu la leçon. Pour eux, le régime d'assemblée avait disparu. Un régime présidentiel s'était installé dans la conscience nationale. « Votre U.N.M. (Union pour la Nouvelle Majorité), me disait-on dans les réunions, c'est du replâtrage ! Ça ne tient pas ! » Les jeux étaient faits.

Il est vrai qu'on n'est pas forcé de *jouer*. On peut passer la main. Les élections législatives ne seront pas les élections de l'élan, mais celles du reflux.

Reflux « à gauche » d'abord. Ce « peuple » d'un jour perd 1 800 000 citoyens, qui ont voté Mitterrand le 10 mai et préfèrent en juin la pêche à la ligne. L'essentiel acquis, ils se désintéressent de l'accessoire.

Si le mouvement s'était arrêté là, l'ancienne majorité parlementaire aurait été reconduite. Mais ce reflux fut compensé — et combien au-delà ! — par la débandade des électeurs « de droite », se dérobant à leurs candidats naturels : ceux-ci obtinrent 3 610 000 voix de moins que Giscard... « C'est la pire lassitude, quand on ne veut plus vouloir », dit Paul-Jean Toulet.

Ainsi, les candidats « de gauche » triomphent, mais par défaut. Les électeurs modérés ont déclaré forfait.

La gauche ne progresse pas par rapport aux législatives de 1978 — qu'elle avait perdues. Son score est exactement le même : 40 % des électeurs inscrits *.

En face, les électeurs modérés sont tombés de 42 % à 32 %. La « droite » a fondu : le quart de ses électeurs sont restés chez eux.

La « gauche » n'a nullement été portée par une vague. Elle s'est maintenue à son niveau constant. Ce sont les formations de la majorité sortante qui ont vu se retirer sous elles la vague qui les portait depuis si longtemps ; et qui, du coup, sont restées sur le sable. Le « raz de marée de la gauche » était fictif.

Rien n'autorise à dire que cette abstention des modérés fut un ralliement tacite au changement de société. Rien, et surtout pas le comportement prudent du gouvernement provisoire : les communistes exclus de l'exécutif, mais sages comme des images ; des mesures sociales qui soulagent quelques-uns, sans mécontenter personne ;

---

* A trois dix-millièmes près (40,08 contre 40,05 %) ! Le pourcentage par rapport au nombre des inscrits est le seul mode de calcul significatif, car il tient compte des abstentions et des bulletins blancs ou nuls, à la différence du décompte par suffrages exprimés. François Goguel en a établi la démonstration en comparant les résultats du « tour décisif » de 1978 et 1981, le premier tour dans les circonscriptions où il n'y a pas eu de ballottage, le second dans les autres [9]. Jérôme Jaffré a émis de fines objections [10] contre cette démonstration, mais elles n'en remettent pas en cause les principales conclusions, comme l'a montré ensuite François Goguel [11].

18

aucun changement dans les médiats, dans les administrations ; bref, l'immobilisme séducteur, la tranquillité la plus résolue... Alors, qu'on ne change pas l'accablement d'une majorité défaite, en « l'élan de tout un peuple ».

Le mandat inexistant

La gauche commet donc — en toute bonne foi — un contresens sur le mandat qu'elle a reçu. Elle se trompe : elle veut se tromper.

Non, « la France socialiste » n'existe pas, malgré l'hymne mis en musique par un des artistes-fétiches du « socialisme à la française », Mikis Theodorakis : *France socialiste — Puisque tu existes...*

Non, il n'y eut nul élan, ni grand ni même petit, du « peuple de gauche ». Non, il n'y a pas eu alors plus qu'auparavant de « France socialiste ». Le corps électoral n'a pas plus donné mandat à la gauche de changer de société en 1981, qu'il ne l'avait fait en 1978 : il lui a seulement, par abandon, laissé la faculté légale de le faire.

Les socialo-communistes déclarent avoir reçu mission de « rompre avec le capitalisme » et de bouleverser la société. Mystification, ou automystification ? Peu importe.

Ils ont conquis le pouvoir sur un malentendu dont ils n'étaient nullement responsables : celui qui a opposé l'électorat modéré à ses chefs (et ses chefs entre eux). Pour exercer selon leurs vues ce pouvoir obtenu par surprise, ils ont dû environner le choix du peuple de l'épais brouillard d'un nouveau malentendu. Il leur a fallu inventer de toutes pièces un mouvement des profondeurs, une résurgence de la gauche la plus mythique. Leur action, depuis le 10 mai, est fondée sur cette interprétation des scrutins de 1981 — interprétation tout imaginaire. Voilà déjà trop de malentendus, et trop bien engrenés, pour ne pas susciter une suspicion légitime.

Chapitre 3

Méprise sur le programme

Une « note confidentielle » du Département d'Etat, rédigée le 20 mai 1981, posait assez bien une question que peu de gens alors soulevaient en France. Elle esquissait un profil du nouveau président français : « Un romantique, un littéraire, qui ne pense pas en termes réels, mais réfléchit à partir d'idées préconçues et d'objectifs flous. Il élaborera probablement sa politique avec l'aide de son petit groupe de conseillers, tristement inexpérimentés et sous-informés. »

La note poursuivait : « M. Mitterrand a tendance à confondre le mot et l'acte, à se préoccuper de ce qui est dit de sa politique, plutôt que du contenu de la politique elle-même. Les idées seront donc enrobées dans un discours socialiste qui va nous sembler, à Washington, un prêchi-prêcha médiocre et sectaire. Evitons de réagir aux discours de ce président-caméléon *. Nous devrons être patients. » L'authenticité de ce document, publié par un journal « de gauche »[1], a été confirmée par l'ambassade des Etats-Unis.

Au moment où elle fut rédigée, elle ne correspondait nullement aux dispositions d'esprit des Français, ni d'ailleurs à celles des Américains. La personne et l'action du nouveau président suscitaient partout un préjugé favorable ; les dirigeants des Etats-Unis, impressionnés par la netteté de son succès et le calme de la transition, lui accordaient un grand crédit.

Le candidat au programme inconnu

François Mitterrand n'en a pas moins un programme ! C'est en tout cas ce que, depuis le 10 mai, lui-même et son gouvernement répètent sans arrêt : « Le programme sera scrupuleusement appliqué. » Quel est-il donc ?

Ce n'est plus le « Programme commun ». Dès 1978, François Mitterrand l'a déclaré solennellement : « Ce programme est forclos[2]. » En 1980, cette forclusion est réaffirmée avec force « dans ses aspects tant juridiques que pratiques »[3].

---

* Laissons à l'auteur de la note la responsabilité de cette appréciation.

Néanmoins, dans le même texte, le premier secrétaire du P.S. apporte à ce désaveu renouvelé une surprenante réserve : « *Mais politiquement, nous estimons que la construction du socialisme est au prix de l'application du Programme commun*[4]. »

Forclos, le Programme commun, en tant que contrat de gouvernement liant le P.S. au P.C. *Permanent,* le Programme commun, en tant que référence idéologique. « Forclos », non pas « caduc » : le mot est soigneusement choisi. Si le Programme commun n'oblige plus le P.S. *juridiquement* à l'égard du P.C., il continue, dans ses dispositions essentielles et dans son esprit, d'obliger le P.S. *politiquement* à l'égard de lui-même.

Ce distinguo permet à François Mitterrand un double langage, redoutablement efficace. Aux nostalgiques de l'union socialo-communiste, il donne à entendre que le Programme commun n'a rien perdu de sa force. Au public qui se méfie de cette même union, il tient le rassurant propos de son indépendance : « Je suis le premier partisan d'une ligne autonome, s'il s'agit pour le P.S. de se déterminer par lui-même[5]. »

Double langage, pour l'exécution de la double manœuvre électorale du printemps 1981.

D'abord, retenir autour de soi le vrai « peuple de gauche », les partisans de l' « union » : les électeurs communistes, et les électeurs socialistes convaincus que la victoire est à ce seul prix. Si ces engagements n'étaient pas, implicitement mais clairement, maintenus, le P.C. pourrait reprendre toute sa liberté, en s'abstenant, comme en 1969 entre Pompidou et Poher.

Ensuite, séduire, au « centre », en prenant toutes les distances convenables avec les « staliniens », en évoquant un socialisme de la responsabilité et de la liberté, en affirmant : « Je suis de ceux qui ne se reconnaissent pas dans le marxisme »[6], en répétant : « Le Programme commun ? Forclos ! »

L'exercice eût échoué si, tandis qu'on attirait les uns, on déroutait les autres.

Des électeurs engagés « à gauche », François Mitterrand put se faire comprendre sans rien leur expliquer. Motivés et encadrés, ils entendaient à demi-mot : « Le Programme commun continue ; pensons-y toujours, n'en parlons jamais. » Il suffisait, de temps en temps, de prononcer quelques termes de code : « rupture avec le capitalisme », « front de classe », « socialisation des moyens de production ».

A l'adresse des électeurs du « centre », le lyrisme contenu, registre préféré de François Mitterrand. Il reprendra les thèmes de la

« gauche », mais dans le langage de 1848. Il déclamera contre l'Argent, l'Injustice, la morgue des privilégiés, l'égoïsme brutal du Grand Capital, le conservatisme borné de la « droite »[1]. Rien là qui inquiète ceux qui ont le cœur « à gauche », mais le cœur seulement : on ne leur parlera que du cœur.

Mainlevée de l'hypothèque communiste

Attaquer les communistes ne conviendrait pas à ces cœurs sensibles : c'est le langage de la « droite ». Mais, par chance, le P.C., en attaquant Mitterrand, se charge à lui tout seul de convaincre des millions d'électeurs qu'il n'y a décidément plus rien de commun entre Mitterrand et le communisme.

Le P.C. n'y va pas de main morte : « Le P.S. est un parti hésitant, instable. Il n'a jamais vraiment rompu avec les forces de droite[7]. » Georges Marchais, définitif, clame à la télévision : « Mitterrand est plus réactionnaire que Giscard. » Moscou confirme : Mitterrand n'a « pas de programme politique clair et cohérent »[8].

François Mitterrand savourait ces attaques. Etre malmené par des *apparatchiks* dont la réputation d'inféodation à Moscou n'est plus à faire, après leurs déclarations sur l'Afghanistan et les Jeux Olympiques, après le « bilan globalement positif » qu'ils ont décerné à l'Europe de l'Est — quel brevet de démocratie !

François Mitterrand a donc le vent en poupe. Que fera-t-il, s'il est élu ? « Le nouveau président proposera l'échéancier des mesures fondamentales à adopter, conformément aux engagements qu'il aura pris au préalable et qui refléteront les options du *Projet socialiste*. Quant au programme de gouvernement, il appartiendra au gouvernement de l'établir[9]. »

Un gouvernement avec ou sans communistes ? On vous l'a dit : un « projet *socialiste* ». Qui pourrait encore songer au Programme commun de la gauche ? Comment craindre le collectivisme ? Comment croire à la révolution ?

Et pourtant, les signes n'ont pas manqué.

Un dimanche, le premier secrétaire du P.S. déclare[10] : « Il existe une dictature de classe. C'est la dictature de la classe de la bourgeoisie d'argent, et nous ne voulons plus de cette dictature de classe. A partir de là, il est normal de considérer que nous nous appuyons sur le front de classe qui s'estime aujourd'hui victime de cette dictature. » Les

---

* On sent l'imposture qui consiste à rejeter « à droite » (donc vers la réaction) tous ceux qui ne se sentent pas « de gauche ». Plaçons entre guillemets ces deux termes éminemment suspects.

Français qui l'ont entendu ont-ils compris que François Mitterrand proclamait le bien-fondé de la lutte des classes ? Quand, quelques minutes plus tard, il préconisait « *une stratégie de rupture avec le système économique qui prévaut et prédomine en occident de l'Europe, donc en France* »[11], n'ont-ils pas senti se lever le souffle de la révolution ?

La révolution encore, les lecteurs embourgeoisés, s'il y en eut, de *Ici et maintenant,* ne l'ont-ils pas repérée[12] en lisant ces lignes : « Il n'y aura pas de socialisme sans que soient détruites les structures qui assurent le pouvoir de classe des groupes dominants. »

Seulement, pour déceler ces appels, il fallait débrouiller un épais maquis de déclarations lénifiantes. A moins de se livrer à une exégèse approfondie, nul ne savait vraiment, à la veille des scrutins du printemps 1981, ce que serait le programme du candidat socialiste à la présidence.

Cette exégèse, qui l'a faite ? Qui a rapproché les articles publiés çà et là ? Qui a déchiffré et annoté les ouvrages où se découvrait un Mitterrand marxiste, messianique et révolutionnaire ? Ni l'électeur ordinaire ; ni les journaux, bousculés par l'actualité, et où une petite phrase chasse l'autre ; ni les autres candidats, trop occupés à attaquer le président sortant ; ni le président sortant, qui dédaignait de critiquer ses adversaires.

Jamais sans doute on n'a tant écrit pour ne pas être déchiffré. Jamais on n'a si régulièrement proclamé sa foi sans être cru. S'il y eut malentendu, c'est qu'on n'a pas écouté. François Mitterrand a été élu parce qu'il n'avait pas été lu.

Le programme, c'est l'homme

« Vous voyant vivre à Latché durant les trois jours où nous avons enregistré cet entretien, j'ai découvert un François Mitterrand proche de la nature. Vous aimez arpenter à pied les sentiers odorants et silencieux de la pinède, vous promener à vélo sur les petites routes landaises. Vous avez des ruches qui vous ont donné trente kilos de miel cet été. Vous surveillez amoureusement la croissance des chênes que vous avez plantés. Je vous vois respirer le parfum des fleurs... » Ainsi s'exprime le journaliste qui a composé *Ici et maintenant*[13], et l'on sent que son héros éprouve de la volupté à se voir dépeint de la sorte. Ne communie-t-il pas ainsi avec le monde entier ?

François Mitterrand a mis de la méticulosité à modeler l'image qui aura fait son succès : celle de la « force tranquille ».

Le sommet de cette offensive de charme fut atteint dans « une présentation » qu'il donna de lui entre les deux tours de l'élection[14]. N'était-ce pas le portrait de l'homme que les Français attendaient ?

Epris de justice : « On ne peut faire appel à l'effort national en refusant l'équité. »

Patriote : « Le rôle historique de la France : montrer aux Français d'abord, puis aux autres nations, la voie de la renaissance. »

Proche des « gens » : « Je ne prends pas une décision importante sans avoir fait un tour dans mon canton de Montsauche, ou à Château-Chinon. »

Intègre et sans fortune : « Je ne possède aucune valeur mobilière et ne perçois pas de revenus de biens immobiliers. »

Distant ? Non, à peine éprouve-t-il « le besoin d'une certaine réserve ».

Désintéressé : « Mon ambition est de faire gagner mes idées plus que ma personne. »

Patient : « Les idées mûrissent comme les fruits et les hommes. »

Réaliste : il a appris « le gouvernement des hommes à l'école de la vie ».

Spontané : « Face à la foule, l'échange, le dialogue se forment d'eux-mêmes. J'improvise toujours. »

Tranquille : A la question « A quelle occasion avez-vous le souvenir d'avoir perdu votre sang-froid ? » il répond : « Vous paraîtrai-je présomptueux ? Aucun souvenir récent ne me vient à l'esprit. »

Tolérant : « Je me refuse aux procès d'intention... l'intolérance est à bannir. »

Humaniste : « Le message du socialisme, c'est d'abord cela : la croyance aux prodigieuses virtualités de l'intelligence humaine. »

Vous songez aux illusions de l'amour, décrites par Molière :

Et l'on voit les amants vanter toujours leur choix.
Jamais leur passion n'y voit rien de blâmable,
Et dans l'objet aimé tout leur devient aimable [15].

L'extraordinaire performance de François Mitterrand, c'est bien d'avoir su faire succomber les Français au charme de sa voix, sans qu'ils eussent saisi le sens des mots qu'elle prononçait.

Allez-vous donc chicaner un aussi grand artiste sur son programme ? Il nous fallait un homme, un homme, un homme enfin.

L'obsession du programme, péché originel de la gauche idéologique, François Mitterrand sut l'écarter, le temps d'une campagne.

Les socialistes ont un programme, bien sûr. Chacun sait cela : la gauche n'en a jamais été avare. Mais justement, cela dispense d'en parler. C'est de l'acquis. La campagne consistera à l'évoquer sans le traiter, à faire rêver autour. « Je propose aux Français d'être avec moi les inventeurs d'une culture, d'un art de vivre [16]. » François Mitterrand s'y entend à merveille. On y revient : le programme, c'est l'homme.

Pourtant, il y a bien un texte ? Sans doute... mais l'avez-vous écouté, mardi soir à la télé ? Etes-vous allé l'applaudir à Toulouse ?

Le texte insaisissable

Valéry Giscard d'Estaing s'était engagé à ne jamais s'en prendre à ses adversaires ; il se bornerait à « rendre compte de son mandat » et à faire connaître ses « engagements » et « propositions »[17].

Pourtant, quand, à la veille du second tour, les sondages montrent son adversaire en position de l'emporter, il se décide enfin à en dénoncer le programme. Laisser Mitterrand s'envelopper d'un flou de plus en plus attractif devient trop dangereux. Il s'agit bien « d'inventer un art de vivre », alors que le collectivisme est déjà programmé dans les textes officiels du P.S.! Mais quels textes ?

Le « Programme commun » ? Il est « forclos ». Dommage : comme il se prêtait à la critique ! Un seul document est disponible. Le *Projet socialiste pour la France des années 80.* Il a été adopté par le parti en 1980, édité en livre de poche en 1981, largement diffusé dans les semaines qui ont précédé l'élection.

C'est donc à lui que Valéry Giscard d'Estaing recourt. Il y trouve aisément quelques mesures dont le caractère collectiviste est patent. Il les assène à Mitterrand lors de leur face à face.

Mais, dès le lendemain, le candidat socialiste répond sur toutes les chaînes de télévision et de radio au président sortant : « Mensonge ! Mensonge ! Mensonge ! »

La formule était sommaire, brutale, convaincante. On ne profère pas une insulte pareille sans être tout à fait sûr de soi.

Giscard consacre donc sa dernière émission de la campagne à montrer que l'accusation de mensonge est imméritée. Il donne les références exactes du *Projet socialiste.* Sa démonstration paraît irréfutable.

Michel Rocard intervient alors. Le programme qui engage Mitterrand, ce n'est pas le *Projet socialiste.* Ce sont les « 110 propositions » arrêtées au congrès extraordinaire de Créteil, en janvier 1981. Or, ces propositions restent en deçà du *Projet socialiste.* Le *Projet* valait pour l'an 2000. Les « 110 propositions » de Créteil, pour un septennat. Elles ne sont pas collectivistes*.

Allez donc faire, en quelques minutes de télévision et sur-le-champ, l'exégèse d'un texte que vous n'arrivez pas à vous procurer ! Et François Mitterrand donnera lui-même l'estocade, le vendredi

---

* On montrera plus loin le contraire (chapitre 9 : « Le collectivisme »).

8 mai, à l'heure de clore sa campagne officielle, en déclarant : « Je suis engagé devant vous par mon programme présidentiel et par lui seulement. Mon concurrent a le droit de le critiquer ; il n'a pas le droit moral et politique de le déformer. »

Dans l'entourage de l'Elysée, on cherche fébrilement ce « programme présidentiel ». On ne le trouve pas.

Pourtant, ce n'était pas le président sortant qui mentait. Le manifeste de Créteil, en préambule des « 110 propositions pour la France », établit le plus clairement du monde la filiation entre le *Projet socialiste pour les années 80* et les « 110 propositions ». Quant au *Projet,* il est rappelé qu'il « n'efface pas le Programme commun » [18]. Son principal auteur, Jean-Pierre Chevènement, n'a-t-il pas déclaré, à la veille de la campagne présidentielle : « Notre projet peut être qualifié d'eurocommuniste [19] » ?

Quant à la mécanique institutionnelle qui provoquera le changement de société, elle est fort clairement indiquée : « Le Parti est le seul lieu d'où l'on puisse conduire la mutation de la société [20]. » Cette phrase pourrait être signée Lénine.

De toute façon, il est trop tard. L'électeur est perdu ; il ne voit dans ces échanges obscurs qu'arguties de dernière minute. Jusqu'au bout, François Mitterrand aura réussi à rester un candidat hors programme, donc hors d'atteinte.

Que pouvaient les comptes raisonnables de Giscard, contre la fascination onirique exercée par Mitterrand ? L'insatisfaction flottant dans l'âme des électeurs relevait plus d'une souple psychothérapie collective, que des rudes lois de l'économie.

Une charte nous est donnée

L'élection passée, le programme, insaisissable pendant la campagne, devint une référence obligée. Il serait « appliqué scrupuleusement ». Il constituait une « charte », un « contrat solennel », passé entre les Français et leur président. Il liait en outre les candidats socialistes qui allaient, dans le sillage présidentiel, triompher aux législatives.

Mais où étaient-elles donc, ces tables de la loi ? On les avait enfin identifiées : c'étaient bien les « 110 propositions » de Créteil. Mais nulle part le texte n'en était disponible : texte sacré, texte secret*.

Les « 110 propositions », adoptées à la hussarde en janvier 1981,

---

* Même le Monde, pourtant si documenté, ne les a jamais publiées.

26

n'avaient même pas, alors, été publiées. La presse, d'ailleurs, n'y prêta guère attention. Quand on interrogeait le candidat, nul ne pensait à lui demander d'expliciter telle ou telle proposition.

Pour faire connaître les « 110 propositions » aux Français, deux moyens très simples s'offraient : les placarder sur les murs de nos villes et de nos villages, et les envoyer aux trente-cinq millions d'électeurs comme programme du candidat. On préféra leur expédier un texte vague et anodin, et afficher la paisible image d'une bourgade autour de son clocher.

La « profession de foi » est le seul texte qui engage le candidat. C'est le document qui *fait foi**. Pas de démocratie sans engagements clairs et possibilité de s'y reporter. A la fin de mai, le groupe socialiste de l'Assemblée nationale, prié de communiquer les « 110 propositions », répondit : « C'est un texte confidentiel, voyez l'Elysée. » Au service de presse de l'Elysée, sollicité à son tour, point de texte.

L'ignorance des Français persista, et pour cause. Pendant mes deux campagnes législatives, celle de juin 1981 et celle de janvier 1982, curieux de ce point essentiel, j'ai systématiquement posé, dans chacune des 147 communes de la circonscription, cette question à mes interlocuteurs : « Avez-vous eu connaissance avant le 10 mai des *110 propositions* de François Mitterrand ? » *Un seul* avait eu cette chance. Il précisa : « C'est pourquoi je n'ai pas voté pour leur auteur. » A la question : « Et aujourd'hui, pourriez-vous me citer 5 de ces 110 propositions ? » personne ne put jamais répondre. Le public, piqué au jeu, cherchait à haute voix, mais n'en retrouvait au mieux que deux ou trois.

Depuis lors, les « 110 propositions », dont on parle dévotement, ont continué à être difficiles à trouver. Demandez-les à l'Elysée, à Matignon, aux services d'information du gouvernement, vous ne les y obtiendrez pas. Et, pourtant, ce contrat fixe votre vie pour sept ans...

Les articles du catalogue

Les « 110 propositions » se présentent comme un catalogue de vente par correspondance. Un numéro, une ou deux phrases pour décrire l'article — concision rare dans la littérature socialiste.

A la différence du catalogue de *La Redoute* ou des *Trois Suisses,* on ne vous donne pas les prix. Vous les découvrirez avec la facture.

---

* Aux origines de la IIIe République, l'un de ses fondateurs, Barodet, avait fait décider que serait imprimé, au début de chaque législature, le recueil des programmes des élus. Depuis lors, le « Barodet » est toujours scrupuleusement publié.

Autre différence : certains articles ne sont pas en magasin. Le premier, par exemple : « *Exigence du retrait des troupes soviétiques d'Afghanistan.* » Quel lecteur ne se sentirait prêt à examiner avec sympathie les 109 propositions qui suivent, pour peu que cette première soit mise en œuvre * ?

D'autres articles ont déjà été fournis par les concurrents. Le numéro 55 : « *Le secret administratif sera limité et l'administration contrainte à motiver ses actes* » : réformes bel et bien accomplies... par des lois de 1978 et 1979. Numéro 101 : « *Une charte de l'environnement garantissant la protection des sites naturels, espaces verts, rivages marins, forêts, cours d'eau, zones de vacances et de loisirs sera élaborée et soumise au Parlement, après une large concertation avant la fin de l'année 1981.* » Cette « charte de l'environnement » avait déjà été adoptée avant la fin de l'année 1978 ; et l'année 1981 s'est achevée sans la redite inutile qu'on avait solennellement promise.

Parmi les articles effectivement disponibles, bon nombre relèvent du rayon « farces et attrapes », avec le risque que le farceur s'y attrape lui-même. Nº 46 : « *Le Parlement retrouvera ses droits constitutionnels.* » Quel était cet arsenal « anti-parlementaire » qu'on allait mettre à la casse ? Les ordonnances ? La procédure d'urgence ? Les votes bloqués ? L'article 13 de l'ordonnance sur la loi de Finances, permettant d'annuler des crédits devenus sans objet ? L'article 49 alinéa 3 sur l'engagement de la responsabilité du gouvernement (qui est censé valoir vote, si la censure n'est pas adoptée) ? Voici que le nouveau pouvoir s'en sert systématiquement, allègrement. Nº 50 : « *La justice sera appelée à faire toute la lumière sur les affaires dans lesquelles ont été mises en cause des personnalités publiques.* » Ce poil à gratter se trouva réduit à rien, dès la campagne achevée. La lumière était déjà faite. Impossible de déceler et d'éclairer aucune zone d'ombre. Malgré tout le soin mis à orchestrer le procès des assassins de Jean de Broglie, on n'a pu en tirer le moindre effet de manches.

Il y a les articles presque invendables, sur lesquels on a préféré ne pas s'étendre pendant les campagnes présidentielle et législative. Certaines réformes étaient hautement — et légitimement — revendiquées par des fractions bien définies du corps électoral ; elles auraient été repoussées par une large majorité des Français si elles avaient été

---

* Dans son livre *C'est ici le chemin* (1982), Pierre Mauroy prétend faire le bilan de ce qui a été fait par rapport aux « 110 propositions ». Il commence par ne point souffler mot de la première sur l'Afghanistan. Non plus que de beaucoup d'autres, qui n'ont été suivies d'aucun effet.

soumises au référendum* : le droit de vote pour les immigrés (n° 80), la suppression de la vignette moto (n° 78). Invendables, ces articles ? Nous les avons pourtant achetés avec le stock. Car la plupart des Français les ignoraient. Mais les catégories vraiment intéressées (les jeunes motards pour la vignette, les ligues anti-racistes pour les immigrés) avaient été prévenues directement, et savouraient la prise en compte de leur revendication.

Naturellement, le catalogue comporte aussi des articles fort vendables. N° 29 : « *L'artisanat et le petit commerce verront leur rôle social et humain reconnu et protégé.* » Qui serait hostile à une promesse aussi raisonnable ? N° 14 : « *Un programme de relance économique fixera, dès la prochaine session de la législature, les premières orientations : emploi, prix, développement technologique, cadre de vie.* » Seriez-vous contre la relance ? N° 51 : « *L'indépendance de la magistrature sera assurée par la réforme du Conseil Supérieur de la Magistrature.* » Vive l'indépendance ! N° 56 : « *La promotion des identités régionales sera encouragée, les langues et cultures minoritaires respectées et enseignées.* » Il y aura toujours quelques voix à glaner dans nos belles provinces. N° 94 : « *La télévision et la radio seront décentralisées et pluralistes. (...) Sera créé un conseil national de l'audiovisuel, où les représentants du gouvernement seront minoritaires.* » Bravo ! N° 100 : « *La libération du prix du livre sera abrogée.* » Sous cette présentation, on supposera que les prix baisseront : tant mieux !

L'ennui, avec ce genre d'articles très courants, c'est qu'on se fie à une description sommaire — et l'on a des surprises à la livraison. Le prix des livres ? Il monte au lieu de baisser, et les rabais sont interdits. Le « rôle humain » de l'artisanat et du petit commerce ? Il n'empêche pas leur inscription sur les rôles du fisc. « L'indépendance de la magistrature » ? Mais le Conseil supérieur de 1958 ne la garantit-il pas mieux qu'un Conseil supérieur désigné par les partis politiques ? « L'indépendance de la magistrature » empêchera-t-elle la syndicalisation de la Chancellerie et des juridictions ? Les « représentants du gouvernement » dans les conseils de l'audiovisuel n'en formaient que la moitié ; et les voici avantageusement remplacés par des représentants de M. Mitterrand et M. Mermaz, majoritaires *aux deux tiers*. Relance de l'identité régionale ? Elle risque d'obliger les Français de Bretagne, de Corse ou du Pays basque, à apprendre, sous peine de plastic, un parler qui est étranger à la plupart d'entre eux.

---

* Une modification de la Constitution était précisément annoncée pour permettre de consulter le peuple sur de tels problèmes de société. On s'est bien gardé de donner suite à cette proposition, sans doute parce qu'il eût paru dès lors souhaitable de l'appliquer précisément à de tels projets.

Les commandements du décalogue

Mais il faut en venir à l'essentiel, dispersé dans ce fouillis en une dizaine de propositions qui, sans prévenir, vous ficellent une démocratie plus qu'à demi populaire. Dix propositions qui donnent aux cent autres leur véritable sens : celui d'un camouflage. Voici les dix commandements de cette « rupture avec le capitalisme ».

I. (N° 19). *Le plan, démocratisé et décentralisé, donnera un nouveau contenu au développement économique.*

II. (N° 21). *Le secteur public sera élargi par la nationalisation des neuf groupes industriels prévus dans le Programme commun. (...) La nationalisation du crédit et des assurances sera achevée.*

III. (N° 35). *L'impôt direct sera allégé pour les petits contribuables, renforcé pour les gros revenus de manière à réduire l'éventail des revenus.*

IV. (N° 43). *L'outil de travail — la terre — sera protégé contre la spéculation et contre la surexploitation par la création d'offices fonciers cantonaux.*

V. (N° 60). *Le comité d'entreprise disposera de toutes les informations nécessaires à la marche de l'entreprise. Pour l'embauche, le licenciement, l'organisation du travail, il pourra exercer un droit de veto.*

VI. (N° 62). *Les instances de direction des entreprises publiques seront soit tripartites (collectivités publiques, travailleurs, usagers), soit formées par la coexistence d'un conseil de gestion élu par les travailleurs et d'un conseil de surveillance... Des conseils d'unité et d'atelier élus par les travailleurs seront instaurés.*

VII. (N° 85). *Un service communautaire de la santé reposera sur le développement de la prévention, le tiers payant, la création de centres de santé intégrés...*

VIII. (N° 90). *Un grand service public, unifié et laïque, de l'Education nationale sera constitué.*

IX. (N° 98). *L'implantation sur l'ensemble du territoire de foyers de création, d'animation et de diffusion, sera encouragée.*

X. (N° 99). *Le soutien à la création cinématographique, musicale, plastique, théâtrale, littéraire, architecturale, placera la renaissance culturelle du pays au premier plan des ambitions socialistes.*

La question des origines

D'où nous vient ce décalogue ? Dans les nuées de quel Sinaï François Mitterrand l'a-t-il reçu ?

A l'évidence, dans celles du Programme commun ; lequel procédait lui-même pour l'essentiel du programme communiste. C'est de l'histoire presque ancienne ; aussi convient-il de la rappeler. Quand, au printemps 1972, dirigeants communistes et socialistes se réunirent pour mettre sur pied le programme de leur prochain gouvernement, la négociation fut menée sur la base du programme communiste, *Changer de cap,* que le P.C. venait de produire en 1971, et qui avait l'avantage sur le texte socialiste (*Changer la vie,* janvier 1972) d'être clair et bien écrit — de quoi s'imposer. Tout lecteur non prévenu pourra vérifier ces filiations : elles se manifestent d'un texte à l'autre comme sur les visages d'une même famille.

Programme commun = programme communiste. En 1973, en 1974, en 1978, les Français l'avaient compris.

En 1981, ils n'ont pas vu que dix propositions, loin de trahir le « Programme commun-communiste », en résument l'essentiel. Les cent autres ont réussi à les dissimuler, comme le panier de figues dissimulait l'aspic qui devait piquer Cléopâtre.

Dix propositions *communistes.* Elles figuraient toutes dans le Programme *communiste* de 1971 ; elles en livrent le cœur. L'adjectif communiste vous choque ? Qui dit « communisme », dit inféodation étrangère ? Fort bien : parlons simplement de *collectivisme.* On ne peut nier que ce mot soit propre. Si vous donnez tout leur sens aux dix propositions, en vous reportant au *Projet socialiste,* au *Programme communiste,* au *Programme commun,* elles se résument clairement. Planification de toute l'économie. Collectivisation des moyens de crédit et des grands moyens de production. Contrôle syndical sur les entreprises, à commencer par un secteur public hypertrophié. Contrôle bureaucratique sur l'agriculture, menace sur le droit de propriété, première étape vers la collectivisation des sols. Nivellement par l'impôt. Collectivisation de la santé, de l'éducation, de la culture.

Certes, ce ne sera pas encore le collectivisme intégral : un septennat ne compte que sept ans... Mais ce programme, intégralement appliqué, justifie les trois mots clés de la stratégie socialo-communiste : *seuil*, rupture, irréversibilité. Les techniques que l'Union de la gauche a bel et bien commencé d'appliquer à la France ne diffèrent de celles mises en œuvre en Europe de l'Est que par le rythme, non la nature.*

---

* De ce « seuil », *la Nouvelle Critique,* revue théorique du P.C., dit, en novembre 1973, qu'il représente une « notion capitale, car il allie la progressivité de la démarche à la nécessité d'une rupture ».

Toutes sont appelées à accroître démesurément le rôle de l'Etat et, au sein de l'Etat, du militantisme partisan.

Le *Programme communiste* de 1971 ne demandait pas plus : qu'un mouvement soit créé, qui n'autorise plus le retour en arrière ; que, dans ses signes extérieurs comme dans ses moteurs cachés, la société soit, déjà, une *autre* société. Un simple *seuil* à franchir : mais, derrière ce seuil, un autre monde.

Cent dix questions, une réponse

François Mitterrand prétend que les Français auraient adopté les « 110 propositions » d'un seul coup le 10 mai : « J'ai passé un contrat avec les Français. »

Il considère que, non seulement il s'est engagé à leur égard, mais qu'ils se sont engagés envers lui. Les « 110 propositions » ne doivent même plus se discuter : « le peuple a tranché ». Elles doivent être mises en œuvre. Seul le Président peut, à sa guise, en juge suprême de l'opportunité, en retrancher ou y ajouter.

Ainsi, la méprise est multiple :

— Les Français n'ont pas pu matériellement prendre connaissance du texte avant le 10 mai. Ils n'ont pas su à quoi ils s'engageaient.

— Les « 110 propositions » contiennent bel et bien le principal du Programme commun — son essence collectiviste — alors qu'on avait proclamé ce programme forclos.

— On veut faire croire que les Français les ont *toutes* adoptées.

— On ose prétendre qu'ils sont liés par elles envers le pouvoir.

— Liés unilatéralement, puisque François Mitterrand s'arroge le droit souverain d'en mettre en œuvre certaines et d'écarter les autres.

Eût-il renouvelé, dans sa campagne orale, ses professions de foi marxistes des précédentes campagnes ; eût-il promis qu'il ferait du socialisme marxiste — il eût été, selon toute vraisemblance, battu une fois de plus. Depuis Budapest, le mur de Berlin, Prague, Varsovie, depuis Soljenitsyne, Zinoviev et Sakharov, le marxisme est devenu pour les Français une bête à faire peur, qui fleure la disette et le goulag. Ils l'ont refusé en 1973, en 1974, en 1978 — en refusant le Programme commun. *On le leur a fait accepter à leur insu en 1981.*

M. Mitterrand s'indignait, en 1969, que de Gaulle eût posé deux questions sur la régionalisation et sur le Sénat — en n'autorisant qu'*une seule* réponse, par *oui* ou *non*. Comment est-il devenu légitime, en 1981, qu'*un seul* bulletin Mitterrand ait apporté 110 réponses à 110 questions ?

Extorqué à des Français sciemment tenus dans l'ignorance de sa teneur et de sa portée, ce contrat est entaché de dol. Ne doit-on pas le déclarer nul, pour vice du consentement ?

Chapitre 4

Quiproquo sur la crise

« Quatorze ans, c'est trop » ; le « combat des chefs » ; la crise. Des trois facteurs principaux auxquels les Français attribuent spontanément l'échec de Giscard, chacun suffisait à rendre la réélection aléatoire ; ensemble, ils la rendirent impossible.

Les deux premiers s'effaçaient avec le « changement ». Le troisième allait durer. Le nouveau pouvoir s'était pourtant engagé à le surmonter rapidement.

Pour commencer, il s'est contenté d'en « hériter ». Héritage et crise : les deux termes sont devenus interchangeables. « Le délabrement était plus grave que nous ne l'imaginions[1]. » On s'attendait au pire. Eh bien, non ! C'était pire que le pire.

Une accablante coïncidence

Les apparences vont bien dans ce sens. En mai 1974, on compte 400 000 chômeurs[2], et 6 % d'inflation dans les douze mois précédents[3]. A la fin d'avril 1981, le nombre de chômeurs a quadruplé et l'inflation court deux fois plus vite. Voilà bien *la crise,* telle que la ressentent les Français. Coïncidence accablante : son déploiement se confond exactement avec le septennat. « Giscard-chômage », « Giscard-la-vie-chère » : ces calicots, ces affiches ont fleuri pendant sept ans, et refleuri pendant la campagne.

Il était interdit au président sortant de parler le langage des songes. Avec Raymond Barre, il avait géré une crise insaisissable et interminable. Il était prisonnier de sa propre rigueur. Il ne pouvait que s'enfermer dans la justification. Les oppositions avaient beau jeu. A elles, les rêves ; à elles, les promesses ; à elles, les mots assassins.

Le langage qui convainquait était celui qui avait, dans d'autres démocraties soumises à la crise, donné la victoire à Reagan ou à Mme Thatcher contre la « gauche » en place. Les mêmes circonstances et les mêmes arguments, qui ailleurs ont chassé la « gauche », l'ont portée au pouvoir en France.

Jeu d'enfant, pour l'opposition, de montrer que la crise exigeait un changement d'hommes : « On ne sortira pas de la crise par les moyens jusqu'ici employés, affirme François Mitterrand. Sept ans, c'était déjà beaucoup, et lequel d'entre vous ne sait pas que quatorze ans ce serait trop [4] ? »

Tel fut bien le verdict. Les électeurs laissèrent venir François Mitterrand parce qu'*il s'affirmait plus apte à guérir les maux qu'il diagnostiquait avec tant d'assurance. C'est, très précisément, le mandat qu'ils lui confièrent**.

Les Français appliquèrent d'instinct la méthode qu'on appelle en logique « des variations concomitantes » : quand un phénomène semble lié à la présence de plusieurs facteurs, il suffit de faire apparaître ou disparaître ces facteurs l'un après l'autre, pour déceler celui qui en est la cause réelle. La montée de la crise avait été concomitante avec le choc pétrolier d'une part, d'autre part le début du septennat. Lequel de ces deux facteurs a provoqué la crise ? « On ne peut rien sur le pétrole. Ecartons toujours Giscard : on verra bien. »

De cette méthode, rigoureusement énoncée par Stuart Mill, une histoire anglaise propose une caricature. Un étudiant d'Oxford s'imbibait tous les soirs de *whisky and soda*. Honteux de son état, et ne sachant au juste à quoi l'attribuer, il décida de procéder aux variations concomitantes. Il remplaça le *whisky and soda* par du *gin and soda* : il était toujours aussi ivre. Il tenta de se mettre au *brandy and soda* : mêmes effets. « C'est le soda », conclut-il.

Les langages-gigognes

Face à la crise, le pouvoir socialo-communiste a deux langages. Non contradictoires ; mais gigognes.

Pour le grand public, on personnalise à outrance : Giscard égale crise, crise égale Giscard. Le pétrole ? *Un « alibi »*[5] ; et d'ailleurs, c'est encore « la faute à Giscard » — une faute ancienne, mais qui le poursuit : « Face au diktat américain de Nairobi, en 1973, M. Giscard d'Estaing, ministre des Finances de M. Pompidou, est passé sous la table [6]. » Le dollar surabondant, que Giscard, toujours lui, n'a pas su contenir, a créé l'inflation mondiale ; et l'inflation mondiale a renchéri le pétrole. CQFD. Il suffira que François Mitterrand arrive au pouvoir pour que les Américains reculent en désordre.

A l'intention des intellectuels, l'analyse est tout autre. Ce n'est pas

---

* Les diverses enquêtes de motivation pré- et post-électorales, ainsi que les réflexions enregistrées sur le terrain au cours des campagnes de juin 1981 et de janvier 1982, ne laissent pas le moindre doute là-dessus.

vraiment la crise de Giscard, c'est la crise du capitalisme, de tout un système économique et social. « Inflation, chômage, inégalités, dirigisme, asphyxie des services publics sont le produit normal du système économique dominant[7]. » Il faut donc refaire l'univers.

Les deux langages ne se contredisent pas : Giscard est un élément du capitalisme. « La société libérale " avancée " n'est que le relais du capitalisme multinational[8]. » Pourtant, le langage est bien double : au grand public, on fera croire que tout sera résolu en délogeant Giscard ; à l'élite « de gauche », on fait comprendre qu'il faudra, en plus, désintégrer la société où nous vivons.

« *Crise du capitalisme* » : l'expression est ambiguë. Reagan l'emploie aussi bien que Brejnev. Mais pour Reagan, il ne s'agit que d'un *moment critique* dans l'évolution du capitalisme, qui en a connu d'autres et les a toujours surmontés. *Pour Brejnev, tout comme pour Mitterrand, il s'agit de la crise finale, où « le capitalisme agonise enfin[9] ».*

François Mitterrand sait tout cela depuis qu'il s'est converti au socialisme : « Le capitalisme s'autodévore par l'accumulation du capital[10]. » Déjà, en 1972, il voyait en l'argent « le malheur de tant de siècles »[11]. Il est dans la mission historique des socialistes d'extirper le capitalisme. La crise mondiale indique que l'heure est venue.

Année après année, l'éternel candidat a répété sa litanie : « La civilisation occidentale meurt d'étouffement. A qui la faute ? Le système capitaliste est à l'origine du mal[12]. »

Dans cette remontée vers les origines, l'analyse franchit les siècles et rejoint celle de Marx : la crise est née quand la bourgeoisie a trahi la Révolution française. « A peine eut-elle prononcé les principes de la démocratie politique et détruit l'ordre ancien, que le progrès des techniques plaça dans ses mains l'instrument d'un autre pouvoir qui devait faire d'elle une classe dominante, oppressive, aliénante. Des millions d'hommes, de femmes, d'enfants, arrachés au monde pastoral *, entraient en esclavage[13]. »

La crise s'éloigne dans l'espace aussi bien que dans le temps. A l'échelle mondiale, les *multinationales* dévorent les industries nationales : « Les multinationales sont les nouveaux seigneurs de la société moderne. » Voilà l'ennemi bien campé, revêtu de la terrifiante

---

* François Mitterrand revient fréquemment sur son attachement aux valeurs du « monde pastoral ». Il confond régulièrement « pastoral » et « rural ». Il n'a pas l'air de remarquer que la civilisation pastorale a depuis longtemps disparu d'Occident, à quelques exceptions près, comme la bergerie de Latché.

puissance que la mythologie conférait au Minotaure ou aux Erinyes. Technique de toujours, que Péguy avait déjà débusquée. « Un des moyens qui réussissent le mieux, parmi les innombrables moyens de l'éternelle démagogie, consiste à lancer le populaire, préalablement entraîné, sur une minorité habilement circonscrite [14]. »

Perrette et le pot au lait

De ce diagnostic péremptoire, découle le remède. Pour sortir de la crise, il faut et il suffit que l'on remplace le capitalisme par la révolution socialiste. « La société capitaliste asservit l'homme. La volonté des socialistes, au contraire, est que l'homme fasse lui-même sa propre histoire... Ce sera le jaillissement de la vie... le rêve [15]. » En mai 1981, le rêve a jailli. L'histoire de la France socialiste a commencé.

Remplacer un président, c'est vite fait. Mais passer de l'agonie à la vie ? Ce sera très simple. Il suffit, proclame Mitterrand, de vouloir : « Hier, c'est la routine, l'intelligence insuffisante pour offrir remède aux rigueurs du temps, la volonté trop faible pour s'imposer à l'injustice, le laisser-aller des politiques mauvaises, des absences de politique. Hier, c'est la poussière [16]. »

L'enthousiasme idéologique de François Mitterrand est tel que son « réalisme » évoque irrésistiblement celui de Perrette et de son pot au lait : « Je ne vois pas d'issue, si on ne se décide pas à faire ce que je propose d'une manière réaliste : aller vers la croissance, ranimer la production industrielle, le mouvement, la vie tout simplement. *Alors, la richesse nationale augmentant, on pourra la redistribuer mieux. Est-ce là l'utopie* [17] ? » Non, ce n'est que le « jaillissement du rêve »...

On se soumettait à la crise comme à une fatalité ? Désormais, balayée la fatalité ! « Nous préférons l'audace [18]. » Nouvelle *Carmagnole :* avec les socialistes, « ça ira ! ».

C'est ici que le langage de l'analyse intellectuelle rejoignait le langage de la polémique contre un homme. Car l'analyse n'en était pas une : elle ne saisissait aucune des réalités concrètes de la crise ; elle jonglait avec elles, se servant de toutes comme d'exemples dans une démonstration, dont le postulat unique était la malfaisance du capitalisme et de son serviteur. Partant du mythe, elle débouchait sur le magique. « Vous ne pouvez pas comprendre, disait François Mitterrand dans son face-à-face avec Giscard : nous ne serons plus dans le système capitaliste. »

Au pouvoir, les socialistes firent une découverte : la crise était moins facile à éliminer qu'ils ne l'avaient cru. Ils avaient oublié le vieux conseil de Francis Bacon : « On ne triomphe de la nature qu'en lui obéissant. »

Une première déconvenue leur vint d'une magistrale leçon de relativité administrée par la commission qu'ils avaient eux-mêmes chargée d'inventorier l'héritage de « l'ancien régime ». Autour de François Bloch-Laîné, le nouveau gouvernement avait désigné des personnalités aux convictions « de gauche » bien connues. La plupart étaient de hauts fonctionnaires : on leur demandait d'instruire le procès des hommes politiques dont ils avaient exécuté les instructions. C'est ainsi, toutes proportions gardées, que Vichy avait préparé le procès de Riom. Leur honnêteté intellectuelle les empêcha de remplir leur mission selon le vœu de leurs commanditaires.

Ils reconnurent les progrès accomplis par la France malgré l'ampleur de la crise. Ils admirent qu'entre 1974 et 1981, la croissance du produit intérieur brut de la France n'avait été dépassée que par celle du Japon*. Que l'inflation annuelle s'était située dans la moyenne de la Communauté européenne **. Que le chômage, en avril 1981, se situait lui aussi dans la moyenne ***. Que la législation pour protéger et secourir les chômeurs avait fait, au début du septennat, un bond qui situait la France très au-dessus de ses partenaires d'Europe et d'Amérique. Que le pouvoir d'achat des Français s'était élevé à un rythme qui battait tous les records européens et américains ****. Que les inégalités entre citoyens, loin de s'aggraver, s'étaient atténuées. Que les bas salaires avaient crû plus vite que les salaires moyens, et les salaires moyens que les salaires élevés, lesquels avaient été bloqués. Que les salaires des travailleurs manuels avaient crû plus vite que ceux des employés du secteur tertiaire. Que les ressources des

---

* 2,8 % par an en moyenne, juste derrière le Japon, loin devant l'Allemagne et les Etats-Unis (2 %).

** 11,2 % en moyenne annuelle, à mi-chemin entre l'Italie (17,8 %) et l'Allemagne (4,5 %).

*** 7,3 % de la population active, beaucoup moins qu'en Italie et au Royaume-Uni, un peu plus qu'en Allemagne, à égalité avec les Etats-Unis.

**** Le pouvoir d'achat réel en France, après impôts et cotisations sociales, a augmenté de 23,5 % en francs constants, de mai 1974 à avril 1981, plus que dans aucun autre pays d'Europe, aux Etats-Unis, ou au Canada.

personnes âgées et la couverture sociale des personnes handicapées avaient plus que doublé : les « exclus » l'étaient de moins en moins *.

La commission qui devait proclamer la faillite frauduleuse de « l'ancien régime » lui donnait donc quitus. Dans une démocratie libérale, cette nouvelle aurait dû être retentissante. L'information d'Etat fit tout pour qu'elle restât ignorée du grand public. On l'étouffa. La cause ne devait pas être jugée à dires d'experts : le peuple ne l'avait-il pas tranchée ?

Trois visites au ministre

Les faits économiques se mirent, eux aussi, à trancher.

En six mois, le nouveau pouvoir dut constater qu'il ne suffisait pas de « faire le contraire » d'une politique d'austérité pour ramener la prospérité.

La consommation, affirmait-on, allait entraîner la production. Elle fut donc relancée. Relèvement des bas salaires, des allocations familiales, des ressources garanties pour la vieillesse et de diverses prestations sociales : rien ne fut épargné pour injecter de l'argent dans la machine économique. Rien n'eut d'effet positif. La reprise tant claironnée **, et qui avait d'ailleurs effectivement commencé deux mois avant le 10 mai, s'essouffla vite [20]. La courbe retomba.

On assistait même à des effets pervers. La marge supplémentaire de pouvoir d'achat *** servit à relancer les ventes étrangères en France ****, ou à augmenter les sommes expédiées dans leur pays par les travailleurs immigrés.

La magie restant inopérante, quelques-uns des socialistes les plus péremptoires commencèrent à douter de leur vérité. Le chef d'une grande entreprise me contait qu'il s'était entretenu trois fois en un an avec un des ministres économiques du nouveau gouvernement. Dans l'été 1981, celui-ci lui avait dit, non sans morgue : « Nous mettons en

---

* C'est même parce que beaucoup de cadres, de membres de professions libérales, de commerçants et artisans ont vu leur fiscalité s'alourdir et leurs revenus s'élever moins vite que ceux des catégories jusque-là moins favorisées, qu'ils ont fourni les gros bataillons des 3 % d'électeurs qui ont fait la décision le 10 mai.

** A l'automne 1981, Pierre Mauroy annonçait à chacun de ses discours que la reprise était « pour demain », « au coin de la rue » ; et que « les industriels qui n'investissaient pas se pénalisaient eux-mêmes » [19].

*** Le *pouvoir d'achat réel*, malgré les injections des transferts sociaux, stagne au deuxième semestre 1981 par rapport au premier semestre (et même diminue de 0,01 % selon l'I.N.S.E.E.) ; l'*épargne* baisse fortement (1,5 % selon l'I.N.S.E.E.).

**** Le déficit extérieur pour les *quatre* derniers mois de 1981 atteint la moitié du total de l'année (28,5 milliards sur 59,5 milliards).

38

place une société socialiste. Nous éliminons les profits et les privilèges qui scandalisaient les travailleurs. Nous faisons payer les riches. Ils ne pourront plus entretenir leurs châteaux ? Tant mieux : nous les donnerons à la Sécurité sociale et aux colonies de vacances. Des entreprises crèveront ? Tant mieux : elles seront reprises par les entreprises nationalisées. Des exploitants agricoles se décourageront et abandonneront leur terre ? Tant mieux : elle sera prise en charge par les offices fonciers. Des médecins libéraux fermeront leur cabinet ? Tant mieux : ils feront tourner les dispensaires. Voilà notre politique. Ni la droite ni le patronat ne nous en empêcheront. Voyez déjà la reprise, qui se confirme de tous côtés. »

Pendant l'hiver, honnêtement, le ministre reconnut devant le chef d'entreprise que la reprise avait tourné court et que la diminution du chômage et de l'inflation restait encore à l'état de souhait. Au printemps 1982, son désarroi transpirait : « Nous ne savons plus que faire. Nos efforts avortent. Que nous conseillez-vous ? »

Il fallait en venir à admettre des explications qu'on avait toujours refusées.

Il y a bien un dérèglement monétaire international, depuis le naufrage du système de Bretton Woods, qui, à partir de 1944, avait imposé une certaine discipline monétaire au sein de la communauté « libérale ».

Il y a bien une hausse vertigineuse du pétrole, qui a aussitôt entraîné, à son tour, l'envol des prix des matières premières et relancé l'inflation mondiale. Mais qui, par le fait, s'est arrêtée, et même nettement renversée, depuis le 10 mai.

Il y a bien la naissance d'une féroce concurrence industrielle à travers le monde. Les petits Japons se multiplient, répandant leurs produits à des prix rendus imbattables, soit par la faiblesse de leurs salaires et de leur protection sociale, soit par leur ardeur au travail et la modernité de leurs investissements. Anciens ou nouveaux, géants ou nains, tous les pays industriels qui doivent demander leur énergie au pétrole et l'acheter à l'extérieur, sont condamnés à conquérir les marchés de l'exportation.

Voilà trois causes essentielles de la crise, qu'on avait longtemps révoquées en doute : « La crise a bon dos. » Il faut bien les prendre en compte.

Comme concluait le rapport Bloch-Lainé : « On pouvait hier, et on peut demain, faire moins bien, ou plus mal. »

Le chômage, « arme du grand capital »

Parmi les critiques que la « gauche » adressait au pouvoir avant le 10 mai, il n'en était pas de plus sévères que celles qui visaient le chômage.

S'il y a montée du chômage, c'est, affirmait François Mitterrand à la veille de son élection, parce que « la classe dirigeante le veut » : « Le grand capital se sert du chômage comme d'une purge. Le *volant de chômage* constitue, pour le système économique qu'incarne Valéry Giscard d'Estaing, une arme tactique (tenir la classe ouvrière) et stratégique (insérer notre pays dans la nouvelle division internationale du travail)[21]. »

Dès 1964, François Mitterrand avait formulé cette analyse. Elle fut reprise dans le Programme commun. L'ennui est qu'à cette époque la France, et le capitalisme, connaissaient le plein emploi... Voici donc une théorie miraculeuse qui rend compte, à volonté, de phénomènes absolument différents : dans les années 60, une perturbation insignifiante ; depuis 1974, une réalité massive. On songe au bonhomme Chrysale dans *les Femmes savantes* :

Raisonner est l'emploi de toute ma maison,
Et le raisonnement en bannit la raison.

De plus, comment expliquer quelques détails ? Que le chômage, inventé-par-le-grand-capital-pour-arrondir-ses-profits, était réduit à rien quand les profits prospéraient, et se gonfle sans mesure alors que les profits sont voisins de zéro ? Que les pays les plus capitalistes — Suisse, Japon — connaissent les taux de chômage les plus faibles ?

La théorie peut servir indéfiniment : immunisée contre les faits, elle est à l'épreuve des réalités comme un blindage est réfractaire aux balles.

« Quand le bâtiment va... »

Après la théorie, la pratique. Au chômage *voulu* par le capitalisme, allait succéder, selon Mitterrand, la « croissance sociale » *voulue* par le socialisme. « Une relance de la consommation populaire, la réduction du temps de travail, un plan de grands travaux et de construction de logements, créeront un élan nouveau. Il y a beaucoup de vrai dans le vieux proverbe : *Quand le bâtiment va, tout va*[22]. » Et quand il ne va plus ? Alors, il n'est pas le seul à s'effondrer...

Donc, il y avait 1 645 700 demandeurs d'emploi au 30 avril 1981 *. Le 30 août, ils étaient passés à 1 840 000 (1 625 chômeurs de plus par jour, en quatre mois). Le 2 septembre, à Rambouillet, le président de la République donne une consigne au gouvernement : « Imprimer au combat contre le chômage un nouvel élan, en faire la priorité des priorités. » Le secrétaire général de l'Elysée commente : « L'objectif, c'est de refuser le chiffre de deux millions qui se profile à l'horizon. » Le Premier ministre, depuis le mois d'août, ne cessait de répéter : « Deux millions ? Mais nous y sommes ! » C'était plus habile.

En outre, le chômage affecte maintenant les catégories qui y avaient jusque-là le mieux résisté : des chefs de famille, des hommes âgés de vingt-cinq à cinquante ans, des ouvriers qualifiés.

Le cap symbolique des deux millions, « nous y sommes » une première fois à la fin d'octobre 1981. Une légère baisse se produit pendant l'hiver. « Nous y sommes » de nouveau en mai 1982, et nous poursuivons la route. De mai 1981 à mai 1982, le taux de chômage par rapport à la population active a grimpé de 7,3 % à 8,7 %.

La comparaison la plus significative porte sur le solde des suppressions et des créations d'emplois. Le nombre des chômeurs se truque par des jeux d'écriture. On peut baptiser des chômeurs « stagiaires en formation professionnelle », ou « volontaires ayant devancé l'appel du service national », et le nombre des « chômeurs » se rétrécira comme peau de chagrin. De même, la mise en préretraite à partir de cinquante-cinq ans, par le recours aux « contrats de solidarité », revient à payer des gens à ne rien faire, mais en les appelant autrement. Au moins *un demi-million de chômeurs ont ainsi disparu des statistiques.* Ce n'est là que camouflage : ce qui compte, c'est le mouvement des emplois existants. Or, de 1974 à 1980, *le solde des emplois créés par rapport aux emplois supprimés, est de 400 000*[23]. Depuis le 10 mai 1981, si le nombre des fonctionnaires a augmenté, *le nombre des emplois du secteur privé a diminué davantage.* C'est ce nombre qui ne ment pas.

Lorsque tous les remèdes échouent...

Tous les remèdes ordonnés par François Mitterrand ont échoué successivement.

Après *la relance,* qui ne fut qu'un feu de paille, on parla vite de *la relance de la relance ;* elle n'eut pas plus de succès que la relance tout court. On se donnait comme objectif minimum une croissance de 3 %

---

* 1 698 400 en nombre corrigé des variations saisonnières.

pour la première année du septennat*. On atteignit péniblement 0,5 %.

Le *partage des emplois ?* L'idée supposait qu'en abaissant le nombre d'heures de travail, on diminuerait les salaires en proportion, de manière à créer des emplois avec l'argent ainsi dégagé. Non sans courage, la C.F.D.T. avait compris et accepté cette logique. La C.G.T. refusa net, s'en tenant au slogan : « 39 heures payées 40 ». Le président de la République arbitra contre son Premier ministre, en faveur de la C.G.T. Aucun emploi nouveau ne pourra donc être gagé financièrement par la diminution des horaires. *Moins de travail fourni pour le même salaire, ou autant de travail pour des salaires plus élevés :* dans les deux cas, la hausse des coûts de production fera reculer le pays dans la compétition internationale.

Prenez un atelier de confection où la plus grande partie du coût réside dans les salaires : 35 ouvrières payées à 4 000 francs, travaillant 40 heures, fabriquent par semaine 4 000 chemises d'enfant, vendues au prix de gros de 35 francs. Si elles ne travaillent que 35 heures, elles ne feront plus que 3 500 chemises : il n'y a pas de miracle. Si on veut maintenir la même masse salariale, il faut relever leur prix. Les chemises coûteront 40 francs ; elles cesseront d'être compétitives, en face des chemises italiennes ou malaises... Et on en vendra moins. Pas question d'embaucher. Peut-être même faudra-t-il licencier ? A moins que l'on tienne les prix face à la concurrence, en embauchant 5 ouvrières supplémentaires, mais en abaissant les salaires à 3 500 francs.

Trente-cinq heures ou trente-neuf : le raisonnement est le même. Les faits s'imposent. Au bilan, chacun s'est aperçu qu'une heure de moins par travailleur, cela faisait non pas des travailleurs en plus, *mais des travailleurs en moins.* La promesse des trente-cinq heures s'est éloignée. On commence à comprendre que créer du « non-emploi » (préretraites, stages rémunérés, diminution du temps de travail), ce n'est pas créer des emplois neufs, c'est menacer ceux qui existent**.

Les socialistes avaient nié la réalité de la crise mondiale : l'expérience les a obligés à la reconnaître. Ils avaient promis de surmonter la crise par des remèdes miracles. Le miracle n'a pas eu lieu.

---

* « C'est un objectif modeste, qui ferait sourire un Japonais », déclare François Mitterrand le 24 septembre 1981.

** Bien entendu, en longue période, une certaine diminution du temps de travail, grâce à la mécanisation, est souhaitable et probablement inéluctable. Mais sa mise en place est lente ; elle varie selon les secteurs ; elle présuppose une politique d'investissements appropriés. Ce qui est absurde, c'est d'avoir annoncé qu'elle s'imposerait à tous autoritairement et automatiquement, et qu'on réglerait ainsi le problème du chômage.

42

Le public tirera ses conclusions de la méthode des *variations concomitantes*. On a enlevé Giscard, on l'a remplacé par Mitterrand : la crise continue de plus belle, et même s'aggrave. Elle n'était donc pas « la faute à Giscard ». « La faute à Mitterrand », c'est d'avoir fait croire qu'il allait la résoudre comme un sorcier guérit les maladies.

L'abaissement du niveau de vie, tout particulièrement celui des salariés, telle était la 111e proposition. On s'était gardé de la publier.

Chapitre 5

Méprise dans la communauté juive

Plusieurs malentendus généraux visaient tous les Français. D'autres, plus particuliers, ont provoqué des effets électoraux sans commune mesure avec l'importance numérique des intéressés. Tel fut le cas des malentendus dont furent victimes les juifs, les « gaullistes de gauche », les écologistes.

Certains choix de politique étrangère ont toujours été en France des enjeux privilégiés de la politique intérieure. Nous aimons épouser les causes d'autres peuples, ou prendre parti dans leurs guerres civiles ; et nous y mettons d'autant plus de passion, que ces choix nous divisent.

Israël implique tous les Français, et davantage encore les Français juifs. Non qu'il y ait en France un « vote juif », au sens où on peut l'entendre aux Etats-Unis : celui d'une communauté qui, par son simple poids démographique, exerce une pression électorale propre à faire basculer les choix politiques. Ce qui caractérise la situation française, c'est que l'engagement des Français dépasse de beaucoup l'importance numérique de la communauté israélite.

Néanmoins, quand une élection est aussi serrée que le fut celle de 1981, on ne peut nier que, si un candidat recueille la faveur de la masse des électeurs juifs, il détient un avantage qui peut être décisif.

L'ami du peuple juif

Cet avantage, François Mitterrand fit tout pour se l'adjuger. La très grande majorité des juifs français vota pour lui. Pour ses candidats aussi, un mois plus tard. Ce fut spectaculaire dans la deuxième circonscription de Paris — la rue du Sentier — solide bastion de l'ancienne majorité, où le candidat soutenu par le P.S. fut élu : la propagande socialiste avait porté.

Un mot définit le personnage que François Mitterrand a voulu camper et imposer : « Je suis l'ami d'Israël, l'ami du peuple juif. » A la veille du 10 mai, sans fausse modestie, l'ami ne se présentait plus comme celui qui aime, mais comme celui qui est aimé : « On sait ce qui me vaut l'amitié de la communauté juive de France : c'est mon admiration connue pour le génie du judaïsme. C'est aussi la solidarité dont j'ai fait preuve lorsque cette communauté a souffert. Et peut-être le fait que je n'ai jamais changé de position sur un problème pour elle à la fois intime et déchirant, celui d'Israël[1]. »

Cette position invariable, François Mitterrand la définissait[2] en 1978 « en termes schématiques » : « 1. Le P.S. est fermement attaché à l'existence de l'Etat d'Israël. 2. Si on reconnaît à un Etat le droit à l'existence, il faut lui en reconnaître les moyens. Acculer hypocritement Israël à disparaître en feignant de le défendre, ce n'est pas le cas du P.S. 3. Il y a eu des guerres ; des territoires ont changé de mains. Israël s'est élargi après les Six Jours. Il faut appliquer et respecter les résolutions de l'O.N.U. »

« Schématiques », ces termes, mais habiles à glisser sur les difficultés. Car le point 2 épouse la formulation même de la politique israélienne : une reconnaissance juridique ne suffit pas, il faut à Israël les moyens de se défendre. Or, ces moyens ne sont-ils pas, pour l'essentiel, ces territoires occupés dont, selon le point 3, Israël doit se retirer ? Le point 3 s'oppose en fait au point 2. Combien de temps l'habileté masquera-t-elle la contradiction ? Ne risquera-t-elle pas un jour d'apparaître comme une supercherie ?

Trois ans et demi plus tard, les événements ont évolué. François Mitterrand a, comme tant d'autres, rencontré Arafat. Il s'en explique dans une conversation-fleuve avec Guy Claisse[3]. Il n'a pas commencé par parler à Arafat des Palestiniens sans patrie. Il a eu le courage de s'opposer à son interlocuteur, de faire barrage à la volonté de l'O.L.P. de « détruire » Israël. Après quoi, bien sûr, et sans insister, on rappelle les motions de l'O.N.U. Et François Mitterrand d'ajouter : « Ce langage, je l'ai tenu aux vingt-cinq mille juifs rassemblés à Pantin à l'occasion des Douze heures pour Israël. » L'ami peut dire à ses amis, de temps en temps, même ce qui leur déplaît.

Histoire d'un éloignement

Ce jeu de l'amitié n'aurait cependant pas connu tant de succès si, de l'autre côté, le président sortant n'avait été victime de la désaffection de la communauté juive. Pour le comprendre, il faut remonter à la guerre des Six Jours — ce point de fracture entre Paris et Tel-Aviv.

Auparavant, entre la France et Israël, c'était l'idylle. La IVe République, engagée dans la guerre d'Algérie, ayant le panarabisme pour ennemi, aida puissamment l'Etat hébreu, notamment dans le domaine nucléaire. La Ve en fit d'abord autant : de Gaulle, levant son verre, saluait en Israël « notre ami et notre allié ».

Après avoir réglé l'affaire algérienne, la France chercha à renouer ses amitiés traditionnelles dans le monde arabe. Elle vit venir avec anxiété une guerre au Proche-Orient, qui ne pouvait que durcir les conflits. Le 5 juin 1967, Israël attaque. De Gaulle « conteste les conditions » dans lesquelles Jérusalem a acquis de nouveaux territoires. Ses propos sur ce peuple « d'élite, dominateur et sûr de lui » sont péniblement ressentis par les israélites de tous les pays, à commencer par ceux du nôtre. A la suite de l'attaque de l'aéroport de Beyrouth, il décrétera l'embargo sur les *Mirage*.

Les juifs de France suivent Israël. Notamment, ceux qui sont rapatriés d'Algérie, et dont l'antigaullisme se trouve avivé.

Georges Pompidou ne change rien à notre politique au Proche-Orient. Furieux de l'enlèvement des « vedettes de Cherbourg » par un commando israélien, il livre cent *Mirage* à la Libye. Quand il se rend à Chicago, des juifs scandent : *Shame on you, Pompidou.*

Aussi Giscard bénéficiera-t-il, au départ, d'un préjugé favorable : il a su se démarquer de De Gaulle. Le nouveau président lève immédiatement en faveur d'Israël l'embargo sur les livraisons d'avions. Mais, nécessité faisant loi, la France reconnaît officiellement que les Palestiniens « constituent une entité, une réalité, un peuple ». Un an avant l'élection présidentielle, Giscard fait visite aux Etats du golfe. Les pro-israéliens se disent qu' « il n'y en a que pour les Arabes ». Ils pouvaient, du reste, opposer Giscard et Mitterrand sur les accords de Camp David. Le premier ne les avait pas officiellement approuvés. Le second y avait applaudi, se mettant ainsi en harmonie avec une opinion prompte à croire à la paix.

Mais l'*anti-giscardisme* juif devait surtout éclater avec l'attentat de la rue Copernic, le 3 octobre 1980. Enfourchant cyniquement l'émotion de tous les Français, la propagande de « gauche » mena la charge contre les « responsables » : l'extrême droite avait fait le coup, et la droite l'avait laissé faire. Ce délire dura plusieurs semaines. Même quand les premiers résultats de l'enquête s'éloigneront de la « piste française », Copernic restera à tort comme le symbole, et du divorce entre le pouvoir et la communauté israélite, et d'une alliance presque sentimentale entre celle-ci et la « gauche ».

Le choc

Confiante en Mitterrand, la communauté juive accueillit le nouveau septennat avec ferveur.

La première déception ne se fit pas attendre. Le nouveau chef de la diplomatie française, se rendant en Jordanie, assimilera la résistance palestinienne de l'O.L.P. à la résistance française ; l'occupation soviétique en Afghanistan à l'occupation israélienne en Cisjordanie.

Au retour des obsèques du président égyptien assassiné, il déclare que « la mort de Sadate fait disparaître un obstacle » au rapprochement entre les pays arabes. Sur le dos de qui ce rapprochement pourrait-il s'opérer ? Israël croit connaître la réponse.

Le traité de Camp David, approuvé par Mitterrand-candidat, est jugé « dépassé » par Mitterrand-président, qui appuie le plan Fahd, dont Israël ne veut à aucun prix. La communauté juive est déroutée. Elle va réagir.

Le 17 janvier 1982, Jacques Dominati est élu dans la 2ᵉ circonscription de Paris. Il reprend le siège à Pierre Dabezies, invalidé par le Conseil constitutionnel et surtout brutalement désavoué par ses électeurs, parmi lesquels beaucoup de juifs déçus par des promesses non tenues*.

Pour François Mitterrand, l'avertissement ne fut pas perdu. Il prépara en conséquence l'orchestration du voyage de Jérusalem. Rien ne fut épargné pour montrer aux Français que cet événement avait une dimension historique. On le compara au voyage de Sadate.

« C'est un ami qui vient vers vous aujourd'hui », déclare François Mitterrand en arrivant à l'aéroport.

Navon, le président de l'Etat hébreu, s'accroche à cette idée simple : « Vous n'êtes pas un étranger, vous êtes un véritable ami. »

Mais à la Knesset, il faut défaire l'emballage fleuri de l'amitié et ouvrir le paquet : il comporte quelques objets dont Israël ne veut pas. Par exemple : « l'O.L.P. parle au nom des combattants ».

Le bouillant M. Begin répond par une volée de bois vert qui, visant le ministre, atteint le président : « Le principal obstacle à l'amitié de la France et d'Israël est le soutien de la France à un Etat palestinien. Je me dois de parler franchement. Voici le chef de la diplomatie française, qui se rend dans l'un des pays les plus démocratiques de la terre : Abou Dhabi. Puis, dans le pays le plus avide de paix au monde : l'Irak. Et c'est là-bas que Son Excellence déclare qu'en Judée-Samarie et à Gaza il faut créer un Etat palestinien. Et que la prétendue organisation qui se nomme O.L.P. est l'unique représentante des Arabes de la terre d'Israël, habitant la Cisjordanie et Gaza. » C'est la première fois, dans l'histoire de France, qu'un chef de l'Etat français se fait admonester, en des termes frisant l'injure, devant le Parlement d'un pays hôte.

Cependant, en France, l'opinion juive est sensible au geste, heureuse d'avoir vécu un moment où sa francité et sa « judéité » ont pu pavoiser ensemble sous des bannières officielles. D'autant que les

_____

* Il passe de 50,12 % des voix le 21 juin 1981 à 36,52 % le 17 janvier 1982.

médiats français ont occulté le discours de Begin, au profit des aimables mots de bienvenue prononcés par le président Navon...

Mitterrand, trahison !

Trois mois plus tard, le voile se déchire de nouveau.

Les divisions de Sharon avancent dans le Liban ; la position française se durcit. Quand Beyrouth fut investi, une question habile amena sur les lèvres du président de la République une comparaison fatale avec Oradour... Mais déjà Alain de Rothschild s'était ému : « Voici Israël devenu le juif des nations[4]. » Et Alain Finkielkraut, l'un des plus brillants intellectuels juifs de France, se trouve contraint de préciser[5] : « Hitler est devenu une référence obsessionnelle. *Génocide, extermination, solution finale :* ces vocables sont l'objet d'une convoitise intense, et nul ne résiste à la tentation de s'en emparer pour mieux *nazifier* son adversaire. » La communauté juive, désemparée, meurtrie, se sent solidaire d'un Israël en lutte, et réprouvée pour cette solidarité.

Survient, le 9 août 1982, le massacre de la rue des Rosiers. « Mitterrand assassin ! » « Mitterrand Oradour ! » Ces cris retentissent pendant que François Mitterrand, sortant de la synagogue, tente de lancer une nouvelle fois les mots si souvent magiques : « J'ai toujours été et je suis l'ami de la communauté juive de France, et je suis venu m'associer à sa douleur comme je l'ai toujours fait. »

Au moins la propagande socialiste essaie-t-elle de sauver les meubles. L'opposition se refuse à exploiter l'émotion. Elle ne tracera même pas de trop faciles parallèles avec la façon dont elle fut traitée lors de Copernic, quand elle exerçait le pouvoir. Les eût-elle tracés, que les médiats les eussent étouffés.

Entre le pouvoir et la communauté juive, le divorce était secrètement consommé. On s'en aperçut quand survint le massacre des Palestiniens dans les camps de Chatila et de Sabra. La télévision étala l'horreur, aux heures des repas. A nouveau, les juifs de France se sentirent jetés sur le banc d'infamie.

Certes, en Israël même, la conscience juive s'interrogeait anxieusement. Elle ne supportait pas que les soldats israéliens aient pu entacher son honneur. La politique intérieure s'en mêla : le parti de Shimon Pérès vit l'occasion de faire trébucher un Begin trop triomphant.

Les socialistes français y virent, eux aussi, une occasion : jouer Pérès contre Begin. Libre à eux de condamner impunément la politique d'Israël, puisque l'opposition israélienne elle-même la stigmatisait. Les médiats firent un large écho à cette polémique.

La communauté juive est fière de l'esprit démocratique qui

permet, en Israël, un débat ouvert. Mais elle tolère mal que d'autres prétendent exploiter ces critiques de l'extérieur :

> *Je me les sers moi-même avec assez de verve,*
> *Mais je ne permets pas qu'un autre me les serve.*

En ne hurlant pas avec les loups, l'opposition a-t-elle gagné quelque crédit dans cette communauté traumatisée ? Ce n'est pas impossible. Les juifs français ont appris à ne plus attendre d'aucun camp que la politique française s'aligne purement et simplement sur la politique d'Israël. Sur ce point, l'ancienne majorité n'a jamais, du moins, cherché à les tromper.

Situation dangereuse : toute une partie de cette communauté, les jeunes en particulier, se sent rejetée par la France. La brutalité des déceptions éprouvées n'a pu qu'exaspérer ce sentiment. Lourd est le bilan de la politique du « malentendu permanent », appliquée aux relations entre la France et Israël.

Quelle issue ? Un dialogue plus intense entre les juifs et les familles politiques auxquelles, sur les divers choix de la vie intérieure française, ils se rattachent. Il serait dramatique qu'au moment où l'on voit poindre quelques chances de paix au Proche-Orient, nous ne puissions pas, entre Français, en débattre dans un esprit de paix.

Une promenade au Sentier

Allez rue du Sentier, ou rue des Rosiers. Engagez la conversation avec des commerçants. Ils ne seront pas longs à vous dire : « Je ne crois plus aux promesses de la gauche. Elle nous a trahis. »

Un autre ajoutera, avec une grande volubilité, approuvé par ses voisins : « Je sais, par un membre de ma famille qui est fonctionnaire de police, qu'à l'attentat de la rue des Rosiers, il y avait des Français dans le commando. Le terrorisme arabe est en liaison avec le terrorisme français. D'ailleurs, Francheschi l'a avoué. Les Arabes et le communisme international donnent des armes, de l'argent et des facilités d'entraînement aux terroristes français. Et ceux-là, on les laisse courir, parce qu'en haut lieu ils sont protégés ! »

Un autre, avec la même vivacité, prend le relais : « Les radios libres de la Goutte d'Or, qui s'adressent aux immigrés arabes, lancent des appels au pogrom ! Mais oui ! En propres termes ! " *Il faut tuer les juifs !* " On nous traite de *vermine sioniste !* Ça ne peut pas durer ! » Une mère de famille vous expliquera qu'elle se dispose à envoyer ses enfants aux Etats-Unis, chez des cousins, où, au moins, ils seront tranquilles. « Nous pensions ne jamais revoir ça, et ça revient. »

« On a compris ! conclut un vieil homme. Autrefois, avant la guerre, la gauche nous était favorable, et la droite nous repoussait.

Nous, les juifs, étions presque tous de gauche. Maintenant, c'est le contraire. D'ailleurs, Mauroy l'a clairement dit à l'Assemblée : « Nous avons envoyé l'armée française à Beyrouth pour sauver l'O.L.P. et Arafat. » Les socialistes de toujours, ceux de la S.F.I.O., de Léon Blum à Guy Mollet, étaient des amis d'Israël. Aujourd'hui, c'est bien fini. Les nouveaux, ceux d'après Epinay, sont des marxistes. Ils sont pour l'O.L.P., contre Israël, contre les juifs. Tout comme les communistes : c'est blanc bonnet et bonnet blanc. C'est l'antisémitisme d'Etat, comme en Russie... Mitterrand est dépassé. Il ne peut rien contre la volonté des deux partis sur lesquels il s'appuie. Quand Marchais et Jospin sont d'accord, l'Elysée est impuissant. »

De toutes les catégories de Français inquiets, les juifs sont sans doute, aujourd'hui, les plus apeurés. Ils ont l'impression de sentir la séculaire malédiction retomber sur eux. Ils en veulent à un pouvoir qui s'était dit leur ami, d'avoir pris parti pour leurs ennemis : « Pardonne à ton adversaire. Ne pardonne pas à l'ami qui t'a trahi. »

Chapitre 6

Méprise des « gaullistes de gauche »

L'antigaullisme aura été pour François Mitterrand l'étoile polaire de son parcours politique. Sans relâche, il condamna le « pouvoir personnel », le « nationalisme dépassé », le « coup d'Etat permanent » du Général, avec une sorte de fidélité dans l'aversion.

Or, « l'anti-de Gaulle » s'est vu choisi par beaucoup de gaullistes de la fidélité — notamment les « gaullistes de gauche ». Mitterrand combattait leur héros, qui combattait Mitterrand. Comment ont-ils pu se rallier à lui ?

Les ralliés et leur effet

Dans une lettre adressée à des militants gaullistes entre les deux tours de l'élection présidentielle, Philippe Dechartre, animateur du « Mouvement pour le socialisme par la participation », souhaitait que gaullisme et socialisme se rencontrent sur l'essentiel : l'indépendance nationale et le progrès social.

Lors des législatives, Jean-Marcel Jeanneney, Léo Hamon et de nombreux « gaullistes de gauche »[1], aux états de service ou à la notoriété au-dessus de tout soupçon, firent du gaullisme une pensée « de gauche », qui devait s'exprimer tout naturellement dans une majorité « de gauche ». De Gaulle n'avait-il pas tenu à la « participation » des travailleurs, dénonçant la nocivité du capitalisme sauvage ? Ne cherchait-il pas, entre celui-ci et le collectivisme totalitaire, une troisième voie ?

Les « gaullistes de gauche » ont leur part dans le 10 mai. Non que leur électorat ait quelque consistance repérable : mais au moment où beaucoup d'électeurs de Chirac se sont interrogés sur le second tour, ils ont pu être entraînés à voter Mitterrand par l'appel de personnalités connues, depuis longtemps associées à l'histoire du gaullisme.

La présence de ces gaullistes a contribué à épaissir un peu plus le brouillard dont s'était entouré François Mitterrand. Dans l'église du village de la « force tranquille », quelques cierges brillaient au pied d'une croix de Lorraine...

On comprend l'intérêt que François Mitterrand trouvait à ces cautions. On peut cependant s'étonner qu'elles lui aient été si spontanément offertes. Deux raisons devaient être avancées. Une hostilité viscérale à l'égard de la politique de Giscard, perçue comme centriste et conservatrice. Un formidable malentendu sur la nature et la stratégie du socialisme.

Le rejet de Giscard par les « gaullistes de gauche » date de bien avant 1981. A peu près tout lui était reproché. Le plus grave : le « giscardisme » avait sauvé le centrisme ; il lui avait donné une stature politique. Il se voulait l'expression politique d'un fait *social* ; alors que le gaullisme se veut l'expression politique du fait *national*. Ce fait social, pour Giscard, c'est l'émergence d'une classe nouvelle : la classe moyenne ; le « groupe central », donc centriste, est majoritaire. Or, « le centrisme, affirmait Pierre Lefranc, c'est l'immobilisme social et l'effacement de la France »[2].

Les « gaullistes de gauche » ne supportèrent plus Giscard, quand il parut en mesure, s'il recevait un second mandat, de s'affranchir et des grands principes et des fidèles du gaullisme.

Un pari téméraire

Mitterrand appelait, de son côté, à un vaste rassemblement populaire autour d'un projet « de redressement national ». Les « gaullistes de gauche » crurent, en le prenant au mot, donner ses chances à la vieille ambition du gaullisme : surmonter la fracture qui séparait la France en deux camps. François Mitterrand, une fois élu, deviendrait le Président de tous les Français. La fonction créerait l'homme et primerait sur les anciennes convictions.

Relisons ce qu'écrivait Fessart de Foucault pour saluer la victoire du 10 mai. « L'esprit du 10 mai était une espérance de même essence que celle de la Résistance et de la Libération, un rassemblement de gauche, certes, mais aussi de droite, pour un nouvel Etat, une nouvelle économie, une meilleure imagination collective[3]. »

Surmonter le clivage de la « gauche » et de la « droite », en bâtissant un socialisme à la française, une troisième voie entre le communisme et le capitalisme sauvage, voilà quelles étaient les aspirations des « gaullistes de gauche ».

Leur espoir s'appuyait sur un curieux distinguo, d'où découlait un pronostic réconfortant : « Mitterrand n'était pas un antigaulliste d'indifférence, mais un *antigaulliste de jalousie*[4]. » Il cesserait donc de l'être en accomplissant son rêve et en étant la France, c'est-à-dire en cessant d'être « de gauche » comme « de droite », pour épouser la nation, tels les rois au sacre de Reims.

Les « gaullistes de gauche » voulaient être témoins et acteurs de l'unité retrouvée : ils ont été spectateurs et otages d'une division aggravée.

Comment les signataires de l'appel à voter Mitterrand ont-ils découvert leur méprise ?

Philippe Dechartre et son mouvement furent les premiers à réagir : dès avant les législatives de juin, ils firent campagne contre le P.C. et le P.S.

Quand Philippe de Saint-Robert s'écrie : « Au poste qu'il occupe, on ne peut être ni l'homme d'un clan, ni l'homme d'un parti, ni même l'homme de ses amis, ni même l'homme de ses promesses électorales », c'est déjà une admonestation désabusée. « La guerre des clans a tristement repris [5] », conclut-il.

Ecoutez Jacques de Montalais : « Les socialistes sont à ce point imprégnés de marxisme et de l'idée d'exploitation de l'homme par l'homme, qu'ils ne pensent plus guère en dehors de ce schéma [6]. »

Ecoutez Françoise Parturier : « L'ouverture, toujours souhaitée en paroles ne se concrétise pas : moins utile ? ou moins facile ? [7] »

Ecoutez Léo Hamon : « La majorité doit se modérer et s'équilibrer dans sa représentation... ou cesser d'être une majorité [8]. »

Ces sages propos avaient été inspirés par la défaite éclatante, aux élections partielles du 17 janvier 1981, de Pierre Dabezies, le seul élu « gaulliste de gauche » des législatives de juin 1981.

Le plus perspicace d'entre eux avait eu le mérite de ne pas attendre ce coup de tocsin pour annoncer, trois mois plus tôt, sa désillusion : « Que se passe-t-il du côté de ces gaullistes qui refusèrent d'accorder un second septennat au président sortant ? Ils furent, a-t-on calculé, environ 1 200 000. Autant dire qu'ils provoquèrent sa chute à eux seuls. Les deux tiers avaient voté blanc. Les autres, audacieusement, firent davantage crédit aux institutions de la Vᵉ République qu'à l'idéologie et votèrent Mitterrand. Ils voulurent donc donner à M. Mitterrand la chance historique d'assumer le destin de la France au nom de toute la France, et pas seulement au nom de ceux qui l'auraient élu. Ils espéraient que M. Mitterrand tiendrait compte de la permanente diversité française. Or, qu'est-il arrivé ? La première faute fut de parler aussitôt d'une France socialiste, comme si elle l'était brusquement devenue à une énorme majorité. Ce n'était pas le cas. Les idéologues n'en ont pas moins prévalu. Alors, ces gaullistes ont le sentiment de s'être trompés [9]. »

On ne peut qualifier Michel Jobert de « gaulliste de gauche », puisqu'il n'a jamais prétendu être gaulliste. Pompidolien de gauche ? Disons plutôt : rassembleur solitaire. Lui aussi a voulu témoigner pour l'unité, au sein de la « gauche » triomphante.

Or, son petit mouvement d'honnêtes gens, dits « démocrates », s'est détaché bien vite de ses propres naïvetés. Et il est assez curieux de lire la *Lettre de Michel Jobert*, qui condamne avec persévérance et sans pitié l'esprit d'un gouvernement où Michel Jobert est toujours ministre.

« Ces moments privilégiés, où tout semble possible, n'ont-ils pas été perdus à s'installer et à disserter, quand il fallait agir ? Combien, que l'on croyait naguère prêts à en découdre, n'ont su finalement que composer, et s'accommoder avec les administrations qu'ils étaient supposés subjuguer, transformer, ou remplacer ? *O combien de marins, combien de capitaines...* On allait *débureaucratiser*, la bureaucratie prolifère [10]. »

Six mois plus tard : « Les dévaluations, loin de contribuer au redressement de nos échanges et de notre compétitivité, les dégradent et les minent. Et avec quelle force ! Depuis quinze mois, il faut le reconnaître, aucun redressement n'a été opéré. Où sont les exportations des grands groupes nationalisés qui devaient se révéler les *fers de lance* de notre industrie ? Où sont les soutiens actifs des banques à nos exportateurs ? Où sont les avancées sociales, quand la richesse collective et le niveau de vie de chacun sont amputés [11] ? »

On ose à peine insister. De qui venait le malentendu ? Certains socialistes avaient même, avec Jean-Pierre Cot, mis les points sur les i : « Le parti socialiste ne peut concevoir d'alliances que sur la base du front de classe [12]. » Si les « gaullistes de gauche » ont pris ces avertissements pour un langage compatible avec celui que le Général leur avait enseigné, c'est qu'ils cherchaient le malentendu. Sur ces victimes offertes d'un malentendu volontaire, nous serons économes de nos larmes.

Chapitre 7

Méprise des écologistes

Quand une élection se joue sur une faible marge, il est assez normal qu'on y voie jouer un grand rôle ceux qui se mettent eux-mêmes en marge. Les écologistes ont presque suffi à assurer le succès de François Mitterrand *.

Leurs suffrages se sont reportés sur Mitterrand à 2 ou 3, contre 1 sur Giscard. Ces voix ont pesé lourd le 10 mai : si elles s'étaient simplement partagées en sens inverse entre les deux candidats, François Mitterrand aurait été difficilement élu[1].

Il faut reconnaître que le candidat avait soigneusement pensé à eux : cinq de ses « propositions », au moins, ne pouvaient que leur aller droit au cœur. « L'approvisionnement énergétique du pays sera diversifié. Le programme nucléaire sera réduit aux centrales en cours de construction, en attendant que le pays, réellement informé, puisse se prononcer par référendum » (38). « Un vaste programme d'investissement destiné à économiser l'énergie sera entrepris » (39). « Une loi-cadre garantira le contrôle des citoyens et des élus sur toutes les décisions, et notamment les questions de sécurité touchant au nucléaire » (40). « Une charte de l'environnement garantissant la protection des sites naturels, des espaces verts, des rivages marins, des forêts, des cours d'eau, des zones de vacances, sera élaborée » (101). « La lutte contre la pollution de l'eau et de l'air sera intensifiée » (102). Parachevant ces « propositions », la promesse de généraliser le scrutin proportionnel et les perspectives de décentralisation apportaient aux écologistes la certitude d'être présents et écoutés partout.

François Mitterrand avait su donner un accent personnel à ces froides formules : « La mort des ormeaux est pour moi un deuil de famille. L'acide dans la rivière, et les poissons le ventre en l'air, l'hélicoptère et ses tonnes de défoliant, un petit nuage de mort blanchâtre, je les ressens comme une guerre ![2] »

---

* Le 26 avril, Brice Lalonde recueillait 1 126 254 voix, c'est-à-dire 3,9 % des suffrages — nettement plus que l'écart du second tour entre Mitterrand et Giscard : 1 066 811 voix ; 3,5 % des suffrages.

Ecolos, socialos, même combat, prétendaient des inscriptions, systématiquement peintes « à la bombe », en géantes lettres noires, sur des maisons neuves et bâtiments publics de ma circonscription... sans respect excessif de l'environnement.

Poseurs de problèmes

Loin de moi l'idée que cette attention portée à l'écologie et aux écologistes n'était dictée que par l'électoralisme. Pareilles préoccupations s'imposent à tout homme sensé et sensible.

Les écologistes ont éveillé l'opinion, en France comme dans tous les pays développés, aux dangers que recèle la nouvelle révolution industrielle. Pollution des océans, urbanisation anarchique, déboisement, multiplication des produits de synthèse et leur commercialisation parfois prématurée, protection des espèces animales, respect des chaînes naturelles, déchets industriels, radiations atomiques : aucun problème n'est insoluble, mais le mérite des écologistes est de les avoir posés clairement et publiquement.

Leur vigilance est saine. Elle s'exerce le plus souvent sur des domaines dont la familiarité même exclut, pour la plupart d'entre nous, l'idée de danger. Qui, sans eux, serait allé présumer l'existence d'un produit cancérigène, d'un poison lent, à effet différé, la *palutine,* dans les jus de fruits industriels à base de pomme ? Ils ont raison de dire qu'une usine peut, tout en apportant du bien-être et des emplois, éviter de dégager une fumée qui attaque les poumons ; ou de tuer la faune et la flore des cours d'eau, en rejetant ses effluents. Ils ont raison de dire que la mine ne doit plus s'identifier à la silicose, que l'automobile ne doit plus signifier pollution de l'air ; que l'industrie du cadmium, de l'amiante, de la potasse, du chlore — voire simplement la teinture pour cheveux maniée par les coiffeuses — ne doivent plus être synonymes systématiques de maladies professionnelles.

Cependant, prosélytes infatigables, passionnés, souvent amateurs et parfois excessifs, empêcheurs de travailler en rond, les écologistes patentés ont suscité beaucoup d'énervement. Pas seulement chez ceux qu'ils attaquaient. L'opinion publique, assez généralement, n'a perçu que leurs excès. Elle les a jugés farfelus. De fait, si on les écoutait, on ne serait pas loin de confondre « pesticide » et « peste ». On n'userait plus d'engrais. Les agriculteurs savent bien que, s'ils pratiquaient une culture purement « écologique », les rendements baisseraient de moitié — et les prix monteraient en conséquence... Ils maugréent : « Si on les écoutait, on s'éclairerait à la chandelle ! »

Sympathiques, mais rêveurs, et à écouter avec précaution : tel était l'avis de la masse des Français sur les écologistes. François Mitterrand voulait leurs voix ; il ne voulait pas effrayer les voix de la masse. La solution pourrait s'appeler, une fois de plus, *micro-démagogie.*

Il se garda bien d'attirer l'attention générale sur ses engagements. Le public reçut la confidence de son amour de la nature. Les initiés purent se référer, s'ils le voulaient, au document fantôme des « 110 propositions ». Double registre, plutôt que double langage.

Or, moratoire sur la construction des centrales nucléaires, référendum sur l'arme atomique, consultations locales : rien de tout cela n'a vu le jour.

Certes, on offrit aux écologistes quelques victimes expiatoires. On annula la construction de Plogoff. On concéda à leur antimilitarisme l'abandon du Larzac. Et François Mitterrand exigea que, pour sa visite au salon du Bourget, les avions militaires fussent désarmés...

Enfin Alain Bombard, qui fut navigateur solitaire et reste figure de proue de l'écologie militante, entrait au gouvernement. Il alla jusqu'à promettre l'interdiction de la chasse à courre. Taxé de vain bavardage, le bon docteur ne retrouva pas son maroquin dans le second gouvernement Mauroy. Ensuite, tout — ou presque — est rentré dans l' « ordre électronucléaire ». Les élections législatives étaient passées.

Déniaiser les camarades

Floués, les écologistes ne le furent pas seuls. Il fallut déniaiser, avec eux, les socialistes qui avaient pris trop à cœur le discours écologique de leur parti. Dans ce rôle de trompeur involontaire, de trompé récalcitrant, Paul Quilès s'acquit la célébrité. Ne comprenant pas assez vite qu'il était le complice d'une entreprise un peu cynique, il en fut aussi la victime.

Il avait été l'auteur, avant le printemps 1981, du projet socialiste sur l'énergie : *Energie, l'autre politique.* On y exaltait les énergies douces, renouvelables ; on proposait d'arrêter le développement du nucléaire, en attendant que le peuple se prononçât par référendum : c'est de ce texte qu'étaient extraites les « propositions » à l'usage des écologistes.

Pourtant, après l'élection, c'est à une étude plus réaliste que le pouvoir socialiste puisa son inspiration. Le rapport Hugon reconnaissait quelques évidences : « Le nucléaire est une source d'énergie possédant des avantages considérables qui peuvent en faire l'un des atouts majeurs de la France dans les vingt années à venir[3]. » « Le développement de la consommation et le remplacement des tranches déclassées réclameront inévitablement l'engagement de nouvelles centrales, au-delà de 1990. » « Le coût doit rester un critère

57

essentiel...[4] » Le coût ! Allait-on suivre la logique ignoble de la rentabilité ? On s'éloignait en tout cas de l'esprit qui inspirait le rapport Quilès, résumé dans cette phrase clé : « Il n'est pas indifférent de savoir si le XXIe siècle sera celui de l'atome ou des énergies nouvelles ![5] »

Au pouvoir, les socialistes ont écouté les techniciens et les « prévisionnistes » d'E.D.F., qu'ils avaient refusé d'entendre jusque-là. Ils ont senti qu'il était dangereux de donner libre carrière, dans des consultations locales, à toutes les agitations de la démagogie. Après le sacrifice propitiatoire de Plogoff, on fit arrière toute. Jean-Pierre Chevènement expliquait : « Le nucléaire correspond bien aux besoins des grandes agglomérations des pays développés ; le solaire, à ceux du tiers monde, à l'habitat dispersé[6]. »

Pis encore, Georges Sarre, député de Paris, défendait les surrégénérateurs : pour lui, le nucléaire est « le contrepoids du pétrole », d'autant plus que « la relève de l'uranium est techniquement possible avec la filière surrégénératrice[7] ».

« J'ai été manipulé »

Pauvre, pauvre Brice Lalonde ! Mais il n'a pas encore bu le calice jusqu'à la lie. Il lui faut encore découvrir que pour consulter les populations, comme promis, il suffit de consulter leurs représentants. Pour Pierre Mauroy, « l'ignorance (*sic*) est à l'origine du rejet des équipements nucléaires[8] ». Les Français étaient ignorants parce qu'ils n'écoutaient pas leurs professeurs. Mais les professeurs socialistes découvrent tout, en même temps que leurs élèves, notamment des vérités bien simples qu'ils niaient farouchement ! Il n'y a que les écologistes pour s'étonner que les meneurs des chahuts d'hier soient devenus les surveillants d'aujourd'hui. Même Paul Quilès, enfin désabusé, se rattrape : « La voie nucléaire pour la production de l'électricité est celle qui a provoqué le moins d'accidents mortels dans l'activité des hommes... Ce n'est pas la multiplication des centrales qui est dangereuse, c'est l'accumulation des fusées. »

Dramatiquement, Brice Lalonde conclut : « L'ampleur du reniement socialiste laisse sans voix.[9] » Trop tard ! Les siennes étaient déjà allées à François Mitterrand.

« Honteusement trompés », les écologistes ? C'est vrai : mais ils n'étaient pas non plus innocents de menées électoralistes. En insérant leur coin entre les deux moitiés de la France, ils comptaient bien que leur petit nombre imposerait ses vues au grand nombre : l'arroseur est arrosé.

Un peu plus tard, le 15 décembre, Alain Bombard déclarera à son tour : « J'ai été manipulé. Ma nomination était un alibi électoral pour les écologistes. François Mitterrand n'a pas tenu ses promesses [10]. »

Pour une écologie qui protège l'espèce humaine

Bernés pour avoir suivi les socialistes, les fervents d'écologie le furent encore d'une autre façon, plus subtile et plus profonde. Maintenir les équilibres naturels, ce n'est pas seulement l'affaire de l'animal et du végétal. L'économie, la société sont aussi les milieux naturels de l'homme, espèce qui mérite protection — autant que celle des marmottes ou des flamants roses. L'homme vit avec ses semblables. Les règles de sa survie, de son épanouissement social sont si délicates, que l'essentiel nous en reste inconnu. Aussi, comme à l'égard des espèces et des milieux du monde végétal ou animal, la première consigne est-elle de prudence : *à ne pas déranger sans de sérieux motifs.*

Nos écologistes ont eu le tort de s'enfermer dans leurs marottes. Ajoutons l'homme, « animal politique », à leur liste des espèces fragiles. Ils ont cru trouver un langage commun avec des idéologues, spécialistes de la fabrication artificielle de milieux humains. Ce ne pouvait être que le langage du malentendu. L'écologie *socialiste,* qui exclut l'homme, est une écologie amputée. Entre ces deux démarches boiteuses, la rencontre s'est faite — et dure fut la chute.

Quand un réformateur se donne un but bienfaisant, il est fréquent qu'il l'atteigne : mais il n'est pas rare qu'il provoque, par une réaction en chaîne, une, deux ou trois conséquences qu'il n'avait pas prévues et qui peuvent annuler les bienfaits de la réforme, ou se révéler gravement nuisibles. Avant de changer la société, évitons prudemment de bouleverser les équilibres qui la régissent. Inspirons-nous des écologistes, qui ont le courage de combattre les apprentis sorciers de la nature physique, pour combattre aussi fermement les apprentis sorciers de la nature sociale.

DEUXIÈME PARTIE

Que se passe-t-il ?
ou
Changer de France

La liberté que nous voulons commence, très modestement, par la destruction de tous les appareils procéduriers des lois mises en place pour bâillonner le peuple, pour finir, beaucoup plus et beaucoup mieux, par la destruction des structures, en profondeur, de cette société qu'il faut faire voler en éclats.

François Mitterrand [1] (1968).

A compter du moment où nous adoptons une stratégie de rupture avec le capitalisme, ou « société de libre entreprise », il n'y a pas de socialisme sans l'appropriation collective des grands moyens de production, d'échange et de recherche.

François Mitterrand [2] (1971).

L'apport théorique principal qui inspire le programme socialiste est et reste marxiste.

François Mitterrand [3] (1972).

François Mitterrand était républicain, pas marxiste. Il le devient peu à peu, parce qu'il est supérieurement intelligent, parce qu'il lit beaucoup et parce que nous l'avons convaincu.

Pierre Joxe [4] (1975).

Dans les pays où s'est développée la social-démocratie, on ne s'est pas attaqué au cœur de la bataille ; c'est-à-dire qu'on n'a pas cherché à détruire autant qu'il le fallait le capitalisme et ses maîtres.

François Mitterrand [5] (1978).

L'astrologue au fond du puits

> *Un astrologue un jour se laissa choir*
> *Au fond d'un puits. On lui dit : « Pauvre bête,*
> *Tandis qu'à peine à tes pieds tu peux voir,*
> *Penses-tu lire au-dessus de ta tête ? »*
> *C'est l'image de ceux qui bayent aux chimères*[1].

L'idée du partage des emplois est une idée miraculeuse. Elle est simple. Elle correspond à la mentalité de lutte des classes. La richesse serait un gâteau aux dimensions fixes. Donner plus à l'un signifie donner moins à l'autre.

Ces idées sont fausses ? On ne le croyait pas, quand nous le disions avant que les faits l'aient prouvé. Il fallait la cruauté du réel.

Miraculés, miraculeux et miraculaires

La théorie marxiste sur le *capital* et le *travail* est artificielle. Elle omet un troisième facteur de la production, de nature psychique : goût du risque ; esprit pionnier ; vitalité collective ; attrait pour l'innovation ; autonomie responsable ; par-dessus tout, confiance. Ce *tiers facteur immatériel,* qualitatif et invisible, multiplie ou divise, selon qu'il existe ou fait défaut, les deux premiers facteurs — matériels, quantitatifs, visibles — du capital et du travail.

Faute d'admettre ces réalités[2], radicalement contraires aux dogmes marxistes, et non encore reconnues en France, les doctrinaires d'une idéologie qui se croit rationnelle débouchent en plein paysage imaginaire. Ils ont besoin de faire croire au miracle : on peut gagner plus en travaillant moins ; la valeur peut naître à partir de rien. Péguy a montré que « *La démagogie est essentiellement une exploitation de l'idée du miracle.* Un démagogue se reconnaît essentiellement et se distingue à ceci : qu'il exploite l'idée du miracle*[3] ».

Relisons-le. En 1906, il semble écrire pour aujourd'hui : « Si tout le monde sait bien d'avance qu'il n'y a aucun miracle économique, et peut-être aucun miracle social, comment se fait-il que presque tous les discours politiques parlementaires (j'entends éminemment les discours des congrès socialistes, locaux, nationaux et internationaux, et tous les discours des meetings et grèves, qui reviennent au même) indivisément reposent sur ce postulat universel inavoué : que perpétuellement il y a un perpétuel miracle économique. C'est que tous également, ils sont, au fond, de la même race, ils ne sont pas des producteurs et des industriels, mais des miraculaires, des miraculés et des miraculeux. Ils ne vivent que du miracle[4]. »

Quelques réalités inoubliables

Laissons les miraculaires entre eux. Point de chances de faire reculer le chômage, si la croissance n'atteint pas 3 % — le taux sur lequel le président de la République s'est engagé comme un minimum. Or, les réalités ne nous sont pas favorables.

La démographie ? Les classes d'âge de soixante et un à soixante-cinq ans sont beaucoup moins nombreuses que celles de vingt à vingt-cinq ans. Les mises à la retraite ne dégagent pas assez de places pour cette jeunesse abondante.

Le travail féminin ? A l'image de la mère au foyer, s'est substituée, dans l'imaginaire collectif, l'image de la femme « active et responsable ». La montée de la demande d'emploi reflète largement cette pression féminine. A peu près rien n'est fait pour favoriser un *travail à temps partiel,* propre à convenir à beaucoup de mères, dont l'absence au foyer pèse lourdement sur l'éducation de leurs enfants ; leur travail à temps complet engendre parfois la délinquance juvénile plus que ne le fait le chômage. Mais les syndicats marxistes et les organisations féministes d'avant-garde ont toujours repoussé le temps partiel comme une « grossière diversion ».

L'éducation, déformée par les idées dominantes chez les enseignants, n'a pas assez pris à bras-le-corps les besoins de la qualification et de la motivation professionnelles. Elle aurait craint de se mettre à la « remorque du capitalisme ».

L'adaptation à une situation économique brutalement changée ? Pendant des siècles, on reprenait le métier paternel ; aujourd'hui, c'est le père lui-même qui est obligé de se « recycler ». Justement, l'adaptation des hommes aux tâches nouvelles est gênée par le ralentissement de la croissance.

Les mutations technologiques ? Le chômage actuel, si pénible soit-il, n'est que l'épiphénomène des changements profonds que vit le monde industriel, entraîné vers une production « du haut de gamme » toujours plus sophistiquée, et talonné, pour les productions du « bas de gamme », par un tiers monde qui les fournit à bien meilleur prix.

L'effet pervers du progrès social ? Le taux des salaires horaires, en monnaie constante, a beaucoup plus augmenté en France, entre 1974 et 1981, que chez ses concurrents[5]. Cette forte augmentation, si « sociale », a eu pour conséquence d'inciter les entreprises françaises à limiter le nombre de leurs salariés — d'autant que les charges sociales sont, en France, parmi les plus importantes du monde. Une politique qui tend à donner aux salariés plus d'avantages que ne le permettraient les gains de productivité, ou à rendre presque impossibles les licenciements, *se retourne contre les travailleurs, puisqu'elle aboutit au refus d'embauche.*

Autre effet pervers : le caractère attractif du statut du chômeur, et surtout du licenciement pour cause économique. Un routier des environs de Provins me faisait cette confidence : « Je pilote les camions de Pâques à la Toussaint. C'est la bonne saison, ça roule. De la Toussaint à Pâques, je me fais mettre au chômage : il fait froid, il y a du brouillard. Les indemnités de chômeur ne sont pas faites pour les chiens » *(sic).*

L'excès de garanties équivaut à la privation de garanties. Le mieux est ennemi du bien.

Le socialisme se sert-il du chômage ?

Ce réseau de causes s'observe plus ou moins dans tous les pays industrialisés qui connaissent le chômage. Mais en France, les causes *sociales* du chômage sont éperonnées par la revendication politico-syndicale. Longtemps, elles avaient été compensées par le dynamisme de l'économie. Atteinte à son tour dans son dynamisme, l'économie les laisse exploser.

Le chômage, il revient aux responsables politiques de s'y attaquer en ses causes réelles, et non en ses causes mythiques ; de ne pas l'aggraver en pénalisant l'économie ; de ne pas le masquer en changeant d'appellation les chômeurs ou en embauchant des fonctionnaires par centaines de milliers — charge insupportable qui hypothèque l'avenir. Personne ne peut, en quelques mois, effacer le chômage ; mais on devrait le contenir dans des limites supportables. François Mitterrand et les siens, après avoir promis d'y réussir, s'en sont montrés incapables ; en outre, déconcertés de leur échec imprévu.

Ne leur comptons que les chômeurs dont le nombre s'est ajouté à celui qu'ils avaient trouvé en arrivant*. Mais était-il honnête de

---

* Au moins 700 000, de mai 1981 à décembre 1982, si l'on tient compte des chômeurs camouflés sous le nom de « pré-retraités » ou de « stagiaires en formation ».

solliciter les suffrages des Français pour un projet d'illusionnistes ? « Le capitalisme », disiez-vous, « se sert du chômage comme d'une purge ? » Et si cette accusation sans preuves se retournait contre le socialisme ? Avec des preuves. D'abord, le chômage a expulsé ce que vous appelez la « droite ». Et il peut encore vous servir, pour achever de « purger » la société. *Le chômage est un inestimable argument de haine sociale.*

Jouer le pire sourira toujours aux marxistes. Toutes les révolutions ont besoin de profiteurs, contre qui on en appelle aux « sans-culottes » et aux « tricoteuses ». *Parce que le socialisme n'a pas réussi à juguler la crise comme il l'avait promis, la crise peut réussir à porter le socialisme comme il s'était bien gardé de le laisser prévoir.*

On n'a pas tardé à chercher des boucs émissaires : « Je suis inquiet de l'attentisme des patrons[6]. » Pour inverser la tendance, il faudrait que les patrons aient envie de « jouer le jeu ». Mais quel est le jeu socialiste ? Celui du chat avec la souris.

N'y a-t-il pas quelque cynisme à exiger des chefs d'entreprise, sous la menace d'être dénoncés comme de mauvais Français, qu'ils créent des emplois, alors que tout est fait, simultanément, pour les en décourager ? Dans la logique libérale, ils ne peuvent embaucher que s'ils réalisent des profits. Mais dans la logique socialiste, s'ils réalisent des profits, c'est qu'ils spolient les travailleurs*. Faudrait-il donc que, dans le même temps, ils créent des emplois et enregistrent des pertes ?

Accumulent-ils les déficits ? Ils sont obligés de déposer leur bilan ; on les taxe d'incompétence. Abaissent-ils les coûts ? On les accuse de favoriser le chômage. Hésitent-ils à s'aventurer à l'étranger sur des marchés incertains ? On stigmatise leur manque d'audace, qui porte préjudice au commerce extérieur. Beaucoup réduisent la production en vue de sauver l'entreprise, plutôt que de produire à perte pour finir dans la faillite. Ils n'oublient pas les menaces proférées par Pierre Mauroy : « Les patrons répondront de leur gestion sur leurs biens propres. » Avant de prendre de pareils risques, on réfléchit à deux fois.

Dans son dernier livre avant l'élection, ainsi que dans sa campagne, François Mitterrand affirmait péremptoirement, non seulement que la relance absorberait aisément le chômage, mais qu'elle n'entraîne-rait pas d'inflation...

Dans la première année du gouvernement de la « gauche », la hausse des prix s'est accélérée : 14,1 % en rythme annuel contre

---

* « Le profit, c'est une certaine quantité de travail non payé : voilà tout le secret de l'exploitation capitaliste[7]. »

12,5 % dans l'année précédente[8]. Surtout, *tandis qu'en France les coûts continuaient à augmenter, ils baissaient partout ailleurs*[9]. L'ensemble des principaux concurrents étrangers de la France[10] tiraient brillamment parti de la priorité qu'ils avaient tous donnée à la lutte contre l'inflation. Alors que la France se trouvait, jusqu'en avril 1981, dans la moyenne des pays de la Communauté européenne, son inflation, un an plus tard, dépassait de beaucoup cette moyenne. Pareil écart[11] ne pouvait qu'aggraver le déficit des échanges extérieurs, affaiblir le franc, porter atteinte à l'emploi, si « prioritaire »[12].

Déficit budgétaire démesurément aggravé, faiblesse de la monnaie, taux d'inflation croissant[13], déficit de la Sécurité sociale et de l'assurance chômage[14] : les prélèvements obligatoires*, déjà très supérieurs à ceux de nos partenaires[15], grimpent allègrement malgré les promesses publiques[16].

Beaucoup d'entreprises connaissent une situation financière proche du collapsus. Auraient-elles envie de « jouer le jeu » de l'investissement, que la plupart d'entre elles n'en ont plus les moyens.

Quant aux réserves de devises...

La réaction en chaîne de l'échec a pris une cadence inexorable. L'économie française s'isole. *Le pays risque de rester en dehors de la reprise mondiale quand elle s'effectuera.*

Dans un monde ouvert, une nation n'a plus le droit de se mettre à l'écart des autres. Si un gouvernement veut suivre une politique de relance (qui échoue) alors que tous les autres luttent contre l'inflation (et réussissent), il ne doit pas s'étonner du résultat.

Les socialistes ont oublié que la France n'était pas pareille à un poisson rouge dans un bocal, mais à une carpe dans des eaux mêlées, où croisent quelques brochets.

Quand l'astrologue bayait aux chimères

François Mitterrand donna le 24 septembre 1981 sa première conférence de presse. L'astrologue cheminait encore, le nez dans les étoiles.

« Le chômage d'abord, parce que nous avons atteint le seuil d'intolérance. Ce sera la priorité des priorités ». Et pourtant, il faudra tolérer l'intolérable.

L'inflation ? « La vraie stabilité des prix viendra avec la croissance sociale, avec la réduction des inégalités, avec une meilleure efficacité

---

* Les impôts et les cotisations sociales, qu'ils soient ponctionnés par l'Etat, par les collectivités locales, par la Sécurité sociale ou par les caisses d'Allocations familiales et assimilés.

et avec la volonté de ne pas confondre liberté et laisser-aller. » Hélas !
Si la « stabilité des prix vient », ce sera plutôt « avec » l'application
des conditions imposées par les Allemands, c'est-à-dire une politique
d'austérité. En attendant les instructions de la Banque mondiale,
comme au Portugal ?

La relance ? « Je sais bien tout ce que l'on dit : si l'on fait de la
relance par la consommation, on court vers l'inflation. » Il *savait...*
Mais pour un idéologue, le dogme prime les faits. Et « pour le
magicien », disait Bergson, « l'incantation peut participer à la fois du
commandement et de la prière »[17].

Le commerce extérieur ? « Il faut repartir à la conquête de notre
marché intérieur. Nous sommes dans la bonne direction. C'est un
objectif essentiel de ma politique. » Le déficit du commerce extérieur
dépassera par la suite tous les records historiques.

La croissance ? « Je me suis fixé des objectifs au point de départ
modestes : 3 %. » Modestes, il est vrai, à côté des 6 % dont il avait
parlé dans sa campagne. Mais c'était tout de même encore quatre fois
trop par rapport à la réalité.

Les nationalisations ? « Il est important de savoir qu'en France les
nationalisations, ça marche. » Voyez l'automobile. Renault accusait
2 milliards de déficit pour l'année 1982.

La fiscalité ? « Je pense à la refonte indispensable de la taxe
professionnelle. » Il y pense encore.

La Communauté européenne ? « Pour la construire, je rechercherai
la solution aux problèmes actuels, à la lumière des projets concrets de
relance européenne. » Point d'autre projet concret n'a été présenté,
qu'une proposition « d'espace social européen » — aussitôt écartée
comme « fumeuse »* par nos partenaires, qui se souciaient peu de
diminuer chez eux la durée du travail et de faciliter les choses à la
France en se mettant, pour lui faire plaisir, en aussi mauvaise posture
qu'elle.

Les cinq paris de Michel Jobert

Michel Jobert, plus avisé, flaira le puits, à la veille d'y choir, en
mars 1982. « Consciemment, sans aucun doute**, le gouvernement
a pris un certain nombre de risques : relance de la consommation,

---

* Nos partenaires considèrent l'essence du « socialisme à la française » comme
incompatible avec une économie saine et dynamique. La proposition française d'un
« tribunal européen » a paru tout aussi « fumeuse » et a connu le même sort.

** On notera qu'avec une jolie ambiguïté, Michel Jobert suggère que le
gouvernement était totalement inconscient.

déficit budgétaire qui devrait avoisiner les 150 milliards de francs en 1982, réduction de la durée du travail et allongement des congés. Et cela, sans attendre nos principaux partenaires européens, et sans se concerter avec eux.

« De deux choses l'une. Ou, au printemps prochain, la conjoncture internationale repart : notre politique se trouvera pleinement justifiée. Ou la récession mondiale continue et nous serons pris à contre-pied. L'exercice deviendra périlleux. Equitablement, sans sévérité excessive ni complaisance, quels objectifs mesurés devraient être atteints ?

« L'étoile du berger du redressement, le chiffre qui sera scruté par tous les Français, c'est évidemment le niveau de *chômage. Moins de deux millions de chômeurs à la fin de juillet,* c'est gagné — ou en passe de l'être. Plus, c'est perdu.

« *L'inflation :* moins de 12 %, c'est gagné. Plus, c'est perdu.

« *La croissance :* plus de 2,5 %, c'est gagné. Moins, c'est perdu.

« *La monnaie :* pas de nouvelle dévaluation par rapport au Mark, c'est gagné. Sinon, c'est perdu.

« *Le commerce extérieur :* moins de cinquante milliards de francs de déficit pour les sept premiers mois de 1982, c'est gagné. Plus, c'est perdu. »

Hélas ! Cinq paris pour juillet 1982 : *tous* perdus*.

César Birotteau menacé de saisie

Le précédent président avait pris l'initiative de créer une instance de concertation entre les chefs de l'exécutif des pays les plus développés. Le premier « sommet » avait eu lieu modestement dans l'intimité de Rambouillet. Le nouveau président reprend cette politique à son compte ; mais elle est enflée par la démesure des prétentions. Il présente à ses six partenaires un document dont l'Elysée déclarait, sans rire, qu'il était « l'équivalent de ce que Roosevelt a proposé pour sortir de la grande dépression que subissait l'économie mondiale au moment où il s'est installé à la Maison-Blanche »[18]. Le chef d'un Etat qui n'arrivait à contenir ni la hausse des prix, ni l'ampleur des déficits, donnait des leçons à des chefs de nation qui réussissaient, eux, là où il avait échoué ; et qui le savaient.

---

* Celui de l'inflation fut largement perdu pendant la période indiquée par Michel Jobert (rythme annuel d'inflation dépassant 14 % dans le premier semestre 1982). Dans le second semestre, le blocage des prix et des salaires fera descendre ce rythme annuel bien au-dessous de 12 %, mais d'une façon purement artificielle.

Six jours après, le franc était dévalué. Qui donc avait donné le bal ? Louis XIV, Napoléon ou de Gaulle ? Non : César Birotteau, menacé de saisie. Comme ils devaient sourire, ces invités des pays riches de l'Occident, en entendant leur hôte vanter les réformes que la planète pouvait attendre de son discours ! Eux qui savaient que l'on allait mettre en gages le mobilier du maître de céans — déjà en sursis, et qui ne le savait pas.

Une première dévaluation[19] avait suivi de dix jours la première conférence de presse présidentielle[20]. Une deuxième dévaluation[21] suivit de trois jours la deuxième conférence de presse[22]. L'écart se resserre. Selon toute probabilité, la troisième dévaluation risque fort d'intervenir au beau milieu de la prochaine conférence de presse.

Excusez le président : il ne prévoyait pas, ce mercredi, l'affolement du vendredi noir. C'est la *Bundesbank* qui a durement imposé et le jour, et le taux. Le vendredi après-midi, elle a refusé de continuer à soutenir le franc, alors que la panique gagnait toutes les places financières. Bonn a exigé que la dévaluation par rapport au Mark ne fût que de 10 %. Alors qu'il aurait fallu qu'elle fût de 15 % pour se situer à la hauteur de la dépréciation réelle de la monnaie ; voire de 20 %, pour donner à notre commerce une chance d'en tirer avantage dans la compétition internationale.

C'est Bonn, encore, qui a imposé à la France le blocage des prix et des salaires, ainsi que la limitation des déficits budgétaire et social.

C'est Bonn, toujours, qui a refusé de participer à l'emprunt de 4 milliards de dollars, à un taux ruineux, et devant lequel pourtant se dérobent les banques allemandes — comme aussi les banques américaines. La France sollicite les avances de banques privées espagnoles ou arabes...

Diktat monétaire, diktat économique. La France les a provoqués. Elle n'a pu que les subir. Qu'est devenue sa souveraineté ?

François Mitterrand a bravement annoncé qu'il n'y aurait pas de troisième dévaluation. Façon de parler. Si elle devenait nécessaire, la France sortirait, sans doute définitivement, du système monétaire européen. Cette sortie signifierait une dévaluation permanente. Il ne faudrait pas s'étonner alors de voir le dollar monter à 10 francs et le Mark à 5 francs.

Pour la deuxième dévaluation, l'opposition parlementaire a voté *a posteriori* la censure. Geste vain ! Mais une censure *a priori* a été infligée au gouvernement par ses partenaires du Marché commun, et par toute la Communauté atlantique. Combien active et efficace, cette censure-là ! *Aucun des pays occidentaux ne croit à la politique économique et sociale menée par la France.* Or, dans un même espace économique, les mêmes principes doivent être respectés. Nous ne pouvons faire le contraire de nos partenaires, sauf à nous entourer de barrières qui précipiteraient d'ailleurs inflation, dévaluations, appauvrissement.

Dévaluation de la France

Le franc n'a pas été seul dévalué : le gouvernement et la France l'ont été avec lui.

Le gouvernement ? Il a rejoint le lit de la IVe République, où des cabinets inconsistants procédaient coup sur coup à des dévaluations ratées. De nouveau, l'autorité de l'Etat est atteinte en profondeur. Ses dirigeants provoquent, pour la première fois depuis la guerre*, une baisse du pouvoir d'achat.

On imagine les banderoles que les syndicats ne manqueraient pas de brandir dans des manifestations de rue, s'ils n'étaient pas socialistes ou communistes : « Le socialisme vous appauvrit. »

En vingt-trois ans, la France n'avait connu que deux dévaluations. Celle de 1958, pour apurer les comptes de la IVe République. Celle de 1969, pour rétablir les équilibres mis à mal par les désordres de mai 1968. Dans les deux cas, elles avaient été voulues, préparées et réussies. Aujourd'hui, les étrangers recommencent — avec quelque exagération — à parler du franc comme d'une « monnaie de singe ». Les propos de nos dirigeants sont accueillis avec ironie par nos partenaires. La France redevient « le dernier de la classe ». Les journaux allemands nous assènent des gentillesses comme celle-ci : « Nos voisins n'arrivent pas à maîtriser concurrence, inflation, budgets publics et chômage. La République fédérale verse une pension à Mitterrand pour lui permettre de faire ses expériences[23]. »

Dans sa conférence de presse du 12 juin 1982, François Mitterrand avait fort honnêtement déclaré : « Avec les moyens que le Parlement nous a permis d'avoir au cours de cette année, nous sommes en état d'assumer pleinement nos responsabilités, sans nous retourner vers quiconque pour dire : *C'est votre faute.* »

Pourtant, la « faute » une fois sanctionnée par la dévaluation, on cherchera des boucs émissaires en criant haro sur les Américains ; ou en invoquant l'« héritage » (en omettant d'y inclure les 144 milliards de francs en devises fortes légués par le gouvernement Barre, et aujourd'hui dilapidés ; ainsi que les 227 milliards en or, qui permettront de gager d'énormes emprunts).

Plus honnêtes, Gisèle Halimi rappelait que « la gauche s'était toujours cassé le nez sur l'économie » et Michel Rocard que « la

---

* En 1980, après le second choc pétrolier, le « revenu disponible des ménages » a très légèrement baissé. Mais pas le « niveau de vie », qui comprend l'usage des biens collectifs (système de santé, routes, écoles, etc.).

France vit à un niveau de protection sociale au-dessus de ses moyens ». Ils eurent beau être rappelés à l'ordre, ils s'attirèrent quelque estime : on préfère les bons perdants.

Les « années terribles »

La « gauche » se décida alors à utiliser avec brutalité les procédés qu'elle ridiculisait quand Raymond Barre les maniait avec discernement : jamais encore, sous la Ve République, on n'avait été acculé à bloquer non seulement les prix, mais les salaires.

Dans un premier temps, on annonça ce double blocage pour quatre mois. Etait-il raisonnable de faire croire que, ce délai passé, on allait repartir vers des horizons roses ? « Ce n'est qu'une purge », osa dire le Premier ministre. Quelques jours plus tard, le ministre de l'Economie et des Finances était contraint d'annoncer que cette période d'austérité durerait dix-huit mois. A la mi-juillet, Lionel Jospin, sa belle assurance enfuie, prévoit pire encore : « Nous entrons dans les années terribles. » Les sept années de « vaches maigres » de la Bible ne sont plus derrière nous, mais devant : la vision de Pharaon a chaviré.

La vraie purge, *c'est dans les esprits qu'il faut la faire.* Nos dirigeants sont encore enclins à croire que les réalités économiques obéissent à des incantations qu'il suffirait de ressasser.

L'astrologue remontera-t-il de son puits ? En attendant, le désarroi idéologique s'installe. Le ministre de la Culture avait péremptoirement affirmé : « L'échec économique est d'abord un échec culturel [24]. » On ne saurait mieux dire. Gouvernants et militants socialo-communistes hésitent à accepter la leçon des faits : c'est qu'ils n'ont pas les instruments intellectuels qui leur permettraient de l'assimiler.

L'opinion, elle, qui avait autant d'illusions sur le succès, mais moins de préjugés sur la méthode, a commencé à comprendre.

Certains, bien français, préfèrent en rire : « J'ai fait un cauchemar, dit le chansonnier en imitant l'accent suisse. J'ai rêvé que j'avais placé tout mon argent en France. » D'autres ne cachent pas leur anxiété.

Chapitre 9

Le collectivisme
ou
« Est-ce le mot, ma fille... ? »

> *Dirige celui qui risque ce que les dirigés ne veulent pas risquer. Le*
> *courage, pour l'entrepreneur, c'est l'esprit d'entreprise et le refus de*
> *recourir à l'Etat ; pour le directeur du personnel ou le directeur d'usine,*
> *c'est la défense de la maison ; c'est, dans la maison, la défense de l'autorité.*
> *Entre tous les producteurs, c'est la lutte sans merci*[1].

Jean Jaurès (1890).

« Mitterrand, collectiviste ? Ridicule ! C'est un bourgeois. » Les
Français, nés malins, considèrent qu'un « bourgeois » ne saurait être
collectiviste. Pourtant, les pères fondateurs du communisme, Marx,
Engels, Lénine, étaient des bourgeois[2]. Et Marx disait que les
prolétaires avaient besoin des bourgeois pour faire la révolution
contre la bourgeoisie.

Est-ce le mot, ma fille... ?

De toute façon, les électeurs qui ont fait la décision, le 10 mai,
étaient tout décidés... à se tranquilliser. Et l'on a tout employé pour
les convaincre de cette distinction fondamentale : le socialisme
généreux, oui ; le collectivisme bureaucratique, non ! « Collectivistes,
nous ? Jamais ! » On pense à l'amour selon Molière : « Est-ce le mot,
ma fille, ou la chose qui vous fait peur ? »

La surprise fut complète, quand le nouveau pouvoir décida, tout de
suite et d'un coup, un vaste plan de nationalisations.

Depuis 1972, pourtant, les nationalisations étaient l'élément le plus
notoire du *Programme commun de la gauche unie*. Les nationalisations,
c'était la « gauche ».

Mais on avait vu aussi la « gauche » se désunir, en septembre 1977,
sur les nationalisations. Le parti socialiste avait obstinément résisté à
la pression communiste. Il avait souhaité limiter la liste, que le P.C.
voulait plus large, et épargner aux filiales le sort des sociétés mères.
Bref, il était minimaliste — comme les *mencheviks* — c'est-à-dire sage,

alors que le parti communiste était maximaliste — comme les *bolcheviks* — c'est-à-dire déraisonnable.

Les nationalisations, fallait-il au fond s'en effrayer ? Après les chemins de fer en 1936, la France libérée avait bien nationalisé, en 1945, de grandes banques et de grandes compagnies d'assurances ; charbonnages, électricité, Air-France, Renault, transports parisiens, industries aéronautiques et spatiales étaient nationalisés. La France n'en était ni morte ni même collectivisée. Tout cela, elle le devait au général de Gaulle, l'insoupçonnable ! Et Marcel Dassault, le symbole des capitalistes à nationaliser, restait placide : il en avait vu d'autres...

Cette confiance reposait sur la conviction que les socialistes étaient des empiriques, comme vous et moi. Là résidait le malentendu.

De ce malentendu, François Mitterrand avait joué, pendant la campagne, sur un mode mineur. Oui, il nationaliserait les « neuf grands groupes » et le crédit : pas d'hésitation. Mais le discours ne s'attardait ni sur la justification idéologique, ni sur l'ampleur économique de cette proposition. Les nationalisations étaient déjà une donnée de fait. Le candidat s'employait à en restreindre la portée, pour en « dédramatiser » les conséquences.

La masse des Français n'a jamais aimé le patronat ; jamais admis la liberté d'entreprise dans toute l'étendue de ses conséquences. Elle était colbertiste avant Colbert ; elle l'est restée après lui.

La corde nationaliste

Le discours socialiste sut faire vibrer la corde patriotique. Pour que notre industrie cesse d'être dévorée par les « mutinationales » — par l'Amérique — elle devrait se nationaliser, sans jeu de mots.

Et puis, n'était-il pas question de « guerre économique » ? Ne fallait-il pas « se donner les moyens de la relance » ? « Resserrer le dispositif » ? Elaborer une « stratégie offensive » ? « Mobiliser les ressources » du pays ? En temps de guerre, on est prêt à tout, on s'accoutume à tout. Pas de guerre sans réquisitions, ni accroissement des prérogatives de la nation.

Ce raisonnement réussit à neutraliser le discours adverse, qui avait le plus grand mal à attaquer les nationalisations à venir, sans paraître remettre en cause les nationalisations passées. Les distinguos passent mal, dans l'extrême simplification des débats nationaux.

Un seul argument aurait pu porter, du côté des libéraux : les nationalisations, c'est plus de technocratie encore, et moins de démocratie. Davantage de pouvoir exercé par des fonctionnaires irresponsables. Au contraire, l'entreprise privée ne survit que si ses dirigeants obéissent au marché, c'est-à-dire aux préférences des consommateurs, autrement dit à la volonté du peuple.

Mitterrand fut assez habile pour éviter le piège. Les Français se savaient au bord de l'*overdose* bureaucratique. Mais qui, jusqu'alors, avait prescrit les *doses ?* Qui avait laissé s'allonger les tentacules d'une administration-pieuvre ? Pas lui, pas la « gauche ». Son premier souci serait au contraire de démocratiser, de décentraliser, de « rendre le pouvoir aux citoyens ». Le surcroît de pouvoir étatique, apporté par les nationalisations, apparaissait comme noyé dans un vaste mouvement où l'Etat se faisait petit, humble et fraternel.

Et puis, « nationaliser n'est pas étatiser ». L'Etat est impopulaire ; la nation, populaire. La formule plaît, même si elle ne recouvre aucune réalité. On verra plus loin qu'elle recouvre une réalité à laquelle le public était loin de penser.

Le P.S. maximaliste

Avant la période électorale, les nationalisations avaient gardé des dimensions réduites. Et voici qu'elles apparaissent dans leur ampleur grandiose ; qu'avec les neuf grands groupes, leurs 1 700 filiales sont touchées ; que l'opération doit être réalisée en une seule et bonne fois, sans échelonnement, sans délai ; qu'elle s'étend à toutes les banques, à l'exception des seules coopératives.

Le P.C avait obtenu gain de cause pour ce qui lui tenait le plus à cœur. Sous couvert de « démocratiser » les entreprises nationalisées, il allait pouvoir agir par le sommet, en infiltrant ses hommes dans la hiérarchie. Sa filiale la C.G.T. agirait par la base. Il aime les « grands ensembles », où s'agglomèrent dans l'anonymat les « foules solitaires ». Ils se prêtent bien à l'encadrement et au quadrillage.

Il reste à s'expliquer pourquoi, après sa prise de pouvoir, le socialisme a agi avec cette brutalité.

L'explication, comme toujours, se trouve dans les textes. Le *Programme commun,* entre deux virgules, donnait, pour les nationalisations, cette précision essentielle : « *dès le début de la législature*[3] ». François Mitterrand, dans sa *Part de vérité,* avait déjà inscrit cette résolution : « Je considère qu'un gouvernement socialiste qui ne déciderait pas *dans les trois premiers mois de son existence* un certain nombre de nationalisations n'aurait pas l'occasion de les réaliser plus tard : les monopoles auraient réglé son compte auparavant ! ». Ce sera lui, ou eux. Les méditations bucoliques de Latché ne doivent pas faire oublier les réflexes des grands carnivores : manger ou être mangé, telle est la loi. « Eux ou nous » : la formule était déjà de Lénine.

Les *évolutions* ne servent qu'au pouvoir dominant, celui de la bourgeoisie. Seules les *révolutions* — les « ruptures » ou les « fractures » — peuvent inverser les signes. Et toute révolution doit agir vite.

François Mitterrand n'aborde pas les nationalisations en économiste, mais en politique : elles lui sont l'occasion de manifester un nouveau rapport de pouvoir.

Pour ses propres militants, d'abord ; qu'ils soient socialistes ou communistes. Il faut exécuter le contrat passé avec eux, en choisissant en priorité les engagements pourvus à leurs yeux d'une forte charge symbolique. Il convient de leur rendre en actes de gouvernement ce qu'ils vous ont donné de foi partisane. Après la victoire, comment les retenir de briser les idoles, tel Polyeucte, ou de transformer Sainte-Sophie en écurie, tels les Turcs ?

Pourquoi les programmes d'Epinay et de Metz faisaient-ils référence et révérence à « l'œuvre et (à) l'enseignement des grands théoriciens du siècle dernier » ? Les mânes de Marx et d'Engels demandaient que leur fût offerte en sacrifice la plus belle part de l'industrie française. Il y a du meurtre rituel dans cet holocauste. On ne peut pas déchaîner, de congrès en congrès, la colère des fidèles, en concentrant leur fanatisme sur quelques boucs émissaires, sans leur donner ensuite en pâture quelques satisfactions élémentaires. Le capital avait ses noms mythiques : il fallait les inscrire sur le char du triomphateur, comme autant de têtes tranchées.

Là-dessus, l'accord entre les doctrines du P.C. et du P.S. est sans faille. Entre les deux citations que voici, laquelle est la socialiste, laquelle est la communiste ?

« Un *seuil suffisant* doit être atteint pour affaiblir d'emblée, sérieusement, la domination monopoliste. Au-delà, il faudra pousser la démocratie jusqu'à *rendre irréversibles,* dans leurs objectifs et dans leurs moyens, les conquêtes répondant à la volonté et au vote de la majorité[4]. »

« La nationalisation des groupes dominants de l'économie demeure une des conditions préalables essentielles du renversement durable du rapport de forces entre les classes[5]. »

Les étiquettes partisanes sont interchangeables. Socialistes et communistes prouveront, en avançant d'un même pas, qu'ils ne reculent pas devant leur propre audace.

Au cœur de l'état de grâce, le coup de grâce

Cette démonstration de force s'adresse aussi aux masses sceptiques ou hésitantes : elle doit les convaincre que le pouvoir socialo-

76

communiste sait ce qu'il veut, peut ce qu'il veut, fait ce qu'il dit, dit ce qu'il fait.

Elle s'adresse enfin aux adversaires-nés : le grand capital, les monopoles, l'argent. Au cœur de l'état de grâce, le coup de grâce.

Cependant, même après les élections, l'explication publique s'en tient au réalisme économique : « politique industrielle », « lutte contre le chômage ». L'opposition peut répondre : « vastes dégâts, qu'il faudra ensuite longtemps pour réparer ». Mais cette critique n'atteint pas le socialisme dans son sanctuaire idéologique : le refus de l'économie de marché et de la société libérale.

Ce « réalisme » s'appuyait fortement sur les anciennes nationalisations. Il faut répondre à cet argument.

D'abord, une évidence : *l'ancien secteur public est resté bien en deçà du seuil qui ouvre sur une économie socialiste.* Les sociétés nationales d'hier vivaient au sein d'une économie de marché. A commencer par celles qui devaient affronter la concurrence des entreprises privées : ainsi Renault *, face à Peugeot, Citroën et Simca-Talbot ; Air-France, face à U.T.A. ; la S.N.I.A.S., face à Dassault ; les sociétés d'assurances et les banques publiques, face à de vigoureuses sociétés privées d'assurances et de crédit. D'autres sociétés nationales, en situation de monopole, remplissaient en réalité un service public : la S.N.C.F., Electricité et Gaz de France, le Commissariat à l'énergie atomique. Les premières demeuraient dans la logique du « capitalisme » ; les secondes dans la logique de l'Etat prestataire de services.

Les nationalisations de la Libération ne se confondaient aucunement avec une idéologie qui arrache le système bancaire au fonctionnement capitaliste, et soumet, pour sa part la plus importante, l'appareil moderne de production industrielle à une gestion d'Etat.

Ajoutons que l'ancien Etat-propriétaire savait garder ses distances. Les banques nationalisées n'étaient pas moins libres de leurs décisions que les banques privées. Renault concevait lui-même ses modèles, sa politique sociale, ses investissements à l'étranger. L'Etat laissait faire ses compagnies d'assurances. Et ce sont les ingénieurs de la S.N.I.A.S. qui ont fait accepter le Concorde à l'Etat-actionnaire, non l'inverse.

Mais précisément, cette réserve de l'Etat, le « socialisme à la française » la réprouve. Il l'accuse de faire le jeu du capitalisme. Il revendique le « pouvoir d'user et d'abuser ». Il proclame son intention de se servir des sociétés nationalisées comme de simples instruments pour ses propres fins.

---

* Dont la nationalisation n'a jamais prétendu se fonder sur des raisons économiques.

Même les anciennes nationalisations n'allaient pas, selon beaucoup d'économistes, sans perturber le bon fonctionnement général de l'économie.

En 1977, la commission des Finances du Sénat faisait les constatations suivantes :

— *Les sociétés du secteur public ont un endettement considérable,* et leurs frais financiers sont extrêmement élevés, si on les compare au secteur privé.

— L'exploitation du secteur public est très largement déficitaire (sauf pour les télécommunications et les banques★).

— *Les impôts sur les bénéfices versés par les entreprises publiques sont très faibles,* voire inexistants. De 1970 à 1975, la Régie Renault, souvent citée en exemple de bonne gestion, n'a payé à l'Etat que 2,2 milliards de francs d'impôts, alors que la société Peugeot en payait 7,5 milliards. De 1976 à 1980, Renault a payé 1,02 milliard, soit 0,68 % de son chiffre d'affaires, au titre de l'impôt sur les sociétés ; Peugeot, 3,5 milliards, soit 3,8 % de son chiffre d'affaires — 7 fois plus que Renault.

— Enfin, l'Etat a versé des subventions directes, qui s'ajoutent aux exonérations d'impôts et aux prêts à des taux bonifiés, pour favoriser les entreprises nationales. Ainsi, on estime que, sur le prix d'une Renault 20 TS, l'Etat accordait une subvention de 6 000 F.

La Cour des comptes a abouti à des conclusions tout aussi préoccupantes. Aux besoins de financement considérables des entreprises publiques, l'Etat a répondu en faisant appel au marché financier, national et international. Et ce financement *a drainé des ressources énormes, au détriment du secteur privé.* Elles ne constituaient qu'une faible part de l'économie nationale. Que sera-ce, quand elles vont représenter plus de *la moitié de la grosse industrie et la quasi-totalité du système bancaire ?*

Les socialistes nous ont martelé ce syllogisme : « L'investissement est indispensable pour relancer l'économie ; or, le secteur public investit beaucoup plus que le secteur privé ; donc, il faut faire passer le privé dans le public. »

La prémisse majeure est une évidence ; la conclusion, une absurdité économique : où se cache l'erreur ? Dans la prémisse mineure. Qu'en est-il, en effet, de ces investissements publics ?

★ A noter que les banques qui étaient alors privées avaient un taux de rentabilisation nettement plus élevé que celui des banques précédemment nationalisées, sans pour autant pratiquer des taux moins favorables pour leur clientèle.

L'investissement élevé du secteur public a surtout reposé sur le développement du téléphone et de l'énergie nucléaire. Il a été rendu possible par de fortes subventions de l'Etat et par un recours très ample au marché financier[6]. Faut-il s'étonner que le secteur industriel privé n'ait reçu qu'une part infime des ressources à long terme ?

En 1980, les sociétés *nationalisables* ont émis pour 0,6 milliard de francs d'obligations et ont payé 4 milliards d'impôts à l'Etat. Les sociétés *déjà nationalisées* ont émis pour 29 milliards de francs d'obligations, ont reçu 34,8 milliards de subventions et ont payé... 0,4 milliard d'impôts à l'Etat[7]. La comparaison est d'autant plus significative, que le chiffre d'affaires de ces deux ensembles était à peu près identique. *Pour une même production, les entreprises nationales sont dix fois moins imposées et reçoivent vingt fois plus de subventions que les sociétés privées*[★].

Les nationalisables sont aujourd'hui nationalisées. Le marché financier va être plus sollicité encore qu'autrefois, par un secteur public démesurément grossi. D'où viendront les ressources ? Elles n'ont pas doublé. Le patron démissionnaire de Rhône-Poulenc a noté — sans surprise, car il était sans illusion — que la manne accordée n'était pas aussi abondante que la manne promise. Les banques, sollicitées par le gouvernement de participer à l'augmentation du capital de ces sociétés industrielles, se font tirer l'oreille. Elles ne possèdent pas plus que les autres de trésors cachés.

Le pouvoir de l'argent (socialiste)

Ces faits jettent une lumière nouvelle sur un aspect majeur du programme des nationalisations de 1981 : celles des banques.

Qui a nationalisé le crédit ? Dans toute l'Europe non communiste, un seul pays : le Portugal, au souffle marxiste de la « révolution des œillets ». De toute l'Amérique du Nord, du Centre et du Sud, un seul aussi : Cuba. Dans le reste du monde, seuls des pays sous-développés « socialistes ».

Sans posséder la totalité des établissements *gestionnaires* du crédit (60 %, ce qui n'était pas si mal), l'Etat français s'était déjà donné tous les moyens d'en fixer la politique ; d'en contrôler la masse ; d'en orienter l'emploi ; de lui imposer des secteurs prioritaires. S'il

---

[★] En 1979, la valeur ajoutée par les entreprises nationales représentait 10 % de celle des sociétés privées. Mais les impôts qu'elles payaient atteignaient moins de 1 % de ceux payés par les sociétés privées. Et les entreprises nationales recevaient un montant de subventions deux fois supérieur à celui reçu par l'ensemble des sociétés privées[7].

s'agissait de planifier le crédit, les nationalisations étaient inutiles, donc inutilement coûteuses.

Qu'apportent-elles donc de neuf ? La satisfaction idéologique d'avoir abattu des bastilles du capitalisme ? Certes. Mais, une fois savourée cette jouissance, une autre peut naître : celle de manipuler le fantastique instrument qu'on s'est donné ; celle de *jouer avec l'argent :* même socialisé, il exerce de terribles fascinations.

Tel chef d'entreprise, depuis des années, bénéficiait d'une faculté de découvert — accordée verbalement par sa banque, pourtant nationalisée — très supérieure à celle accordée par écrit. A chaque échéance, la banque honorait les traites. Après avoir été « renationalisée », elle agit tout autrement. Le directeur régional prévient l'entrepreneur, la veille d'une échéance, qu'il n'honorera pas ses traites au-delà du découvert officiel. Une journée folle se passe, où l'entrepreneur se prépare à déposer son bilan, ce qui va entraîner du même coup le dépôt de bilan d'une vingtaine de sous-traitants. Les dégâts vont être lourds. Au dernier moment, la banque paye les traites. Enquête faite, le chef d'entreprise ne voit pas d'autre raison à cette attitude que la volonté de lui infliger une punition, parce qu'il a pris la tête, dans son département, d'une association contestataire de petits et moyens industriels. C'est un début...

Dans le même temps, les banques nationalisées ont continué à investir à fonds perdus dans Manufrance, pour ne pas déplaire à une municipalité « de gauche ».

Comment empêcherait-on que les banques d'Etat soient manipulées par les cabinets ministériels et les syndicats politisés ; eux-mêmes manipulés par les partis ? *Quand on donne à des bureaux des moyens aussi puissants, comment leur interdire d'en user ?* Les banques d'Etat disposeront sur les petites et moyennes entreprises d'un droit de vie et de mort. Jamais l'Etat dinausorien n'avait étendu si loin ses membres paralysants.

Le crédit international des banques nationales était lié à leur indépendance : y compris pour celles qui appartenaient théoriquement à l'Etat, mais qu'on savait tout à fait libres de leurs démarches *. Le gouvernement socialiste a pris un risque élevé pour le financement

---

* Il est vrai que le parti communiste et le parti socialiste, estimant que les cadres de ces banques nationalisées ne leur étaient pas assez dévoués et que les syndicats marxistes ne les avaient pas pénétrées, considéraient qu'elles devaient être « renationalisées », c'est-à-dire « nationalisées à gauche », alors qu'elles avaient été « nationalisées à droite ». Déjà, Louis Mermaz avait évoqué cette différence fondamentale, à propos de l'industrie nucléaire, en juillet 1977, après les incidents de Creys-Malville : l'atome était nationalisé « à droite » (*le Monde* du 2 août).

indispensable des investissements français par l'épargne internationale. *Pour des étrangers, investir dans des entreprises françaises d'Etat, ce sera, plus ou moins, placer de l'argent sur le régime socialiste. Il n'est pas sûr que cette perspective suscite leur enthousiasme*.*

L'Arlésienne : la « politique industrielle »

Justifiées, dit-on, par la crise ? Les nationalisations furent décidées dans le Programme commun au printemps de 1972, à une époque où l'économie française battait tous ses records d'expansion ; où le plein emploi était assuré et l'inflation insignifiante ; où la nécessité d'une politique industrielle préoccupait quelques esprits pionniers — au nombre desquels on comptait Georges Pompidou, mais ni Georges Marchais ni François Mitterrand. Pierre Mauroy avait alors révélé les secrets de fabrication de ce programme : « Les communistes avaient des pages et des pages de nationalisations à nous proposer. *Pour qu'ils cèdent sur la force de frappe et l'Europe, nous en avons accepté neuf dans le secteur industriel*[8]. » Ce troc, c'était pour obtenir, coûte que coûte, une alliance électorale. La liste des « nationalisables » a été dressée sur un coin de table, au hasard d'une négociation partisane...

La « politique industrielle » préoccupait si peu les signataires, que la crise est survenue, l'inflation a grandi, le chômage s'est répandu, sans que cela les amenât à modifier si peu que ce fût la liste dressée en 1972. Peu importait la conjoncture : ces nationalisations ressortissaient d'un dogme intemporel.

Même l'exposé des motifs de la loi de nationalisations ne s'aventurait pas à définir une politique industrielle. Et pour cause. Dix-huit mois plus tard, malgré vingt commissions et comités, elle restait toujours à définir : si une politique industrielle avait dû motiver le choix des groupes concernés, ce choix serait encore à faire...

Il y a un abîme entre l'état industriel du monde, donc de la France, en 1972, et en 1982. Et pourtant, les socialistes prétendent que leurs menus et recettes de 1972 étaient établis selon une analyse directe de la réalité. Supercherie ? C'est plus grave.

La réalité, pour les socialistes doctrinaires, n'est point l'état du marché, la valeur du dollar, l'endettement des entreprises ou le déficit du commerce extérieur ; la réalité éclatante, devant quoi toutes les données empiriques pâlissent, c'est l'éternelle opposition des « gros » et des « petits ». La coalition socialo-communiste a sélectionné ses victimes *non en raison de leurs activités, mais en raison de leur puissance.*

---

* Cet effet se sent déjà. Les emprunts lancés à l'étranger par les entreprises nationales (et qui ne sont qu'une façon détournée, mais moins humiliante, de lancer des emprunts d'Etat) ont de plus en plus de mal à être couverts.

Ce conflit dépasse l'histoire. La vision socialo-communiste de la réalité est métaphysique, métahistorique, métasociale. C'est en théologiens que les ministres « de gauche » ont réglé la question des nationalisations.

Du « contrôle ouvrier »...

« La nationalisation ne sera pas étatisation » : cette apaisante formule vient du Programme commun[9]. Qu'est-ce à dire ? *Dans l'entreprise nationalisée, l'Etat actionnaire ne sera pas seul ; il partagera le pouvoir avec les syndicats.* L'électeur ne se doutait pas que la formule servirait à mettre le domaine public, industriel ou bancaire, sous la coupe de syndicats marxistes, c'est-à-dire pratiquant le socialisme bureaucratique en vue d'une révolution graduelle*.

Le parti communiste avait fait sien, très tôt, ce refus de l' « étatisation » : « L'intervention *conjointe du pouvoir central et des travailleurs* dans l'entreprise est indispensable à la nationalisation effective. » Il avait vu ce que pourrait lui rapporter le « contrôle ouvrier », mis en œuvre par la C.G.T.

Les lois Auroux ont vite appliqué ce principe. Il est vrai qu'entre-temps les relations avec les syndicats et le gouvernement ont convaincu celui-ci qu'il ne trouverait pas en eux des partenaires prêts à se plier à toutes ses volontés ; ni même à assumer leur part de responsabilité dans un système cogéré : d'où certaines prudences de la loi. Dans les entreprises nationalisées, le pouvoir syndical reste distinct du pouvoir de direction, tout comme dans les entreprises privées. Mais, avec plus de moyens matériels**, plus de voix dans les conseils, plus d'influence auprès des ministères***, son poids relatif y a démesurément grandi.

Le syndicalisme français est une puissance « qui toujours nie » : une bureaucratie du *Non*. Décider, cogérer, prendre des responsabilités, s'exposer au réel ? Ignoble souillure ! Mais le droit de veto, tel que le promet la proposition n° 60 du candidat Mitterrand, provisoire-

---

* Le monopole des syndicats pour la présentation des candidatures aux élections professionnelles, la multiplication des contrôles auxquels ils procèdent, leur capacité de constituer une hiérarchie parallèle, rigide mais occulte, sont déjà quelques aspects d'un pouvoir bureaucratique en voie de rapide extension.

** Comme le 1 % du chiffre d'affaires de l'E.D.F. qui subventionne le comité d'entreprise, aux mains de la C.G.T.

*** Il n'est pas de cabinet ministériel, depuis mai 1981, qui ne comporte au moins un représentant de chacun des syndicats politisés qui jouent un rôle dominant dans le département ministériel concerné. La transmission des informations et des mots d'ordre est instantanée. L'intervention de M. Auroux dans le conflit Talbot en faveur de la C.G.T. en a été un bon exemple.

ment abandonnée, au grand dam des socialistes ultras : quelle volupté ! Empêcher sans s'engager, pouvoir dire non, sans risquer d'avoir à dire oui ! Les syndicats (et tout particulièrement la C.G.T.) revendiquent la joie qu'éprouvaient les politiciens de la IVe République à faire tomber un gouvernement, sans se préoccuper de la suite.

Le syndicalisme français est moins révolutionnaire que bureaucratique ; à part la C.G.C., F.O., la C.F.T.C., certains secteurs courageux de la C.F.D.T., il existe surtout comme force de refus, d'immobilisme social.

... au « laboratoire social »

Le langage officiel affectionne une expression qui montre l'objectif, tout en mettant du flou dans la vision : les entreprises publiques seront un « laboratoire social ».

La formule permet de ne pas préciser ce que l'on va faire. Ne bousculez pas les laboratoires sociaux ! Ils cherchent.

Nous savons bien, en réalité, dans quel sens l'on va « chercher ». Etre en avance sur tout le monde pour ce qui concerne les avantages sociaux (tant pis pour la concurrence internationale et pour le commerce extérieur). « Créer de l'emploi », en ouvrant des postes improductifs, en recrutant massivement des fonctionnaires, en jouant sur le temps de travail ou l'âge de la retraite (ce qui revient à rémunérer un seul poste de travail par deux postes budgétaires). Promouvoir de nouvelles formes de « contrôle ouvrier » et « d'autogestion », c'est-à-dire de pouvoir syndical.

Ces recherches seraient concevables, à condition que l'on précisât, pour les premières, « sans compromettre la rentabilité de l'entreprise » ; pour les secondes, « sans diminuer la productivité » ; pour les troisièmes, « sans mettre en cause l'exercice de la responsabilité, la prise de décisions, ni la liberté des non syndiqués ou des syndiqués non marxistes ». Hélas ! Ces précautions n'ont pas été prises.

Une société double

A ce risque, s'en ajoutera un autre, plus pernicieux encore. On aura fait émerger un secteur super-privilégié, face à un secteur dominé. Le premier sera abrité économiquement et protégé socialement. Le second devra suer sang et eau pour payer la rente des privilèges dont jouira le premier.

Une véritable société double naîtra ainsi de la différence de statut entre les salariés du secteur public et les salariés des secteurs soumis de plein fouet à la concurrence [10].

Les petites et moyennes entreprises étaient, selon François Mitterrand, les victimes du grand capital. Mais pourquoi le grand capital d'Etat serait-il moins dominateur que le grand capital privé? Il dominera le secteur privé, en drainant vers lui les ressources du marché financier. Les sociétés nationales seront aussi tentées de reporter sur leur vaste réseau de sous-traitants une part appréciable de leurs difficultés financières; leur situation de monopole leur en laissera toute latitude. A quoi s'ajoutera la tentation permanente des entreprises publiques de tout faire par elles-mêmes sans recourir aux entreprises privées. Ainsi, les syndicats marxistes de la radio-télévision nationale se sont toujours battus pour le principe du « monopole de production », au détriment des producteurs extérieurs à la maison. L'avenir des petites et moyennes entreprises sera directement dépendant de la stratégie des grandes firmes nationalisées, qui ne leur laisseront que des miettes.

La locomotive et le wagon

Déjà, dans le système libéral, le secteur public avait tendance à proliférer. Cette tendance est aujourd'hui d'autant plus forte, que les groupes nationalisés s'adossent à la puissance financière de l'Etat; ils peuvent se développer dans toutes les directions, et sans danger pour eux. Au contraire, les entreprises privées ne le peuvent qu'avec leurs ressources propres, et sous la sanction du dépôt de bilan. La disproportion des risques est telle, que les premiers ont de bonnes chances de satelliser les secondes.

Dans une économie *concurrentielle*, il ne faut pas s'imaginer les petites et moyennes entreprises, derrière les grandes sociétés industrielles, comme « des wagons attachés à une locomotive » — image qu'affectionne Pierre Mauroy. Grandes ou petites, toutes les entreprises sont en situation de concurrence. Les « petits » ne sont pas nécessairement plus mal placés que les gros pour s'imposer. Ils sont quelquefois même plus agiles. C'est la *loyauté* de la concurrence qui fait leur chance, comme elle crée la vitalité de l'ensemble du système économique.

Mais dans une économie *administrative*, l'image du train devient vraie : les petits et les moyens sont réduits à l'état de wagons, qui attendent l'impulsion de la locomotive pour bouger. Déjà, circule chez les petits patrons cette boutade : « J'investis, j'embauche, je fais faillite, puis je menace de licencier le personnel si on ne me nationalise pas. »

Avec un secteur nationalisé aussi vaste, bénéficiant de privilèges aussi écrasants, et aussi porté au malthusianisme par l'esprit corporatif de ses syndicats, la concurrence devient *déloyale*. Entre les nains du privé et les mastodontes publics, les armes ne seront plus égales.

La démission du patron de Rhône-Poulenc est venue confirmer avec éclat cette analyse. En maintenant cet « homme d'entreprise » à la tête d'un des plus grands groupes nationalisés, le pouvoir socialiste avait prolongé le malentendu sur lequel il avait gagné les élections. Ce n'était pas une révolution, c'était le bon sens. On ne chassait pas les sorcières du grand capital : on gardait M. Gandois.

Après quelques mois, M. Gandois avait assez servi. Il s'était porté caution pour le socialisme, en convainquant les partenaires étrangers de Rhône-Poulenc de ne pas en détacher les filiales. Mais il n'avait pas su convaincre la C.G.T. de ne plus réclamer sa tête. Il persistait à vouloir fermer les usines économiquement condamnées. Son « laboratoire social » marchait au ralenti.

Jean Gandois avait eu le tort de croire qu'il s'était accordé avec Pierre Dreyfus, son ministre, sur une conception raisonnable de l'entreprise nationale, qui doit fonctionner « exactement comme toute entreprise. » A ceci près qu'elle doit « prendre plus de risques calculés à long terme » ; « exercer un devoir d'innovation » ; prendre en charge certaines propositions de l'Etat, « pour autant que cela ne la détourne pas de sa vocation et ne la pénalise pas [11] ».

Quant à Pierre Dreyfus, il s'imaginait que les nouvelles nationalisations fonctionneraient comme la Régie Renault, telle qu'il l'avait dirigée pendant vingt ans [12]. On ne lui avait jamais appris que la Régie était un « outil politique ». Lui aussi fut victime d'un malentendu — en partie avec lui-même, il est vrai. En 1977, il apportait aux idéologues du Programme commun la caution de son socialisme empirique. Lui aussi servit, et eut bientôt fini de servir.

Dirigisme et désordre

Au terme de ce malentendu, sommes-nous entrés dans une économie collectivisée ?

Plus qu'à demi. Nous avons peine à le croire, parce que nous nous faisons encore une idée fausse du collectivisme. Nous y voyons un système militaire, où les ordres, bons ou mauvais, exécutables ou absurdes, descendent une chaîne hiérarchique. Or, le collectivisme n'est pas seulement, et n'est pas d'abord, un système d'autorité et d'obéissance. Il est simplement une perversion de la responsabilité.

Dirigisme et désordre en sont les deux mots d'ordre. Dirigisme, parce que l'exercice des responsabilités est tiré vers le haut. Désordre, parce que d'en haut, la responsabilité ne peut vraiment s'exercer. Il est rare que la décision rationnelle à laquelle se résout le dirigeant d'entreprise ne soit pas contrée par le haut, ou par la base. Est-ce un hasard si les entreprises nationalisées avouent une perte de production, due à la grève, deux ou trois fois supérieure à celle qu'accusent les entreprises privées ? *Le dirigisme est ce qui demeure de l'autorité ; le désordre, ce qui reste de la liberté.*

Ce système ne peut pas « marcher » ? Voire. Il peut boiter, en donnant un moment l'impression qu'il court. Et il peut durer, comme durent tous les collectivismes. Il peut même réussir. Non pas selon les critères libéraux. Ne lui demandons ni la prospérité ni le progrès. Mais il a de bonnes chances de réussir sur le terrain qui est le sien : celui du pouvoir idéologique.

Les nationalisations sont effectivement un seuil — ce seuil dont parlent tant le Programme commun et le Projet socialiste. Elles créeront cet engrenage où l'économie privée tombera dans la dépendance ; où les syndicats et l'Etat se disputeront les dépouilles du pouvoir économique ; où, dans le déclin général, le secteur collectif manifestera la vertu du collectivisme, *en assurant à ses bénéficiaires le privilège de s'appauvrir moins vite que les autres.*

En outre, la collectivisation présente, pour l'habile tacticien électoral qu'est François Mitterrand, un avantage majeur : elle lui apporte, en principe, autant de voix qu'elle comporte de bénéficiaires. C'est selon la même technique, déjà, que socialistes et communistes se sont rendus maîtres de la plupart des villes où ils pouvaient distribuer les logements des « grands ensembles », par l'intermédiaire des sociétés d'H.L.M. dont ils avaient le contrôle.

Les solutions mises en œuvre par le socialisme à la française sont de la même nature que celles appliquées dans les pays de l'Est. Des unes aux autres, il y a seulement une différence de degré, ou de cadence. A collectivisme plus lent, plus lent dépérissement : mais le même but et les mêmes méthodes provoqueront les mêmes conséquences.

De toutes ces conséquences, que l'opinion commence seulement à entrevoir à travers le brouillard de la propagande gouvernementale, lequel, parmi ceux qui ont fait la décision le 10 mai, se doutait ? Ce malentendu-là, les Français seront sans doute encore longs à le dissiper.

Chapitre 10

L'unité nationale

La France est une personne. Après Michelet, nul ne l'a mieux dit que Renan : « La nation est une âme... le désir de vivre *ensemble*... la volonté de *continuer* à faire valoir *en commun* l'héritage qu'on a reçu *indivis*[1]... » Le principe de la démocratie, selon lequel la minorité doit admettre les décisions de la majorité, fût-elle d'une voix, ne saurait prévaloir sur le principe de l'indivisibilité de la nation.

En France, ce principe élémentaire prend des allures de paradoxe dans les périodes électorales. Chaque parti, chaque candidat tire à soi l'intérêt national, convaincu d'en être le meilleur défenseur. Si c'est le cas, ses rivaux n'en sont-ils pas les adversaires ? Les électeurs eux-mêmes entrent dans ce jeu guerrier.

Pourtant, l'intérêt national, au-delà de la victoire des uns, exigera le concours des autres. *On ne peut conquérir le pouvoir sans diviser ; on ne doit pas l'exercer sans rassembler.* « Bien taillé, mon fils, disait Catherine de Médicis à Henri III après l'assassinat du duc de Guise ; maintenant, il faut recoudre. »

La démocratie livre aux partis, diviseurs par nature, la scène politique. Elle se complaît dans un vocabulaire de lutte. Le sport aussi : mais les sportifs se serrent la main avant et après leur affrontement. Dans la vie publique, le souci de l'unité est abandonné à la seule conscience des hommes politiques. A eux de se *modérer*.

Mais le développement de partis marxistes a durci les oppositions au nom de la « lutte des classes », mettant en danger l'harmonie de la nation elle-même.

L'image du rassembleur

Le général de Gaulle tenta de remettre le souci de l'unité au cœur de la vie politique. Il le proclama dans la guerre. Il voulut l'incarner dans la paix. Plus que tout autre dans la République, le président a, pour devoir d'état, l'unité. Mieux que ses prédécesseurs de la IIIe et de la IVe République, il en a les moyens. Arbitre du fonctionnement des institutions, il lui revient d'établir des rapports civilisés entre le pouvoir et l'opposition. Il veillera à ce que la chose publique ne devienne pas la propriété d'une faction.

La sensibilité des électeurs ne s'y trompe pas. Elle se tourne spontanément vers l'homme qui semble le plus capable de représenter la France et de rassembler les Français. C'est l'image que sut se donner François Mitterrand. Il sauta sur l'idée de la « force tranquille », qu'un publicitaire inspiré[2] lui avait soumise. Il adapta ton, gestes et propos à ce slogan. Slogan ? Que non ! Le slogan, c'est « le cri de guerre du clan écossais ». « Force tranquille » était un cri de paix, et le contraire du cri d'un clan. C'était un appel à l'apaisement dans un pays divisé : toutes les familles françaises réunies autour du village ancestral, avec l'église de la foi simple mais sans fanatisme, sous un ciel drapé de pastel tricolore. La formule et le portrait donnaient à penser que le nouveau président allait gérer en bon père de famille la France « à l'heure de son clocher[3]* ».

Il s'efforça de se donner l'image du rassembleur. Cinq jours avant l'élection, il affirme : « Demain, lorsque je serai élu, je serai en mesure de prouver qu'il est possible de rendre à notre pays, non seulement l'espoir, mais aussi l'unité[4]. » « Je ne serai plus responsable, ni membre, des socialistes. J'espère que le rassemblement populaire se constituera. J'entendrai *tous* les partis politiques, *tous* les mouvements de pensée[5]**. »

Une majorité d'électeurs qui n'étaient pas tous — tant s'en faut — socialistes, ne doutaient pas, grâce à l'alchimie du verbe, qu'ils allaient réaliser le « grand œuvre » : transformer en or le plomb des batailles électorales ; transmuer, en l'élevant à la plus haute charge de l'Etat, le candidat des socialistes en *président de tous les Français*.

Un discours doux, un communiqué aigre

Passé l'élection, le langage fut différent : « le peuple de gauche », la France « socialiste », la « fracture ». On s'en aperçut par contraste, un an plus tard, quand les discours de province revinrent aux évidences de l'unité et de la fraternité : « Il ne peut y avoir de victoire durable dans une fraction de la France contre l'autre. Il faut avec sagesse, avec amour, protéger l'unité de la nation[6]. »

On fit large écho à la déclaration de Guéret, d'un ton si nouveau

---

* Ce visage rassurant sur fond de paisible village avait déjà servi... au maréchal Pétain. On trouvera dans *Images d'une certaine France, affiches 1939-1945* (par Stéphane Marchetti, 1982), la reproduction de cette affiche vichyste : la ressemblance est stupéfiante.

** C'est nous qui soulignons.

qu'on la qualifia de « gaullienne » : c'était souligner que le président de la République entrait enfin dans son véritable rôle. Mais n'était-ce pas bien tard, après une année d'actions qui, par avance, apportaient à son propos le démenti des faits et hypothéquaient l'avenir ?

Le même jour, de Matignon, le Premier ministre publiait un communiqué qui rendait un son plus aigre : « Les éléments mis en avant aujourd'hui par l'opposition ont déjà servi dans l'Histoire et ont donné naissance à des idéologies et à des régimes qui ont plongé plusieurs pays d'Europe dans la dictature, puis dans la guerre [7]. »

François Mitterrand avait prévu de longue date cette répartition des tâches, en l'imputant au président et au gouvernement qu'il combattait alors : « Savoureuse distribution des rôles : le gouvernement dramatise. Le président dédramatise. Rôles différents pour une même pièce [8]. »

Entre le chaud et le froid, contradiction, ou double langage, une fois de plus ? A l'un la persuasion, à l'autre la menace. La carotte et le bâton. Au chef de l'Etat, la sérénité. Au chef de la majorité, un vocabulaire de guerre sans dentelle ; et les références obsessionnelles à une période manichéenne : quand le fascisme fascinait la droite, et quand l'antifascisme rassemblait la gauche.

Qui faut-il croire ? En Corrèze même, François Mitterrand donnait la réponse, en forme d'avertissement. « En deçà d'une certaine limite, pour l'opposition, ça va ; au-delà, ça se gâte. » Pierre Mauroy partait en guerre contre ceux qui avaient, selon le président, franchi la limite. Cette limite que François Mitterrand, quand il était dans l'opposition, franchissait allègrement, taxant le régime d'illégitimité [9], assimilant le général de Gaulle à un « usurpateur », à un « Duce », à un « Führer [10] » et accusant ses successeurs d'être les « simples relais du capitalisme multinational [11] ».

Le « rassemblement populaire »

On n'avait pas assez noté qu'à « rassemblement », substantif gaullien, était accolée une épithète inaccoutumée : « populaire ». Peuple, nation ; populaire, national : c'est tout un ? Pour Michelet ou pour de Gaulle, oui. Pour François Mitterrand, non. On préfère « populaire » parce qu'on ne veut pas de « national ». Dans la nation, il y a tout, même la « droite », même les « classes dominantes », même les « puissances d'argent ». « Peuple » tranche comme un couperet dans ce magma. « National » inclut tout, mais vous a un petit relent nationaliste — « de droite ». « Populaire » exclut ce qui n'est pas « de gauche » et rend un son prolétarien, avec des harmoniques marxisantes : comme Front populaire, mais aussi démocratie populaire.

Dans le même souffle [12], le candidat annonçait le « rassemblement populaire » autour de lui, et donnait la même mission au parti socialiste : « Je pense que le P.S. restera fidèle à l'axe de sa politique, qui tend au *rassemblement populaire* autour de ses objectifs. » Voilà qui rétrécissait davantage encore la notion de rassemblement : le rassemblement présidentiel, réduit au « rassemblement populaire », ne ferait-il qu'un, pour finir, avec le rassemblement partisan ? « L'homme de parti, disait Renan, a besoin de croire qu'il a absolument raison, qu'il combat pour la sainte cause, que ceux qu'il a en face de lui sont des scélérats, des pervers. »

Voilà qui donnait tout son sens à la remarque que formulait François Mitterrand : « Ce sera un événement, vous savez, pour la France, que l'élection d'un président de la République socialiste [13]. » Fallait-il comprendre : « l'élection d'un socialiste à la présidence de la République » ? Je n'en suis pas sûr. Il s'agissait, selon toute probabilité, d'un message à peine codé aux « durs » qui le soutenaient.

La France allait élire un président socialiste de la République ou, pire encore, le président d'une république socialiste ; un socialiste, président d'une France socialisée. Ce qui est vrai pour le président est vrai pour les ministres. Paul Quilès, secrétaire national du P.S., l'affirme sans ambages : « Il va de soi qu'un ministre socialiste qui a défendu, des années durant, les positions du P.S., et qui continue à entretenir des rapports étroits avec sa circonscription et sa section, reste un militant [14]. »

« Front de classe » pour lutte des classes

Plus on décape le langage du nouveau pouvoir, plus l'espoir d'unité s'évapore. Sous la « force tranquille », le « rassemblement populaire ». Sous le « rassemblement populaire », le rassemblement partisan. Mais il faut encore enlever une couche. Sous ce parti, que les politologues disent « attrape-tout », il y a enfin le roc idéologique du « front de classe ».

A Epinay, dix ans avant de conquérir le pouvoir, Mitterrand a conquis les socialistes en les définissant à eux-mêmes [15]. *Leur terrain*, c'est une société qui suppose « la propriété collective des grands moyens de production, d'échange et de recherche ». *Leur adversaire* : l'argent, terme extensif pour désigner « toutes les puissances d'argent », les « monopoles », et leurs « exécutants », politiques, administratifs, économiques. *Leur base* : les « millions d'aliénés, de

90

frustrés, d'opprimés » — « notre base, c'est le *front de classe.* » Il reconnaissait qu'il faudrait « fouiller cette notion ». Pour les initiés, elle a un sens précis : les « travailleurs » sont indivisibles, donc il ne faut pas se séparer de *l'autre* parti des travailleurs, le parti communiste. Quand deux partis vivent sur un mythe, ils ne peuvent pas faire mythe à part. Sans les millions d'électeurs communistes, point de « front de classe », point de « gauche », point de « rupture », point de socialisme. Point de bannière de rassemblement *.

Ce qui importe, c'est la conviction presque biologique que *la société moderne est coupée en deux parts inégales* — doublement inégales : *les oppresseurs et les opprimés,* le petit nombre et la masse du peuple [17].

Leur affrontement est le moteur de l'Histoire. La « gauche » n'existe pas pour occuper un côté de la scène dans un ballet classique, selon un pas de deux rythmé par l'alternance. Elle n'a d'autre légitimité que la lutte contre la domination qui écrase le peuple et dont elle doit le libérer définitivement.

L'indéfinissable adversaire

« Lutte des classes » : l'expression est un mot d'ordre venu des pères fondateurs du « socialisme » et du « communisme » **. Elle gêne pourtant : elle se heurte à la quête d'unité qui anime ce « peuple » que l'on voudrait convaincre. Aussi préfère-t-on l'éviter. Ce qui n'empêche pas l'idée de s'intérioriser : les guerres rentrées ne sont pas les moins intensément vécues.

La gêne vient aussi de la difficulté qu'on éprouve à définir les « classes » en lutte. Les *exploités ?* Le « prolétariat » a disparu, noyé dans la masse des « travailleurs ». Ne sommes-nous pas, presque tous, des travailleurs, dominés par quelqu'un ou quelque chose ? L'église du peuple souffrant est vaste ; chaque corporation peut y prier dans sa chapelle.

Mais les *exploiteurs ?* Qui sont-ils ? Où sont-ils ? La bourgeoisie, elle aussi aujourd'hui démesurément étendue, n'est plus attaquable : trop d'électeurs potentiels se sentiraient visés. On s'aventure à parler de *classes dominantes ;* elles demeurent anonymes. On préfère donc des abstractions plus insaisissables. L'*Argent,* entité digne d'une allégorie médiévale, faite pour susciter un frisson d'horreur. Le *monopole,*

---

* Dès 1957, François Mitterrand était convaincu de cette idée, même s'il n'en percevait encore ni les moyens ni toutes les conséquences [16].

** Elle revient fréquemment chez les libéraux du XIXe siècle, comme Tocqueville ou Guizot. Mais quand Marx l'utilise, elle devient peu à peu caractéristique de son système.

monstre de science-fiction, dont les mille agents sont commandés à distance par quelque lointain cerveau. Le *grand capital,* dont le Programme commun a donné les principales adresses (qui se confondent avec celles des entreprises nationalisables). Les *multinationales,* qui mettent en évidence l'universalité du mal. Les *grandes fortunes* — à trois millions de francs, déjà. L'*Etat,* relais du « monopole » par sa haute administration, et qui pratique avec le grand capital l'échangisme des cadres. Des *Etats* étrangers : les Etats-Unis, percés de flèches, de l'appel de Cancun au nouveau discours de Brazzaville, ou le Japon, dont on stoppera l'invasion par une nouvelle bataille de Poitiers.

Il s'agit, on le voit, d'organisations économiques ou d'entités politiques, non de classes sociales ; d'organisations et d'entités qui comportent aussi des travailleurs, et pas seulement des dirigeants.

Cependant, ces adversaires non identifiables, si on ne les nomme pas comme au temps des deux cents familles, on les dessine toujours. Depuis le milieu du XIXᵉ siècle, dans l'imagerie de gauche — caricatures, affiches de propagande et aujourd'hui bandes dessinées, magazines télévisés, dramatiques — on retrouve régulièrement les mêmes clichés et graphiques : bedaines, chaînes en or, châteaux, voitures interminables, gros cigares, jolies secrétaires à tout faire, coffres-forts. Même si la fille du « capitaliste », aujourd'hui, fréquente le même lycée que la fille de son chauffeur, et porte les mêmes *jeans*.

Tout ce qui est riche, *tout ce qui réussit est suspect.* Voilà bien la *base,* comme dit François Mitterrand : l'énorme énergie de ressentiment enfouie chez « les millions de frustrés » : on l'utilisera contre qui l'on voudra. Le *socialisme d'aujourd'hui entretient les mécanismes élémentaires de la haine sociale ; tout en se refusant à désigner par avance l'adversaire,* de peur d'indisposer trop de gens. L'*argent :* cela ne vise personne, mais peut atteindre tout le monde.

L'enfer, c'est l'autre

Depuis le gonflement des classes moyennes, la disparition de l'aristocratie et du clergé en tant que classes sociales, la disparition du prolétariat — du moins parmi les Français — la lutte des classes est devenue une donnée sociale périmée ? Pourtant, la voici érigée, pour la première fois dans notre histoire, en principal ressort de l'action politique. Quand on a entendu un socialiste s'écrier joyeusement : « Enfin, la lutte des classes est entrée au Palais-Bourbon ! » comment ne pas s'inquiéter de tant de haine vague ?

Le nouveau pouvoir se présente, non en successeur, mais en exterminateur du pouvoir précédent. Le sectarisme règne. Le chef d'entreprise est haï, parce qu'il est le « patron ». L'opposant incarne l'ennemi, parce qu'il pense autrement. Ainsi du cadre, ainsi du chef de service, ainsi de tous ceux qui — même s'ils sont des travailleurs salariés — se voient accuser d'être du mauvais côté du « front de classe ». *Le socialiste ou le communiste voit chez tout adversaire le défenseur maléfique d'intérêts de classe.* Déconseiller les nationalisations, ce n'est pas tenir un quelconque raisonnement économique ; ce ne peut être que se conduire en fourrier du capitalisme. De là au « complot », il n'y a qu'un pas.

Lors d'une réunion des préfets à Matignon, au printemps 1982, un préfet de région crut pouvoir se lever pour dire au Premier ministre : « Les patrons, surtout ceux des petites et moyennes entreprises, sont traumatisés par les discours de certains porte-parole de la majorité. Ils se sentent désignés comme des adversaires, des profiteurs. Or, nous pouvons vous affirmer que la plupart seraient prêts à coopérer avec un gouvernement socialiste, pour peu qu'on leur parle un langage amical. » Pierre Mauroy se fâcha tout rouge : « Vous n'avez pas été nommé pour défendre les patrons contre les travailleurs, mais pour creuser avec nous le sillon socialiste ! » La centaine de préfets restèrent songeurs [*].

Les socialistes ont donc à charge de « pénétrer », selon la mémorable formule de François Mitterrand, l'Etat tout entier. Il faut qu'ils arrachent à la « droite » tous les bastions où elle pourrait encore s'exprimer. Mais comment le refus du pluralisme et la chasse aux sorcières seraient-ils compatibles avec l'unité nationale ?

Dès qu'un homme politique accuse un adversaire de manichéisme, le sceptique se dit : « A manichéen, manichéen et demi. Le socialiste voit le mal dans le capitalisme ; le libéral voit le mal dans le socialisme. Renvoyons-les dos à dos. »

Le sceptique a tort. Pour nous, libéraux, le socialisme n'est pas le mal. Nous lui reconnaissons une inspiration noble, un souci de justice. Nous croyons nous aussi à la légitimité des combats contre la pauvreté, contre l'abus de toute position dominante, pour la protection des faibles, des démunis. Nous pensons en avoir assumé notre bonne part. Mais nous ne dénions à personne la volonté d'en assumer la leur.

Le défaut du socialisme en France est de ne pas reconnaître, lui, qu'il y a du bon dans les principes politiques de ses adversaires. Il voit en eux les sépulcres blanchis du pharisaïsme. Nous nous contentons, au contraire, de voir en lui une belle intention, qui se dévoie parce

---

[*] La scène m'a été contée par trois témoins différents.

qu'elle fait violence au réel, et qui peut semer le malheur à force de se croire exclusive de tout autre.

Le parti dans l'Etat

Un matin par semaine au moins, souvent deux, MM. Mermaz, Jospin, Joxe, Poperen et Quilès ont, depuis mai 1981, pris régulièrement leur petit déjeuner à l'Elysée avec le président de la République et le Premier ministre. Cet accès au petit lever se serait acheté fort cher sous l'Ancien Régime — le vrai. Ces privilégiés ne l'ont pas acheté ; ils l'ont par droit de parti.

Les quatre ministres communistes n'ont pas droit aux mêmes faveurs. Seront-elles accordées à la troisième composante de la « majorité présidentielle », les radicaux de gauche ? Leur président, Roger-Gérard Schwartzenberg, interrogé en mai 1982, eut l'honnêteté d'avouer qu'il avait été reçu à l'Elysée une fois en un an[18].

Cette conférence hebdomadaire n'est donc pas justifiée par la concertation de la majorité. Elle ne fait que reconstituer la véritable direction du parti socialiste. Ce directoire est secret. Cette structure de pouvoir parallèle devrait passionner les traditionnels chercheurs de pouvoirs occultes, les dénonciateurs de « lobbies », de loges et de coteries. *Est-ce une institution du parti, inavouable aux militants ? Est-ce une institution de la République, inavouable aux citoyens ?*

« Président de la République socialiste », le président demeure le chef du parti. Pour le contrôler, il l'associe étroitement à son pouvoir. Ainsi, le socialisme, dans son parti, dans son gouvernement, dans son président, demeure-t-il une seule et même force.

Un président pour l'unité ? Hélas ! Il faut le dire : un président par, avec et pour le parti ; un président pour l'unité non des Français, mais du parti ; donc, un président pour la division.

Puisque le personnel politique a changé, ne faut-il pas changer le personnel administratif ? Le service public est considéré comme un serviteur, non pas de l'Etat, mais des partis au pouvoir. On l'accuse de l'avoir été, hier, pour son péché. Il doit l'être, aujourd'hui, pour sa rédemption.

Or, la permanence de l'Etat est plus qu'un symbole de l'unité : elle en est une des plus solides garanties. Entre le pouvoir politique et la fonction publique, un contrat tacite laissait cette permanence s'affirmer, sans qu'elle retirât rien à l'efficacité : elle ajoutait aux orientations gouvernementales la caution de la neutralité et de l'intégrité du service public. Des générations d'élèves de l'E.N.A., après la guerre, ont appris ces principes avec Hauriou ; après 1958, ils en ont connu la pratique avec de Gaulle. Dans un pays aussi divisé que la France, l'Etat doit être le garant de l'unité nationale. C'est ce que le Général répondait impertubablement, quand de vieux militants gaullistes lui reprochaient de laisser en place, comme préfets, recteurs, directeurs, des hommes qui, de notoriété publique, étaient affiliés au parti socialiste ou au P.S.U.

Ce contrat fait à la Fonction publique un devoir d'obéissance et de loyauté. Il impose, en retour, aux politiques de ne pas transformer les fonctionnaires en militants. Il exclut la subordination à un parti... que le Projet socialiste définit en revanche comme « le lieu fondamental de l'articulation entre l'action gouvernementale et le mouvement populaire (...) le seul lieu d'où l'on puisse conduire la mutation d'une société [18]. »

Les fonctionnaires ne sont certes pas inamovibles ; mais ils ne sont pas non plus mobiles comme la plume au vent. Certains sont amovibles à discrétion. Mais leur liste est énumérée par la Constitution elle-même : directeurs de ministère, préfets, recteurs. C'est la couche supérieure, celle qui est au contact immédiat des responsables politiques. La tradition française admet que le gouvernement dispose librement de ces postes. *Il ne dispose donc pas des autres.*

En Grande-Bretagne, même la haute administration ne subit aucun contrecoup des alternances fréquentes de majorité : les ministres commandent à la machine, mais ne changent pas les mécaniciens. Et pour assurer cette séparation, *tout fonctionnaire qui voudrait se présenter candidat aux élections législatives doit d'abord démissionner — définitivement.* Peut-être y aurait-il lieu en France de méditer ce précédent. Si pareille règle était imposée à nos enseignants, y aurait-il encore des députés socialistes* ?

L'épuration

Qu'on est discret sur le rencensement des têtes tombées, sur l'inventaire des têtes branlantes ! Pratiquement pas un recteur, pas un préfet, pas un procureur général, pas un directeur, même pas un sous-directeur d'administration centrale qui n'ait été pour le moins mis sur la touche, placé en « congé spécial », ou déplacé de manière à bien sentir le vent du boulet**.

---

* Aux Etats-Unis, le « système des dépouilles » est devenu beaucoup plus limité qu'on ne le croit en France. Il n'atteint qu'un petit nombre de fonctionnaires de l'exécutif fédéral.

** On a même vu nommer successivement haut-commissaire de la République dans le Pacifique — gouverneur général de la Nouvelle-Calédonie (poste traditionnellement réservé à un préfet ou à un ancien administrateur de la France d'outre-mer) deux militants socialistes qui non seulement n'appartenaient à aucune administration, mais n'avaient pas d'expérience administrative.

Même au Quai d'Orsay — pourtant le domaine où la continuité est le plus affirmée et la rupture le moins revendiquée — le changement de pratique est saisissant. Avant le 10 mai, aucun ambassadeur, aucun représentant dans les organismes internationaux, qui n'appartînt à la carrière diplomatique, ou en tout cas à la haute fonction publique ; et beaucoup d'entre eux, qu'on savait de « gauche » et même fort proches de François Mitterrand, occupaient des postes éminents. Leur carrière n'en était nullement dérangée.

Depuis le 10 mai, les chefs de poste soupçonnés d'avoir de trop bonnes relations avec les précédents présidents de la République ont été mutés, ou privés de postes. En revanche, on a nommé ambassadeurs des amis personnels du président, qui n'étaient ni diplomates ni même fonctionnaires. Alors que les diplomates de carrière sont mis à la retraite à soixante-cinq ans, et le plus souvent privés de poste à partir de soixante-trois ou soixante-quatre, on est allé jusqu'à nommer comme ambassadeur à Rome un journaliste qui avait largement dépassé les soixante-cinq ans fatidiques.

Au Conseil d'Etat, les vice-présidents eurent fréquemment des heurts avec les précédents présidents de la République, qui ne firent pourtant rien pour les changer au profit d'un homme de leur mouvance, comme ils en auraient eu le pouvoir. Mitterrand installa comme vice-président un de ses intimes. Un président de section est un communiste notoire.

Les précédents présidents de la République avaient l'élégance de nommer régulièrement aux postes « à la disposition du gouvernement » des personnalités connues pour leurs préférences « de gauche » : syndicalistes ou hommes politiques. C'étaient autant de révérences faites à la conception pluraliste de l'Etat. Depuis le 10 mai, aucune nomination de ce type n'a été effectuée en faveur de personnalités « de droite ».

A la Cour des comptes, non seulement le premier président, mais le président de chambre qui le remplace, les deux secrétaires généraux et le secrétaire général adjoint, nommés depuis le 10 mai, sont connus pour être des socialistes engagés : depuis la Libération, on n'avait vu pareille mainmise d'un parti sur la direction de la Cour.

Plus impressionnante encore aura été *la méthode,* analogue à celle qui fut utilisée dans les télévisions et les radios. La mise en condition y a compté autant que la mise en disponibilité. Claude Estier soutenait sans vergogne que « les journalistes formés à l'école libérale ne pouvaient expliquer l'économie socialiste » ; Christian Goux affirma à l'Assemblée nationale qu'il fallait mettre en place dans la Fonction publique des gens « qui croient en l'action socialiste ».

Au congrès de Valence, les socialistes n'ont eu que l'imprudence de dire en public ce qu'ils étaient décidés à faire en tapinois. Pour Louis Mermaz, président de l'Assemblée, « la droite est toujours présente au niveau du monde des affaires et des rouages de l'Etat. Cette droite, il faut la *débarquer* et la chasser des pouvoirs qu'elle exerce indûment. » Pour Paul Quilès, personnage important du parti, le pouvoir « doit faire face à la résistance, voir à l'obstruction, de l'opposition et de ses relais, jusques et y compris dans certaines sphères de la haute administration. La naïveté serait de laisser en place des gens qui sont déterminés à saboter la politique voulue par les Français (recteurs, préfets, dirigeants d'entreprises nationales, hauts fonctionnaires). Il ne faut pas non plus dire : *Des têtes vont tomber,* comme Robespierre à la Convention, mais il faut dire lesquelles, et le dire rapidement. »

La réaction instantanée de l'opinion et de la presse devant ces propos, a eu pour effet de les raréfier. Mais rien n'est venu les démentir. Le message est passé. Toute la Fonction publique a compris qu'elle était placée sous haute surveillance.

De telles conduites dénotent un état d'esprit qui ne conçoit pas la neutralité, laquelle ne peut être que de « droite » : *ceux qui ne sont pas avec nous sont contre nous.* L'authenticité de la « gauche », c'est le militantisme. Faire tomber quelques têtes exemplaires est utile ; mais l'indispensable est d'échauffer celles qui restent.

La révolution par en bas

Simultanément, l'extension du pouvoir syndical dans les bureaux est un bon moyen de casser l'autorité « impartiale ». Les hauts fonctionnaires ont vite compris qu'il fallait désormais compter avec le bon plaisir syndical, fortement relayé au niveau supérieur.

Ainsi, par une crainte sans doute excessive que l'administration leur résiste, les socialo-communistes ont mis en place une contre-administration : élus — parmi lesquels ils escomptent bien que leurs élus seront les plus virulents — syndicats politisés, militants envoyés en mission, comme sous la Convention.

L'administration est donc assaillie de toute part : d'en haut par la chasse aux sorcières, d'en bas par l'agitation syndicale, latéralement par les commissaires politiques.

Brochant sur le tout, la réforme de l'Ecole nationale d'administration, préparée par le P.C. et exécutée par le ministre communiste Le

Pors, crée une rupture sans précédent dans la pratique et le droit administratifs de la France. Les hauts fonctionnaires, avant comme après la création de l'E.N.A., étaient recrutés par concours, avec des épreuves écrites anonymes, et des épreuves orales subies devant un jury pluraliste, de manière à éviter tout favoritisme — personnel, partisan ou philosophique. La création de la « troisième voie » de l'E.N.A. déroge à ces principes. A côté des concours réservés, l'un aux étudiants, l'autre aux fonctionnaires, une troisième voie est ouverte aux élus et aux syndicalistes. Ils seront dispensés de la fastidieuse et épuisante préparation à l'E.N.A., puisque c'est le militantisme qui les aura préparés — bien entendu, le militantisme « de gauche ». C'est le système qui a été mis en place en Chine pendant les dix années de la révolution culturelle, où l'on sélectionnait dans l'Université, non « la matière grise », mais les « cœurs rouges ».

Cette démoralisation de la Fonction publique sert-elle l'unité de la République ? Sert-elle même l'efficacité politique ?

Oui, doivent se dire les socialistes, dès lors que, pour eux, l'efficacité c'est de « déstabiliser » la société.

La politisation judiciaire

Si la politisation de la fonction publique est regrettable, celle de la justice est exécrable. Un syndicat à dominante socialo-communiste, issu de la fronde de mai 1968, et qui comptait comme militants, avant le 10 mai 1961, quelque 5 % des effectifs des magistrats, avait tout fait pour politiser la justice *, à la fois par des actions clandestines, et par des coups d'éclat qui ont jeté sur cette institution un grave discrédit. On pouvait espérer que l'arrivée au pouvoir des forces politiques dont ce syndicat était l'émanation assagirait ses responsables : la fonction transformerait les hommes. De fait, les postes de commande — directions de la chancellerie, cabinets du garde des Sceaux, du Premier ministre et du président de la République — furent truffés de membres de ce syndicat. Mais ils ne virent dans leur accession aux grandes décisions qu'un moyen d'accentuer leur remise en cause de l'institution judiciaire.

Le ministre de la Justice se livra lui-même à des attaques contre les décisions de justice, à l'indépendance de laquelle on croyait qu'il était chargé de veiller. Il opposa une justice « de droite » et une justice « de gauche » et exprima sa tristesse de voir que la justice « de droite »

---

* Cf. *Les Chevaux du lac Ladoga* (chapitre 16 : Le Clan)

avait le dessus *. On assiste, de la part du pouvoir politique, à un refus systématique de s'incliner devant les décisions judiciaires, quand elles ne paraissent pas servir la cause de la « gauche ».

Un garagiste, après avoir été cambriolé une dizaine de fois, avait placé un transistor piégé dans son garage ; le piège avait tué un cambrioleur nocturne en lui éclatant au visage. Le jury d'assises de Troyes acquitta le garagiste, à l'indignation des juristes « de gauche ». Le Syndicat de la magistrature stigmatisa cette décision dans un communiqué. Le président de la commission des lois de l'Assemblée nationale (socialiste de tendance C.E.R.E.S.) parla d'un « jour de deuil » pour la justice. Le garde des Sceaux lui-même vilipenda le « poujadisme judiciaire ». Pourtant, l'article 226 du Code pénal, selon lequel est passible de poursuites quiconque cherche à porter le discrédit sur une décision de justice, n'a pas encore été abrogé.

C'est ce même refus de s'incliner que manifeste le garde des Sceaux après la décision de la Cour de cassation de ne pas réviser le procès de son client Mauvillain, condamné à tort, selon lui, à dix-huit ans de réclusion criminelle. Sans attendre que la Cour se prononce, le garde des Sceaux avait décidé d'élargir le condamné. En dépit de l'arrêt de la Cour suprême, Mauvillain ne sera pas réincarcéré.

On pourrait citer de multiples manifestations de ce phénomène inquiétant, de la part de juristes « de gauche » qui voulaient, hier, donner des leçons sur l'indépendance des juges, et qui, aujourd'hui, la bafouent, que ces juges soient jurés populaires ou hauts magistrats.

Il n'est pas acceptable qu'un ministre de la Justice en exercice classe juges et avocats en « droite » et « gauche » judiciaires. Le principe de la stricte neutralité de l'organisation judiciaire est le seul propre à lui permettre de retrouver la confiance des citoyens. Une justice « de gauche » et une justice « de droite » ne pourraient donner lieu qu'à une grande injustice. On pourrait leur appliquer le mot d'un directeur de la police judiciaire : « La police n'a pas affaire à la droite ou à la gauche. Elle a affaire au milieu ».

---

* J'ai eu quelque scrupule à juger sa gestion. L'usage voulait qu'un ancien ministre ne critiquât pas ses successeurs. Mais il s'appliquait à des époques — sous les IIIe, IVe et Ve Républiques — où le titulaire d'un département ministériel était remplacé par un homme politique qui appartenait à la même majorité que lui. Quand un ministre, au contraire, est remplacé par celui qui a été, pendant tout son mandat, le chef ardent de son opposition, on ne peut que lui appliquer le mot d'Auguste : « Quoi, tu veux qu'on t'épargne et n'as rien épargné ? » J'éviterai pourtant de l'accabler, tellement il s'est accablé lui-même dans une surprenante autocritique publique, le 27 novembre 1982 : on ne tire pas sur un confessionnal.

Un naïf espoir s'était répandu : la conquête du pouvoir politique par la « gauche » mettrait un terme aux conflits sociaux ; la concertation les préviendrait. Les premiers actes du gouvernement Mauroy ne pouvaient que satisfaire les syndicats, fût-ce au prix d'un grave déséquilibre dans les finances publiques. On pouvait espérer que les revendications marqueraient le pas.

Or, on assiste aux plus âpres conflits que la France ait connus depuis bien longtemps *. Vous pensiez que la crise met le pouvoir de « gauche » dans l'embarras ? Bien au contraire. La « gauche » profite de la crise pour secouer les structures en place et pour installer les siennes. Voici que la C.G.T. s'attaque à Renault, en réclamant une « purge » dans l'équipe dirigeante.

C'est parce que l'automobile connaît ses premières difficultés, que le P.C. va essayer de la nationaliser intégralement. Chez Citroën, chez Talbot, la C.G.T. mène une bataille en règle pour s'y tailler de nouveaux fiefs : elle les arrache par l'intimidation et la menace. Les grèves organisées par le syndicat communiste, avec des forces supplétives de travailleurs immigrés — sa « légion étrangère » — entraînent, en réaction, la grève de la maîtrise. Tant mieux ! Le gouvernement fait appel à un médiateur... de « gauche ». Il donne raison à la C.G.T. contre la direction et les cadres. Ainsi, se prépare une nationalisation de fait, qu'il sera aisé d'entériner en droit.

Les problèmes de pouvoir ont donc largement pris le pas sur les problèmes économiques. Edmond Maire le proclame : « Entre les partis et les syndicats, il y a une différence de fonction, mais une totale égalité de responsabilités pour défendre un projet de société. »

Les entreprises, elles, n'ont à défendre que leur part du marché, et leurs emplois. Il nous semblerait donc raisonnable d'exclure tout ce qui risque de désorganiser ces collectivités, déjà largement ouvertes à la démocratie ? Quelle erreur !

Il existait, avant le 10 mai, un équilibre entre les pouvoirs du patron et de l'encadrement ; ceux des délégués du personnel ; ceux

---

* Quatre fois plus de conflits sociaux au premier semestre 1982, qu'au premier semestre 1981. Trois exemples : la société nationale des industries aéronautiques et spatiales, dirigée par le propre frère de François Mitterrand, vit sous la menace d'une « épuration » exigée par la C.G.T. Après deux mois de grève à la Société générale, banque nationale où elle est majoritaire, la C.F.D.T. se retrouve seule contre tous à refuser les accords négociés. L'intersyndicale de la radio-télévision déclenche une grève sans assurer le service minimum que lui impose la loi, ce qu'on n'avait pas vu depuis 1968.

des syndicats ; et, dans nombre d'entreprises, ceux des salariés, qui peuvent développer l'innovation par le dialogue de groupe. Cette dernière dimension tendait à s'accroître. La « participation » faisait lentement son chemin. C'est de cette manière que pouvait se promouvoir pacifiquement une véritable « citoyenneté » dans l'entreprise.

Seulement, un pareil équilibre est facteur d'unité sociale. Il est donc contre-révolutionnaire.

Pouvoir à vide

Les lois Auroux furent conçues pour rompre cet équilibre. Leur auteur s'exprima clairement devant l'Assemblée nationale : « Nous voulons renforcer le rôle des syndicats. » C'est pourquoi les sections syndicales seront reconnues dans les entreprises de moins de cinquante salariés, même si aucun salarié n'y adhère.

Renforcer est le mot juste : la loi socialiste doit les soutenir, puisque les travailleurs les délaissent.

En France, le très faible taux de syndicalisation* montre que les syndicats ne sont pas perçus par les travailleurs comme les organes de leur représentation, mais comme des réseaux de militants ayant des objectifs plus politiques que corporatifs.

On imagine le poids insupportable que va constituer cette relance officielle de la « lutte » sociale.

Le drame est que ce pouvoir ne débouche que sur le vide. Il n'est capable que de déchirer l'entreprise, de la paralyser, de détruire la matière même sur laquelle il prétend s'exercer. Il remet toujours au « temps des cerises » son efficacité à gérer. D'abord, il faut combattre, combattre, fût-ce comme Oreste fou luttant contre des chimères.

L'alternance en famille

En 1981, l' « alternance » s'est produite sans heurts. Elle fut, pour les institutions, un coup d'essai. Beaucoup y ont vu un coup de maître. Elle démontra que la Ve République n'était pas le régime du « coup d'Etat permanent », mais celui du respect des décisions du peuple — comme l'avait déjà montré de Gaulle, par son départ, en 1969. Cependant, qui dit alternance dit retour. La Ve République est

---

* Moins de 20 % des personnes actives, dont une petite moitié sont syndiquées à la C.G.T. La « courroie d'entraînement » du P.C. n'entraîne directement que 10 % des salariés au maximum ; mais à travers eux, sa force croissante lui permet d'entraîner ou de bloquer tout le reste.

entrée en phase deux. Elle devra un jour entrer en phase trois. Une fois lancé, le balancier ne peut s'arrêter. Or, sur ce point, personne n'a exprimé plus clairement la doctrine socialiste que Louis Mermaz, professeur agrégé d'histoire, et de surcroît président de l'Assemblée nationale : « Il dépend de nous que le droit imprescriptible à l'alternance s'exerce *désormais* entre les seules forces de l'avenir [19]. »

Admirons. « Désormais », *tout sera fait pour que les socialistes alternent avec eux-mêmes.* D'autres pays — par exemple, les pays « socialistes » — se sont dotés de constitutions excellemment démocratiques dans leur forme, et vivent dans un Etat où le droit revient à la force. Qu'importe, puisque cette force est celle de l'avenir ?

Il n'est pas choquant que les socialistes souhaitent rester au pouvoir : désir bien naturel d'assurer la continuité et la réussite d'une action. Ce qui est choquant, c'est de les voir détourner de son sens la notion d'alternance. Car prétendre que le « droit imprescriptible » serait honoré si les « forces de l'avenir » alternaient entre elles, c'est se moquer. Que sont ces forces ? Les divers « courants » du P.S. ? Ou le P.S. et le P.C. ? On peut interpréter à sa guise. De toute façon, c'est l'alternance en famille. Quant à ceux qui ne sont pas de la famille, on les baptise « forces du passé », ce qui les exclut d'office de l'exercice normal du « droit imprescriptible ».

Pourtant, si les socialistes sont aujourd'hui au pouvoir, ils apparaîtront demain, à leur tour, comme les représentants du passé ? La relativité du temps n'effleure pas ces amoureux de l'absolu. Avec eux, l'éternité commence : « Il ne s'agit pas pour nous, disait encore le professeur Mermaz, d'engager une expérience. Il s'agit d'asseoir une société nouvelle... et d'arrêter l'Histoire » : objectif bien digne d'un historien, en tout cas d'un historien marxiste.

Si l'alternance n'a plus à s'exercer qu'entre les courants de la « gauche », ce n'est pas parce que le succès de leur politique fera voler les socialistes de victoire en victoire. *Il suffira qu'ils conduisent leurs projets assez loin, pour qu'il ne soit plus possible de revenir en arrière.*

Que devient la démocratie, dans un pays où s'est créée une situation irréversible ? Qu'y devient la liberté de choix ? Qu'y devient l'unité même de la nation, si elle ne peut indéfiniment se recomposer, au-delà des divisions de la démocratie, par l'alternance de ses majorités successives ?

Chapitre 11

Une moisson de libertés

1. — Liberté, liberté chérie

Liberté, libertés : le vieux cri vient aux lèvres des socialistes, et il vient du cœur. « Le premier droit de l'homme, proclamait Jaurès, c'est la liberté individuelle, la liberté de propriété, la liberté de pensée, la liberté du travail. » Les échos roulent de congrès en congrès, jusqu'à celui de Créteil de 1981 — le dernier d'une ère d'oppression : « Il n'est de socialisme que celui de la liberté. »

Oppression : c'est ainsi que les militants voient le monde où leur force grandit si librement. Ils en décrivent les chaînes, qu'ils ont hâte de briser : « Le système en place, sa classe dirigeante, ses rapports de production et son modèle de croissance, son organisation, ses cadences, la durée du travail, son détournement du temps libre, sa bureaucratie, sa fiscalité, ses critères naturels, sa presse, sa radio, sa télévision, l'inégale condition de l'homme et de la femme[1]. »

Liberté, libertés : c'était le titre d'un petit ouvrage où le parti socialiste, en 1978, disait combien elles étaient maltraitées, avant qu'il s'en occupât.

Aussi le 10 mai, c'est la joie de la liberté retrouvée, toute neuve, toute fraîche, comme en 1789. « Le 10 mai, la France a franchi la frontière qui sépare la nuit de la lumière. » Tout simplement. Jack Lang aime le clairon des formules — même quand il sonne un peu faux. Le docte Schwarzenberg, délaissant la prudence radicale pour devenir radicalement imprudent, chante à l'unisson : « La liberté, dont le nom est inscrit avec notre devise nationale sur le fronton de l'Elysée, va maintenant nous être rendue, puisque son occupant va changer. »

Le ministre de la Communication, Georges Fillioud, monte à la tribune pour présenter son projet de loi sur l'audiovisuel. Il lève les bras, comme pour bénir le lever du soleil, et s'exclame sans rire : « Bonjour, la liberté ! »

Si les socialistes — comme d'ailleurs les communistes — insistent tant sur les libertés dont ils sont porteurs, ne serait-ce pas parce qu'en ce point précis le bât les blesse ? Ils se sont toujours trouvés en difficulté avec la liberté. Envers elle, ils sont animés d'une passion exclusive.

Exclusifs, ils le sont. Ainsi, dans le Manifeste de Créteil : « Il n'est de liberté réelle et vécue que celle qu'apporte le socialisme dans lequel nous croyons. » Les socialistes savent mieux que personne ce qui est bon pour elle : *Le socialisme crée la liberté en l'organisant,* disait déjà François Mitterrand neuf ans plus tôt [2]. Amant jaloux, on devine que le socialisme peut devenir époux impérieux. *Il peut céder,* reconnaissait Mitterrand, *à la tentation d'organiser le bonheur des hommes malgré eux.* Voilà qui veut rassurer : le socialisme perçoit le danger. Malheureusement, il ne le perçoit que chez l'autre socialisme — son double raté, le communisme.

Ainsi, les communistes servent à se démarquer d'eux : « Oublierai-je, écrit François Mitterrand, la leçon terrible du régime soviétique [3] ? » Dans cette comédie, le rôle du méchant socialisme étant tenu par le P.C., il ne reste au P.S. que le rôle du bon.

Les « bons » socialistes ne sont pas sensibles à l'ambiguïté plutôt inquiétante de certaines formules. Dans le petit manuel d'hagiographie contemporaine intitulé : *Mitterrand, ses idées, son programme,* Claude Manceron et Bernard Pingaud proposent celle-ci [4] : « La société collectiviste a pour but de forger l'instrument de la liberté personnelle, ou bien il y a maldonne. » Le collectivisme s'impose comme une nécessité inéluctable. Mais il peut être la source soit du bien, soit du mal ; du mal, s'il forge des chaînes (comme à l'Est, là où il y a eu *maldonne*) ; du bien, s'il forge des clés pour les ouvrir : mais qui garde les clés ?

La nouvelle alliance du socialisme et de la liberté

« Le socialisme crée la liberté en l'organisant. » L'homme *naît-il libre,* comme Rousseau l'affirmait avec éclat dans la première phrase de son *Contrat social,* et comme nos grands ancêtres le croyaient ? Non, il a dû attendre que sa nourrice socialiste le lange, pour *devenir* libre. Intronisé le 21 mai 1981, François Mitterrand s'écriait : « Quelle plus haute exigence pour notre pays, que de réaliser la *nouvelle alliance* du socialisme et de la liberté, quelle plus belle ambition que de l'offrir au monde de demain ! »

Quelle était l'ancienne alliance, que remplace en ce jour la nouvelle ? Celle que Lénine et Staline ont ensanglantée ? Ou celle que Léon Blum et Guy Mollet ont gâchée ? Laissons au grand prêtre le soin d'éclairer ses mystères. Retenons seulement que, s'il faut allier socialisme et liberté, et si cette entreprise est tellement nouvelle, c'est que peut-être leur entente n'est pas si naturelle.

Là encore, les attaques du parti communiste contre le parti socialiste avaient fait leur œuvre — œuvre pie : le socialisme de la servitude avait assez combattu le socialisme de la liberté, lui rendant l'inappréciable témoignage de sa haine. Tout, dès lors, devenait crédible dans un programme qui multipliait les *libérations.* On allait libérer les journalistes ; libérer la télévision ; libérer les détenus ; libérer les juges ; libérer les enseignants ; libérer les artistes ; libérer les médecins ; libérer les élus locaux ; et, comme dans un naufrage, libérer les femmes et les enfants d'abord. Mais de quoi, grand Dieu ?

De tout. Des liens invisibles. De l'argent. Du patronat. De l'ordre moral. Et s'il le fallait, d'eux-mêmes : car il n'est plus lourdes chaînes que celles que l'on porte à l'intérieur de son crâne.

La liberté a-t-elle donc fait les étourdissants progrès qu'on lui promettait ? N'avons-nous pas été victimes, là encore, d'un malentendu ?

2. — Libertés locales

« Point central de notre action », telle devait être la décentralisation, selon le Manifeste de Créteil. Et de fait, voici « libérés », par la loi Defferre, communes, départements et régions.

Nous le savions depuis Tocqueville : la décentralisation est en France la pierre d'achoppement de tous les nouveaux régimes. Les réformes administratives, comme celle de 1787, apportent plus de troubles que de bienfaits : « La nation n'étant plus d'aplomb dans aucune de ses parties, un dernier coup put produire le plus vaste bouleversement et la plus effroyable confusion qui furent jamais. [5] »

La moindre crise nous rejette dans un jacobinisme éperdu. Une fatalité s'acharne-t-elle contre la liberté des collectivités locales ? L'intention déclarée du pouvoir socialiste était de secouer cette fatalité. Y parviendra-t-il ?

Passons sur la prétention de partir de zéro, de donner l'impression que rien de bon n'avait été entrepris jusqu'alors. Il se trouvait que le Sénat, expression constitutionnelle des collectivités locales, venait de passer deux ans à examiner, amender, remodeler le vaste projet de loi Bonnet*. En signifiant brutalement à la Haute Assemblée que cette œuvre était nulle et non avenue, on marquait que la décentralisation socialiste serait l'affaire des socialistes, et non le fruit d'une concertation entre les partis, ni avec les collectivités elles-mêmes. De fait, les

---

* Issu du rapport de la commission Guichard « Vivre ensemble » et d'une consultation de tous les maires de France.

associations d'élus, les conseils généraux, les conseils régionaux n'ont été à aucun moment consultés.

En trompe-l'œil

Dans certains palais florentins, vous vous dirigez vers la porte. Elle est de bois sculpté à deux battants, l'un fermé, l'autre entrouvert. C'est seulement quand vous êtes dessus que vous vous cassez le nez sur un mur parfaitement plat, mais que le talent de l'artiste a réussi à faire prendre pour un relief.

La loi Defferre, la loi « libératrice », est une loi en trompe-l'œil.

Trompe-l'œil sur la « suppression du préfet » qui, rebaptisé commissaire de la République, n'en reste pas moins le maître du proliférant réseau local de la bureaucratie étatique. Il demeure le dispensateur de plus des neuf dixièmes de l'argent public déversé sur le département*. Beaucoup de préfets et de sous-préfets n'en ont pas moins vécu cette réforme comme une dévaluation de leur fonction. Beaucoup ont quitté le service de l'Etat**. Ceux qui sont restés ont eu souvent le sentiment que la réforme perdait sur les deux tableaux : l'Etat était dévalué, sans que les responsabilités locales soient sérieusement étendues.

Trompe-l'œil sur « l'abolition des tutelles », puisque, après bien d'autres réformes administratives du même type, de 1964 à 1981, il ne restait à abolir qu'a peine 5 % des tutelles qui existaient encore au début des années 1960 ; et puisque subsisteraient encore les seules tutelles pesantes — plus pesantes que jamais — celles des subventions financières de l'Etat et des prescriptions imposées par les grands corps techniques de l'Etat.

Trompe-l'œil sur « la liberté des communes », dès lors que rien n'était osé pour fédérer, en districts ou en syndicats de gestion, les trente milliers*** d'entre elles dont l'autonomie est une fiction amère : quelle occasion perdue pour le volontarisme réformateur !

Trompe-l'œil sur la « liberté propre des départements et des régions », puisque, déjà, le préfet ne pouvait rien faire d'autre que d'exécuter les décisions souveraines des conseils généraux et régionaux ; et puisqu'il faudra désormais exécuter aux frais de la collectivité locale ce que l'Etat exécutait gratuitement.

---

* Fonctionnement et équipement confondus.

** Pour prendre un « congé spécial », ou se faire mettre à la retraite, ou entrer dans le secteur privé, ou même devenir directeur de l'administration des nouveaux conseils généraux.

*** Sur 36 422.

Trompe-l'œil, enfin, et surtout, sur le contenu de ces belles libertés, puisque *les attributions nouvelles, les moyens nouveaux,* qui auraient dû lui donner de la consistance, restent bien en deçà des espoirs qu'on avait fait naître.

Passé la surprise, vous admirez l'art du magicien en perspectives, créateur de reliefs plats. Vous ne croyez pas à leur réalité.

Quel sens socialistes et communistes peuvent-ils donner à la démocratie locale ? Pour un marxiste, le pouvoir forme un tout, comme la culture, comme la société. Il n'admet pas la pluralité des conceptions. Dans les collectivités comme dans l'Etat, toute autorité de « droite » est illégitime ; c'est celle des exploiteurs.

Dès lors, la diversité *politique* des collectivités locales n'est pas un moyen de compenser le monolithisme du pouvoir central ; elle n'est qu'un résidu de l'ordre ancien. Il fallait donc récupérer au profit des « forces de progrès » les départements et les communes « rebelles ». Le socialisme ne peut admettre la décentralisation que comme une technique de diffusion de ses dogmes *.

Avant le 10 mai, face à un Etat « instrument de la classe dominante », elle ouvrait de vastes possibilités pour une conquête fractionnée du pouvoir. Maires communistes ou conseils généraux socialistes prêchaient du haut de ces tribunes le message de la « gauche » ; macadamisaient des routes ; construisaient des tout-à-l'égout ; finançaient des classes de neige ; et en profitaient, au passage, pour se faire financer par leurs bureaux d'études, et par des entreprises complaisantes ou terrorisées.

Mais ce n'étaient qu'avances d'hoirie sur le seul héritage intéressant, celui de l'Etat. Ayant enfin conquis l'Etat, la gauche marxiste aurait pu cyniquement se découvrir jacobine, pour rogner le pouvoir encore exercé par la « droite » dans les collectivités qu'elle détenait. Deux convictions l'ont conduite à une position qui n'est guère moins cynique, mais qui est beaucoup plus présentable.

D'abord, la conviction que l'Etat, même conquis, demeurera longtemps encore l' « instrument de la classe dominante ». La bureaucratie, vue du moins par les socialistes, est imbue de préjugés de classe : elle est élitiste, autoritaire, hiérarchique. Le socialisme doit désintégrer cette masse qui lui résiste, en l'attaquant d'en haut (par la chasse aux sorcières), mais aussi d'en bas (par l'*agit prop* syndicale), et du dedans (par l'amoindrissement de ces pouvoirs).

---

* De même, la proposition 59 dissimule à peine que la « vie associative » et les « élus sociaux » (on pourrait remplacer « sociaux » par « socialistes ») seront encadrés, subventionnés et mis en tutelle, de manière que leur esprit d'initiative permette de diffuser la bonne idéologie.

Ensuite, la conviction, durant l'été 1981, quand furent élaborées les lois de décentralisation, que « l'état de grâce » livrerait l'essentiel de la démocratie locale à la « gauche ». Dès les élections cantonales suivantes, elle ne manquerait pas de conserver ou conquérir les trois quarts des conseils généraux, en attendant mieux.

Des Vergennes de province

Le jeune Staline, dans la lancée de sa « Déclaration des droits des peuples d'Union soviétique » de janvier 1918, avait inventé la Constitution la plus décentralisée du monde : celle de l'Union soviétique. La plupart des républiques qui la composent sont — sur le papier — plus qu'autonomes : indépendantes. Leur liberté de mouvement va beaucoup plus loin que celle des gouverneurs d'Etats aux Etats-Unis. Chacune — Biélorussie ou Ukraine, Lettonie ou Azerbaïdjan — est libre de choisir sa propre politique extérieure. Elle a son propre ministère des Affaires étrangères.

Il m'est arrivé de rencontrer en Union soviétique ces étranges ministres des Affaires étrangères, ces Vergennes de province. J'ai passé deux jours, au pied du toit du monde, en compagnie du « ministre des Affaires étrangères » de la République socialiste soviétique de Kirghizistan. Il n'avait jamais franchi les frontières de l'Union soviétique. En dehors du *ouïghour,* il ne connaissait que le russe. Il ne lisait que la *Pravda* et la gazette locale. Son rôle réel ne dépassait pas celui de préposé à l'accueil des hôtes de passage. Aussi, le plus souvent, se contentait-il de répondre à mes questions par un éternel sourire.

Staline avait compris qu'on peut se permettre d'aller à l'extrême de la décentralisation apparente, quand on peut la rattraper par l'extrême de la centralisation réelle, dès lors que les fonctions sont occupées par des membres d'un parti régi, lui, par le « centralisme démocratique ».

Moins pressés

Vingt-trois ans de pouvoir local revendicatif : cet héritage-là pesait sur les mentalités socialistes. Elles s'étaient trop habituées à faire le partage des responsabilités, entre celle des insuffisances, que l'on renvoyait à l'Etat, et celle des réalisations, dont se glorifiaient les élus locaux. Passer à un partage positif et concret des compétences et des moyens, c'était un saut dans un univers mental inconnu. D'autre part, déjà, les ministres, définissant, chacun dans son domaine, « l'art de vivre » socialiste ou communiste, ne marquaient aucun enthousiasme à se priver de tout levier sur l'action locale.

Là-dessus, survint la gifle des élections cantonales. Ingrats, les Français n'avaient pas en masse confié les conseils généraux à ceux qui les avaient affranchis. Au contraire, ils se détournaient des bienfaiteurs de la démocratie locale.

Du coup, la loi sur les compétences fut presque vidée de substance. Le projet sur les finances fut purement et simplement abandonné : les dispositions adéquates seront prises dans le cadre des budgets, au fil des ans... Les ministères les moins présents sur le terrain — comme la Culture, l'Environnement, la Recherche, le Plan — se hâtèrent de constituer délégations, comités ou conseils, de peur que les collectivités « libérées » n'occupent le vide.

De cette confusion, que sortira-t-il ? Sans doute un embrouillamini d'attributions, un enchevêtrement d'administrations, une concurrence dans la revendication, qui n'exclura pas la fuite des responsabilités. Bref, un désordre où seul, comme toujours, l'Etat jacobin retrouvera ses petits. Il saura bien décentraliser l'impopularité, et recentraliser le pouvoir bureaucratique.

Le gouvernement a vu que la région manquait à la panoplie des assemblées élues au suffrage universel, et, sans réfléchir, il l'y a ajoutée*.

Peu lui importe qu'il déchaîne ainsi une rivalité effrénée entre départements et région. Pour l'éviter, il faudrait trouver un moyen de spécialiser chaque niveau, de façon que l'un n'ait jamais à empiéter sur l'autre. Est-ce concevable ? Toutes les branches de l'administration communiquent entre elles. Et qu'est-ce que l'intérêt de la région, s'il faut le séparer de celui des départements ?

Pour les socialistes, plus les assemblées sont nombreuses et siègent souvent, plus la démocratie progresse : elle est devenue une fin en soi. Si la liberté des collectivités locales n'est que le déploiement de l'activité politicienne, alors il n'était pas difficile de lui donner de nouveaux espaces. Voilà qui est fait.

Mais on se détourne des vrais problèmes de la liberté locale : ceux qui ont trait aux tâches. Problèmes ardus, puisqu'ils amènent à reprendre en sous-œuvre l'ensemble de notre édifice administratif — qui n'est pas tout neuf... Cette entreprise-là n'intéresse pas le socialisme. Car elle ne vaut la peine — peine immense — que si l'on croit nécessaire une authentique diversité des arts de vivre ensemble.

---

* Il est vrai que, depuis la douche des élections cantonales de mars 1982, le gouvernement est soudain devenu moins pressé d'organiser cette élection, annoncée d'abord pour mars 1983.

Le socialisme ne saurait concevoir cette diversité. Son véritable objectif, c'est de vider la coquille administrative de son contenu politiquement neutre, mais qu'elle considère comme socialement « droitier », pour y insuffler l'esprit du militantisme « de gauche », paré du qualificatif *d'autogestionnaire*.

Exploitable dans l'opposition, la décentralisation est dangereuse quand on est au pouvoir. Les socialistes ont failli l'oublier. Paradoxalement, le rappel est venu des électeurs « de droite ».

3. — Libertés professionnelles

Les professions libérales ne sont plus ce qu'elles étaient. Leur recrutement a *explosé,* sous l'effet de *l'explosion* universitaire. Les diplômes se sont multipliés ; les praticiens de ces professions aussi. L'Université s'est démocratisée ; les professions libérales aussi.

Bref, l'avocat, l'architecte, le médecin ne sont plus des privilégiés, même s'ils en font encore figure. Ils sont des professionnels parmi d'autres professionnels, dans le secteur immensément développé des « services ». Un grand nombre gagnent assez modestement leur vie et se confondent ainsi dans la grisaille des « classes moyennes ». A cet égard, leur sort n'est pas très différent de celui des professeurs.

Ces simples observations empêcheraient de s'étonner que beaucoup de membres des professions libérales aient voté « à gauche ».

Les classerons-nous parmi les victimes du malentendu socialiste ? N'auront-ils pas été, d'avance, consentants ? Peut-être ; mais le socialisme a tout fait pour ne pas décourager leur consentement.

« Professions *libérales* » : l'adjectif pèse lourd dans la balance marxiste ; de tout le poids des péchés du XIXe siècle. De fait, aucun pays « socialiste » ne les a laissées subsister en tant que telles : on n'y connaît que des travailleurs intellectuels au service de la société. Il fallait, certes, que rien ne rappelât aux intéressés ce lugubre précédent ; cette incompatibilité entre la doctrine des uns, et la pratique des autres.

Soboul notait que la liberté économique et professionnelle était, pour les révolutionnaires « bourgeois » de 1789, une telle évidence, qu'ils n'avaient pas même cru nécessaire de la faire figurer dans la Déclaration des droits de l'homme et du citoyen, puisqu'elle était bien antérieure à cette Déclaration. En revanche, si cette liberté ne figure non plus, ni au Programme commun ni dans les « 110 propositions », c'est plutôt qu'il allait de soi qu'elle n'avait pas sa place dans la société socialiste.

Seulement, ce qui allait sans dire allait encore mieux en s'interdisant absolument de le dire. On laissait ainsi jouer tous les effets électoraux du ressentiment qui avait pu s'accumuler contre le pouvoir ancien, parmi ces professionnels souvent déçus de ne pas ressembler à l'image luxueuse que la mythologie couramment admise donnait à chacune de leurs professions.

Une fois au pouvoir, il serait temps de pousser jusqu'au bout la logique du déclassement des professions libérales. De favoriser toutes les structures où les professionnels seraient retirés au secteur privé : salariés, mutualisés, fonctionnarisés. D'annoncer la couleur en plaçant un communiste, et non le moins dynamique, à la tête du ministère de la Santé.

Ils ont voté « à gauche », assez massivement, ces membres des professions libérales qui se sentaient sombrer. Leur vote était un appel au secours. Les « secouristes » sont arrivés : ce fut pour leur enfoncer la tête dans l'eau.

4. — Libertés individuelles

Maurice Faure, qui me succédait à la chancellerie après le 10 mai, me confia, dans l'entretien qui nous réunit en tête à tête avant notre passation de pouvoirs, qu'il avait reçu du président quatre missions, correspondant aux engagements pris en matière de justice dans les « 110 propositions ». Abolir la peine de mort. Supprimer la Cour de sûreté de l'Etat. Abroger la loi « Sécurité et Liberté ». Enfin, par un large exercice de l'amnistie et de la grâce, « vider les prisons ».

Mais le nouveau garde des Sceaux se souciait peu de remplir les cimetières ; et il croyait disposer d'une certaine liberté dans l'application de ces objectifs. Il me fit part d'idées fort raisonnables qui, sur ces quatre points essentiels, ne différaient guère des miennes.

Son bon sens, sa connaissance de l'opinion publique l'incitaient à trouver des solutions conciliantes, plutôt qu'à provoquer de retentissantes « fractures ». Il sentait que la justice, qui a pour charge de sauvegarder l'équilibre de la société, ne peut le faire que si elle garde elle-même son équilibre.

Je ne pouvais qu'approuver ces intentions. Je l'informai des projets que nous avions élaborés dans le même sens, et qui pourraient l'aider à réformer sans bouleverser.

Devant les directeurs et chefs de service, la transmission de pouvoirs s'effectua dans l'atmosphère sereine de la continuité républicaine.

Je n'aurais jamais dévoilé le secret d'une conversation que je considérais comme confidentielle si, quelques jours plus tard, mon successeur n'avait révélé à des journalistes, mot pour mot, ces projets pleins de sagesse. Des magistrats « de gauche » prévinrent aussitôt l'Elysée et Matignon. Maurice Faure fut vertement tancé en Conseil des ministres par le président de la République. Le lendemain du second tour des élections législatives, cet honnête homme ne gardait plus les Sceaux.

Une amnistie pleine de grâce

Me Badinter ayant remplacé Maurice Faure, le nouveau gouvernement se consacra avec ardeur à un désarmement général de la sécurité.

Tout nouveau président de la République propose une loi d'amnistie, qui efface les contraventions, voire les condamnations très légères infligées pour des délits mineurs. La condamnation est effacée à jamais du casier judiciaire. S'y ajoute parfois un train de grâces, qui accélère l'accomplissement des peines brèves. Cette tradition remonte aux « dons de joyeux avènement » de nos rois ; elle est bien établie. Les automobilistes l'attendent. Ils s'épargnent même un zèle inutile, en cessant de payer leurs amendes dans la dernière année d'un septennat. Les juges en tiennent compte : la « barre » de l'amnistie étant fixée à trois mois de prison, les tribunaux savent que, si la gravité du délit ou la personnalité du délinquant justifie que la peine ne soit pas levée et qu'une trace en subsiste dans les dossiers, ils doivent hausser la peine d'un cran ; trois mois et un jour suffisent à éviter le bénéfice de l'amnistie.

Là-dessus, arrive le nouveau pouvoir. Il veut frapper un grand coup. Sa loi fait passer de trois à six mois — ce qu'on n'avait vu sous aucun régime — la barre des peines amnistiées. Me Badinter se complaît à remarquer que, amnistiés ou pas, tous les libérés de 1981 auraient été libres en 1982. Mais tout détenu n'est-il pas libéré tôt ou tard ? A ce compte, pourquoi ne pas supprimer toute peine ?

Sans préparation aucune, sans avoir pris les indispensables mesures de réinsertion, on a remis sur le pavé quelque dix mille détenus, parmi lesquels des délinquants dangereux et de nombreux terroristes*. Où se réinséreraient-ils, du jour au lendemain, sinon dans la communauté délinquante dont la plupart faisaient déjà partie ? Deux mille furent repris pour récidive pendant l'automne et se retrouvèrent sous les verrous.

Le public eut l'impression qu'on réinjectait dix mille criminels

---

* Soit des séparatistes, soit des « ultra-gauchistes » en rapport avec le terrorisme international.

112

dans le circuit du crime. Le dangereux sentiment d'insécurité qui mine notre société est fait de ces impressions-là *.

Enfin, les juges se sont sentis pris à contre-pied. Les peines qu'ils avaient infligées pour qu'elles ne soient pas effacées par une amnistie, les voici d'un coup amnistiées quand même. Beaucoup d'entre eux ont réagi en baissant les bras : puisque le garde des Sceaux veut vider les prisons, pourquoi condamner ? D'autres, au contraire, se sont fait cet imparable raisonnement : puisqu'on relève la barre de l'amnistie à six mois, nous infligerons une peine supérieure à tous ceux que la prudence nous invite à suivre de près. Et voilà pourquoi, si, un an plus tard, il n'y avait pas un délinquant qui doive à l'amnistie de se trouver en liberté, il y en a bon nombre qui ne devaient qu'à elle d'être en prison...

La justice est équilibre et sérénité. Ces à-coups ne favorisent ni sérénité, ni équilibre.

Désarmement général de la sécurité

Après l'amnistie géante, il y eut la suppression :

— de la Cour de sûreté de l'Etat. Elle avait pourtant contribué à mettre notre pays à l'abri du terrorisme qui faisait rage dans les pays voisins. Elle permettait d'interroger pendant six jours les suspects d'attentats terroristes. Elle centralisait toutes les informations dans un parquet général spécialisé, apte à suivre l'activité des services de contre-espionnage et de sécurité ;

— de la peine de mort, *sans aucune peine de substitution* ;

— de la loi anticasseurs (qui nous épargnait les saccages commis par les bandes de « loubards » dans le style d' « *Orange mécanique* ») ;

— des quartiers de haute sécurité (qui permettaient d'isoler les prisonniers dangereux et de rétablir pour les autres détenus un climat plus paisible) ;

— des tribunaux permanents des forces armées (qui n'étaient critiqués que par les « comités de soldats » gauchistes) ;

— d'une pratique raisonnable de l'extradition, que nous avions fermement établie en matière de terrorisme. Terroristes de tous les pays, unissez-vous ! Et réunissez-vous à Paris ! La France devient, pour eux, terre d'asile.

Cet acharnement dans la démolition a ravivé une psychose d'insécurité qui avait fini par s'apaiser. Quand je pris mes fonctions place Vendôme, en avril 1977, l'opinion publique était obsédée de

---

* Des détenus m'ont écrit pour me conter l'allégresse des prisonniers dans les établissements pénitentiaires et l'abattement des gardiens le soir du 10 mai...

sécurité. Elle craignait la violence, la criminalité et la délinquance, autant et parfois plus que le chômage ou l'inflation. Il en était ainsi depuis 1973. En 1980, on ne parlait plus de ces réflexes d'autodéfense qui provoquaient des dizaines de morts chaque année. *L'obsession avait cessé d'occuper le champ de la conscience collective.* Elle avait disparu des sondages ; celle éclipse devait durer jusqu'à la fin de 1981.

Aucun des dix candidats à l'élection présidentielle du 26 avril 1981, aucun des trois milliers de candidats aux élections législatives de juin, ni dans la majorité ni dans l'opposition, ne fit campagne sur ce thème. L'insécurité en France fut totalement absente des débats et des réflexions où se forma le choix des Français.

La criminalité et la délinquance n'avaient pourtant guère diminué. La loi « Sécurité et Liberté », promulguée le 2 février 1981, n'avait presque pas été mise en œuvre dans ses dispositions pénales : elle n'était applicable qu'aux crimes et délits commis postérieurement à sa promulgation. Chacun aurait dû, objectivement, garder les mêmes raisons de craindre la visite du cambrioleur ou l'agression du loubard.

Mais le projet, dès l'annonce de son dépôt en avril 1980, avait fourni la preuve que l'Etat prenait au sérieux ce souci majeur des Français ; qu'enfin la justice répondait à leur angoisse ; du coup, ils reprenaient confiance en elle.

Dans l'euphorie de la victoire, les socialistes s'imaginèrent que le peuple avait légitimé tous leurs partis pris. « La sécurité, elle est dans l'emploi. La sécurité, elle est dans le logement. La sécurité, elle est dans l'épargne. La sécurité, elle est dans l'éducation » [5bis] : si cette analyse de François Mitterrand est exacte, la sécurité n'est pas près de revenir. Ce que Lionel Jospin confirmait en février 1982 : « Le chômage, l'urbanisme dégradé, l'avenir incertain... »

Allons-nous dire, avec le même simplisme, que l'insécurité grandit à cause de l'avenir de plus en plus incertain que nous promet la gestion socialiste de l'économie et de la société ? Non. Elle est due d'abord aux idées fausses des autorités responsables. A la prise de pouvoir par des juristes « de gauche », massivement représentés à la tête de l'Etat, et plus soucieux de défendre le coupable que la société. A leur angélisme, qui s'inspire de Rousseau, complété et corrigé par Marx. A leur croyance qu'on peut lutter contre les crimes par les seules armes de la persuasion et de la prévention. A leur complexe de culpabilité, qui les convainc que c'est la société capitaliste qui engendre le délit et le crime — « nous sommes tous des assassins » — et que les criminels ne sont eux-mêmes que les victimes de cette société. Enfin, à la démoralisation que provoque une pareille idéologie chez les policiers et les magistrats.

La liberté des libertés n'est-elle pas la sécurité ? Peut-on vivre ses libertés, si on ne les vit pas en sécurité ? N'est-il pas étonnant que « la gauche » ait mis vingt ans à comprendre la théorie de la dissuasion en matière de sécurité extérieure ? Et que, maintenant qu'elle reprend à son compte la nécessité d'une force de dissuasion, elle n'ait pas encore deviné que la même théorie s'appliquait à la sécurité intérieure ? Le « milieu » criminel et les terroristes (nationaux ou internationaux, la différence n'est pas aisée à établir) font aux citoyens paisibles une sorte de guerre privée. Ils ne reculent que devant la menace de représailles supérieures à l'enjeu que représentent pour eux le vol, le viol, l'assassinat : représailles qui doivent être *certaines* et *rapides*.

Histoire d'une abrogation

Il fallait pourtant abroger la loi « Sécurité et Liberté ».

Votée par le Parlement en 1980, elle avait pris dans l'imaginaire des militants « de gauche » (dont la plupart ignoraient tout de son contenu) les dimensions d'un mythe. Dans l'enfer des lois abominables, elle rejoignait la loi sur « le milliard des émigrés »[6], la « loi de justice et d'amour »[7], ou la loi Falloux[8]. Rien n'était plus urgent que de laver la République de cette souillure.

Cette loi, préalablement qualifiée de « scélérate », fut par la « gauche » baptisée de mon nom. On aurait pu tout aussi bien baptiser de la sorte diverses lois qui ont institué en France des libertés nouvelles*. On préféra réserver ce nom à un texte sur lequel on entendait perpétrer un meurtre rituel. Mais depuis le 10 mai, quelle liberté nouvelle a été réellement instaurée en France ?

A la lenteur affichée de Maurice Faure, se substitua la hâte de Robert Badinter. Pressé, celui-ci le fut au point d'abroger la loi par circulaire[9] : il donna instruction aux procureurs de ne plus en appliquer les dispositions répressives.

---

* L'obligation faite aux administrations de motiver leurs actes — et notamment de justifier leurs refus. L'extension aux administrations de l'usage des astreintes et des intérêts moratoires, en cas de retard dans le règlement des sommes qu'elles doivent. La protection de la vie privée, grâce au contrôle exercé par la Commission *Informatique et Libertés* sur tous les fichiers informatisés et par chaque citoyen sur toute fiche qui le concerne. La levée du secret administratif, permettant d'accéder à tous documents et rapports qui ne mettent pas en cause la sécurité de l'Etat. La faculté de recourir au contrôle du juge en cas d'internement psychiatrique. La suppression de la tutelle pénale, qui permettait de maintenir un détenu en prison après l'expiration de sa peine. La fin de l'internement administratif des étrangers. L'ouverture aux avocats d'un vaste champ d'action (exécution de la peine, détention provisoire, expulsions d'étrangers, contrôle judiciaire). Etc.

Jamais on n'avait vu pareille situation. On imagine la perturbation de nos magistrats, qui ont précisément mission de faire observer la loi. Le résultat, prévisible, fut l'éclatement : certains procureurs obéirent à la circulaire. D'autres obéirent à la loi. La plupart se firent à eux-mêmes leur règle, entre les deux.

Pendant ce temps, l'abrogation est mise en chantier. Un comité élabore aussi vite que possible une contre-loi. Soumis pour concertation aux magistrats, les différents projets qui devaient la composer se voient sévèrement jugés par la plupart des cours et tribunaux et par la Cour de cassation.

Le Conseil des ministres doit examiner le projet le 7 avril 1982. Le ministère de la Justice le distribue à la presse l'avant-veille. Mais les mauvaises nouvelles s'accumulent : les cantonales perdues, le « Capitole » éventré par une bombe, l'assassinat d'un diplomate israélien, de deux policiers français au Pays Basque : l'opinion ne comprendrait pas. « Préoccupé par les problèmes de terrorisme et de sécurité », le Premier ministre retire *in extremis* la contre-loi de l'ordre du jour du Conseil.

Ce n'était que partie remise : le P.S. tenait à sacrifier la loi sur l'autel de la liberté restaurée. Il exigeait un holocauste.

Ponctuée de mots aigres-doux entre le ministre de l'Intérieur et celui de la Justice, l'abrogation-conservation de la loi « Sécurité et Liberté » louvoie pendant plusieurs mois. On abroge ? On ajourne l'abrogation ? On annule l'ajournement ? Finalement, on opta pour une « loi d'abrogation » qui abrogera, tout en conservant.

L'affaire devenait la risée publique. Un sacrifice expiatoire ne s'exécute pas à moitié. Un beau jour, le président trancha : « Une mauvaise loi, on ne la corrige pas, on l'abroge. »

Ainsi fut présentée à l'Assemblée, à la fin de juillet 1982, quand la France était en vacances, la loi d'abrogation. C'était si urgent, qu'il fallait la faire venir au cours d'une session extraordinaire d'été. Mais c'était si contraire à l'esprit public, qu'on ne ferait venir le texte au Sénat qu'au printemps 1983, après les élections municipales.

Etrange loi d'abrogation, qui conservait 91 articles sur 100 de la loi abrogée. Il est vrai que les neuf articles dont on l'amputait étaient essentiels. On supprimait les quelques barrières à l'indulgence des tribunaux, que la loi avait élevées dans le seul cas des crimes et délits *de violence*. Le « glaive de la justice » était bien remis au fourreau.

Le mariage indissoluble

Liberté et sûreté : c'est la Déclaration des droits de l'homme et du citoyen qui a rapproché ces deux termes, pour un mariage indissoluble.

Où est la liberté de l'individu, s'il ne peut vivre chez lui, se promener le soir, jouir de ses biens, voir ses enfants aller au bal, sans craindre pour sa sûreté ou pour la leur ? Où est la sûreté des personnes, si elle n'est assurée dans le strict respect de la liberté, si celle des uns n'est acquise qu'aux dépens de celle des autres ?

Chaque fois que la peur surgit à nouveau, le gouvernement durcit ses propos, promet des mesures de protection. Mais les Français ont le sentiment que rien ne suit, et que toute sa philosophie l'incline au fatalisme devant la violence, la criminalité, le terrorisme.

Ce fatalisme se déguise sous le masque de la générosité et de la pitié. La réalité de faits atroces, la pression insistante de l'opinion, font, de temps en temps, prendre un autre masque : celui de la rigueur. Au lendemain de chaque attentat, des déclarations se multiplient : « Nous ne tolérerons pas... » « Tout sera mis en œuvre... ». Mais c'est toujours la même impuissance, devant des phénomènes que l'on ne veut jamais traiter en termes de bon sens.

Puisque le Premier ministre se veut à la tête du « gouvernement des honnêtes gens », et que son personnage exsude la générosité de cœur, dédions-lui cette réflexion du chancelier d'Angleterre Francis Bacon : « La pitié est véritablement cruelle, quand elle engage à épargner des criminels et des scélérats qui devraient être frappés par le glaive de la justice. Elle est alors plus cruelle que la cruauté même. Car la cruauté ne s'exerce qu'à l'égard des individus ; mais cette fausse pitié, à la faveur de l'impunité qu'elle procure, arme et pousse contre la totalité des honnêtes gens toute la troupe des scélérats [10]. »

On nous avait promis que nous récolterions des libertés nouvelles. Mais n'est-on pas, plutôt, en train de faucher le champ des libertés qui poussaient dru sur notre vieille terre du peuple franc ?

Chapitre 12

La cohérence
ou
Il faut qu'une porte
soit ouverte ou fermée

La doctrine socialiste ne présentait-elle pas une splendide cohérence ? Les propositions s'emboîtaient les unes dans les autres. Les conclusions se déduisaient des prémisses. Le dogme était rond et dur comme une boule de billard. Certains en redoutaient l'irréalisme ; d'autres y voyaient une raison de nourrir leur confiance ; pour tous, c'était une belle architecture.

Les socialistes avaient su employer leurs loisirs de vingt-trois ans à réfléchir ; ils ne manquaient d'ailleurs ni de professeurs ni d'intellectuels. On voyait chaque année apparaître un nouveau livre de François Mitterrand. Sous les pins, il méditait, il observait, il écrivait. Le jour venu, lui, son équipe, son parti seraient prêts.

Or, très vite, contre toute attente, la cohérence attendue a fait place à l'incohérence : dans les propos, dans les attitudes, dans les actes.

Les contradictions, flottements, zigzags pleuvent tant qu'il est difficile de choisir.

A Alger, Claude Cheysson annonce le droit de vote pour les immigrés dès les élections municipales de 1983. Il a pour lui l'autorité de la proposition n° 80 du candidat Mitterrand. Le secrétaire d'Etat aux immigrés assure qu'il n'en est pas question : « Chaque chose en son temps [1]. » Ce temps ne viendra pas, dit-on aux uns. Mais si, il viendra, dit-on aux autres. Allez savoir.

Louis Mermaz : « Je suis un libéral mal compris [2]. » « Il faudra prendre des sanctions contre ceux qui s'opposent à la volonté populaire du changement [3]. » « Je suis tout à fait contre toute forme d'épuration [4]. »

La proposition n° 46 promettait la fin des ordonnances et de cette procédure « scélérate », l'article 49-3 de la Constitution.

On eut recours aux ordonnances pour la durée du travail, les congés payés, l'âge de la retraite. Il fallait « répondre à l'impatience légitime des Français et à l'urgence de la situation ». Pierre Mauroy désirait « faire un cadeau de Noël aux Français ». On hésita si longtemps sur son contenu et son emballage, que le cadeau de Noël fut livré le 14 avril. Il ne plut d'ailleurs ni aux parlementaires qui

118

auraient voulu l'offrir ; ni à ceux qui devaient en régler la note ; ni à ceux à qui il était destiné, et qui clamèrent leur déception.

Quant à la procédure « scélérate », elle permit aux députés socialistes de « se coucher », selon l'expression de l'un d'eux, à propos de la reconstitution de carrière des généraux putchistes. Ils approuvèrent ainsi, sans devoir le voter, un texte gouvernemental qu'ils avaient d'abord repoussé avec indignation.

En septembre 1981, le ministre des Anciens Combattants annonce que le 19 mars, date de la signature des accords d'Evian qui ont marqué la fin des combats en Algérie, doit devenir une fête nationale. Deux semaines plus tard, le président dément.

Gaston Defferre accuse [5] les policiers d'être « droitiers », anti-ouvriers. Depuis, il multiplie les éloges (en n'oubliant jamais de s'y associer : il faut honorer un corps en la personne de son chef).

La proposition 23 promettait « la réduction du temps de travail à 35 heures ». Pas un mot sur la question clé : la rémunération. Peut-être préférait-on éviter de troubler les esprits pendant la période électorale. Après six mois, Pierre Mauroy affirme que l'objectif des 35 heures méritait des sacrifices en salaires.

Emotion. Le président contredit sèchement son Premier ministre : « Pas un travailleur ne doit craindre pour son pouvoir d'achat. » Le lendemain, Pierre Mauroy retrouvait cette évidence un moment perdue de vue : « Il n'est pas concevable que des travailleurs gagnent moins à la fin de février qu'à la fin de janvier. »

Le Premier ministre se remit à réfléchir : « si la compensation salariale devait être totale, on tromperait tout le monde ». *On tromperait* : il y a des mots qu'on ne peut s'empêcher d'employer. De toute façon, l'aggravation de la crise contraignit à remiser cette tromperie-là. Le pouvoir d'achat de tous serait abaissé, mais on essaierait de le cacher ; une tromperie en chassant une autre.

Le rythme des incohérences

Proposition 34 : « Un impôt sur la fortune, selon un barème progressif, sera institué. » Question pratique : cette « mesure de justice sociale » s'appliquerait-elle aussi aux œuvres d'art ? Evidemment, soutinrent MM. Fabius, Pierret et Joxe durant toute la discussion de la loi de finances. Jusqu'à ce que, le 28 octobre, un amendement, « imposé par le président », vînt les frapper... d'exonération ! A la veille des déclarations d'impôts, on apprend que, par un geste généreux du souverain, l'impôt ne portera pas sur l'outil de travail, alors que cette mesure de bon sens, énergiquement demandée par l'opposition, avait été repoussée avec mépris.

Le dimanche soir 29 novembre, Jacques Delors déclarait[6] : « Il faut faire une pause dans les réformes ; il faut mener à bien, soigneusement, celles qui ont été décidées... Le cimetière français le plus encombré est celui des réformes non exécutées. »

Le lendemain matin, le Premier ministre va saluer à l'aérodrome le président. Celui-ci, devant témoins, fulmine : « Qu'est-ce qui a pris à Delors ? Je ne veux pas que la matinée se passe sans qu'il soit mouché. » Pierre Mauroy stigmatise le faux pas. La tempête se déchaîne. « Le P.S. se sent complètement tenu par les engagements de réformes pris pendant la campagne électorale », déclare le porte-parole du parti. Jean Poperen affirme : « Pas de retard ! Il faut tenir le rythme. » Le rythme des incohérences ?

Le manque d'intuition du réel

Pourtant, six mois plus tard, les faits ont apporté à Jacques Delors une revanche éclatante et amère. Les mots de *pause* et d'*austérité* étant proscrits, on se mit à évoquer l'*effort* et la *rigueur.* (On s'étonne toujours que nos socialistes, qui aiment tant les idées, aient aussi peur des mots.) Jacques Delors demande que « chacun renonce un peu à ses droits ». Pierre Mauroy, cette fois, renchérit : « Il nous faut dans la rigueur redoubler d'efforts. »

Du coup, Lionel Jospin se méfie : « Si des efforts sont à faire, il faut savoir qui les fera et dans quel objectif. » Cliché marxiste-léniniste : « Il ne faut pas prendre d'argent dans la poche des travailleurs pour le mettre dans les coffres des patrons ». Marchais : même souci. Maire exige de son côté « une politique de vérité ». Schwartzenberg demande le « rétablissement des équilibres ».

Michel Rocard ne mâche pas ses mots : « La France vit au-dessus de ses moyens. » Trait après trait, il précise son image de rabat-joie, qui lui vaut d'être adulé par l'électorat de « droite », et plus sévèrement jugé par l'électorat de « gauche ». Nicole Questiaux lui démontre, dans *le Monde,* qu'il a tort. Evincée du gouvernement, elle découvrit à ses dépens de quel côté étaient les torts. Mais, pour les Français, le débat n'a pas été tiré au clair.

Cette cacophonie est-elle à mettre sur le compte de *l'inexpérience ?* L'inexpérience identique du personnel gouvernemental, en 1959, a-t-elle entraîné des sons aussi discordants ?

Il faut plutôt l'attribuer à *l'expérience,* la dure expérience des faits. Ils bousculent le discours bien préparé de l'idéologie. A la bousculade, chacun réagit à sa manière.

« Vous n'avez pas le monopole du cœur » avait lancé Giscard à Mitterrand en 1974. Le candidat socialiste aurait pu répondre : « ni vous, celui de l'intelligence ». Les socialistes sont loin d'être inintelligents. Mais ils sont incohérents. Non pas faute de cœur, ou faute de raison. Mais par manque *d'intuition du réel.*

Du cœur et de la raison, il faut en avoir simultanément. Mais il y a un mauvais usage du cœur : l'abusive volonté de faire le bonheur d'autrui malgré lui. Et un mauvais usage de la raison : l'idéologie. Sans l'instinct des réalités, à quoi servent cœur et raison, sinon à nourrir une insupportable bonne conscience ?

L'ajustement du vocabulaire sacré au réel

A dire vrai, pourquoi opposer la doctrine et la réalité ? La doctrine est aussi une réalité. Elle est, depuis le 10 mai 1981, un fait essentiel ; un fait, malheureusement, inaccordable aux autres.

La doctrine socialiste est, en particulier, un *capital politique* qu'il est d'autant plus indispensable de protéger que le doute commence à le mordre. Le débat consiste donc à ajuster le vocabulaire sacré.

Pourquoi frapper d'anathème la « pause » ? Elle concédait trop au « langage de la droite ». Elle rappelait celui de Léon Blum lors du naufrage du Front populaire : gardons-nous du mauvais œil ! Elle semblait admettre que la capacité de réformes était proportionnelle à la prospérité de l'économie. Inacceptable ! Le mot d' « effort », malgré son fréquent usage par la droite, sera finalement retenu, parce qu'il est ambigu. Il pourrait même justifier, sous des apparences de rigueur gestionnaire, les réalités de la rigueur révolutionnaire — la « radicalisation ».

Ces controverses, nous les avons vues sévir, dans tous les congrès du P.S. Elles justifiaient ses « courants » A, B, C, D, E, F. Elles faisaient le bonheur des journaux. « La contradiction, c'est la vie », en tout cas la vie des comités, que décrivait La Fontaine sous la forme du « Conseil tenu par les rats » :

> *Ne faut-il pas délibérer,*
> *La cour en conseillers foisonne* [7].

La responsabilité du pouvoir a un peu calmé ces divergences. Atténuées, presque honteuses, elles n'arrivaient cependant pas à disparaître. Le Premier ministre en a fait une théorie dans un surprenant article [8] : les Français ont voté pour changer la manière de gouverner ; le monolithisme anti-démocratique a été remplacé par la libre discussion démocratique... Voilà pourquoi votre fille est muette, et pourquoi le gouvernement ne l'est pas.

Munie de ce *nihil obstat,* la sarabande a continué. On est loin du paysage de paisible travail que François Mitterrand avait brossé :

« Ces conseillers, ces experts, parmi les meilleurs, travaillent depuis plusieurs années et dans chaque domaine, en faisant la part du souhaitable et la part du possible [9]. » Si la force doit être tranquille, que de faiblesse dans ces disputes fébriles !

Les effets-Serendip

En un conte philosophique, *les Trois Princes de Serendip,* Horace Walpole évoque un pays étrange, où tout arrive à l'envers. On n'y trouve jamais ce que l'on cherche ; on y découvre ce qu'on n'eût jamais cherché. Ce phénomène, je l'avais donc baptisé « l'effet-Serendip » [10] : conservons-lui ce nom. La France, dans son histoire, a trop souvent ressemblé à ce royaume de Serendip. Les dirigeants semblaient y jouer comme sur un billard bosselé, provoquant des carambolages imprévus en dépit des plus savants calculs.

Sans doute cette dangereuse inefficacité est-elle due à une particularité de notre tempérament collectif, qui nous pousse à confondre la parole et l'action. A cet égard, les socialistes sont francissimes, caricaturalement. Le plus clair de la politique pratiquée, depuis le 10 mai 1981, est marqué de « l'effet-Serendip ».

Bien qu'elle ait pris d'emblée le contre-pied de ce qui se faisait avant elle*, c'est à du « barrisme sans Barre » que, paraît-il, l'on arrive — mais, en fait, à tout autre chose, qui se rit des objectifs affichés. La politique qui devait supprimer le chômage, l'accroît ; la politique qui lutte contre la vie chère, l'entretient ; la politique qui doit susciter la relance, paralyse l'investissement ; la politique qui prétend améliorer le sort des travailleurs, leur impose la baisse de leur pouvoir d'achat. Comme si l'on cherchait à éteindre le feu en soufflant sur la braise...

Mais les effets-Serendip ne s'arrêtent pas à l'économie. Ils envahissent tout : voyons-les à l'œuvre dans notre politique étrangère.

L'ombre du Général

Sur toute diplomatie, plane et planera longtemps l'ombre de celui que Mitterrand comparait à Jupiter dans l'Olympe [12]. Un ton, une liberté d'allure, ce je ne sais quoi d'inimitable et qu'on voudrait imiter.

Dès avant 1981, François Mitterrand avait, sur l'O.T.A.N., sur la force de frappe, sur l'Europe, rallié les choix de politique étrangère

---

* « Il faut tourner le dos à la politique de M. Giscard d'Estaing [11]. »

que de Gaulle avait fixés pour la France. A peine si apparaissait un léger gauchissement : dans un langage « tiers-mondiste »* ou pacifiste ** un peu plus engagé ; dans une moindre insistance sur le fait que l'indépendance n'est que vaine gesticulation, faute que l'on sache faire suivre l'intendance [13].

Bref, la cohérence était, sur le terrain de la diplomatie, à portée de l'action. Elle ressortait d'un équilibre qui avait fait ses preuves.

La proposition n° 9 impose la « priorité au dialogue Nord-Sud, pour la mise en place d'un nouvel ordre mondial ».

Le socialisme n'avait pas inventé le dialogue entre les pays industrialisés et les pays sous-développés, pudiquement baptisé Nord-Sud. Les précédents gouvernements avaient commencé d'en explorer les voies — les voies minées. L'originalité de Mitterrand est d'avoir cru que l'orientation des rapports « Nord-Sud » pouvait être substituée à l'orientation Est-Ouest. De l'Est à l'Ouest : rien de nouveau à attendre. Toute la mobilité du monde est ailleurs, sur l'axe Nord-Sud — avec d'immenses ressources d'inquiétude et d'espoir.

Mais comment orienter cette mobilité vers l'espoir ? Vers la chance d'un rôle français ? « Si nous n'apportons pas aux peuples opprimés d'autres réponses que celle de l'impérialisme américain, ils choisiront la formule communiste [16]. » « Une France juste et solidaire qui peut éclairer la marche de l'humanité [17]. » Là intervient le gauchissement de l'idéologie : ce rôle *français*, on le voit comme un rôle *socialiste*, entre le « communisme soviétique » et l' « impérialisme américain ». Si l'on pouvait *socialiser* l'Afrique, l'Amérique du Sud, l'Asie...

De sommet en sommet, François Mitterrand posera des jalons, comme pour reprendre le rôle vacant de Tito et de Nasser.

En juillet 1981, à Ottawa : « La France est un pays solidaire de ses amis du Tiers monde ». Trois mois plus tard, à Cancun : « La nouvelle politique étrangère de la France à l'égard des pays du Sud traite ceux-ci comme des sujets à part entière, et non plus comme des objets. » A Mexico, en juillet 1982, Jack Lang dénonce « l'impérialisme culturel américain », celui du *western*, du *hamburger* et du *Coca-Cola*.

Pourtant, de sommet en sommet, on fait d'imperceptibles progrès dans le vide ; d'autant plus décevants que la prétention est plus haute.

Pourquoi ? Peut-être parce qu'il aurait fallu comprendre que le

---

* « Durement exploité, le Tiers monde des peuples pauvres s'enfonce dans la misère [14]. »

** « Désarmement progressif et simultané en vue de la dissolution des blocs militaires ; dénucléarisation des zones névralgiques [15]. »

Nord contient beaucoup d'Ouest ; et que l'Est pèse lourdement sur le Sud.

L'atlantisme centriste

L'Elysée reconnaît les partis de gauche entrés en rébellion au Salvador, et dont les maquis sont entretenus par le Nicaragua et Cuba, francs-tireurs de la pénétration soviétique. Du coup, il se met à dos nombre de pays de l'Amérique latine, dont le Venezuela ; il irrite l'allié naturel de la France que sont les Etats-Unis ; bref, il perd sur tous les tableaux, *fors* sur celui de l'honneur socialiste, puisqu'il honore ainsi la proposition n° 2.

Logique jusqu'au bout, on multiplie les visites à La Havane ; on livre des armes au Nicaragua sandiniste. Le Mexique, si désireux pourtant de se démarquer des Etats-Unis, trouve que la France exagère. Illustre-t-on en cela la proposition n° 6, qui vise à « la dissolution progressive des blocs militaires » ? Pour quel bénéfice ? Aucun, si ce n'est celui qu'en tire une dictature de plus en plus marxiste. Nous prêchons la paix, la liberté et la démocratie ; nous renforçons un totalitarisme militaire.

Inversement, quand le Salvador va aux urnes, nous clamons sur les ondes, longtemps avant le jour des élections, qu'elles accentueront l'isolement de ce « régime de droite ». Le lendemain du grand succès remporté par celui-ci, nous déclarons que le résultat ne saurait être significatif. Nous contestons, contre les observateurs internationaux, la participation massive des électeurs qui ont défié les terroristes.

On s'indigne à juste titre de l'attitude des Soviétiques à leurs frontières d'Asie centrale. On la tolère en Afrique, où leur ingérence est beaucoup moins excusable, et où la France aurait davantage de moyens d'intervention. On la favorise en Amérique centrale. Comprenne qui pourra.

Derrière les apparences d'une loyale amitié à l'égard des Etats-Unis, nous menons une politique qui flatte la haine des Latino-Américains pour les « gringos ». Elle a l'avantage de fournir un bouc émissaire à nos échecs économiques. Elle montre aux précieux électeurs communistes que nous n'hésitons pas à dire crûment son fait à la patrie du capitalisme.

« Bien entendu nous n'allons rien faire »

A l'inverse, en Europe, les apparences sont, à l'égard de l'Union soviétique, celles de la dignité démocratique offensée. Mais la réalité ?

124

La proposition n° 3 affirmait « le droit des travailleurs polonais aux libertés et au respect de l'indépendance syndicale ». Le 13 décembre 1981, « l'état de guerre » s'abattait sur la Pologne. Le 16, le Conseil des ministres déclare « marquer sa *réprobation* ». Les ministres communistes, eux, s'en tenaient silencieusement à *l'approbation* que le P.C. formulait par la bouche de Pierre Juquin : « Les principes que le général Jaruzelski affirme, correspondent aux *valeurs humaines qui n'ont pas de prix à nos yeux.* »

Friction à l'intérieur du gouvernement ? Claude Cheysson l'apaisait : « Nous désirons beaucoup que les affaires polonaises soient traitées entre Polonais. Bien entendu, nous n'allons rien faire. » Tant pis pour la proposition n° 3 !

La dignité socialiste n'est pas allée jusqu'à exclure du gouvernement français les complices idéologiques du général Jaruzelski. Elle n'est pas allée jusqu'à reporter à des jours plus calmes la conclusion d'un accord gazier avec l'U.R.S.S. Pourtant, il nous ligote jusqu'en l'an 2010. Il hypothèque notre indépendance ∗.

Le plus étrange est que François Mitterrand est peut-être, des successeurs du général de Gaulle, le plus allergique au dialogue avec l'Union soviétique. Allergie d'homme libre sans doute. Allergie de socialiste surtout, qui a besoin, même face à soi-même, de haïr chez les Soviétiques la « part de vérité » socialiste qui est en eux.

François Mitterrand traite avec les Soviétiques ; il traite à leurs dures conditions économiques et financières ; il aide leurs amis, et donc eux-mêmes, dans un monde sous tension. Mais il ne leur parle pas. La France s'est exclue du dialogue Est-Ouest, qui, naguère,

---

∗ Les négociations engagées par le ministre de l'Industrie, André Giraud, ne portaient que sur la fourniture de 4 milliards de mètres cubes de gaz sibérien. Le gouvernement Barre prévoyait un développement rapide de l'énergie nucléaire et l'exploitation du gaz dans les pays du golfe de Guinée, en commençant par le Cameroun, qui pouvait en fournir lui aussi 4 milliards de mètres cubes. Le ralentissement du programme de centrales nucléaires, la renonciation à l'exploitation des gaz africains et l'élévation à 8 milliards du contrat soviétique fournissent à l'U.R.S.S. un moyen de pression puissant, par la menace sur nos approvisionnements.

Mais surtout, intervenant un mois après le coup d'Etat du 13 décembre 1981 à Varsovie, ce contrat gazier a submergé de tristesse les Polonais. « Dieu est trop haut, et la France est trop loin », dit-on depuis le XVIIIᵉ siècle sur les bords de la Vistule. Combien ce contrat gazier atteignait le moral des Polonais ! Michel Foucault, Simone Signoret et le docteur Kuchner, peu suspects d'idéologie « droitière », l'ont mesuré sur place. Ils sont revenus bouleversés des témoignages recueillis. Les Polonais se répètent une de ces boutades qui leur permettent d'oublier crânement le désespoir : « La France apporte son soutien au peuple polonais à pleins gaz. »

passait par elle ; et qui aujourd'hui, se poursuit directement et activement entre Washington et Moscou, sans elle.

En revanche, il fait dire que ses relations sont chaleureuses avec les alliés américains. Mais il critique les Etats-Unis et laisse ses ministres les insulter. En un an, le revirement de la démocratie américaine, si bien disposée au départ, est saisissant. La France se l'est aliénée. Etrange cohérence.

Entre l'aventure individuelle et le combat collectif

Peut-être en faut-il chercher la clé dans un texte captivant [18]. François Mitterrand y retrace la difficulté qu'il eut à passer de l' « aventure individuelle » au « vrai combat », collectif, au sein d'un vaste parti : « Il m'a fallu longtemps pour que j'admette une fois pour toutes que l'aventure individuelle n'apportait pas de réponse au besoin que j'éprouvais de prendre part au vrai combat, pour l'autre libération, celle qui nous débarrasserait d'une société d'injustice. »

Passer au combat collectif du socialisme, l'individualisme de François Mitterrand s'y est résolu, à la fin des années 1960, devant la constatation de ses échecs. Pour la politique étrangère, François Mitterrand en est resté à la diplomatie de l'individualisme. De même que sa conduite politique sous la IVe République était marquée d'alliances mobiles et contradictoires, de compromissions incohérentes, de même, aujourd'hui, sa conduite internationale.

Les internationales impossibles

Où serait pour lui le combat collectif ?

L'Internationale socialiste ? Elle ne regroupe guère que les sociaux-démocrates tranquilles d'Europe. Il doit s'y sentir, au milieu d'eux, comme le vilain petit canard.

L'Internationale des rebelles, des peuples en lutte ? C'est la voie que lui indique Régis Debray. Séduit, tenté, François Mitterrand ne peut pas ne pas voir que c'est une impasse, qui n'aurait d'issue que par une chute dans le camp soviétique.

Une nouvelle Internationale ? Une Sainte Alliance de la générosité, de la lutte anti-impérialiste à mains nues, de la coopération des non-engagés ? Ou un nouveau « mouvement surréaliste » ? Une Internationale socialiste qui serait à l'image d'un « socialisme à la française » ? Tel semble bien le rêve poursuivi.

« Une France juste et solidaire pour éclairer la marche de l'humanité [19] » : espère-t-on que l'humanité, extatique, épousera toutes ces chimères ? Il y a du François d'Assise dans les déclarations d'intention de François Mitterrand : « Là où il y a la haine, que j'y mette l'amour. » On n'est pas loin d'en être ému. Mais c'est faire fi de trop de forces conjurées, de trop de réalités. Comment s'étonner alors que la conduite vienne, à chaque instant, contredire ce que la bouche avait proféré ? Et comment ne pas être amené à défaire le lendemain ce qu'on se sera efforcé de faire la veille ?

Le général de Gaulle, lui aussi, était animé d'une image idéale de la France ; mais il avait tordu le cou à une foule de chimères. Et il n'a jamais eu un de ces propos révolutionnaires qui font de la France un allié objectif de Moscou.

Il n'y a, pour elle, de cohérence qu'à l'épreuve des faits ; que celle de ses intérêts nationaux, moraux autant que matériels. Cette exigence vaut pour toute politique, l'étrangère comme l'intérieure.

Freud a montré que le rêve s'épanouissait dans la contradiction : les épisodes les plus incompatibles peuvent y coexister sans difficulté. Mais la réalité, elle, est plus exigeante. Tout ce qui n'obéit pas au principe de non-contradiction est durement éliminé par elle : on n'y peut pas dire une chose et son contraire ; ni faire une chose et son contraire ; ni dire une chose et faire son contraire.

La vertu pédagogique des fonctions exécutives permettra-t-elle aux socialistes, encore ivres de l'incohérence des rêves, de passer à la cohérence du réel ?

Chapitre 13

Les modèles
ou
L'éternel ailleurs

« Pays socialistes » ? Telle est l'expression couramment employée pour désigner les Etats communistes. Nouveau malentendu : aucun système d'appellation contrôlée ne peut empêcher l'empire soviétique, ou l'empire chinois, de se présenter sous les couleurs du « socialisme ». Voilà le modèle le plus répandu, dont il importe donc de se désolidariser.

La tâche est facilitée par le fait que le « socialisme » du parti communiste français sera « aux couleurs de la France » : avec le « socialisme à la française », la différence est mince.

Ainsi, le socialisme des « pays socialistes », qui est lui-même à géométrie variable, mais qui présente des constantes, avec son économie de coercition et ses atteintes aux libertés, apparaît comme une sorte d'anti-modèle — le *modèle-des-fautes-à-ne-pas-commettre.* Ce repoussoir peut servir à exalter la beauté du « vrai » socialisme, celui qui n'aura pas failli ; mais qui n'a encore réussi nulle part : si bien que les Français sont devenus des cobayes politiques.

Restent les modèles positifs — le socialisme qui respecte les libertés.

Le *modèle suédois* fut le plus vanté. Même Georges Pompidou, dans sa campagne de 1969, se fixait pour objectif « la Suède, avec le soleil en plus ». Démocratie et socialisme, prospérité et redistribution y faisaient bon ménage. Le succès de Volvo, le tennis du roi Gustave, le talent d'Ingrid Bergman, le prestige du Nobel et les longues jambes des blonds mannequins, contribuaient à démontrer la supériorité du socialisme sur tout autre système.

Puis, en 1976, les Suédois, comblés depuis quarante-quatre ans, renoncèrent à leur bonheur, et confièrent le pouvoir aux « partis bourgeois ». Désavoué sur le marché intérieur, le modèle suédois perdit de son attrait à l'exportation. Les vains efforts des conservateurs pendant six ans pour sortir du marasme, n'ont pas suffi à redorer l'image du socialisme suédois. Il n'est pas sûr que le retour d'Olaf Palme au pouvoir, en 1982, suffise à leur rendre leur capacité de fascination.

Peu à peu, l'on avait vu apparaître un nouveau modèle : *l'autri-*

chien. Il était prêt à prendre le relais, depuis qu'en 1971, les sociaux-démocrates avaient pris le pouvoir, sous l'autorité du chancelier Kreisky. Bien que cette variété alpestre du socialisme n'ait jamais acquis le prestige de l'espèce scandinave, on nous en vanta abondamment les mérites aux approches de mai 1981.

A côté de ces deux références paisibles, les socialistes français en avaient deux autres, dont le caractère tourmenté, voire tragique, leur a plu presque davantage : *le Portugal* de Soares et *le Chili* d'Allende. Deux victimes : l'une politiquement éliminée, l'autre physiquement liquidée. Deux échecs. Mais ils mettaient en lumière le combat que le socialisme doit mener contre les forces du Mal.

Palme, Kreisky, Soares et Allende : quatre, comme les évangélistes. Ces quatre saints patrons — deux confesseurs et deux martyrs — du socialisme français valent que l'on s'arrête un instant sur leurs mérites.

« *Les Japonais du progrès social* »

La social-démocratie a gouverné la Suède pendant quarante-quatre ans sans interruption, de 1932 à 1976. Si une société peut être qualifiée de sociale-démocrate, c'est bien celle que ce parti a façonnée pendant deux générations. Façonnée : il l'a fait si profondément, que la coalition « bourgeoise » qui lui a succédé en 1976 n'a pas osé, ni peut-être même désiré, mettre en cause les équilibres du pays.

Inversant la proposition fameuse, elle n'a su que « gérer les affaires du socialisme », et ce fut sans doute son plus grand tort. Le retour des socialistes suédois peut signifier qu'après quelques décennies de socialisme, l'homme, sevré de toute initiative, redemande le socialisme comme une drogue. L'irréversible est aussi suédois.

Or, vis-à-vis de ce modèle, le comportement de nos socialistes est fort ambigu. Ils essaient d'en exploiter le prestige ; ils en critiquent durement les insuffisances. Pour eux, les insuffisances résident dans un déficit de révolution ; alors que, pour l'opinion commune, le prestige tient au fait que le progrès social ait pu s'accomplir sans révolution.

L'ironie veut que l'opinion naïve, comme l'habileté socialiste, se trompent : *la Suède a bien été victime d'une révolution.* Non violente, mais graduelle : les seules révolutions qui durent. Il en fut de même pour l'Angleterre travailliste. La Suède ne sait pas comment se relever du socialisme, ni comment en sortir. Elle a décidé d'y rentrer, pour plus de logique.

En Suède, chaque fois que la production nationale augmente de 1 %, les dépenses publiques augmentent de 1,75 %. A ce rythme, la collectivité sous ses différentes formes contrôle près des deux tiers des ressources du pays. L'Etat protecteur est partout. Il garantit le citoyen contre tout : l'excès d'alcool, l'excès de vitesse, l'excès de pruderie, l'excès de pornographie. Impossible qu'un Etat puisse faire plus pour *protéger le citoyen contre lui-même*[1]. Il intervient même dans la relation entre les parents et les enfants.

L'omniprésence de la collectivité entraîne une fonctionnarisation croissante. Entre 1970 et 1978, l'emploi a diminué de 153 000 personnes dans le secteur privé et augmenté de 414 000 dans le secteur public. Dans la plupart des pays occidentaux, la fonction publique représente environ 15 % de la population au travail. En Suède, c'est le double.

Tant que la croissance fut rapide et l'inflation modérée, la prospérité des entreprises industrielles et commerciales permit de faire face à la montée des dépenses publiques. Mais la Suède, pas plus que les autres, n'a échappé à la crise. Olaf Palme crut pouvoir la traiter en relançant la demande par des augmentations de salaire. Il ne relança que les importations, et paralysa davantage les entreprises. Ce qui lui coûta le pouvoir. (Le socialisme français ne le conquit, lui, que pour répéter cette erreur. L'expérience des autres est inutile.)

Avec ou sans les sociaux-démocrates, la Suède connaît désormais le mal chronique d'une société asphyxiée par des prélèvements massifs. En 1950, le niveau de vie français représentait 40 % du suédois. En 1980, la différence était comblée. Une population active largement détournée de la production ; le capital découragé de s'employer au développement industriel ; les salariés, et particulièrement les cadres, conduits à travailler au minimum, de peur d'accéder à des tranches d'impôts assassines ; les étudiants peu stimulés, dès lors que les laveurs de carreaux gagnent à peu près autant qu'un professeur d'université ; les entreprises gênées dans leurs adaptations par d'innombrables règlements et conventions.

Or, ce n'est pas du tout ainsi que les socialistes de France comprennent la leçon. Pour eux, la défaite d'Olaf Palme en 1976 n'a pas été due à un *excès* de socialisme, mais à une *insuffisance*. Il aurait fallu aller plus loin, enlever au capital ses moyens de résistance, lui arracher totalement le pouvoir économique. Trop magnanime, la social-démocratie a eu le tort de se contenter des pouvoirs politique, social, culturel et syndical. Elle ne répétera pas cette erreur. Pour préparer la reconquête, le parti suédois s'est durci. Le parti français en a été confirmé dans sa ligne dure.

Ainsi, le malentendu suédois opère en France à deux niveaux : *les socialistes inscrivent la social-démocratie suédoise au débit de la social-*

démocratie ; mais l'opinion la verse au crédit du socialisme. Le parti socialiste récuse le modèle suédois ; mais celui-ci lui apporte des voix.

Un socialisme sans lutte des classes

Place libre pour le modèle autrichien. Sur le marché politique, ce nouveau produit devait partir de zéro. On ignorait qu'il existât un « Beau Danube rose ».

L'opération fut menée avec insistance, et non sans efficacité. Du point de vue de notre P.S., le modèle autrichien présentait sur le modèle suédois de grands avantages. *Primo,* l'Autriche l'avait adopté dans les années 1970, et il y paraissait solidement installé. *Secundo,* le secteur nationalisé y était consistant. *Tertio,* les résultats économiques pouvaient faire pâlir d'envie les libéraux les plus classiques : inflation zéro, chômage zéro, paix sociale exemplaire.

Cette présentation succincte suffisait. Plus de précisions auraient nuancé le tableau. Il aurait fallu expliquer que l'Autriche n'était pas vraiment socialiste ; que *la majorité politique n'y impose rien.* Tout se négocie. Un exemple, dédié à Alain Savary : aucune réforme de l'éducation ne peut être adoptée par le Parlement, sinon par une forte majorité « qualifiée », ce qui suppose l'accord de l'opposition. L'on admet que sur un tel sujet, qui concerne tous les Autrichiens, toute modification majeure ne peut procéder que d'un consensus.

De même pour l'économie. S'il n'y a point de grèves, c'est que *les Autrichiens ont renoncé à la lutte des classes* et pris l'habitude de tout négocier, calmement, entre patrons et employés. Sans que les salaires dépassent jamais ce que permet la croissance économique ; sans jamais modifier la relation entre les salaires et les profits.

Même les nationalisations ne sont l'effet d'aucune idéologie anti-capitaliste. Au lendemain de la guerre, l'Etat autrichien a hérité des entreprises confisquées par les nazis après l'Anchluss, et mises sous séquestre par les Alliés. Faut-il ajouter que l'Autriche n'est pas une puissance industrielle ; que son économie repose beaucoup moins sur ses industries d'Etat, que sur un réseau de petites et moyennes entreprises paternalistes, sur son agriculture et sur son tourisme ?

Enfin, le pouvoir de la majorité politique est singulièrement limité par une décentralisation très profonde de type fédéral. D'autant plus que les quatre cinquièmes des communes, et six des neuf provinces, sont dirigées par la « droite ».

En somme, le socialisme a la responsabilité d'une économie et d'une société originales : il n'en a modifié ni les coutumes ni les équilibres. Le voudrait-il qu'il n'en aurait pas les moyens.

L'Europe ne manque pas d'autres modèles socialistes. Notre parti socialiste n'a jamais été tenté de les invoquer. En Grande-Bretagne, le *Labour* avait trop manifestement échoué. En Allemagne fédérale, les socialistes ne réussissaient, et spectaculairement, que parce qu'ils suivaient une politique bien peu socialiste — fortement tempérée par leur alliance avec les libéraux, qui imposaient leurs conditions, et qui se sont dégagés quand ils ont vu venir l'échec.

Mais ce serait se tromper, que de croire nos militants socialistes avides de comparer méthodes ou bilans. Les vrais modèles sont ceux qui font rêver et touchent le cœur. L'émotion, la vibration, nos socialistes l'ont trouvée au Portugal. Ils l'ont trouvée, avec en plus la dimension du dramatique, au Chili.

Au Portugal, le socialisme s'est épanoui en 1974, avec les œillets de la démocratie retrouvée. Un peuple se libérait — et le plein soleil du socialisme resplendissait. Même les militaires étaient frappés de cette illumination. On ne met pas les foules en marche avec des statistiques. La liberté doit se conquérir sur les barricades. C'était le crépuscule des anciens dieux, et l'aurore de l'homme nouveau.

On distribua les terres. On collectivisa les banques et la grande industrie. On gonfla les salaires. Tout cela, dans le plus pur climat de la lutte des classes : prise du pouvoir par les humiliés, et humiliation des puissants. Nos socialistes contemplaient d'un œil jaloux cette marche triomphante des camarades portugais.

La marche s'acheva en débandade, quand une « grande peur » se déclencha dans le pays. Il fallut d'abord prendre conscience que, *dans ce tourbillon, un parti communiste, même petit, plaçait ses pions.* Il fallut aussi déplorer l'émigration de quelque 30 000 cadres, affolés par les troubles — plus, en proportion, que l'émigration française des années 1790, ou que l'émigration russe d'après 1917. Il fallut enfin reconnaître que l'économie souffrait, et le peuple avec elle.

Le taux annuel de l'inflation était de 20 %. Malgré les hausses des salaires, le niveau de vie réel diminuait *. Quant au chômage, les experts évaluaient les demandeurs d'emploi à environ 15 % de la population active. Le socialisme dut finalement connaître l'humiliation de se voir dicter par le Fonds monétaire international les mesures de redressement indispensables.

La démocratie permit aux Portugais d'échapper à cette machine

---

* De 6 % en 1976, de 11 % en 1977, de 5 % en 1978, de 4 % en 1979 ; soit 28 % en quatre ans.

infernale. Ils donnèrent en 1978 le pouvoir à la « droite », librement. Mais ils n'ont pas encore fini de payer les dégâts.

Pauvre, certes, le Portugal l'était avant la « révolution des œillets ». Le socialisme a achevé de le ruiner. Ruiner un pauvre, c'est une horrible gageure. Le socialisme portugais l'a réussie. Cette performance n'empêche nullement nos socialistes de lui garder toute leur tendresse. On comprend que, le 21 mai 1981, Soarès ait été placé au premier rang des cérémonies du couronnement. On n'oublie jamais certains moments d'exaltation d'une qualité rare. Surtout si ce sont d'autres qui en font les frais.

Allende le héros

Le Chili d'Allende est aussi devenu un « modèle ». Plus, même : un mythe fraternel ; d'autant plus mythique que les événements se déroulaient bien loin, au sud de l'hémisphère austral.

Le mythe, aujourd'hui, se réduit à quelques traits. Un grand démocrate, pour avoir osé s'en prendre aux privilèges des puissants et aux trusts américains, fut assassiné par des militaires fascistes, commandités par la C.I.A. Ici, une figure lumineuse. Là, les forces du Mal, dans l'appareil sanglant de la Terreur.

La révolution chilienne ne peut se résumer dans ce tableau d'un agneau qu'on égorge. Alors qu'elle se développait, nos socialistes en partageaient, en encourageaient toutes les pulsions agressives. Elle fut toujours pour eux un combat — un combat à mort.

Ils y défilèrent tous. *Pendant* et *après* leur séjour, quand ce n'était pas *avant,* ils se répandaient en propos extasiés. François Mitterrand retirait de ses observations mille leçons utiles — le « modèle le plus proche », disait-il. Gaston Defferre et Claude Estier, qui étaient du voyage, partageaient sa ferveur.

Michel Rocard, à qui je proposais de participer au voyage d'études en Chine que je préparais, déclina mon offre. Il préférait se rendre au Chili : là était, « pour la gauche française, le vrai, le seul modèle ».

En octobre 1972, à mon propre retour du Chili — bien que je n'y fusse pas en pèlerinage, j'avais voulu observer sur le terrain une des grandes expériences de ce temps — une radio[2] eut l'idée de me confronter avec François Mitterrand. Il se montrait si enthousiaste, que je l'accusai plaisamment d'avoir découvert le Pérou au Chili. Il s'en défendit. Mais il était fasciné par le personnage et l'aventure d'Allende. « Il faut admettre qu'il s'est placé au premier rang de l'actualité mondiale et que la coalition des partis de gauche alliés au sein de l'unité populaire a valeur exemplaire[3]. »

Ce qui l'attirait le plus, c'était que cette nation faisait ce que lui entendait faire : « Nul ne le conteste, le Chili est le seul pays démocratique d'Amérique du Sud. Or, *c'est aussi le seul pays où socialistes et communistes gouvernent ensemble*[4]. »

Salvador Allende méritait son prénom : il était le Sauveur du socialisme — en le « mariant avec la liberté ». « Les forces conservatrices préparent leur revanche. Les Etats-Unis encouragent rébellion et sabotage... Allende, menacé par d'aussi puissants ennemis, respecte avec un scrupule intransigeant toutes les libertés. Pas de censure. Pas un seul détenu pour délit d'opinion. On rencontre moins de cars de police à Santiago qu'à Paris. Allende est un légaliste[5]. »

Derrière cette description lyrique, des observateurs plus impassibles relevaient l'insécurité, les violences, le mépris du droit, et sentaient venir la catastrophe. Quand François Mitterrand souhaite être un « Allende qui réussit », il faut comprendre ce que cette référence sous-entend : tout un monde de conflits, l'inéluctabilité d'une confrontation féroce avec l'Autre. Encore faut-il comprendre ce que signifie « réussir là où Allende a échoué » : quelles sont les erreurs qu'il a commises, et qu'on ne devrait pas commettre ? Est-ce d'avoir voulu respecter, pour sa part, la légalité, tout en déchaînant des révolutionnaires qui la bafouaient ?

Salvador Allende souhaitait mener son action dans le cadre juridique existant. Il aurait aimé pouvoir suivre le conseil du *Prince* : « Pour changer de société, respectons les apparences, car les peuples acceptent moins volontiers une transformation des formes que des réalités. »

En décembre 1970, Régis Debray avait été surpris de voir à Santiago les responsables politiques se disputer sur des points de droit. Certains ajoutaient, ironiques : « Comment faire la révolution, puisque la loi l'interdit ? »

Le conseil de Fidel Castro

A La Havane, Fidel Castro lui-même me sembla désabusé sur l'expérience chilienne. Pendant la semaine où la délégation que je conduisais séjourna à Cuba, il se trouvait en inspection quelque part en province. Le soir précédant notre départ, il vint nous rejoindre à notre résidence à l'heure du dîner, dans son éternel *battle-dress,* son revolver posé sur la table. Il fut intarissable sur le Chili, où il venait de séjourner trois semaines pour conseiller Allende sur le terrain.

« Quand vous serez au Chili, nous recommanda-t-il, ne vous laissez pas influencer par les gens du Parlement. L'opposition à Allende y détient la majorité. Elle essayera de vous intoxiquer. Car la lutte politique est partout ; le Chili a des traditions civiques très profondes. La lutte est acharnée[6]... »

Je le raccompagnai à sa voiture : « Allende, me déclara-t-il, croit qu'on peut concilier le dynamisme révolutionnaire et le respect des libertés formelles. Je crains que ce soit impossible. »

A Santiago, Allende me fit l'effet d'un remarquable manœuvrier. Il devait recevoir notre délégation le lundi. Le samedi, alors que mes collègues étaient dispersés, je le rencontrai inopinément en compagnie de notre ambassadeur, Pierre de Menthon, à l'occasion d'une inauguration à laquelle celui-ci avait été invité. J'eus l'impression d'une incarnation vivante de Machiavel, au meilleur sens de ce grand nom si injustement décrié.

Bien que la bataille fût devenue plus vive, ses adversaires le respectaient. Son allure débonnaire rassurait. Après avoir prôné la diminution des pouvoirs excessifs accordés au chef de l'Etat par la Constitution, il jouait savamment sur le sentiment « présidentialiste » des Chiliens *. « C'est, me disait-on, le roi du *munequeo* » — celui qui sait « jouer du poignet ».

Cette appréciation sur sa dextérité n'impliquait aucun doute sur la sincérité des convictions socialistes de l'homme. Son long passé de sénateur l'avait, certes, imprégné d'un parfum « radical IIIe République », sensible aux narines françaises. Mais il savait aussi rappeler que son meilleur ami politique s'appelait Fidel Castro, tout en déclarant avec un sourire : « Je suis le seul président qui soit depuis trente-deux ans à la fois marxiste et franc-maçon. »

Avec cet homme qui jouait avec le feu, et s'en tirait en virtuose, comment Mitterrand ne se serait-il pas senti une parenté ?

Le débordement

Le président Allende et son entourage — en particulier le poète Pablo Neruda, que je vis et revis longuement avant et après mon voyage — étaient des humanistes, mais animés d'une foi sans limite dans la Révolution prolétarienne. Neruda clamait sa haine aveugle pour les « gringos », et chantait avec ferveur les mérites de la Tchéka ou de la première bombe « H » expérimentée par les Soviétiques — « plus grande que le soleil ».

Ces hommes croyaient pouvoir concilier la dictature du prolétariat avec la liberté ; la lutte des classes avec la paix sociale ; la révolution

---

* Comment ne pas penser à François Mitterrand promettant de « rendre son rôle au Parlement », de réduire à 5 ans le mandat présidentiel, puis, installé à l'Elysée, affirmant qu'il ne céderait pas une once de son pouvoir ?

avec la légalité républicaine ; les principes marxistes avec les règles de fonctionnement des démocraties occidentales. Ils se débattirent dans des contradictions insoutenables. Bientôt, ils ne surent plus rien maîtriser. Ils se virent débordés, sur leur gauche, par les initiatives du mouvement activiste, le M.I.R. *.

Le gouvernement Allende décidait-il de collectiviser les fermes de plus de 80 hectares ? Les gauchistes occupaient d'eux-mêmes les fermes de plus de 20 hectares. Prenait-il la décision de principe d'exproprier des maisons et de les livrer aux habitants des bidonvilles ? Les gauchistes bouclaient le quartier, établissaient des tribunaux populaires, imposaient leurs décisions au nom du prolétariat.

Allende décidait-il d'augmenter les salaires d'ouvriers de 25 % en un mois ? Les prix augmentaient de 50 % le mois suivant. Voyant monter l'anarchie, demandait-il à l'armée d'intervenir dans la rue, dans les entreprises, dans les exploitations agricoles ? Il l'incitait à jouer les arbitres. Il lui montrait, sans le vouloir, le chemin au bout duquel se trouvait le renversement de la démocratie — la plus ancienne et la plus stable du continent sud-américain.

Des religieux français de Santiago, de Concepcion ou de Valparaiso m'expliquaient l'extraordinaire changement d'atmosphère à leur égard dans les bidonvilles — les *poblaciones*. Jusqu'à l'élection d'Allende, la population était paisible et accueillante. Sous l'influence des forces « de gauche », ces pauvres gens s'étaient mis à les récuser. Nos compatriotes n'osaient plus mettre les pieds dans ces quartiers misérables, où ils avaient l'habitude d'apporter aide et réconfort. Un vent de haine soufflait.

Le président Allende croyait que l'on pouvait marier la liberté et la révolution. La dynamique révolutionnaire lui a échappé des mains. Il a fini par ne plus pouvoir lui-même respecter les « libertés démocratiques », et par être lâché par ceux qu'il appelait « le peuple ».

L'analyse d'un échec

Quoique marxiste, Allende se voulait démocrate. Toutes les élections chiliennes, pendant les trois ans de son pouvoir, avaient montré qu'*il n'existait pas au Chili une majorité pour un régime marxiste*. Allende est mort de l'avoir méconnu. Il est mort en combattant noblement, comme il avait gouverné. Il a été victime de ses propres illusions. Mais dans sa chute, il entraîna la démocratie.

Pour les socialistes, Allende a succombé en martyr de la démocra-

---

* Movimiento de Izquierda revolutionaria : Mouvement de la gauche révolutionnaire.

136

tie. Ils négligent son échec économique : la baisse de production ; le marasme des petites et moyennes entreprises ; la régression de la grande industrie ; l'asphyxie des professions indépendantes ; l'apparition de la pénurie ; les files d'attente devant les magasins d'alimentation. Ils ne veulent pas savoir qu'Allende, avant d'être renversé par les militaires, a été condamné par un mouvement largement populaire.

Ils ne retiennent que l'échec politique. N'eût-il pas mieux fait — s'est demandé plus d'un d'entre eux — de « radicaliser », c'est-à-dire de prendre les moyens de vaincre, fussent-ils expéditifs ? Gaston Defferre, commentant l'échec, y paraissait bien résolu : « Dans notre pays, les sociétés multinationales qui inspirent et soutiennent le patronat sont animées du même esprit de lucre et de la même volonté de puissance que les entreprises américaines au Chili. Sachons que nous devrons, si nous sommes appelés à gouverner, faire preuve d'une froide détermination si nous voulons éviter à la France les épreuves du Chili[7]. » L'avertissement vaut toujours.

En tout cas, François Mitterrand n'a pas caché qu'il attribuait la chute d'Allende à trois causes : l'insuffisance de ses moyens d'action ; l'hostilité des médiats ; l'animosité de l'armée. Pour son éventuelle accession au pouvoir, trois leçons découlaient tout naturellement de cet échec. *Primo :* réaliser une concentration des pouvoirs très supérieure à celle dont disposait Allende. *Secundo :* s'emparer des principaux moyens d'information. *Tertio :* s'assurer coûte que coûte du loyalisme de l'armée.

C'est ainsi que François Mitterrand a tout de suite procédé à des élections législatives et, dès le lendemain de la victoire qu'elles lui ont value, a entamé une conquête de tous les pouvoirs : chasse aux sorcières ; mainmise sur l'audiovisuel, la fonction publique et la magistrature ; nationalisations.

« *Le socialisme, ça ne marche pas !* »

Modèles paisibles ; modèles de combat. Tous sont sources de malentendus. Les uns proposent l'image d'une social-démocratie bon enfant ; les autres, d'idéalistes victimes des méchants.

Norodom Sihanouk, réfugié à Pékin, me disait avec enthousiasme, pour m'expliquer son ralliement aux « Khmers rouges » : « Vous voyez bien ce que les communistes chinois ont réalisé ! Ils ont vaincu la famine, les inondations, les invasions de sauterelles ! Ils ont extirpé la féodalité ! Ils ont restauré l'indépendance et la grandeur de la Chine ! Voyez ces carrefours où la circulation est impeccablement réglée : les Chinois étaient indisciplinés, et maintenant l'ordre règne !

Le communisme, ça marche ! » Je devais bien reconnaître que « ça marchait » ; même si cette réussite coûtait cher ; même si elle était originale au point d'être inexportable. Quatre ans plus tard, une terrible expérience, à laquelle Norodom Sihanouk avait prêté son prestige à la fois royal et républicain, devait montrer qu'au Cambodge, le communisme « ça ne marchait pas ».

Les exemples étrangers de socialisme non communiste, même les quatre cas présentés comme exemplaires, suggèrent fortement que « le socialisme, ça ne marche pas ».

Mais, comme on nous l'a souvent précisé, les socialistes français ne se veulent asservis à aucun modèle. Le socialisme dont ils rêvent n'a jamais été incarné. Ils seront plus collectivistes que les Suédois, plus lutteurs de classes que les Autrichiens, plus heureux que les Portugais et plus chanceux que les Chiliens. Le vrai socialisme — celui qui réussit, celui qui dure — il est toujours *ailleurs*.

Chapitre 14

Mon royaume est de ce monde

S'il est une catégorie de Français dont l'évolution est captivante à suivre depuis la guerre, et importante pour l'avenir, ce sont les chrétiens — catholiques ou protestants — qui vivent activement leur foi ; ainsi que l'institution ecclésiastique, à commencer par les évêques. Plus que tous autres, ils ont le souci de la personne humaine, des valeurs sur quoi elle repose, des menaces qui pèsent sur elle. Plus que tous autres, ils sont sensibles au message du socialisme, si ambigu soit-il. Plus que tous autres, ils peuvent aider à comprendre ses ambiguïtés.

Une tentation déjà ancienne

On s'imagine quelquefois que la fascination des chrétiens pour le socialisme est un phénomène récent, et qu'elle serait limitée à une catégorie marginale, celle des « chrétiens de gauche ».

Or, il n'en est rien. Cette attirance a des racines profondes dans les mentalités chrétiennes.

Des racines théologiques. Thomas d'Aquin condamnait le profit. Luther et surtout Calvin l'ont réhabilité, mais la Contre-Réforme, véritable contre-révolution culturelle, l'a condamné plus fort encore *. Cette tendance est fort ancienne. Alain Besançon la fait remonter au IIe siècle [1] : l'hérésiarque Marcion en serait la source.

Des racines historiques. La Révolution française, en rompant les équilibres, a donné libre cours à ces grands thèmes, communs à la pensée réactionnaire et à la pensée révolutionnaire : refus de la transaction monétaire, de l'argent et, finalement, du marché. Ne pourrait-on construire un ordre social où la richesse serait impossible, et où le péché, par conséquent, ne pourrait prendre racine ? Lamennais exprima puissamment cette aspiration à un monde ouvert à la transparence sociale et à l'amour universel. Il subordonnait l'individu à la société. « L'homme seul n'est qu'un fragment d'être ;

---

* Cf. *le Mal français* (II : Le mal romain).

l'être véritable est l'être collectif, l'humanité qui ne meurt point. »
Jésus devient symbole de l'humanité; son royaume sera de ce
monde...

Des racines sociologiques. L'Eglise catholique, qui fut longtemps,
dans la société française, « l'établissement » par excellence, se
caractérise aujourd'hui par le *désétablissement.* Situation qui a ses
vertus, certes. Mais faute de se retrouver dans une institution
puissante et bien admise dans la société, les clercs, marginalisés, sont
tentés de se comporter en militants, ce qui accentue toujours
l'emprise de l'idéologie.

Séparés de la vie quotidienne de l'économie, ils sont enclins à la
mépriser, dans ses contraintes comme dans ses valeurs. Ils ont aussi
une forte tendance à disqualifier la politique. Ils rêvent d'un monde
sans conflit, où la politique cesserait d'être une dimension de
l'humaine condition [2].

Peuple de gauche et témoignage chrétien

Dans cette histoire déjà ancienne, le socialisme du 10 mai a écrit un
nouveau chapitre. L'écriture n'en est pas limpide.

Longtemps, ces chrétiens — qu'ils soient catholiques ou protestants — ont eu dans le M.R.P. une expression politique où ils
pouvaient s'exprimer authentiquement, sans compromission avec la
droite des égoïsmes, ni avec une gauche trop marquée de stalinisme
offensif ou de laïcisme militant : tel était l'idéal de la « démocratie
chrétienne ».

Mais en se coupant de la majorité qui soutenait la Ve République en
1962, les chefs du M.R.P. l'ont condamné à mort. Le « centre » a été
progressivement broyé, entre la majorité qui n'avait plus d'ennemis
« à droite », et la « gauche », qui ne voulait plus en avoir « à
gauche ».

Dès lors, pour bon nombre de fidèles, qui avaient pris conscience
que la France déchristianisée était devenue « terre de mission », le
choix de la « gauche » s'imposait. Les chrétiens devaient être présents
aux côtés des pauvres, des humiliés, des petits. A eux devait aller, en
priorité, le « témoignage chrétien ».

Cela imposait-il de coopérer avec les partis de gauche, de travailler
côte à côte avec leurs militants? La plupart n'ont pas hésité sur ce
point. Ils n'ont pas du tout conçu leur action comme une concurrence. Ils ne se sont pas assigné la tâche de disputer au marxisme son
influence. Ils ont considéré que la gauche marxiste était l'expression
politique des humbles. Ils n'avaient, quant à eux, qu'à y ajouter une
dimension spirituelle.

140

Cette sainte alliance du christianisme et de la Révolution a pu aller jusqu'à l'extrémisme. Les mêmes, qui reprochaient aux évêques espagnols d'avoir osé bénir des mitrailleuses franquistes, ont pu légitimer sans vergogne toutes les violences des *guerilleros* d'Amérique du Sud ou d'Afrique.

Plus répandu aura été, est encore, *le confusionnisme* d'un vocabulaire, où le « salut des âmes » tend à s'identifier à la « libération des hommes », où le Christ se refait homme, mais pour prendre à son compte les thèmes messianiques qu'il avait eu tant de mal, il y a deux mille ans, à extirper de l'esprit de ses premiers disciples : « Mon royaume n'est pas de ce monde. »

Ces disciples paraissent convaincus, comme les jésuites du Paraguay au XVIᵉ siècle, qu'ils peuvent faire de ce monde-ci le royaume de la justice et de l'amour. Un prêtre-ouvrier s'écriait : « La lutte des classes peut devenir un élan d'amour, même violent, pour détruire le péché du monde et faire de l'humanité un peuple fraternel[3]. »

L'étonnant n'est pas que des hommes profondément chrétiens aient fait le choix de la gauche politique. Il n'y a rien de chrétien ou d'antichrétien à vouloir réduire les écarts de salaires ou nationaliser. L'étonnant est de s'acharner à *justifier ces choix en termes religieux*. Avec, pour résultat, de dévaluer le langage de l'esprit. Pire encore : d'emprunter à la religiosité de la mythologie révolutionnaire. La Révolution, depuis le XIXᵉ siècle, a toujours cherché à capter l'énergie religieuse. Il est surprenant de voir des chrétiens s'en laisser imposer par ce succédané laïcisé de leur propre spiritualité.

Certes, l'Eglise catholique, en particulier, a raison de se souvenir avec amertume du fossé qu'elle avait laissé se creuser, au XIXᵉ siècle, entre elle et les nouvelles masses urbaines ; de sa réduction suicidaire aux forces du conservatisme social. « Plus jamais ça », s'est-elle jurée à la Libération, après le régime de Vichy, où beaucoup de ses dirigeants avaient, hélas, renouvelé l'erreur du XIXᵉ siècle. Mais, précisément parce qu'elle manquait d'assises ou de relais populaire, et parce que les actions éparses des prêtres-ouvriers et de la jeunesse ouvrière chrétienne ne pouvaient en tenir lieu, elle a voulu manifester son inépuisable bonne volonté aux militants marxistes.

Pourtant, la prépondérance du communisme au sein de la gauche créait, pour l'Eglise dans son ensemble, sinon pour les plus aventuristes de ses membres, un formidable butoir.

Partout où le marxisme gouvernait en maître, ne persécutait-il pas l'Eglise ? N'avait-il pas fait de la religion, parce qu'elle lui dispute les âmes, l'ennemi sinon à abattre, du moins à étouffer ?

Quelque incompatibilité devait donc bien séparer la cité de Marx et la cité de Dieu. Ne fallait-il pas se remémorer la parole : « Rendez à César ce qui est à César, et à Dieu ce qui est à Dieu ? » N'est-ce pas, précisément, cette échappée hors du monde matériel qui irritait tant le pouvoir marxiste, parce qu'elle ouvrait une issue de secours aux victimes de l'enfermement idéologique ? Peut-être aussi fallait-il se rappeler que le Christ avertissait les riches sans colère : « Il leur sera aussi difficile d'entrer au royaume des cieux, qu'au chameau de passer par la porte du *Chas de l'aiguille.** » Et que le christianisme était un message d'amour et de fraternité, tandis que le marxisme avait la haine pour ressort, sous le nom de « lutte des classes », et la violence pour méthode, sous le nom de Révolution.

Le christianisme est une religion de la disposition intérieure de la conscience personnelle. Le marxisme est une réduction de l'individu à des formes collectives qui lui sont extérieures et qui sont uniquement matérielles. Cet abîme pouvait-il être comblé par la « main tendue » du P.C. ?

Les empêchements

Et l'enseignement libre ? La tradition laïciste de la gauche française demeurait un obstacle, qui semblait résister à l'érosion du temps.

Certes, parmi les militants chrétiens, dans le clergé même, on faisait souvent fi de cette société où la religion se confond avec la coutume et se perpétue dans les familles d'une génération à l'autre. Préoccupés par l'immensité de la tâche missionnaire, ils regardaient avec condescendance les catholiques de tradition : ces chrétiens par grâce de naissance méritaient-ils que l'Eglise leur consacrât son

---

* Un contresens bimillénaire fait interpréter cette difficulté comme une impossibilité absolue. Le *Chas de l'aiguille* était le nom d'une porte de Jérusalem, fort basse, où les chameaux ne pouvaient passer qu'en s'agenouillant, de manière à permettre de contrôler leur chargement. Tel est le sens de l'image : les riches devront rendre des comptes sur l'origine et l'emploi de leur argent.

temps, ses forces, ses hommes ? Le clergé, moins nombreux, s'est, de fait, détourné des écoles, autant que des patronages et des mouvements de jeunesse. La hiérarchie y a paru moins attachée qu'hier.

Mais ce détachement n'a pu aller jusqu'au bout. Les parents ont résisté. Le « peuple des fidèles » ne méritait-il pas autant d'attention que le « peuple de gauche » ? Les « prolétaires » ont une âme. Mais les autres aussi. Les plus prudents des prêtres ont compris qu'à force de ne se voir qu'en missionnaires, ils s'environneraient d'incroyants.

Une dernière réflexion retenait l'Eglise. Elle constatait que ses activistes, ceux qui s'étaient portés à la pointe du combat, étaient nombreux à l'abandonner. Les reconquérants des continents perdus étaient conquis par ceux qu'ils venaient sauver. L'Eglise ne s'étendait pas. Elle se rétrécissait. Une part d'elle-même allait à la dérive.

Inversement, et par réaction, un mouvement de purisme religieux se développait parmi les catholiques. « L'intégrisme », déclaré ou rampant, devenait une menace pour l'unité. Mais il trouvait son aliment dans les imprudences des « progressistes ».

La divine surprise

C'est sur cette toile de fond aux motifs complexes, que fut perçue, dans l'Eglise de France, la situation politique de la « gauche » en 1981.

D'abord, « l'indépendance » affichée par le P.S. à l'égard du Programme commun, et proclamée par les attaques du P.C., provoqua un énorme soulagement. On pouvait être « à gauche », « avec les pauvres », sans avoir à rien concéder aux complices du Goulag. Ceux qui avaient cru utile de « dialoguer » avec les intellectuels marxistes avaient toujours été en petit nombre : ils suscitaient une certaine gêne. Cette fois, le grand nombre pouvait évoluer, sans arrière-pensées, à l'intérieur d'une fraternité simplement généreuse.

Et puis, le candidat des socialistes n'était-il pas lui-même un élève des Pères ? Ne le surnommait-on pas affectueusement, au sein même de son parti, « l'Archevêque » ? Ses compagnons les plus notoires ne confiaient-ils pas leurs enfants à l'enseignement libre ? Ne devait-on pas leur faire confiance, pour contenir le laïcisme agressif des enseignants du secteur public ? De toute façon, pour les « chrétiens de gauche », la question n'était pas prioritaire.

Le socialisme offrait la chance de réconcilier, dans le même élan, ceux qui croient au ciel et ceux qui n'y croient pas — comme le fit la Résistance, l'espace d'un combat. Dans la foulée de cette fraternité retrouvée, une solution se découvrirait bien.

Peut-on reprocher aux évêques d'avoir cru qu'il fallait donner toutes ses chances à un *socialisme du cœur* ? Eux aussi, ont pu confondre le socialisme comme avancée sociale, et le socialisme comme système. Leur contribution a été leur silence : ils se sont abstenus de poser, avant l'élection, aucune question gênante, soit sur les mœurs, soit sur l'école. Sans doute ont-ils cru que les chrétiens transformeraient le socialisme. Comme les socialistes ont cru qu'ils transformeraient le communisme.

L'espérance , mais la charité

Le « socialisme » du cœur a installé, d'un cœur léger, le communisme dans l'appareil de l'Etat. La « générosité » se casse les dents sur la crise. Le laïcisme exige ses victimes. Les préoccupations morales de l'Eglise, son appel à une certaine logique de la part de ceux qui exaltent la vie et n'hésitent pas à la tuer dans l'œuf en banalisant ce qui ne devait être qu'une solution de détresse, sont bafoués.

Ces déconvenues auront-elles suffi ? Pas encore. L'espérance, vertu cardinale, ne fait pas défaut aux évêques, ni aux chrétiens — catholiques ou protestants — qui se veulent « de gauche ». Ils mettront du temps à désespérer du « socialisme à la française » ; à déceler, derrière son lyrisme bénisseur, la langue de bois du marxisme et du sectarisme.

Peut-être est-ce leur charité qui d'abord les éclairera. La crise continue et s'aggrave ? Elle pourra leur enseigner, par l'expérience, des connaissances économiques encore si peu répandues, y compris dans le haut clergé. Elle pourra leur découvrir, à la longue, que le geste d'*un homme* peut toucher et sauver *un autre homme,* mais que l'amour n'est pas une affaire collective. Et que la société ne peut guère offrir aux pauvres, si elle ne veille, d'abord, à la prospérité collective.

Peu importe qu'alors, les chrétiens ne soient pas très nombreux à changer d'engagement politique. L'important est qu'ils hésitent davantage à mêler la religion à leurs options politiques. Car s'il est vrai, comme le déplorait Péguy, que toute mystique se dégrade en politique, rien n'est pire qu'une politique qui prend le masque de la mystique.

Chapitre 15

La vraie nature
du « socialisme à la française »

Il est difficile de trouver des mots qui ne veulent rien dire : *socialisme* est de ceux-là. Le communisme, c'est mettre tout en commun. Mais le socialisme ? Vouloir que la société soit sociale ? C'est parler à vide.

On dénombre le socialisme phalanstérien de Fourier ; le socialisme anarchiste ou fédéral de Proudhon ; le socialisme scientifique ou « matérialisme dialectique » de Marx ; le socialisme internationaliste de Jaurès ; le national-socialisme de Hitler ; le socialisme communiste de Lénine, de Mao et de leurs successeurs ; le socialisme chrétien de Marc Sangnier ; le socialisme syndical des travaillistes anglais, bien différent du socialisme syndical autogestionnaire de la C.F.D.T ; et même le socialisme à visage humain de Dubceck. La liste n'est pas exhaustive : à chacun son socialisme.

On pourrait avancer que toute notre civilisation est socialiste, depuis que notre société est obsédée d'elle-même. Mais les fantasmes qu'elle suscite sont des plus divers. La première apparition du mot, en 1798, qualifie les conservateurs de « socialistes » parce qu'ils veulent conserver l'ordre social tel qu'il est ! Cette acception en vaut une autre, même si elle ne s'est pas imposée. Ce sont les rêveurs sociaux de l'époque romantique qui ont définitivement placé le socialisme sous le signe du mobile, de l'inexprimable, du fantasmatique.

La politique de l'âge d'or

Mais sous le signe aussi du *bonheur*. On ne rêve pas un nouveau monde sans le peindre de couleurs riantes. Les avenirs qu'on nous prépare, on a fini par leur créer un préjugé favorable. « Le bonheur est une idée neuve en Europe », avait dit Saint-Just, se souvenant qu'en Amérique, déjà, Franklin l'avait inscrite dans la Déclaration des droits. Trente ans plus tard, l'idée neuve du socialisme lui fut associée.

Rousseau rêvait d'une société égalitaire, où l'homme recouvrerait le bonheur de l'état de nature, où la bonté de ses instincts ne serait pas pervertie par l'hypocrisie sociale et les rapports de domination. Cette nostalgie de l'âge d'or est à l'origine de toutes les constructions socialistes. Elle parle toujours autant à l'imagination des hommes.

Les prodigieux progrès que l'humanité a connus depuis que le socialisme existe sont dus, non au socialisme, mais au machinisme. Pourtant, les machines ont gardé leur horrible réputation des débuts de l'ère industrielle. Le socialisme, sans avoir jamais rien fait de sérieux ni pour ni contre elles *, reste auréolé de générosité. Avec lui, l'oppression disparaîtrait, l'égalité et la justice régneraient. Comment ne pas écouter ceux qui ne vous marchandent pas le rêve — étayé, au surplus, par une théorie sans faille ?

Dans le lit profond du socialisme, les courants les plus divers se mêlent. On y trouve l'ineffable paradis perdu. Les préceptes les plus exigeants du christianisme du Bon Samaritain. Le goût plus moderne de la rationalité : le socialisme offre des raisonnements imparables, et, comme il parle toujours au conditionnel, il séduit ceux qui raisonnent des affaires sans y prendre part. On y trouve enfin l'éternel matériau des révoltes, la promesse de détruire le tyran quotidien : Etat, patron, propriétaire, prêtre, marchand, tous êtres qui font peiner le pauvre monde...

La résurrection du moribond

La force du P.S., notre incarnation du socialisme, est justement d'avoir su, en quelque dix années, s'approprier et ranimer ce potentiel d'énergie.

La vieille S.F.I.O. l'avait dilapidé. Après la Libération, accrochée au pouvoir, elle avait dû le partager, et participer à sa médiocrité. Supplantée en 1951, elle ne l'avait retrouvé en 1956 que pour patauger dans le bourbier algérien et pour s'y perdre, avec le régime dont elle avait vécu. Ses électeurs la désertaient. Les intellectuels la méprisaient. Les jeunes s'en riaient. Des pans entiers de la « gauche » ne se reconnaissaient plus en elle. Son idéalisme de congrès coexistait mal avec ses compromissions de Parlement.

Pour l'Histoire, le nom de François Mitterrand restera, quoi qu'il advienne, attaché à la résurrection de ce moribond. Son pari solitaire de 1965 rendit un tonus à la « gauche » ; il prépara les rassemblements futurs, en donnant une forte impulsion à la « Fédération de la gauche démocrate et socialiste ». Quand son revers de juin 1968 et

---

* Si ce n'est, soyons juste, de chercher à adoucir le sort des hommes desservant les machines.

son effacement de mai 1969 l'eurent convaincu qu'une union étroite et contractuelle avec le parti communiste était nécessaire aux socialistes pour conquérir le pouvoir, il sut rassembler leurs vieux débris et leurs jeunes chapelles dans le nouveau « parti socialiste ». Pour effacer les mésententes, il alimenta les malentendus. Mendésistes, marxistes, chrétiens, gauchistes, autogestionnaires — tous les tempéraments trouvèrent leur place dans la confusion de l'espérance.

Ainsi a pu renaître, avec ce grand parti, le grand malentendu du socialisme : social-libéralisme, ou social-marxisme ? Rien ne peut jamais complètement l'évacuer. Pour l'opinion, le P.S., c'était à nouveau la gauche généreuse, idéaliste, mais aussi responsable. Ce nimbe de lumière empêchait de discerner le vrai visage, ou les vrais visages, du socialisme ? On ne s'en inquiétait pas.

Entre 1972 et 1977, le Programme commun avait durci les traits. Ils parurent plus sévères, moins vaporeux. Il n'était plus permis d'ignorer que le succès de l'Union de la gauche mettrait en branle une mécanique collectiviste. Le conflit de l'hiver 1977-1978 restitua l'illusion. Il l'augmenta même : souffre-douleur de Georges Marchais, le socialisme sembla plus attendrissant encore.

Au fil des courants

On aurait tort de réduire la lutte de tendances au sein du P.S. à de simples rivalités personnelles, comme il en existe dans tous les partis politiques. L'histoire du socialisme français, depuis 1905, est celle de ses divisions. Le grand fleuve socialiste est formé de la confluence de plusieurs courants ; mais le fleuve est toujours menacé de se fragmenter en bras, dans un vaste delta d'embouchure.

Chacun des courants socialistes prétend présenter une synthèse originale des idées et valeurs politiques du parti tout entier. En réalité, il y a bel et bien conflit entre le national-léninisme du courant Chevènement, le socialisme municipal (« socialisme du beffroi ») de Mauroy, le socialisme autogestionnaire de Rocard. Le ministre du Plan croit au marché, le ministre de l'Industrie croit au Plan ; l'ancien chef du courant Mitterrand étant passé maître dans le jeu d'équilibrer les divergences et d'homogénéiser les incompatibilités, aujourd'hui comme hier. Mais comment synthétiser la synthèse, chère à Pierre Mauroy, avec la lutte des classes chère à Chevènement ?

Les contradictions entre les différents projets sont le plus souvent dissimulées. Le langage est codé. On proscrit certains mots. On en prononce d'autres avec révérence, en se gardant de les définir.

Le Pascal des *Provinciales* a raillé cette volonté de s'entendre sur des malentendus : « Quoi ! mes Pères, c'est se jouer de dire que vous êtes d'accord à cause des termes communs dont vous usez, quand vous êtes contraires dans le sens. — Voulez-vous donc recommencer nos brouilleries ? Ne sommes-nous pas demeurés d'accord de ne point expliquer ce mot de *prochain,* et de le dire de part et d'autre sans dire ce qu'il signifie [1] ? »

Des trois mots clés : changement, rigueur, indépendance — cinq courants donnent cinq définitions incompatibles. Est-il besoin d'ajouter les compétitions pour le pouvoir auxquelles se livrent les chefs et les clans ?

La chaîne des contradictions

Ces « synthèses » ne sont si complexes et si disputées, que parce que les éléments en sont inconciliables. Le socialisme est une chaîne de contradictions.

Contradiction entre la socialisation de la société et la libération de l'homme. D'un côté, le socialisme se présente comme une libération de toute oppression, comme une liberté anti-pouvoirs. De l'autre, il voit le salut dans l'organisation sociale ; donc, dans la création de nouveaux pouvoirs, de nouveaux contrôles. Là où le socialisme s'étend, la société voit s'appesantir les hiérarchies. On ne pourrait échapper à la rigueur des contraintes, que si les Français étaient portés par le souffle de la Foi. Balzac notait déjà que « la France n'a pas la religion du socialisme ; (...) le gouvernement fut donc forcé d'inventer la terreur pour rendre ses lois exécutoires [2]. »

Contradiction entre la socialisation et l'égalitarisme. Pour les socialistes, l'égalité est une sorte de passion. Elle ne se limite pas aux différences de richesse ; c'est la notion même de supériorité, d'élite, qui les met en transes. Il leur faut, coûte que coûte, niveler par le bas. Ils ne sont pas loin de penser que tous les hommes, non seulement sont égaux en droit, mais pareils en capacités et en mérites, et que donc tous sont identiques. *Toute infériorité est un échec dont la société est coupable.* Mais ce n'est que dans la société des termites, que les individus sont interchangeables. Dans celle des hommes, la complexité des fonctions et la variété des traditions et des milieux, des dons et des tâches, engendrent une infinie différenciation.

Contradiction entre le changement et la spontanéité. Tantôt le socialisme, fort de sa vérité, insiste sur le volontarisme, sur la légitimité des bouleversements imposés. Tantôt, il revient à ses amours libertaires. Il oscille entre la planification et l'autogestion, entre l'étatisme et l'anarchie.

Contradiction entre la lutte des classes et la fraternité. Tous les hommes sont frères, mais beaucoup ne seront jamais des camarades.

Le cœur socialiste a ses intermittences. Tantôt, il déborde des effusions de la solidarité. Tantôt, il se durcit pour affronter les combats du front de classe : peut-il se dérober aux exigences d'une histoire impitoyable ?

La cafetière impossible

Ces contradictions, le socialisme en souffre *de fondation*. Marx ne fut pas le dernier à les observer ; il en dressa l'inventaire dans un style digne de Prévert : « Des économistes, des philanthropes, des humanitaires, des améliorateurs de la situation des classes laborieuses, des dispensateurs de la charité, des protecteurs des animaux, des fondateurs de sociétés de tempérance, des réformateurs en chambre et en tout genre [3]. »

Les inventeurs de sociétés idéales ne trouvaient pas davantage grâce à ses yeux : « Pour édifier ces châteaux en Espagne, ils sont obligés de faire appel à la philanthropie des cœurs et à la bourse des bourgeois [4]. » Marx comme Engels avaient bien deviné la faille du socialisme non communiste : il a besoin du capitalisme pour exister. Aussi voulurent-ils aller beaucoup plus loin : c'était plus cohérent. Depuis le XIXe siècle, rien n'a changé dans le socialisme, même si tout a changé ailleurs.

Le socialisme, aujourd'hui, poursuit le rêve d'*allier les contraires*, avec un idéalisme teinté de fanatisme. Les socialistes veulent le bonheur, par une lutte des classes fraternelle et solidaire ; l'égalité la plus parfaite possible, dans la plus grande liberté ; l'encouragement aux autonomistes, dans un Etat unitaire ; des citoyens responsables, dans un Etat tout-puissant ; une économie d'initiative, dans un cadre collectivisé ; une rupture définitive avec l'ordre établi, dans le respect du droit qui régit cet ordre. L'autogestion est censée résoudre toutes ces antinomies ; mais, à l'expérience, il s'avère qu'elle les exacerbe.

Les surréalistes aussi avaient le goût des associations bizarres. Un de leurs héritiers, Karelman, a publié le catalogue des « objets impossibles ». Par exemple, une cafetière dont le bec verseur est du même côté que l'anse. Sans doute s'y brûlera-t-on, mais on n'aura jamais le café dans sa tasse. L'objet a belle allure. On sent la bonne odeur du café. L'impossibilité de s'en servir ne se révèle qu'à l'usage.

Le socialisme ressemble à cette cafetière. Les esprits fraternels, individualistes et libertaires des Français se plurent à y voir les traits qui leur convenaient, et furent aveugles aux autres.

Dérive marxiste

Or, justement, le parti socialiste, dans sa vie militante, avait beaucoup renforcé ses traits les moins attirants. Pour lui, l'alliance communiste n'était pas née seulement d'un calcul tactique : elle traduisait aussi un réel rapprochement idéologique. Le socialisme français accepte tout du langage communiste — sauf l'allégeance moscovite et le centralisme démocratique. En renonçant à la *nécessité* de la « dictature du prolétariat » et en admettant le processus démocratique de « passage au socialisme », le XXIIᵉ Congrès du parti communiste, en février 1976, levait le dernier obstacle doctrinal*. Dès lors, *les deux partis partageaient la même vision du monde.* Sur le plan de la stratégie et de la tactique, sur leur position relative dans la conquête et l'exercice du pouvoir, ils pouvaient s'affronter. Sur le plan des idées, ils se retrouveraient toujours. Le parti socialiste n'avait même plus besoin du parti communiste pour faire du communisme. On était donc loin, très loin, des apparences qui séduisaient les Français. Le marxisme donne, en effet, à la mythologie généreuse du socialisme, une dimension violente, qui veut s'inscrire sans retour dans la société. « Notre objectif n'est pas de moderniser ou de tempérer le capitalisme, mais de le remplacer par le socialisme »[5].

Un cheval de Troie du communisme

Parmi les courants, il en est un qui a marqué avec beaucoup de constance sa fidélité au marxisme ; et même au marxisme-léninisme. C'est le C.E.R.E.S. (Centre d'études et de recherches socialistes).

Ses membres sont sincèrement convaincus de la nocivité du capitalisme, de la nécessité de rompre avec lui, de l'impossibilité d'y parvenir sans la lutte des classes. Ils partagent l'enthousiasme idéologique des communistes. En conséquence, ils sont les plus ardents partisans de l'Union de la gauche. Ils n'auraient jamais suivi la longue marche de Mitterrand vers le pouvoir, si celui-ci n'avait placé l'alliance avec le P.C. au cœur de sa stratégie. Pour un homme de gauche sincère, deux formules combinent leurs impératifs : « Pas d'ennemi à gauche. » « Ne pas désespérer Billancourt. »

* A peu de prix. Depuis longtemps, des communistes avaient observé que le terme de *dictature* était péjoratif et que le *prolétariat* était en voie de disparition en France. La même idée est donc avantageusement exprimée par le « gouvernement de la gauche », le « peuple de gauche ».

Ils sont à l'abri des doutes : le marxisme est une théorie immunisée contre la réalité ; il est conçu de telle sorte que les faits ne puissent que le confirmer, jamais l'infirmer. Ils savent interpréter n'importe quel événement comme venant à l'appui de leurs théories. Ils sont entraînés dans un mécanisme qui fait que le bon militant est de plus en plus impliqué — mécanisme joliment décrit par Karl Popper, qui n'y avait pas échappé : « Une fois qu'on a sacrifié sa conscience intellectuelle sur un point mineur, on voudrait justifier le sacrifice en se convainquant de l'excellence fondamentale de la cause, qui est censée mériter largement qu'on fasse pour elle les petits compromis moraux et intellectuels qui s'avèrent nécessaires. Avec chaque sacrifice moral ou intellectuel, on s'enfonce davantage. On en arrive à être prêt à soutenir ses investissements moraux ou intellectuels dans la cause, par d'autres encore [6]. »

Fidèles compagnons de route du P.C., ils n'hésiteront pas à jouer en sa faveur le rôle d'un cheval de Troie au sein du parti socialiste. Leurs effectifs, de l'ordre du quart des militants socialistes, sont beaucoup plus utiles au communisme à l'intérieur du P.S., qu'ils ne le seraient à l'extérieur — ou même dans le P.C.

Ils se sont organisé des réseaux clandestins aussi efficacement que le P.C. lui-même. Ils ont noyauté des administrations. Certains départements leur sont tout acquis — comme le territoire de Belfort ; et certains syndicats sont placés sous leur influence, comme le Syndicat de la magistrature.

Grandes manœuvres en province, sape dans un ministère

Giscard me déclara, quand je pris mes fonctions de garde des Sceaux : « Vous verrez, tout est pourri. » De l'humour noir, en guise d'encouragement. Mais à mesure que j'explorai le territoire de la justice, je découvris que la boutade avait plus de vraisemblance que son auteur n'avait pensé sans doute en mettre. Plusieurs de mes prédécesseurs me décrivirent des hommes bien décidés et bien organisés, mettant à profit depuis 1968 la bienveillance de la chancellerie et des tribunaux, pour y imposer leurs idées et surtout leur volonté collective. Ils auraient largement mis en place un réseau de commande parallèle et entamé une opération de déstabilisation...

Après le 10 mai, le Syndicat de la magistrature, très proche du C.E.R.E.S., est partout apparu au grand jour : Elysée, Matignon, cabinet du garde des Sceaux, direction du ministère de la Justice, cours et tribunaux. Avant le 10 mai, bien que ses militants fussent réduits à un magistrat sur vingt, il était déjà installé, omniprésent mais clandestin. Je voudrais conter un cas concret qui m'a fait sentir les méthodes et la puissance du C.E.R.E.S.

En 1980, sans le vouloir, j'ai contribué à désigner le sénateur socialiste de Belfort.

Des services du ministère de la Justice me demandèrent un beau jour de remédier à une anomalie dans l'organisation judiciaire. Le territoire de Belfort possède tous les attributs d'un département, sauf un : une cour d'assises. Les crimes commis sur le territoire de Belfort sont jugés devant la cour d'assises de Vesoul.

Cela durait depuis cent neuf ans : depuis qu'en 1871, l'arrondissement de Belfort avait pu échapper à l'annexion de l'Alsace. Après cent neuf ans, on se scandalisait soudain que le territoire de Belfort n'eût pas sa propre cour d'assises, et l'on me proposait de lui en donner une.

Cette démarche m'intrigua. Une réforme pouvait se justifier. Mais il était surprenant d'en voir naître spontanément le désir dans une administration qui se montrait, d'habitude, si méfiante envers toute modification dans ses usages. Comment pouvait-elle souhaiter un changement, là où l'on semblait si bien s'en passer ?

Le préfet de la région de Franche-Comté était un de mes anciens collaborateurs. Je lui demandai ce qu'il pensait de cette affaire. Ce projet de réforme le surprit encore plus que moi. Il n'avait jamais eu vent d'aucune plainte. Au contraire, un bouleversement pouvait être nuisible. On risquait de créer une petite cour d'assises urbaine, des jurys trop sensibles au microclimat d'une cité, à ses tensions. Le système en place avait fait ses preuves. Pourquoi refaire un moteur quand il fonctionne bien ?

Je décidai d'attendre. Fait étrange, les deux directeurs concernés revinrent à la charge, poussés par leurs collaborateurs, en qui ils avaient toute confiance, et qui avaient su les convaincre. A cette rage inaccoutumée de réforme, j'opposai le témoignage local, et les leçons de l'expérience.

Quand le voile se lève

On s'approchait des élections sénatoriales. A Belfort, la répartition des grands électeurs faisait que le siège devait revenir à un socialiste. Mais lequel ? Deux personnalités se le disputaient à l'avance : un avocat de Belfort, Me Dreyfus-Schmidt — issu de l'ancienne S.F.I.O. — et le procureur de la République à Vesoul, de tendance C.E.R.E.S. Au sein de la fédération socialiste de Belfort, dominée par le C.E.R.E.S., l'avocat, bien que fort brillant, semblait beaucoup moins bien placé, car il n'avait pas la chance d'appartenir au courant Chevènement ; quand on s'avisa que le procureur risquait d'être déclaré inéligible.

Le code électoral stipule en effet que certains agents de la fonction publique « ne peuvent être élus dans toute circonscription comprise dans le ressort dans lequel ils exercent, ou ont exercé depuis moins de six mois, leurs fonctions ». Parmi ces inéligibles potentiels, « les magistrats des tribunaux ». La formulation est complexe, mais l'interdiction est claire.

Le procureur de la République à Vesoul avait bien le territoire de Belfort dans son « ressort ». Si l'on enlevait au ressort de Vesoul les assises de Belfort, le procureur de Vesoul y perdrait les criminels de Belfort. En contrepartie, il y trouverait ses électeurs, sans craindre un recours pour inéligibilité. Encore fallait-il que la disjonction judiciaire du territoire intervînt au moins six mois avant le scrutin.

Ma réserve, d'abord instinctive, puis informée, fut suffisante pour que l'échéance des six mois passât sans que j'eusse rien fait. On cessa alors de m'en parler. Etait-ce parce que la réforme ne pouvait plus servir au procureur ? Elle pouvait même le desservir, car elle eût attiré l'attention sur son inéligibilité — trop tard pour y porter remède. Le procureur tenta sa chance, quand même, devant la fédération socialiste de Belfort. Il fut écarté de justesse, après une campagne où l'argument ravageur de son concurrent fut qu'en proposant un candidat qui serait évidemment invalidé, le parti risquait de perdre le siège.

Autour de moi, on avançait une explication toute simple. Le procureur de Vesoul avait été à la tête du Syndicat de la magistrature et restait un de ses principaux inspirateurs. Les bureaux de la chancellerie s'étaient faits les instruments d'une pression occulte, en vue d'une manœuvre politique. Ils avaient poussé l'administration dans la voie d'une réforme inutile, voire nuisible, en tout cas circonstancielle. Dans l'intérêt d'un petit groupe de militants, la machine judiciaire avait démarré au quart de tour. Deux directeurs avaient été transformés en porte-parole inconscients des grandes manœuvres de Belfort et des petits travaux de sape de la chancellerie.

Imaginons que, par ce tour de passe-passe, un autre procureur de la République de Vesoul fût ainsi devenu éligible, mais sous les couleurs de la majorité d'alors... Qui peut douter que j'aurais été accusé d'une scandaleuse manœuvre politique ?

Et représentons-nous aussi, d'après cet exemple vécu, combien le C.E.R.E.S. — comme le P.C., ou comme les syndicats qui leur sont proches — a su noyauter l'Etat et préparer les futures conquêtes.

Les contradictions exaspérées

Toute société vit de contradictions surmontées : c'est normal, si l'on veut qu'elle demeure en équilibre. Le danger apparaît quand on chauffe à blanc les contraires : plus moyen de les concilier. L'étrangeté du socialisme est de vivre tous ces contraires avec la plus grande intensité.

Rompre avec la société libérale tout en exaltant la liberté ? Le danger est que la « rupture » obéit à une logique implacable. Comment aurait-elle un autre aboutissement que la révolution ? Entre les notions de liberté ou de responsabilité, dont nous abreuvent les dirigeants socialistes, et la mécanique de socialisation qu'ils aspirent à mettre en marche, qu'est-ce qui l'emportera ?

Partout, l'on découvre que la libre entreprise est « le plus mauvais des systèmes à l'exception de tous les autres », comme dit, parodiant Churchill, Felipe Gonzalez ; avec lui, les socialistes espagnols affirment qu' « aucun système ne fonctionne mieux que l'économie de marché ». La campagne d'octobre 1982 s'est déroulée sur ce thème. Fraga Iribarne, chef de la droite : « Si vous votez socialiste, l'Espagne sombrera dans les dévaluations, l'échec économique, les nationalisations, la mainmise des communistes, comme en France. » Felipe Gonzalez : « Pas du tout ! Notre ligne n'a rien de commun avec celle du P.S. français ! Nous respecterons le capitalisme ! Nous ne romprons pas avec lui ! Nous le laisserons fonctionner, en corrigeant ses effets par plus de justice sociale. »

Mais les socialistes français continuent à chercher la solution de la crise dans un perpétuel « ailleurs ».

Cette évolution du P.S. a mis en minorité, en son sein, le courant social-démocrate. Aujourd'hui, dans un gouvernement de coalition, on entend beaucoup les proches du président ou les communistes. Mais la voix fluette des radicaux de gauche, de Michel Jobert ou de Michel Rocard, y est étouffée ; ils en sont réduits à espérer que le chef de l'Etat ne soit pas « prisonnier de sa majorité », et qu'il « possède en lui-même assez de ressources pour susciter une autre majorité ».

Les socialistes français, tout en prenant leur inspiration dans le marxisme, espèrent atteindre des résultats qui échappent aux conséquences irrémédiables de cette doctrine. Ils veulent les causes, mais pas l'effet.

Ils ont fait bouillir la cafetière impossible, et, comme dit Raymond Tournoux après la comtesse du Barry, le « café fout le camp »[7]. Pour le moment, nous ne voyons sur leur visage que les signes du plus vif étonnement.

Chapitre 16

L'infiltration communiste
ou
Un loup de bergerie ?

A force de parler, depuis 1972, du péril communiste — à force de crier au loup, l'imagination l'avait dompté. Avec une rose entre les crocs, il avait sa place dans la bergerie.

« Votre éternel épouvantail communiste, ça ne prend plus ! » m'a déclaré un médecin de Provins avant de voter Mitterrand. « Un gouvernement socialiste sans participation communiste, mais c'est ce qui a rendu l'Allemagne si prospère, la Suède si heureuse pendant quarante ans ! Defferre, Savary, Mauroy et tant d'autres n'ont-ils pas fait leurs classes avec Blum, Ramadier, Mollet ? Blum a provoqué la rupture au Congrès de Tours [1], Ramadier a chassé [2] les communistes introduits au gouvernement par de Gaulle [3], Mollet disait : *Le communisme n'est pas à gauche, il est à l'Est* [4]. La meilleure protection contre le communisme, c'est le socialisme. Il faut savoir faire la part du feu. »

Quelques semaines plus tard, un autre « mitterrandiste du 10 mai » m'a confié : « Comment me serais-je imaginé, après ces flots d'injures déversés par les communistes sur Mitterrand, qu'il gouvernerait avec eux ? Je pensais que, plus nous élirions de députés socialistes, plus nous permettrions à Mitterrand de gouverner sans eux. Nous accentuerions la rupture. Nous la rendrions irréversible. »

Ils sont des centaines, dans ma circonscription, qui ont tenu ces raisonnements. Une large fraction d'entre eux ne les ont pas reniés. Aux yeux de beaucoup de Français, à ses propres yeux, François Mitterrand a fait reculer le parti communiste. Il a réussi cette prouesse [5]. Il a terrassé le fauve. Est-ce vrai ?

On oublie simplement qu'un pacte a été passé en 1970 entre François Mitterrand et le P.C. ; qu'il est antérieur à la constitution du P.S. ; que le congrès d'Epinay de 1971 et la signature du Programme commun de 1972 ne firent que dévoiler une stratégie conçue en secret. On oublie aussi que, de l'appareil du P.C., les élus communistes ne sont que la face visible ; mais qu'il existe une face invisible, beaucoup plus importante : les innombrables associations d'usagers, anciens combattants, pêcheurs à la ligne, etc., qui quadrillent le pays ; parmi lesquelles la puissante C.G.T. *Depuis vingt ans, la face visible s'est amenuisée, mais la face invisible n'a cessé de grandir.* On oublie enfin que, dans cette partie de « Je te tiens, tu me tiens », le plus fort est celui qui dispose de l'organisation la plus disciplinée et la plus déterminée. Bref, on oublie que le pari de François Mitterrand de 1970 l'engageait à aller du Programme commun à la vie commune.

« L'effondrement » communiste

Le 26 avril 1981, Georges Marchais obtenait 15,3 % des suffrages exprimés. En perdant un électeur sur quatre, le P.C. faisait l'événement politique du premier tour ; *le seul*. Il fallait y trouver une explication. On se rallia d'emblée à la mauvaise. L'intense personnalisation de la campagne aurait favorisé François Mitterrand. Même de fidèles communistes, en voulant assurer son succès, auraient anticipé dès ce dimanche.

En fait, cet « effondrement » était venu de loin, dans l'espace et dans le temps.

Dans toute l'Europe occidentale, en Italie, en Espagne, au Portugal, en Finlande, l'électorat communiste s'effilochait d'une consultation à l'autre.

En France, en 1973, le P.C., avec 21,5 %, devançait largement la coalition P.S.-M.R.G. Aux législatives de 1978, le P.C. franchissait tout juste la barre des 20 %. Dans les élections aux comités d'entreprises, la C.G.T. reculait, lentement mais sûrement ; dans les élections locales, les suffrages du P.C. se tassaient. A l'élection partielle de Villefranche-de-Rouergue de 1980*, l'électorat communiste recula fortement au premier tour ; au second, il refusa d'obéir au mot d'ordre donné par le parti. Le vote monolithique rassemblé autour de Jacques Duclos au premier tour de l'élection présidentielle de 1969, et inconditionnellement abstentionniste au second tour, sur le slogan « Pompidou bonnet blanc, Poher blanc bonnet », c'était bien fini. Les électeurs communistes frondaient et fondaient.

En 1981, ce fut, après des années d'érosion, comme un brutal glissement de terrain.

Surprenant destin de la dissidence

Bien des choses avaient changé dans l'électorat communiste d'Europe occidentale. D'abord, une génération d'étudiants et d'intellectuels a vu son idéal brisé au cours des années 1970. Elle a appris

---

* Qui suivait la nomination de Robert Fabre au poste de médiateur.

156

l'existence du « goulag » et de l'oppression en U.R.S.S. Soljenitsyne, Sakharov, Zinoviev et tant d'autres avaient parlé. L'esprit critique, les dissidents se chargeaient de l'éveiller, en apportant, sur ce qui se passait de l'autre côté d'un certain mur de la honte, des témoignages irréfutables, que même le P.C. n'osait plus réfuter.

La dissidence ne semble avoir aucun effet sur l'Union soviétique elle-même. Mais dans les pays occidentaux, elle entraîne la dissidence des électeurs communistes.

Le paradoxe est que toutes ces atrocités étaient prouvées depuis quarante ans et que ceux qui, en Occident, les dénoncent avec le plus de vigueur, sont ceux qui, alors, les niaient avec le plus d'énergie. Les « nouveaux philosophes » se contentent de répéter, quelquefois de délayer, ce que d'anciens philosophes proclamaient depuis des décennies. Mais comme les premiers sont des marxistes repentis, on les croit ; alors qu'on accusait les seconds d'être de parti pris.

Le parti communiste a beau traiter de renégats les staliniens d'hier, devenus les antistaliniens d'aujourd'hui, ils impressionnent beaucoup plus que ceux qui ont toujours vu clair en dénonçant, derrière Raymond Aron, *l'opium des intellectuels.* Saint Paul, qui niait avant de se convertir, est un bien meilleur convertisseur que ceux qui ont toujours cru.

Il aura fallu des dizaines d'années pour que la vérité finisse par être diffusée. Par exemple, on ne sait pas encore que, dès 1946, Litvinov, ministre des Affaires étrangères de Staline, affirmait que la dictature du « père des peuples » ne valait pas mieux que celle de Franco*.

Tous les types de régime communiste ont subi, dans les années 1970, une perte de prestige. Le communisme de type soviétique ? Après Prague, Varsovie. Le communisme de type chinois ? Après la mort de Mao en 1976, la dénonciation de la « bande des quatre » et de la « révolution culturelle ». Le communisme des pays sous-développés ? Après vingt ans de castrisme, un exode massif révélait que les Cubains ne songeaient qu'à fuir. On apprenait ** le génocide opéré par les Khmers rouges sur leur propre peuple puis, par la fuite des *boat people,* le triste état du Vietnam communiste, ce Vietnam que la « gauche » française avait si ardemment défendu devant le monstre américain.

---

* Découverte faite dans les archives du Département d'Etat par l'historien Jean Laloy.

** Avec deux ans de retard. Certains journaux « de gauche », ayant attribué ces informations à la malveillance des journalistes « capitalistes », refusèrent de les transmettre, ou ne les transmirent qu'avec des considérations qui interdisaient aux lecteurs d'y croire.

Ces esprits idéalistes, ou ces idéologues, qui furent un temps des compagnons de route du parti communiste français, avaient appris une liberté de sentir et de juger, que ses positions inaltérablement moscovites ne pouvaient que choquer.

A quoi s'ajoutaient d'autres raisons, communes, elles aussi, à l'électorat communiste des autres pays d'Europe occidentale. Le corps social a changé. Le niveau culturel des masses s'est élevé. La télévision a porté dans tous les foyers le spectacle du monde. Les travailleurs sont devenus sensibles à des images qu'ils ignoraient, ou à des critiques qu'ils repoussaient.

Un glissement s'est effectué dans les aspirations sociales *. Les jeunes sont moins portés à revendiquer pour des salaires, que pour une certaine qualité de la vie. La rigidité du parti communiste n'a pas su s'adapter à la mobilité des esprits, que récupérait sans peine la souplesse du nouveau parti socialiste, des écologistes ou des gauchistes.

Du durcissement à l'écœurement

Il est vrai qu'il fallait avoir son cœur de communiste bien accroché, pour suivre la ligne imprimée au P.C. depuis 1978. Il avait dû, *in extremis*, saboter l'Union de la gauche pour l'empêcher de gagner en 1978 ; s'enfermer à nouveau dans un splendide isolement ; et manifester son indéfectible attachement à l'Union soviétique.

Foin des douceurs de l'eurocommunisme ! Georges Marchais, répugnant à la litote, justifiait triomphalement l'envoi d'un bulldozer contre un foyer d'immigrés à Vitry-sur-Seine. Il démontrait que l'armée soviétique avait dû intervenir en Afghanistan pour abolir le droit de cuissage des féodaux afghans... Le point de non-retour était atteint ; bien des sympathisants, qu'on ne pouvait accuser d'être des « anticommunistes primaires », se sentirent mal à l'aise.

S'il faut s'interroger, ce n'est pas sur leur trouble, mais sur le fait qu'ils aient attendu si longtemps pour se troubler. Les militants du P.C., ses associés, ses électeurs, en avaient, depuis 1920, supporté bien d'autres. Tous les Sartre du monde n'étaient-ils pas restés de marbre devant des violences plus scandaleuses encore : massacres de Berlin-Est et de Budapest, écrasement du printemps de Prague sous les chars soviétiques... ?

Or, paradoxalement, on peut dire que l'Union soviétique devenait de plus en plus « libérale ».

---

* Qu'ont bien mis en relief les études de la Cofremca et de Cathela.

A l'intérieur, le « goulag » remplaçait le revolver dans la nuque ; l'hôpital psychiatrique prenait le relais du goulag ; et même certains dissidents étaient expulsés — c'est-à-dire autorisés à témoigner publiquement en Occident, au lieu d'être bâillonnés.

A l'extérieur, l'Union soviétique intervenait avec plus de délicatesse. A Budapest, en 1956, ses chars faisaient un carnage de patriotes hongrois. A Prague, en 1968, ils ne tiraient même pas. A Varsovie, en décembre 1981, non seulement ils ne tiraient pas, mais ils étaient montés par des soldats en uniforme polonais.

Pourtant, désormais, chaque nouvelle manifestation de l'alignement du parti communiste sur le Kremlin entraînait quelque défection spectaculaire — et donc, une nouvelle manifestation du centralisme démocratique exercé par la direction sur le parti. C'est tout le climat qui avait changé. Parmi les militants, ne se rebellaient que quelques fortes têtes ; mais l'hémorragie des sympathisants suivait à grande allure celle des intellectuels. Ils n'avaient pas de cartes à déchirer : écœurés, ils s'écartaient sans prévenir. La tragédie polonaise et l'approbation de « l'état de guerre » par le parti firent déborder le vase.

En fallait-il plus pour perdre le quart des électeurs en quatre ans ? Georges Marchais n'a pas lésiné à fournir le supplément d'écœurement. Naufrageur de l'Union en 1977, il ne cessa, dès lors, de multiplier les attaques contre son allié de la veille. Etait-ce parce que, le rapport de force s'étant modifié au profit du P.S., le P.C. avait perdu l'espoir de conquérir le pouvoir pour son propre compte ? Toujours est-il que chacun pouvait se persuader que 1981 allait répéter 1978. La *Pravda* n'indiquait-elle pas clairement que le Kremlin verrait sans déplaisir la réélection de Giscard ?

Pourquoi le Kremlin...

Georges Pompidou m'a confié qu'en avril 1969, l'ambassadeur d'U.R.S.S. l'avait informé que le Kremlin souhaitait son élection. Son concurrent étant Alain Poher, il était naturel que les Soviétiques aimassent mieux un continuateur de la politique d'indépendance du général de Gaulle, qu'un homme soupçonné d'atlantisme.

Il était déjà plus étonnant, en avril 1974, que Moscou préférât à Mitterrand, Chaban, ou à défaut Giscard. C'est pourtant ce que vint me dire en grand secret l'ambassadeur d'Union soviétique à Paris Tchervonenko, dès le début de la campagne.

Il me rendait visite, m'expliqua-t-il, non en tant que ministre des Affaires culturelles, mais en tant que secrétaire général sortant du mouvement gaulliste : s'il avait rendu visite à mon successeur

Sanguinetti, c'eût été un peu voyant. « Nous souhaitons la victoire de votre candidat », me déclara-t-il d'emblée.

Quelle serait la portée pratique de ce vœu ? L'Union soviétique, me dit-il, avait en France des amis sûrs.

Mais ne s'étonnerait-on pas que le communisme international combattît le candidat unique de l'Union de la gauche, dont le parti communiste français était l'un des deux piliers principaux ? L'ambassadeur souriait : le parti communiste français saurait bien ce qu'il devrait faire.

Et si Chaban ne l'emportait pas au premier tour sur Giscard, qui aurait la préférence de Moscou : Giscard, ou Mitterrand ? Dans ce cas, sans hésiter, ce serait Giscard.

Un mois plus tard, l'ambassadeur se chargea, entre les deux tours, d'en avertir lui-même celui-ci, en allant le voir rue de Rivoli : cette visite-là, moins clandestine, amena une vive protestation du P.C. Ah mais !

En 1981, le scénario se renouvelait à l'identique. Seulement, cette fois, les Soviétiques avaient cessé d'être efficaces.

Restent à expliquer les raisons de cette surprenante attitude. Elles n'avaient sans doute pas changé depuis 1974.

D'abord, M. Tchervonenko m'avait donné à entendre que Moscou augurait mal de l'expérience socialo-communiste en France. Elle ne pourrait qu'entraîner des difficultés économiques et une faiblesse financière, qui risquaient d'entraîner, par réaction, un régime de « droite musclée » ; lequel romprait avec l'Union soviétique et déracinerait le parti communiste.

Ensuite, cette période de désordres et cette faiblesse financière pourraient provoquer en Europe des effets contraires au but recherché. L'objectif primordial de la diplomatie soviétique, depuis qu'en 1949 elle n'a pu empêcher Berlin-Ouest et Bonn de choisir la liberté : prendre peu à peu sur l'Allemagne occidentale assez d'influence pour la pousser vers un statut intermédiaire entre ceux de la Finlande, de la Suède et de l'Autriche. Une crise violente et des troubles civils en France réveilleraient les méfiances et nuiraient à cette évolution irréversible que Moscou fait tout pour favoriser.

Enfin, tant que la France ne paraissait pas mûre pour engager un processus révolutionnaire, mieux valait, pour le communisme international, que le parti communiste français restât dans l'opposition. Il resterait libre, alors, d'offrir, au parti communiste d'Union soviétique, un puissant instrument de pénétration, d'information et de propagande, que laisse intact son statut d'opposant en démocratie libérale.

Au contraire, associé au gouvernement, il serait entraîné par les aventures, ou terni par les échecs, du socialisme.

Mais voilà : en 1981, beaucoup de communistes furent désorientés de voir Marchais faire, à la place de Giscard, campagne contre

Mitterrand. Cette conduite contribua sans doute à faire voter pour celui-ci le quart des électeurs potentiels du parti communiste. Ils jugèrent qu'il était difficile de faire confiance à un chef qui utilisait contre ses alliés le langage de ses adversaires. Ils devaient même s'étonner qu'après les élections de 1978, l'Afghanistan, les immigrés et la Pologne, Georges Marchais restât toujours à son poste.

L'effet boomerang

Les apparences donnent à penser que le P.C. a d'abord tout fait, comme en 1978, pour empêcher la victoire de l'Union de la gauche. Sinon, comment expliquer tant d'agressions et de provocations ?

Son calcul, en 1978, s'était révélé juste. Mais en 1981, tout a tourné à l'envers. En 1978, où les élections s'étaient faites sur les thèmes du Programme commun, le durcissement communiste avait fait fuir des électeurs qui auraient voté P.S. En 1981, où le Programme commun était réputé enterré, ce raidissement fit fuir des électeurs qui auraient voté P.C.

Or, les socialistes en fuite de 1978 étaient recueillis par le « centre ». Les communistes transfuges de 1981, eux, vinrent grossir le vote Mitterrand. Du même coup, les chances du candidat de la « gauche » sortaient renforcées de l'épreuve.

Amenuisé le 26 avril 1981, le P.C. ne pouvait plus empêcher toutes sortes de « centristes du marais », de conservateurs dépités, de gaullistes grognards, d'indistincts, de donner le 10 mai à Mitterrand son improbable victoire.

La grande adresse tacticienne de François Mitterrand y fut pour beaucoup. Face à l'agression communiste, il se cala sur le registre de l'imperturbable sérénité. Il sut ne pas répondre, et paraître ne rien céder : plus l'Union de la gauche devenait une *réalité* absurde, plus elle était, comme *mythe,* superbement exaltée. Une ritournelle faisait merveille : « Le P.S. sera unitaire pour deux. » Il fallait gagner. « Ensuite, on vous expliquera », avait dit Michel Rocard avec une gentillesse à peine provocante.

Devant les résultats du premier tour, le P.C. n'avait plus qu'un seul moyen sûr d'empêcher l'élection de François Mitterrand : appeler, comme en 1969, à l'abstention. Mais cette fois, il entendit l'avertissement donné par la disparition d'un sur quatre de ses électeurs habituels. Risquer de pousser à la désobéissance un électeur sur deux, ou deux sur trois ? Mieux valait un président socialiste, qu'un parti brisé.

Du reste, l'élection de Mitterrand n'était rien moins que certaine. L'appui soudain et vigoureux du P.C. n'allait-il pas réveiller, « à droite », de vieilles craintes ? Il n'en fut rien. La « droite » était précisément rassurée par l'échec de Marchais. Ainsi, le P.C. avait perdu son pari.

L'alliance communiste avait d'abord été présentée par le P.S. comme indispensable à la conquête du pouvoir — d'un pouvoir libre de toute hypothèque « droitière » : c'était l'argument électoraliste, presque cynique. Ensuite, elle devait « faire changer » le P.C. — en clair, en le sortant de son ghetto, le civiliser. Les Français, mus par un désir instinctif d'unité nationale, ont retenu ce second motif. Ils ont oublié le premier.

Or, le pouvoir n'a été conquis que lorsque le P.C. a étalé la démonstration qu'il n'était ni civilisé ni civilisable, et demeurait fidèle serviteur du Kremlin. Mitterrand, apparu à la fois comme injustement attaqué par ses alliés et comme leur vainqueur tranquille, est devenu sympathique à une partie des électeurs libéraux, heureux de ce bon tour joué aux communistes.

Mais l'hypothèque communiste est-elle pour autant légère ? Si le socialisme n'a pas eu à faire de nouvelles concessions au P.C. pour obtenir ses voix, c'est qu'il les avait toutes faites, sans barguigner, de 1972, avec le Programme commun, à 1981, avec les « 110 propositions ».

L'Histoire aime sourire. Ici, elle nous laisse en suspens, dans le vide, au moment même où le saut périlleux — triple, ou quadruple, on ne compte plus — paraît s'accomplir impeccablement.

Condamnés mais graciés

Les élections législatives de juin 1981 donnèrent donc la majorité absolue au P.S. et confirmèrent le recul international du P.C. La France voulait bien des socialistes, mais sans les communistes.

François Mitterrand alla aux législatives sans ministres communistes, sans engagement apparent sur la participation à venir des communistes. Ils étaient réduits à sa merci ; humiliés ; domptés. Il avait fait monter le lion sur le tabouret. Il allait l'obliger à ouvrir la gueule, pour y mettre sa tête[6].

A la stupéfaction de presque tous les Français, François Mitterrand associait les communistes au triomphe que l'on avait offert à son parti pour le libérer d'eux. Il n'y était pas forcé, puisque les socialistes avaient la majorité à l'Assemblée nationale et pouvaient, au moins en théorie, gouverner à leur guise pendant cinq ans. Pourquoi l'a-t-il fait quand même ?

Exclure les communistes, c'eût été démentir dix ans d' « Union de la gauche ». Commencer en reniant le plus important de tous ses engagements. Donner raison à la « droite ». S'avouer condamné, tôt ou tard, à y chercher le relais d'un appui.

Bien sûr, on invoqua de Gaulle. Le gouvernement issu de la Résistance n'avait-il pas vu la première participation communiste, sous l'autorité du grand rassembleur ? Mais comme les circonstances historiques étaient différentes ! Le risque communiste n'était pas pris, cette fois, comme il le fut par de Gaulle, au nom de l'unité nationale. Il ne l'était qu'au bénéfice de l'Union de la gauche, et au nom du « peuple de gauche ». Dans une vision de la nation qui en contestait et en altérait l'unité.

Quant aux communistes, après avoir tout fait pour empêcher la victoire du socialisme, les voici soudain qui assument leur part du pouvoir dans un admirable esprit de discipline et d'unité. Pourquoi ?

Ils ont compris que, n'ayant plus les moyens d'interdire le pouvoir aux socialistes, il leur reste les moyens de l'infléchir, de le contrôler du dedans ; voire, le cas échéant, de le saboter. Les voici de nouveau unitaires. Cela dissuadera de leur demander des comptes sur leur conduite passée. Ils reçoivent l'absolution sans s'être confessés.

« *Mains liées* » *ou* « *double jeu* » ?

Beaucoup de gens, pour se consoler, allèguent que le P.C. a désormais « les mains liées ». Ce sont les mêmes qui croient qu'un gouvernement « de gauche » obtient plus facilement la paix sociale. François Mitterrand le croyait aussi ; ce n'était pas pour lui la moindre raison d'offrir des portefeuilles aux communistes.

Les « mains liées » du P.C. ont pourtant pu continuer à tirer dans le même sens que le Kremlin. C'était facile à l'égard du Salvador, ou du Nicaragua, ou même de la Palestine : là, le P.C. se trouvait en harmonie avec les impulsions du président. C'était plus difficile vis-à-vis de la Pologne ; encore que l'extrême discrétion élyséenne permît au P.C. d'approuver la répression, sans trop se démarquer de ceux qui ne la combattaient guère.

Mais, à propos des Malouines, le P.C., comme Moscou, prit position pour l'Argentine, contre la Grande-Bretagne, et donc contre la position du gouvernement français. Charles Fiterman s'en tira en jugeant « un peu excessifs » les articles de *l'Humanité*. Les journalistes sont libres, n'est-ce pas ?

Les « mains liées » du P.C. ne l'empêchent pas non plus de délier celles de la C.G.T., chez Citroën, Talbot et dans cent autres usines. Ni de refuser le blocage des salaires, contresigné par les « mains liées » des camarades-ministres.

Comment le P.C. serait-il lié, dès lors qu'il feint d'avoir délié ses ministres de la discipline du parti ? Seuls les ministres ont le droit — en apparence — de ne pas suivre la ligne, précisément pour sauver les apparences. Les militants, eux, se chargent d'exprimer ce que doivent penser les communistes. Ils sont prêts à autant de louvoiements qu'il est nécessaire, selon Lénine : « Il faut user de tous les stratagèmes, ruses, procédés illégaux, se taire parfois, céler parfois la vérité, consentir des compromis pratiques, des zigzags, des manœuvres de conciliation et de retraite[7]. »

Il est illusoire d'espérer faire tomber les communistes dans le piège de la compromission ministérielle. Ils sauront mener à fond, autant qu'il le faudra, le double jeu. Ils souffleront le chaud au gouvernement, le froid dans les cellules et les comités d'entreprises. A moins qu'ils ne choisissent de rompre ; soit parce que le Kremlin leur en aura donné l'instruction, comme en 1947 ; soit parce que l'intérêt du parti leur commandera de se retirer. A temps pour recueillir, comme opposants, le bénéfice des échecs auxquels ils auront contribué comme gouvernants.

François Mitterrand croit réussir là où tous ont échoué : flouer les communistes. Pour ce péché d'orgueil, ce sont les Français qui devront, un jour ou l'autre, faire pénitence.

Les fourmis dans le fruit

Comment ne pas comparer les socialistes, joviaux et libertaires, à des cigales ? Et les communistes, graves et laborieux, à des fourmis ? Pendant que les cigales chantent sur l'arbre, les fourmis se sont mises dans les fruits.

Peu de gens sont conscients de l'importance des portefeuilles confiés aux communistes. Or, il n'y a guère de petits ministères, dans un Etat aussi puissant et aussi enchevêtré que le nôtre.

Le ministère des Transports est souvent qualifié de « technique ». En dépendent : la S.N.C.F., la R.A.T.P., Air France, Air Inter. Il peut régler ou dérégler à sa guise la concurrence du rail (public) et de la route (privée). Ses subventions lui donnent des moyens d'influence sur les collectivités locales, toujours en peine de financer déviations ou voies urbaines. Par action, par omission ou par provocation, la C.G.T. ou le P.C. peut en vingt-quatre heures créer la panique dans le contrôle aérien, bloquer les aéroports, fermer les autoroutes, paralyser les trains. La préparation pacifique de la logistique de guerre le place au cœur de toutes les dispositions prises pour acheminer ou disperser les troupes, les armes, les ravitaillements.

Ministre des Transports, Charles Fiterman participe de droit aux conseils de défense. On avait d'abord voulu l'en écarter. Il a suffi d'un éclat de voix, pour que la porte des secrets lui soit loyalement ouverte. Tout communiste n'est-il pas un patriote indiscutable ?

Voilà bien le débat fondamental. Les communistes ont deux patries : la leur et l'Union soviétique, patrie des « prolétaires de tous les pays ». Parce qu'ils sont sincères, ils ne voient aucune contradiction entre ces deux inclinations.

Du ministre de la Santé dépendent l'avenir de la médecine libérale ou sa disparition au profit des centres de santé fonctionnarisés ; l'équilibre entre les hôpitaux publics et les cliniques privées, entre les pharmacies mutualistes et les officines privées. Tuteur des établissements hospitaliers, il détient la clé de l'évolution des déficits de la Sécurité sociale, du coût de notre protection médicale. Tuteur de mille organismes de protection sociale, il peut y modeler un réseau de contrôle et d'encadrement. Il pèse sur la moitié des prélèvements obligatoires, qui sont en passe eux-mêmes de ponctionner la moitié de la richesse française.

Le ministère de la Fonction publique organise les droits et devoirs des deux millions et demi de fonctionnaires. C'est le poste que tenait Maurice Thorez au gouvernement. C'est là qu'il pu mettre en marche cette mécanique diaboliquement efficace : « statut de la fonction publique », « grille indiciaire », « commissions paritaires », syndicalisation à outrance des administrations, y compris celles qui exercent des fonctions de souveraineté — contrairement à ce qui se passe dans toutes les démocraties. Ce ministère peut élever l'esprit de service public ; ou libérer les pressions des syndicats, les fuites de l'irresponsabilité, les gaspillages de l'absentéisme, enfin ce laisser-aller si répandu dans tous les pays socialistes, et dont Zinoviev a montré l'incoercible emprise*.

Même un ministre de la Formation professionnelle dispose d'un puissant levier, quand une bonne part de notre avenir dépend du choix qui sera fait entre une action conçue et organisée avec les entreprises, et un système scolaire déconnecté de leurs besoins.

Les communistes occupent au gouvernement des positions stratégiques. Ils règnent sur une part considérable de l'appareil d'Etat. Ils ont tout loisir pour noyauter systématiquement cet appareil et s'y implanter de manière durable, comme ils avaient déjà si bien su le faire de 1944 à 1947. Déjà, on voit s'allonger la liste des communistes notoires qui sont nommés aux plus grands emplois : directeur de ministère ou de grande école, dirigeant d'entreprise nationalisée, inspecteur d'académie, préfet ou secrétaire général de préfecture,

---

* Le traducteur français de Zinoviev emploie le terme de « jemenfichisme ».

journaliste ou chef de service à la télévision ou à la radio, chef de service dans les grands corps techniques, président de section au Conseil d'Etat... A peu près personne n'en parle, ni même ne s'en doute. Par exemple un entrefilet de *l'Humanité* signale que l'un de ses plus fidèles collaborateurs va prendre un poste important en province et un arrêté paru au *Journal officiel* donne le même nom pour le poste de secrétaire général du département de la Haute-Marne. Il faut un lecteur aussi attentif qu'un « kremlinologue » — habitué à dénicher des secrets dans les colonnes de la *Pravda* — pour faire le rapprochement entre les deux informations et comprendre qu'un journaliste communiste a été nommé pour diriger l'administration du département du général de Gaulle. Qui l'aurait deviné ?

Son préfet même ne le savait pas. Le noyautage va bon train. Il se fait en silence.

Le pouvoir parallèle

Les Français s'exclament : « Avec 15 % du corps électoral, que peut le parti communiste contre 85 % ? »

Ils oublient que *si les communistes sont des Français comme les autres, le P.C. n'est pas un parti comme les autres.* Précaution décisive : distinguer les électeurs, les militants, l'appareil, les organismes annexes. Les *électeurs* communistes sont de braves gens. Les *militants* sont seulement beaucoup plus endoctrinés. L'*appareil* est une extraordinaire machine de commandement. Les *organismes annexes*, comme la C.G.T., sont un réseau clandestinement manipulé, et répandu dans tout le corps social, pour le maîtriser ou le paralyser.

L'influence d'une formation politique n'est pas proportionnelle au nombre de ses électeurs. Elle dépend de la capacité de ses représentants à contrôler les postes de commande, à intervenir dans la vie quotidienne, à assumer l'autorité en cas de crise. Depuis 1917, le marxisme-léninisme a fait deux démonstrations éclatantes. Que, dans les pays où il s'est installé en maître, il stérilise l'économie de consommation mais gonfle les moyens de coercition et de puissance. Et qu'il constitue un incomparable système de prise et de conservation du pouvoir.

On ne soupçonne pas à quel point la C.G.T. est habilement organisée pour la conquête du pouvoir. Car tout est fait pour que nul ne s'en rende compte. Prenez un comité d'entreprise où siègent neuf délégués du personnel. La C.G.T. en compte cinq : deux sont apolitiques ou socialistes, deux sympathisants communistes, un seul inscrit au parti. Il y a des projets de grève dans l'air ? Celui-ci prend ses instructions. « Bien, on la fera ! » A ses deux compagnons de route, il montre qu'il ne faut pas hésiter : il sait ce qu'il fait. Se réunit alors l'ensemble de la délégation C.G.T., qui prend la décision de faire la grève à la majorité de trois sur cinq, mais s'oblige à la discipline de vote en séance plénière. On convoque « l'intersyndicale » : les cinq délégués C.G.T. imposent démocratiquement leur volonté. Un égale neuf.

La C.G.T., avec ses permanents, ses structures subtilement cloisonnées et reliées, et mille amortisseurs entre la base qui élit et le sommet qui décide, est un Etat dans l'Etat. Il n'y a pas plus de 10 % de militants communistes dans la C.G.T. Il n'est pourtant pas de courroie de transmission plus sûre. Le parti socialiste a toutes les raisons de le savoir. Pourquoi feint-il de l'oublier ?

Et pourquoi oublie-t-il, et pourquoi oublie-t-on que, *dans presque tous les pays qui sont devenus depuis 1917 des démocraties populaires, les communistes disposaient de moins de 15 % des suffrages quand ils se sont emparés du pouvoir ?* Qu'un parti communiste voie ses électeurs passer de 20 à 15 % de l'électorat national, ne signifie pas qu'il soit devenu moins apte à la prise du pouvoir. L'Union soviétique a une économie de plus en plus mal en point, une image de moins en moins bonne : elle n'en avance pas moins ses pions partout dans le monde.

Histoire inachevée

Selon les apparences, l'histoire des relations entre le parti socialiste et le parti communiste ne serait qu'une partie de bras de fer, où François le tranquille l'emporta sur Georges l'agressif. Quelle est la réalité ? Cet affrontement s'est achevé dans un triomphe et une déconfiture qu'on croyait tous deux irréversibles. Battu et humilié, le parti communiste est au gouvernement. Vainqueur, le parti socialiste est enchaîné à son vaincu. Par quelles chaînes ? Par les électeurs et le programme communistes qui sont devenus les siens.

TROISIÈME PARTIE

Que se passe-t-il ?
(suite)
ou
Changer les Français

Il ne suffit pas de changer les têtes, il faut changer aussi ce qu'il y a dans les têtes.

Jean-Pierre Chevènement [1] (1981).

La transformation des mentalités est la condition indispensable à l'approfondissement des conquêtes du socialisme.

Plan socialiste pour l'éducation [2] (1975).

L'école est le lieu d'élection de la lutte des classes.

Projet socialiste [3] (1980).

Quand j'ai dit une chose trois fois, elle est vraie.

Lewis Carroll [4], *la Traversée du miroir.*

Pour un journaliste de gauche, le devoir suprême est de servir non pas la vérité, mais la révolution.

S. Allende [5].

Chapitre 17

La révolution culturelle

Puisque les faits résistent, il faut que les intelligences plient. Puisque le paysage demeure immuable, il faut changer le regard que l'on porte sur lui.

Les Français sont sceptiques ; ils sont attachés aux conforts conquis par leur travail ; ils sont propriétaires ou rêvent de le devenir ; ils tiennent à la place qu'ils se sont faite dans le réseau subtil des hiérarchies sociales ; ils ont des privilèges, les cachent, et entendent les garder ; ils veulent que charbonnier soit maître chez soi ; ils sont convaincus qu'*un tiens vaut mieux que deux tu l'auras ;* ils adorent discuter de politique, mais ils se méfient des grandes idées.

Comment faire la révolution, comment bâtir le socialisme, avec des Français pareils ? Il faut « changer les mentalités ». Il faut changer les Français.

La Chine de Mao a découvert en 1967 la puissance de la révolution culturelle. Elle en a inventé le nom, l'objet, les méthodes. Huit cents millions d'hommes en ont éprouvé les ravages. Pendant dix ans, tout un peuple fut soumis au remodelage des esprits, à la mise en condition de ses enfants, à la persécution de l'intelligence libre, au téléguidage de l'information, à une fantastique psychothérapie collective.

Toutes les révolutions sont des démarches de l'imagination. Toutes, elles veulent arracher les symboles anciens, inventer de nouvelles fêtes, imposer un nouveau langage. Les briseurs d'armoiries, les brûleurs de parchemins, les déterreurs de cadavres royaux, les tutoyeurs de « citoyens », les chanteurs de carmagnole, étaient en 1793 des « révolutionnaires culturels ». Avec d'autres mythes à détruire et à susciter, la Russie de 1917 connut la même entreprise. La Chine de la pensée-maotsetung a porté jusqu'à un point de perfection les techniques de la déculturation et du façonnage mental. Désormais, elles nous sont bien connues, aisément repérables : peut-être sont-elles ainsi moins capables de s'emparer de nous par surprise.

On s'étonnera que je place ces références brutales en rapport avec ce qui se passe dans notre « France socialiste ». Point de ces cyclones qui arrachent tout. Un simple petit vent ; mais soutenu, mais persistant. On sait comment deux ou trois degrés de moyenne, en plus ou en moins, vous changent un climat... Les socialistes en sont conscients : là plus qu'ailleurs, ils comptent sur la durée. Ils connaissent assez les Français pour savoir qu'il est plus efficace de prendre en douceur, de jouer par la bande.

Mais si les doses sont atténuées, si le programme est étalé, les méthodes sont identiques, comme le sont les registres sur lesquels elles s'appliquent : la création artistique, l'enseignement, l'information, les mythes collectifs.

Du reste, les socialistes ne s'en cachent pas. Le très sérieux Jean-Pierre Chevènement nous a bien prévenus : « Il ne suffit pas de changer les têtes, il faut changer aussi ce qu'il y a dans les têtes. » Le terme même de révolution culturelle ne les effraie pas. Ils se contentent de souhaiter qu'elle s'effectue paisiblement, et qu'elle sauve les apparences du pluralisme et de la liberté.

Le pouvoir socialo-communiste repose avant tout sur un puissant appareil idéologique, qui est chargé de l'éducation et de la formation des citoyens, et qui permet d'assurer le contrôle intellectuel de la société. Ces intellectuels — enseignants, avocats, médecins, journalistes — ne se comportent pas comme autant de fonctionnaires préposés à l'idéologie. Ce sont des esprits libres. Ils agissent comme leur conscience leur dit de le faire. Ils croient à leur philosophie, dont le premier impératif consiste à la faire partager autour d'eux.

Mais ils viennent, tout naturellement et sans effort, prendre place dans le déploiement du « socialisme à la française ». Ils se font les relais, quelquefois inconscients, des mots d'ordre de leurs leaders, maintenant arrivés au pouvoir. Leur tâche consistera à distiller (plus sûrement et plus systématiquement encore qu'ils ne le faisaient depuis des décennies) le marxisme dans toutes les sphères de la société ; à glorifier tout ce qui peut aller dans son sens ; à critiquer tout ce qui lui est étranger.

Ces idéologues doivent avant tout être diserts. « S'il y avait un championnat du monde du verbalisme, déclarait Mitterrand à propos du P.S., nous aurions notre chance. »

« *Je ne serais plus socialiste* »

La révolution culturelle va-t-elle seulement sauvegarder les apparences du pluralisme et de la liberté ? Poser la question, c'est déjà formuler une grave accusation. Par toutes les fibres de leurs traditions culturelles, la plupart des socialistes sont effectivement attachés à la liberté et au pluralisme. Mais c'est un attachement de cœur. Il n'est pas pensé, il n'est pas, comme disent les idéologues socialistes, « théorisé ». Car s'il l'était, c'est le socialisme lui-même qu'il leur faudrait remettre en cause. Ils n'ont pas encore dépouillé le vieil homme — cultivé, humaniste, éclectique, sensible à tout ce qui est original et personnel. Mais l'homme nouveau condamne déjà en eux ce respect désuet de la différence. Toute leur idéologie les presse de choisir une démarche plus unanimiste, plus collective.

« Du jour où il y aurait un art socialiste, je ne serais plus socialiste », écrivait François Mitterrand en 1974 [1]. On ne pouvait laisser plus nettement entendre qu'entre l'art et l'idéologie politique il fallait maintenir des distances.

En 1980, il se montre moins réservé. Il affirme que l'art et l'intelligence doivent aller au socialisme : « Nous demandons davantage aux intellectuels : une contribution imaginative et critique à nos travaux. De la biologie à l'écologie, de la création audiovisuelle à la lecture publique [2]. »

Un peuple, un pouvoir, une culture

La révolution culturelle est d'abord une révolution de la culture ; et du rapport de l'Etat à la culture. L'Etat n'est plus celui qui aide en essayant de se faire le plus petit possible, soucieux de ne pas s'imposer.

C'est en toute bonne conscience que le socialisme marie la politique et la culture. Et pourquoi aurait-il mauvaise conscience ? Le socialisme ne croit pas à l'autonomie de la culture. Elle n'est pas l' « ailleurs » de toute société, de tout homme. Elle est partout, et tout relève d'elle. Conséquence directe : « Il n'y a pas un, mais quarante-quatre ministères de la culture [3]. » Pour le pouvoir politique, « l'enjeu de la bataille n'est pas seulement un niveau de vie, mais un art de vivre [4] ». Vivre est un art, et on va vous l'enseigner.

Vous pensiez que le *temps libre,* c'est ce qui vous appartient en propre ? Ce sont vos heures quotidiennes arrachées à la grisaille du labeur obligé ? Vos libres fins de semaines ? Vos libres vacances ? Ce qu'aucune bureaucratie ne pourra vous arracher ? Vous faisiez erreur. Il fallait que l'Etat socialiste prît en main ce secteur que vous vous croyiez réservé. La révolution culturelle, c'est que, pour votre temps libre, vous soyez redevable au socialisme. Comme pour vos enfants, et pour les rêves qu'on leur souffle.

Le langage socialiste tend à la synonymie : « culture et société », « pouvoir et société »... La culture est simple expression de la société. En étendant démesurément la notion de culture, on peut tout y annexer. Car le pouvoir aussi est l'expression d'une société — en tout cas, le pouvoir « de gauche », expression de la « majorité sociale ». Pouvoir et culture sont donc deux expressions conjointes et tautologiques, d'une même société ; pourvu qu'ils lui soient fidèles, ils ont mêmes valeurs, mêmes visées, même sensibilité. Un peuple s'épanouit dans le pouvoir et la culture ; il s'affirme dans l'un, il se chante dans l'autre.

Voilà le pouvoir légitimé dans sa mainmise sur la culture, et la culture du pouvoir légitimée dans son quadrillage social. Puisque le pouvoir vient du peuple... Un peuple, un pouvoir, une culture : *Ein Volk, ein Reich, eine Kultur.* Telle est la pente ; assurément pas

l'intention, qu'on peut qualifier seulement de « globalisante »,
euphémisme à la mode, si « totalitaire » paraît outrageant.

La sébile et le cocktail Molotov

La révolution culturelle ne peut pas se passer d'une culture
révolutionnaire. L'ennui est que cette culture-là ne lève pas aussi vite
que le blé. Même si on l'arrose ; et l'on est bien décidé à le faire. Le
budget du ministère de la Culture a commencé par doubler la
première année (bien que la deuxième année n'ait pas tenu les
promesses de la première). Comme le disait la proposition 99 : « Le
soutien à la création cinématographique, musicale, plastique, théâtrale, littéraire, architecturale, placera la renaissance culturelle du
pays au premier rang des ambitions socialistes. » Et l'Etat encoura-
gera (proposition 98) « l'implantation sur l'ensemble du territoire de
foyers de création, d'animation et de diffusion ».

Mais ce qu'annonce fièrement la proposition socialiste, ne l'avons-
nous pas fait pendant vingt-trois ans ? Après les IIIe et IVe Républiques, qui le faisaient déjà avec de plus modestes ressources ? Que peut
et doit faire l'Etat pour la culture, sinon lui donner des moyens ?
Aider les artistes à s'organiser quand ils le jugent nécessaire, à s'isoler
s'ils le souhaitent ? Faciliter l'accès de tous les publics à tous les arts ?

Ces maisons de la culture, cette renaissance du théâtre en province,
cette explosion de la musique, ces festivals, ce réseau départemental
des bibliothèques de prêt, ces *bibliobus* et ces *muséobus* qui vont
stationner jusque dans les plus lointains villages, cette restauration
des monuments historiques, cette gloire retrouvée de l'Opéra, cette
gloire neuve de Beaubourg — rien de cela n'a attendu le 10 mai pour
éclore. Si le budget socialiste est assez au large pour doubler les
moyens publics mis à disposition de la culture, bravo ! Nous ne serons
pas jaloux.

Mais qu'au moins Jack Lang, ministre, se souvienne de Jack Lang,
animateur culturel promu par « l'ancien régime » ! Que les nouveaux
maîtres soient, autant que les anciens, indifférents aux opinions
politiques de ceux qui sollicitent l'aide de l'Etat ! Que les artistes
soient libres, autant que naguère, de présenter au gouvernement
« la sébile d'une main, le cocktail Molotov de l'autre » ! Combien
d'électeurs nous ont reproché de financer, sous couvert de culture, les
propagandistes de la révolution, ou de la simple démoralisation
sociale, lesquels avaient profité du libéralisme de la Ve République
pour prendre le contrôle de ce secteur ! Puisse Jack Lang encourir de
son propre électorat le reproche de favoriser les philosophes réactionnaires et les peintres sans « message » ! Et puisse ce reproche,
surtout, être aussi justifié !

Seulement, si l'on examine en détail sur quoi s'est porté le doublement de ce budget, on constate que les crédits des différents services n'ont pas été uniformément doublés. Les moyens de la culture sont augmentés ; mais c'est moins, hélas, pour donner des bourses, subventionner des expositions, permettre des achats d'œuvres d'art, restaurer des chefs-d'œuvre en péril — que pour multiplier des « permanents » de l'action culturelle. On espère ainsi encadrer le foisonnement des associations par des militants bien orientés...

De toute façon, aucun budget ne réglera le seul vrai problème de l'art moderne : trouver le chemin des cœurs et des esprits.

Moins que jamais, dans notre société prospère et éveillée, l'accès à la culture n'est un problème d'argent, voire d'instruction. Le public est là, immense, disponible, avide même. Mais que lui offre-t-on ?

Seuls les artistes et les écrivains peuvent répondre à cette question, de plus en plus angoissante au fur et à mesure que notre peuple s'éloigne davantage de son héritage, sans inventer des formes d'expression où il puisse se reconnaître et s'ennoblir.

L'Etat n'y peut rien, pas plus aujourd'hui qu'hier. Mais il peut nuire. Il peut détourner de la vraie question et entretenir l'illusion que la réponse est politique.

Le pouvoir socialiste va dépenser des millions pour faire passer au « peuple » des formes d'art qui ne l'émeuvent pas, qui ne le touchent pas. On mise sur la diffusion, mais qu'a-t-on à diffuser ? On parle de création, mais on couvre souvent de ce nom les allégories les plus simplettes de l'idéologie, les pires improvisations de la médiocrité.

Qu'on se rassure, pourtant. La protection que le socialisme étend sur la culture se verra trahie par la création, toujours inclassable. Il trouvera, certes, des professionnels pour le servir. Mais les artistes, les créateurs, ceux qu'a une fois touchés le malin génie de la quête personnelle, ceux-là iront leur chemin, indifférents à qui les couvre de louanges, d'honneurs ou de blâmes. Merveilleuse liberté, qui se moque de ses libérateurs !

Chapitre 18

Le socialisme par l'enseignement

« Huit ans d'internat dans une école libre, à Saint-Paul d'Angoulême, m'ont formé aux disciplines de l'esprit. Je ne m'en suis pas dépris. Nul ne m'a lavé le cerveau. J'en suis sorti assez libre pour user de ma liberté[1]. » C'est ainsi que François Mitterrand évoque son passage à l'école libre : éclatant hommage.

Pourtant, la proposition n° 90 du candidat François Mitterrand entend créer « un grand service public unifié et laïc de l'Education nationale ». En clair : créer « une seule école pour tous » ; alors que, jusqu'à ce jour, faculté leur était donnée de choisir entre l'enseignement public et toutes les formes de l'enseignement privé.

« L'école laïque, creuset de la lutte des classes »

Au nom de quoi cette liberté de choix serait-elle supprimée ? Dans le dispositif du Manifeste de Créteil, la proposition 95 prend place au chapitre du développement des libertés ; de celles, du moins, qui permettront d'atteindre à la « démocratie sociale »[2]. Elle vient du Programme commun. On y trouvera une définition contorsionnée de la laïcité : « Le service public, unique et laïc d'Education nationale respectera rigoureusement toutes les croyances, toutes les options philosophiques : l'Education nationale n'enseignera pas de philosophie officielle, mais la vraie laïcité, fondée sur l'esprit scientifique et la démocratie, donnant une connaissance complète et critique de la réalité, qui englobe tous les aspects de la vie et de l'activité des travailleurs[3]. »

Point de philosophie officielle, mais une doctrine officieuse, définie dans les termes mêmes qu'emploie volontiers le marxisme ; une doctrine scientifique et matérialiste — dont la finalité est de montrer « rationnellement » l'inanité des doctrines concurrentes.

Ce texte sera utilement complété par quelques phrases du « Plan socialiste pour l'éducation »[4]. L'école est « une institution dont la gauche aura besoin pour que s'affirme le pouvoir des travailleurs et des catégories exploitées, regroupés dans un front de classe ». L'école laïque est ainsi appelée à devenir « le creuset de la lutte des classes ».

Et encore[5] : « *La transformation des mentalités* est la condition indispensable à l'approfondissement des conquêtes du socialisme. Dans cette perspective, le rôle de l'école sera décisif. » Traduisez : les adultes sont un peu vieux pour être changés ; façonner l'âme des enfants, c'est l'investissement le plus sûr de la révolution culturelle.

Le *Projet socialiste,* en 1980, entérine cette conception. Pour remodeler les mentalités, il faut d'abord remodeler l'école : « L'école conçue comme le lieu par excellence de l'apprentissage de l'autogestion »... « L'école, le lieu d'élection de la lutte des classes[6]. »

Ainsi, l'intégration de l'enseignement libre dépasse de beaucoup les querelles de boutiques. On conçoit qu'une corporation puissante veuille éliminer la concurrence. On conçoit que le P.S., qui y compte tant d'électeurs et surtout de militants, se montre bienveillant à l'égard de leurs revendications. Mais il ne prendrait pas le risque d'une guerre scolaire (qui peut aussi lui enlever des électeurs), si la dynamique même de la révolution culturelle ne le poussait. Pour la mener à bien, en effet, il faut *contrôler l'appareil,* et donc ne pas laisser, en dehors de lui, le champ libre au pluralisme et à la liberté.

Une nouvelle laïcité

L'école « laïque », selon Jules Ferry, devait être neutre. Il avait donné de la laïcité, en créant l'école publique moderne, entre 1881 et 1886, une définition très précise : *le maître doit veiller constamment à ne choquer les opinions d'aucun des enfants qui lui sont confiés, et d'aucun des parents qui les lui confient.*

Depuis la seconde guerre, et surtout après 1968, les enseignants, sous l'impulsion de syndicats marxistes, ont rejeté cette définition. Ils ont repris à leur compte la doctrine de Lénine : « Il nous est impossible de garder l'idée d'une instruction apolitique. Nous déclarons ouvertement que l'école placée en dehors de la politique est un mensonge et une hypocrisie. Notre tâche à l'école est la même que partout : lutter pour abattre la bourgeoisie[7]. » Le Projet socialiste dit la même chose que Lénine, en plus concis : « La lutte pour l'égalité commence à la maternelle. »

Le « Plan Mexandeau » rejette, lui aussi, les idées périmées de Jules Ferry : « La laïcité n'est point la neutralité, elle ne suppose pas que toutes les opinions se vaillent[8]. » La laïcité doit être « orientée ». Le contenu de la « laïcité » est fixé par l'Union de la gauche ; et l'indépendance des enseignants « ne saurait s'exercer aux dépens de la laïcité ».

Le secrétaire général de la puissante fédération de l'Education nationale, M. Henry, déclarait tout net qu' « un enseignant doit savoir prendre parti ». Il affirmait que « la laïcité est tout le contraire de la passivité et qu'elle représente l'engagement et l'action ». Il allait jusqu'à proclamer : « Peut-on éduquer, peut-on enseigner, peut-on vouloir le progrès social, sans être de gauche ?[9] » Pour récompenser un si ardent militant, un portefeuille ministériel s'imposait. Le « temps libre » lui allait à merveille. Peut-on avoir, peut-on vouloir, du temps libre, sans être de « gauche » ?

Il y a une « nouvelle citoyenneté »; il y aura une *nouvelle laïcité*. François Mitterrand, fort compréhensif à l'égard des militants les plus frénétiques, a trouvé une excuse à leur abandon des notions traditionnelles : « Si la laïcité paraît à certains d'un autre âge, n'est-ce pas parce qu'elle doit résister aux entreprises d'un autre âge[10] ? »

L'école, terrain de la rupture avec le capitalisme

Le Programme commun annonçait déjà la couleur : « l'éducation civique et morale ne se limitera pas à une fade présentation des institutions publiques. Elle s'ouvrira aux problèmes de l'entreprise, de la planification, de la vie sociale, de la paix, de la lutte contre l'oppression et la dépendance ». Le choix des termes indique l'orientation, en langage convenu. « Paix » doit se traduire par « désarmement » (on refuse les fusées Pershing, on ne parle pas des S.S. 20); « problèmes de l'entreprise », par « lutte des classes » (le vrai problème); « oppression », par « colonialisme » (toujours occidental); « dépendance », par « impérialisme » (toujours américain).

Le « Plan Mexandeau », adopté à l'unanimité par les instances du P.S., insiste : l'école et l'université sont « l'un *des terrains et l'un des enjeux de la lutte des classes*[11] ». Il recommande « l'étude de Marx, Engels, Jaurès et Gramsci, de manière à tenir compte des apports du marxisme et du socialisme utopique ». Il proclame la nécessité d'une « stratégie de rupture avec le capitalisme » : « Ce sera le devoir d'un pouvoir politique de dégager l'école du capitalisme, ou plus précisément du modèle qu'il lui a donné, le plus souvent subrepticement, en conformité avec ses intérêts, aussi bien dans la vie et les procédures scolaires (hiérarchie, critères d'appréciation et d'orientation, etc.) que dans le contenu de l'enseignement[12]. »

L'ensemble des mesures qui entraîneront la « rupture » avec le capitalisme « doivent être irréversibles et engager profondément la transformation souhaitée[13] ». Là non plus, aucune différence entre les interprétations communiste et socialiste da la laïcité. Dans un « Commentaire du chapitre *Education nationale* du Programme commun de gouvernement », la revue communiste *Nouvelle critique* décrit la « pédagogie » que devra appliquer systématiquement la

« gauche » en refusant la « neutralité ». Un certain « seuil », assurant une « rupture irréversible », doit être franchi pour l'école, tout comme pour les nationalisations. Là aussi, il faut « *rompre un équilibre*[14]. »

« *Une autre logique* »

Sans quoi, « toute réforme s'édulcore, se perd dans les *mécanismes récupérateurs* du système éducatif ». Au mieux, on en reste « au réformisme ». C'est donc « tout un faisceau de mesures sociales, structurelles, pédagogiques », qu'il faut « faire intervenir en *bloc*, pour rompre avec le système et rendre possible *une autre logique*[15] ».

Quels sont les « mécanismes récupérateurs » auxquels cette « rupture révolutionnaire » doit faire échec ? Ce sont les « lois naturelles » de l'individu, de la famille et de la société, auxquelles le collectivisme est bien obligé de « faire violence ». Sans quoi, il ne se passe rien.

Comment obtiendra-t-on que, selon le vœu du Programme commun, « la politique s'inscrive dans l'ensemble de la vie scolaire » ? Une étude du spécialiste communiste F. Poirier[16] fournit ample réponse à cette question. Après avoir rappelé que « *les enseignants ne doivent pas être neutres* », l'auteur cite des exemples tels que celui du cours d'anglais, où, à propos d'un article de journal, le professeur « exploitera l'affaire Rosenberg ». Comme le dit joliment le « rapport Mexandeau », « les enseignements relatifs aux faits humains ne sauraient évacuer la dimension politique[17] ». (Dans le même esprit, l'école, qui représente un vaste potentiel immobilier, s'ouvrira tout naturellement aux « réunions syndicales et politiques ». Seul l'enseignement religieux [le catéchisme] en sera banni[18]).

Naturellement, cette volonté politique doit passer par des hommes et des femmes qui en soient animés : ils ne manquent pas. Si l'école tient une place de choix dans le dispositif de la révolution culturelle, c'est aussi parce qu'elle lui est déjà, et de longue date, largement acquise. Elle constitue un immense réseau, un inépuisable « potentiel militant ». A l'abri du contrôle de la société, loin du regard des parents, tant de professeurs et d'instituteurs, en toute bonne foi, distillent leurs principes, leurs idéaux, leurs préjugés. Point besoin de circulaire pour mobiliser. Ils sont à l'œuvre.

Sous prétexte d'intéresser les enfants, le professeur d'espagnol parlera de Che Guevara plutôt que de Cervantès. Le cours de français saisira toutes les occasions de l'actualité. On suscitera des débats. On ne rougira pas de les manipuler, puisqu'on le fera en toute bonne conscience, pour la bonne cause.

De nombreux enseignants se font ainsi les agents de transmission d'un marxisme élémentaire, inculqué dans les écoles normales d'instituteurs ; ou dans les cours — de sociologie, psychologie, philosophie, histoire — de l'Université ; quand ce n'est pas rue d'Ulm.

Avez-vous eu entre les mains certains manuels scolaires gratuits, donc obligatoires, distribués dans l'enseignement primaire et secondaire ? Un dictionnaire pour les petites classes des collèges (sixième et cinquième) définit ainsi les socialistes : « ceux qui veulent donner les banques à l'Etat dans l'intérêt du peuple ». Face à une philosophie marxiste étalée sans complexe aucune allusion à l'existence d'une philosophie libérale...

Selon ces manuels, il n'y a plus, en fait, d'histoire de France, ni de connaissance d'une France moderne qui serait la patrie des élèves. Tout ce qui pourrait évoquer une épopée nationale, rappeler une identité française, est évacué. Il n'est plus question que de l'histoire des classes sociales ; et de leur lutte, moteur de l'histoire *.

Bien sûr, le prestige intellectuel et moral du marxisme a subi de rudes coups, depuis *l'Archipel du Goulag.* Dans le « haut clergé » universitaire, son influence recule. Mais ses positions restent fortes au C.N.R.S. ** et dans les universités. Surtout, la résistance des organisations inscrustées au cours des trente années précédentes permet de tenir bon devant ce discrédit. Le Syndicat national de l'enseignement supérieur et l'Union nationale des étudiants de France tiennent solidement la plupart des universités : ils sont tous deux carrément communistes. De même que le Syndicat national de l'enseignement secondaire (S.N.E.S.), qui encadre les enseignants des lycées et collèges. La majorité socialiste du Syndicat national des instituteurs (S.N.I.) est talonnée de près par une forte minorité communiste : il n'est gouvernable qu'à condition de retrouver, ce qui est le cas, un *consensus* dans l'idéologie marxiste. Si le reflux de celle-ci dans les universités, devenu manifeste depuis 1975, se poursuit au même rythme, il n'entamera pas, avant plusieurs dizaines d'années, la formidable domination de la « gauche » sur les deux autres degrés d'enseignement.

Ce ne sont pas les syndicats qui enseignent, dira-t-on ? Ils ne se substituent pas à la libre relation de l'enseignant et des élèves ? Certes. Mais ils encadrent ; contrôlent ; favorisent la propagation des

---

* Cette évolution était déjà fortement entamée depuis 1968, sous l'impulsion des idées dominantes, et sous la pression des syndicats d'enseignants. Elle s'épanouit depuis 1981 sans le moindre obstacle.

** Où Jean-Pierre Chevènement a brutalement remplacé les responsables, pourtant scientifiquement incontestés, par une direction entièrement marxiste.

idées dominantes. C'est selon elles que la plupart des formateurs de la jeunesse continueront d'être formés. Ils transmettront une philosophie archaïque qui se sera imposée lentement, même si elle se fonde sur une analyse périmée des réalités économiques et sociales. Le marxisme sera patiemment distillé à des générations d'enfants et d'adolescents.

La pression du milieu

Comment résister à la pression du milieu ? Pour les élèves et les étudiants, cette résistance pourrait entraîner de mauvaises notes. (Déjà, les parents d'élèves de l'enseignement libre savent, ou en tout cas croient, que leurs enfants risquent d'être sévèrement notés aux examens que font passer les enseignants laïques). Aux enseignants, la volonté de propager d'autres idées vaudrait une hostilité du syndicat, une mise en quarantaine, une promotion contrecarrée. Les professeurs de l'obédience se soutiennent, font équipe, travaillent ensemble. Pour protéger leur indépendance, les autres se réfugient dans l'individualisme ; ils s'isolent et se marginalisent eux-mêmes. Le terrain est libre pour les petits soviets de collège.

Ceux qui jouent, en revanche, un rôle de vigile idéologique, y trouvent commodités et satisfactions. Ils s'adossent au formidable appareil des organisations syndicales, qui se sont emparées depuis le 10 mai de l'essentiel de l'appareil d'Etat. Ils détiennent une boussole : quelles que soient les questions posées, les thèses marxistes les résolvent. Ils ont bonne conscience : ils travaillent pour la justice, pour l'égalité, pour le peuple. Quand on a suffisamment assimilé les principes du marxisme, on peut résister à toutes les épreuves. Même à celle de la réalité. Les faits ne peuvent rien, sur une conviction qui n'en est point tirée.

Marxisme diffus dans les cervelles ; réseau diffus des clercs de l'idéologie ; action diffuse dans les classes : le style de cette révolution culturelle relève de l'imprégnation lente. Il n'en est que plus efficace. Jusqu'en 1981, l'action officielle lui faisait quelque peu équilibre. L'administration contenait les syndicats. Les chefs d'établissement protégeaient la liberté de chacun. Aujourd'hui, les digues sont rompues. Insidieusement, irrésistiblement, le flot s'étend.

Proviseurs et principaux savent qu'ils prendront des risques s'ils s'opposent à la pression d'en bas et, maintenant aussi, d'en haut. Ils ont tout avantage, pour le déroulement de leur carrière, à se mettre dans les meilleurs termes avec les syndicats — c'est-à-dire à leur abandonner la direction de l'établissement.

« Toute coercition qui touche aux racines culturelles de l'être me révulse [19] », dit François Mitterrand. Eh bien, consentez le détour patient de l'éducation : sans coercition, vous atteindrez les racines culturelles de l'être — et vous ne révulserez ni le président de la République, ni même les familles. Vous dépoterez les jeunes Français comme des plantes, sans qu'ils y prennent garde. On mettra la révolution sur le compte de l'évolution : « Le monde a changé, les enfants ne sont plus comme avant ! »

Main basse sur l'enseignement supérieur

L'enseignement supérieur avait paru moins intéresser les socialo-communistes. Ni le Programme commun, ni le Projet socialiste, ni les « 110 propositions » ne semblaient en attendre de brillants résultats.

Illusion. L'esprit de la « loi relative aux enseignements supérieurs », préparée par Alain Savary, est celui d'une reprise en main d'universitaires dont l'indépendance et le sens critique pourraient devenir dangereux.

La loi Edgar Faure de 1968 était ambiguë. Ses principes — autonomie, participation, pluridisciplinarité — paraissaient inspirés par l'esprit des universités anglo-saxonnes. Le goût de l'administration et des syndicats pour l'uniformité l'avait bien vite altéré. La loi Savary y fera souffler un esprit tout différent. Le scrutin de liste partout, afin de confirmer la « syndicalocratie », d'étouffer les « patrons », les « mandarins » — c'est-à-dire les libres personnalités.

Dans les conseils d'administration, un bon tiers de « personnalités extérieures » seront désignées par les *organisations* figurant sur une liste type (à paraître dans les décrets d'application). Gageons qu'ainsi les « syndicats de travailleurs » pourront utilement conforter les syndicats d'enseignants et d'étudiants. C'est-à-dire qu'on donnera toutes chances de basculer « à gauche » au tiers des universités qui avait jusqu'en 1981 réussi à éviter le sort des deux autres tiers.

Plusieurs pages sont consacrées, dans le texte, au *contrôle adminis-tratif...* contre quatre lignes à l'autonomie. Il s'agit bien, en fait, d'une mise au pas des universités, seul secteur encore un peu rebelle : on y fera régner l'orthodoxie. Enfin, on fera la guerre aux grandes écoles, dont beaucoup échappent complètement aux syndicats, procèdent à une dangereuse sélection, conservent un détestable esprit de corps. Pas un organisme qui doive échapper à l'uniformisation. Pas un fortin que l'on ne réduise.

Pas une tête qui dépasse. Pas un coureur qui puisse échapper à l'enfoncement dans les sables mouvants universitaires.

Des universités-lycées, où l'initiative des professeurs soit nulle, où le pouvoir administratif soit tout-puissant, mais où ce pouvoir apparent soit relayé par le pouvoir occulte des syndicats : c'est un retour à la conception jacobine — si bien mise en œuvre par Napoléon qu'elle a survécu jusqu'en 1968 ; mais simultanément, à la conception de l'agitation par l'intérieur, qu'illustrèrent si bien Hébert, Collot d'Herbois et Billaud-Varenne ; cette conception que définit le mot de Saint-Just : « Ceux qui font la révolution à moitié ne font que creuser leur tombeau. »

L'étouffement de l'enseignement libre

On comprend pourquoi le flot doit, finalement, emporter l'enseignement libre.

Le morceau est gros, pourtant. La conception militante de la « nouvelle laïcité » n'était certes pas faite pour atténuer l'opposition au « service public, laïc et unifié » que l'on avait solennellement promis. Là encore, la coercition pourrait révulser. Il fallait trouver des détours, lasser les résistances.

Le pouvoir n'a ménagé aucun effort pour enlever à ses projets toute leur saveur idéologique. Alain Savary a déployé d'immenses ressources de silence et de lenteur. Six mois d'observation, puis six mois de consultations, puis six mois de concertation, avant de s'engager dans des mois de négociations... Où veut-on en venir ? Ne pas en venir ?

On ne veut pas en venir à un affrontement avec l'Eglise catholique ; avec les mouvements israélites ; avec les parents — de tous milieux et de toutes opinions — de deux millions et demi d'enfants ; bref, avec un électorat qui a donné sa large part à la majorité du 10 mai. Un affrontement, où s'effondrerait la fiction selon quoi seraient compatibles l' « unification laïque » et la liberté d'éducation. Trop de familles, soudain privées de cette liberté, ou des moyens de cette liberté, dénonceraient le scandale.

Le pouvoir socialiste s'est donc mis à tourner autour du guêpier. Il semble avoir choisi une voie lente, où l'unification progresserait, inéluctablement mais insensiblement. On n'attaquerait pas de front les écoles libres ; mais, par mille moyens, on les étoufferait, et on découragerait les parents.

Ainsi, déjà, les établissement privés d'enseignement supérieur se voient privés de leurs subventions d'Etat. Déjà, on conteste aux enfants des écoles libres le droit de monter dans les cars de transport scolaire [20]. Déjà, les municipalités « de gauche » refusent, en dépit d'un arrêt du Conseil d'Etat, de participer aux frais des écoles libres en application de la loi Guermeur. Il est pourtant dangereux de donner, quand on est au pouvoir, l'exemple du viol de la loi : et si certaines catégories de contribuables en prenaient prétexte pour faire la grève de l'impôt ? Rien n'est plus blâmable que le « poujadisme » de la base, si ce n'est le « poujadisme » du sommet.

A plus long terme, on voit se dessiner la manœuvre : le « caractère propre » de l'enseignement libre ne pourrait plus être invoqué pour se séparer d'un enseignant, ce qui finirait par enlever toute autorité à la direction, et toute originalité, c'est-à-dire toute force, à l'enseignement libre. Les enseignants du privé auraient le droit de demander leur mutation dans le public, et vice versa. En sorte qu'au terme d'une décennie, les écoles privées n'auraient plus rien qui les distingue des publiques.

Ainsi, on aurait absorbé l'enseignement privé dans l'enseignement public, sans même avoir à racheter les locaux ! Ce serait une démarche plus habile que ne le fut de nationaliser à 100 % des entreprises dont on aurait pu se contenter d'acheter 51 % des parts. Mais, pour les nationalisations, il fallait accomplir avec éclat un meurtre rituel. Pour les écoles, au contraire, la psychologie et l'électoralisme imposaient de procéder en douceur. Le résultat sera, dans un cas comme dans l'autre, un magma indistinct, d'où l'esprit de responsabilité s'enfuit, mais où pourra fleurir l'esprit de militantisme.

Les frénétiques ont eu bien tort de conspuer leur ministre à la réunion de La Villette sur « la laïcité ». Et ils avaient bien tort de ne pas laisser faire le taciturne, le patient Alain Savary : l'étouffement pourrait réussir plus sûrement que l'affrontement.

Aux yeux d'un libéral, il n'y a pas de liberté sans responsabilité. La solution des problèmes de l'éducation n'est pas de contaminer l'enseignement libre avec les maux qui rongent le système public. Elle est de revivifier l'enseignement public en lui accordant les libertés et les responsabilités de l'enseignement privé — comme on le verra plus loin dans notre « Projet culturel ». Au terme, les enseignants trouveraient la satisfaction de réussir. Ils connaîtraient moins de dépressions nerveuses ; ils ne subiraient plus cet éloignement terrible d'une jeunesse tout aussi démoralisée qu'eux.

Mais ils seraient alors aux antipodes de la révolution culturelle, et du « socialisme à la française ».

Chapitre 19

Prenez l'appareil
ou
L'information dans ses moyens

Qu'est-ce qu'une société libre, sinon une société où les pouvoirs de droit et de fait sont équilibrés ? Où l'esprit public s'exprime efficacement en effectuant des pesées, même légères, sur le fléau de la balance ?

Le pouvoir exécutif avait toujours, de 1958 à 1981, trouvé ses contrepoids. Même dans les périodes où il disposait d'une solide majorité parlementaire, il a été durement combattu par le contre-pouvoir syndical et par le contre-pouvoir de l'information ; lesquels ont souvent, ensemble ou séparément, réussi à le détourner de la ligne qu'il entendait suivre.

Depuis le printemps 1981, pouvoir et contre-pouvoirs se retrouvent à peu près tous dans un seul camp. Le contre-pouvoir syndical et le contre-pouvoir des manifestations de masse, traditionnellement « à gauche », sont désormais associés à l'Etat ; de sorte que le pouvoir « de gauche » est en réalité un *pouvoir socialo-syndicalo-communiste*.

Le contre-pouvoir économique, traditionnellement « à droite », a basculé lui aussi, pour une très large part, dans le camp du pouvoir politique, sous l'effet des nationalisations. Même le pouvoir judiciaire — qui devrait être une puissance arbitrale, une force d'interposition — a vu ses principaux rouages pris en main par un syndicat socialo-communiste.

Qu'en est-il du monde de l'information ? Est-il apte, en exerçant son rôle de libre examen, comme il est normal en démocratie, à faire contrepoids au nouveau pouvoir, après l'avoir fait à l'ancien ?

Quelques Cassandres nous annoncent des catastrophes économiques. Pourtant, ces dangers sont peut-être moins graves, à terme, que celui de la désinformation, s'il s'affirmait et s'étendait. Car les dégâts qu'une mauvaise gestion provoque, une bonne gestion peut les réparer ; mais les glissements insensibles qu'entraîne, pour un peuple libre, l'assoupissement des organes d'opinion, risquent d'être irréparables.

185

L'information, ce sont d'abord des moyens : entreprises de presse, agences de presse, agences de publicité (d'où la presse tire ses ressources) ; chaînes de radio et de télévision.

Cet appareil complexe, en partie privé, en partie public, traversé par toutes les tensions de la diversité française, dispose d'un immense pouvoir sur les esprits.

Dès qu'on veut « changer les mentalités », comment ne pas s'intéresser à cet appareil, afin de tourner vers le « changement » ces moyens si directement branchés sur les mentalités ?

Une confidence faite par François Mitterrand à des journalistes, peu de temps avant son installation à l'Elysée, avait de quoi semer quelque inquiétude. Le nouveau président estimait qu'Allende « avait échoué parce qu'il avait contre lui les moyens d'information, surtout audiovisuels ». Lui qui entendait être un « Allende qui réussit », il saurait éviter cette mésaventure.

Or, Allende lui-même n'avait pas péché par excès de libéralisme en matière d'information. En ouvrant un congrès de journalistes socialistes à Santiago, il proclamait : « Pour un journaliste de gauche, le devoir suprême est de servir non pas la vérité, mais la révolution [1]. » S'il n'avait pas supprimé les journaux qui le combattaient, il avait encouragé une conception profondément marxiste de l'information : elle n'est qu'une forme de la lutte des classes. Pas plus que la culture, pas plus que l'éducation, l'information n'a droit à l'autonomie, à l'existence de valeurs propres. Comme dans la culture, comme dans l'éducation, tout dans l'information est « politique ». Tout y est combat politique. Il n'y a pas de bons et de mauvais journalistes. Il n'y a que des amis, et des adversaires. L'objectivité n'est qu'un camouflage, utile s'il dissimule vos partisans, intolérable si vos ennemis s'en protègent.

Retournons la doctrine contre elle-même. Et si le langage de la liberté avait été, pour les socialistes, le camouflage d'une prise de possession, pas toujours réussie, mais toujours tentée ?

Libérez la presse

Pour ce qui concerne la presse écrite, ce langage de liberté ne pouvait rien proposer de très neuf.

La liberté de la presse n'avait pas attendu le socialisme pour être minutieusement garantie dans la loi, exactement cent ans avant le 10 mai ; pour fleurir dans les kiosques sous des formes — satiriques ou pornographiques — que n'auraient pas imaginées les pères fondateurs de la IIIe République ; pour se montrer agressive envers le pouvoir établi, autant et plus que dans aucune autre démocratie libérale.

Restait-il au pouvoir socialiste grand-chose à inventer ? Il lui restait une découverte à faire : la presse, même amie, n'est jamais aussi contente du gouvernement en place, que ce gouvernement ne l'est de lui-même.

Quand le P.S. était dans l'opposition, il trouvait excellente la liberté de la presse ; soit qu'elle lui permît de faire passer ses idées à longueur de colonnes dans les journaux qui lui étaient acquis — non des moindres — soit même qu'il fût pris à partie dans les journaux qui lui étaient hostiles, ce qui lui rapportait des électeurs en construisant son image. Au pouvoir, l'optique a changé. Quand *le Figaro* ou *le Quotidien de Paris* révèle ce que la télévision cache, les socialistes n'apprécient pas. Si *le Nouvel Observateur,* ou *le Matin,* ou *le Monde,* n'exprime pas l'enthousiasme que mérite le gouvernement de la « gauche », n'est-ce pas même plus dur à supporter ?

Cette découverte ne vint pas tout de suite. Dans l'immédiat, on voulut montrer que la liberté de la presse pourrait s'épanouir davantage encore. On libérerait l'information des « contraintes du pouvoir et de l'argent ».

Du pouvoir ? Les journalistes ne seraient pas capables de s'en libérer tout seuls ? Puisque certains y réussissaient avec tant de mordant, pourquoi d'autres seraient-ils condamnés aux courbettes ?

Restait l'argent. Problème complexe ! On aurait pu l'aborder en promettant de donner le pouvoir, dans chaque journal, à une société de rédacteurs. Courageux sans témérité, le P.S. ne s'engagea pas dans cette voie, qui aurait dressé contre lui toute la presse de province.

L'argent, c'était aussi la publicité. Point de publicité, point de presse. Or, la publicité vient des annonceurs, autant dire du « grand capital ». Aussi la proposition 95 promettait-elle des dispositions « assurant l'indépendance des journaux face aux pressions des annonceurs ». On les attend encore. Peut-être la nomination du directeur de cabinet de François Mitterrand à la tête de l'agence Havas en tient-elle lieu ? Ce fidèle entre les fidèles veillera tout seul à ce qu'il ne soit pas fait mauvais usage de la publicité dont il est devenu le plus gros collecteur en France...

Il y sera aidé par le développement de la publicité à la télévision, qu'a promis le ministre de la Communication Georges Fillioud. Autant de moins pour la presse écrite, dans un marché que la crise tend à réduire ; autant d'occasions de moins de peser sur sa liberté. Or, bizarrement, la presse ne songe qu'à s'en inquiéter. Voici ce qu'écrivent, dans un communiqué commun qui n'a pas de précédent, les deux syndicats ou se regroupent la quasi-totalité des entreprises de presse : « Nous assistons aujourd'hui à une remise en cause systématique des franchises accordées à la presse depuis des dizaines et des dizaines d'années, et à une volonté de développer massivement la télévision d'Etat, parée soudain des plumes du pluralisme... L'essentiel du débat, l'opinion publique doit en être consciente, est de savoir *si l'information doit rester libre ou si,* quelles que soient les bonnes volontés proclamées aujourd'hui, *l'information de demain doit être entièrement entre les mains de l'Etat[2].* »

La presse écrite considère que la publicité, loin de menacer sa liberté d'expression, au contraire la protège. Le nouveau pouvoir pense l'inverse. Il aura fallu une année d'expérience de « libération de l'information », pour que le malentendu apparaisse en toute clarté.

Sans publicité, la presse se verrait bientôt réduite à recevoir les subsides de l'Etat*. Mais dépendre de l'Etat socialiste, n'est-ce pas devenir libre, puisque le socialisme, c'est la liberté ? L'actuel gouvernement a déjà offert ses secours à quelques journaux d'opinion, dont la recette publicitaire était insuffisante. *Le Quotidien de Paris* a eu l'élégance de les refuser, jugeant qu'il ne serait pas décent d'accepter de l'argent d'un pouvoir qu'il combat. Mais était-il décent de mettre un libre journal dans le cas d'être taxé soit d'ingratitude, soit de servilité ?

Une démarche oblique

Ainsi, la presse écrite, cette ingrate, se méfie d'une libération qui rognerait sa liberté. Au moins, avec l'audiovisuel, on ne risquait pas ces mécomptes. Là, ou nous l'avait assez répété, la liberté était toute à inventer.

Or, quel jugement le public portait-il après dix-huit mois ? Pour lui, la main de l'Etat s'y étend, toujours plus pesante. Quelles que soient la qualité et l'indépendance des journalistes pris individuellement, la crédibilité globale de l'information qu'ils diffusent en est amoindrie.

Les Français n'auraient pas trouvé scandaleux que, dès son avènement, le nouveau président de la République demandât leur

---

* Elle n'avait jamais reçu que des subventions *indifférenciées,* dont bénéficiaient *tous* les journaux, quelle que fût leur opinion (tarifs de transport par la S.N.C.F., dispense du timbrage, prix du papier détaxé, provisions pour matériel de presse, déduction fiscale pour les journalistes, etc.). Ces aides de l'Etat étaient des moyens de favoriser la liberté de la presse, et ne pouvaient en aucun cas y porter atteinte.

démission aux présidents des chaînes de télévision et de Radio-France, pour les remplacer par des personnes disposant de sa confiance. Il affiche une générosité rassurante. De même que les communistes étaient absents dans le premier gouvernement Mauroy, de même les dirigeants des chaînes de radio et de télévision ne furent pas inquiétés ; on laissa entendre qu'ils seraient maintenus.

Dès le lendemain des élections législatives, le ton changea. Le pouvoir adopta une démarche oblique, pour tourner la loi sans en avoir l'air. Il maintint les hommes ; mais il leur retira toute autorité, en leur refusant sa confiance, et en déchaînant contre eux l'hostilité des syndicats qui lui sont affiliés. Il installa la désorganisation, et donna publiquement le signal d'une guerre civile de coulisses. Des comités désignés par eux-mêmes, des assemblées générales où le marais des indifférents soutenait passivement les frénétiques, marquèrent les victimes, les séparèrent du troupeau, les chassèrent dans le désert pour qu'elles y périssent. Ce furent les techniques mêmes par lesquelles les « gardes rouges » de Pékin « bombardèrent les états-majors », sans que Mao s'y salisse les mains.

Ce n'était certes pas la première fois que des journalistes étaient écartés de la télévision ou de la radio d'Etat. Mais en 1968, après une grève insurrectionnelle, comme en 1974, pour réduire des effectifs monstrueusement gonflés, le pouvoir avait pris ses responsabilités. Il ne s'était pas effacé derrière des séides ou des fanatiques, dans l'anonymat des mauvais coups.

La « gauche » lui avait-elle assez reproché ces mises à l'écart ! François Mitterrand avait pris des engagements précis de ne jamais en faire autant, et de respecter le rôle de contre-pouvoir des organes de presse écrite, parlée ou télévisée : « Je ne place pas la presse à l'intérieur des pouvoirs institutionnels, puisque précisément, la presse doit exercer constamment — c'est son devoir et c'est la loi — un contre-pouvoir [3]. » Il a voulu, cette fois, s'en laver les mains. Mais l'eau était trop bourbeuse.

Le tribunal des honnêtes gens

Ceux qui ont été évincés étaient professionnellement indiscutés. Les Jean-Marie Cavada, les Jean Lefèvre, les Alain et Patrice Duhamel, les Etienne Mougeotte, les Jean-Pierre Elkabbach, les Jacques Hébert, avaient d'autres titres à informer que leurs convictions, connues ou supposées. Ils possédaient l'expérience, la rigueur, la compétence. *Ils n'ont été éliminés que pour un délit d'opinion.* Irrecevable délit. Quand on a commencé à couper les têtes, on y prend goût. Et comme toutes les révolutions, celle-ci est cannibale :

elle dévore ses propres enfants. Après les journalistes de « l'ancien régime », les Guy Thomas et les François-Henri de Virieu, ayant cessé de plaire pour des raisons diverses, sont mis à leur tour « au placard ».

« Où est la chasse aux sorcières ? » demandait Mauroy, feignant l'étonnement. « Nous ne cherchons qu'à mettre fin à certains privilèges. *Nous sommes le gouvernement des honnêtes gens*[4]. » Sublime bonne conscience ! Ce fut aussi celle de la Sainte Vehme, cette société secrète de justice parallèle qui terrorisa l'Allemagne jusqu'à la fin du xvie siècle. Elle s'intitulait le « tribunal des honnêtes gens ».

Seulement, passé l'état de grâce, les disgrâces ne se prononcent plus si aisément. La solidarité journalistique s'est reformée ; l'opposition joue son rôle ; les têtes refusent de tomber. Mieux, comme celles d'une hydre de la liberté, elles repoussent.

Qu'un Boissonnat garde son franc-parler et élargisse son audience, au point que son renvoi porterait plus de préjudice au pouvoir que son maintien ; qu'un Philippe Alexandre refuse de donner sa démission et redouble d'impertinence ; qu'un Bernard Pivot soulève l'opinion parce que le conseiller spécial du président lui a reproché son « monopole », son « arbitraire » et sa « dictature » : le courage de quelques-uns ranimera celui de beaucoup.

« *Ils l'ont fait avant nous* »

Où donc est la liberté promise ? A cette question irritante, le pouvoir n'a plus que cette piètre réponse : « La droite l'a fait avant nous. » Si c'était vrai, cette réponse serait une façon de se condamner soi-même, puisque ces pratiques ont été dénoncées pendant vingt ans comme autant d'attentats à la liberté. La seule ressource du pouvoir est de récuser ses juges, au motif qu'ils seraient ses complices dans le crime. Fragile ressource : car le nouveau pouvoir n'est pas jugé par l'ancien ; il l'est par le peuple dans son entier.

En outre, cette défense au profil de fuite déforme les faits.

En avril 1962, quand je suis entré dans mon bureau du ministère de l'Information, avenue de Friedland, j'y ai trouvé une batterie de sonnettes qui permettaient d'appeler les principaux dirigeants de la radio et de la télévision *. Leurs bureaux étaient situés à l'étage au-dessous. Il ne leur fallait que le temps de monter l'escalier pour recevoir leurs instructions. Il appelaient cela « venir au rapport ». L'appartement du ministre était situé au plus haut étage de l'immeuble : en cas d'urgence, ces directeurs allaient prendre ses ordres dans

---

* J'ai conté plus en détail cette expérience dans *le Mal français* (pages 69 à 78).

sa salle à manger. Cabinet du ministre et directions de la R.T.F., ce petit monde vivait dans une symbiose de tous les instants.

Les sonnettes avaient été installées au début de la IVe République. Les doigts de François Mitterrand et de Gaston Defferre, mes prédécesseurs dans ce bureau, avaient contribué à leur patine. A en croire plus d'un survivant de leur époque, ils étaient tout particulièrement soucieux, chaque jour, vers 11 heures et vers 17 heures, de donner leurs directives pour la présentation et le commentaire des informations*.

Cette installation, je l'ai fait supprimer. Dans les plans de la nouvelle Maison de la Radio, dont on commençait l'aménagement, on avait prévu d'installer, au plus haut étage, l'appartement du ministre. Refusant cet instrument d'ingérence, j'ai fait modifier les plans en conséquence. Le statut de l'O.R.T.F. a, en 1964, pour la première fois, établi entre le gouvernement et les médiats d'Etat une distance institutionnelle et morale, qui a été confirmée et agrandie par les réformes de 1969, puis par le statut de 1974. Certes, la télévision est restée organe d'Etat ; et ce fut sans doute une grave erreur de ne pas créer, au lieu de la troisième chaîne, une chaîne privée, véritablement indépendante. Mais enfin, il y avait eu quelques progrès en vingt ans. Depuis le 10 mai, où est le progrès ?

Quand le contre-pouvoir prend le pouvoir

Les dirigeants, certes, avant comme après 1981, étaient nommés par le pouvoir ; ils étaient proches de lui. Mais on oublie de dire qu'une large majorité des journalistes, réalisateurs, techniciens, étaient « de gauche », et s'affichaient comme tels. Des syndicats « de gauche », politisés à l'extrême, exerçaient une surveillance constante sur la direction. Ils usaient d'intimidations et de sanctions, tantôt insidieuses, tantôt brutales : panne de courant, erreur de déroulement des inserts filmés, mauvaise humeur au studio, éclairage qui vous fait une tête comme un fromage blanc, absence de la maquilleuse, petite grève perlée sans préavis — ou bien grand jeu de la grève organisée.

Les dirigeants passaient leur temps à négocier. Ils étaient soumis à de constantes pressions : pour organiser des débats ; souligner les mouvements revendicatifs ; donner l'antenne à des leaders « de

---

* Le pouvoir d'aujourd'hui trouve plus commode et plus discret d'avoir un fil direct avec les responsables de la télévision et de la radio : il leur souffle désormais ses conseils ou ses suggestions par téléphone, sans avoir à composer de numéro, sans intermédiaire importun, ni témoin, ni trace.

gauche », politiques ou syndicaux ; minimiser certaines informations ; en amplifier d'autres ; passer commande d'une dramatique à tel réalisateur « progressiste », au détriment d'un concurrent « réactionnaire ». Une situation d'équilibre des forces avait fini par s'établir. Le contre-pouvoir était au moins aussi puissant que le pouvoir.

En 1981, cet équilibre a été brutalement rompu. Le contre-pouvoir a pris le pouvoir, qu'il exerce sans aucun frein. Le personnel qui était ouvertement « à gauche » a saisi les commandes dès le soir du 10 mai ; il a reçu le renfort empressé de ceux qui avaient oublié de se déclarer tels plus tôt. Non seulement la hiérarchie, renouvelée de fond en comble, est dans la main du gouvernement qui l'a mise en place, mais les syndicats sont ses compagnons de lutte des classes.

Ils assurent les coordinations occultes. Nul risque que les journaux télévisés soient trop différents d'une chaîne à l'autre, et, par leur compétition même, s'obligent réciproquement à une information complète et objective, en révélant les lacunes du concurrent. Dans les comités de rédaction ou de programmes, maints délégués, appartenant à des organismes où fleurit le centralisme démocratique, interviendront à temps pour éviter les inconvénients de la décentralisation, en coordonnant à bon escient... ce qui doit l'être. Vérifiez par vous-mêmes : sur cent dépêches d'agence reçues par toutes les rédactions, les mêmes dix seront retenues, les mêmes quatre-vingt-dix seront écartées ; ou peu s'en faut.

« Les yeux ouverts »

A l'arsenal ancien, naguère conflictuellement et parcimonieusement utilisé, aujourd'hui tranquillement déployé, le pouvoir a même su ajouter de nouvelles armes.

Les « communications gouvernementales » ont fait un bond en avant. Il ne s'agit plus, ainsi qu'autrefois, de campagnes neutres des administrations, comme pour la sécurité routière ; mais de campagnes engagées du pouvoir socialo-communiste. Le ministère de la Santé fait la propagande des dispensaires, en oubliant de parler du médecin de famille. Une campagne sur les « contrats de solidarité » fait ressortir avantageusement la détermination du gouvernement dans sa lutte contre le chômage. Le ministère de l'Urbanisme et du Logement fait pénétrer goutte à goutte dans les esprits les avantages de sa loi en faveur des locataires, grâce à laquelle on ne trouve plus un appartement à louer à Paris et dans les grandes villes ; mais la propagande arrivera peut-être à persuader l'opinion du contraire.

Le ministère des Affaires sociales, en consacrant aux élections prud'homales un budget de seize millions, propage la conception marxiste de la justice du travail — en présentant ses tribunaux comme le champ clos de la lutte des classes. Les prud'hommes des employés ne seront plus des juges, ils seront, vous annonce-t-on, des avocats.

Et quel respect du pluralisme ! Pour dépenser une manne de 120 millions en six mois seulement, on n'a pas mis en compétition moins de quarante-six agences, parmi lesquelles certaines étaient connues pour être proches de l'opposition. Mais, au bout du compte, les deux tiers de ce budget sont attribués à deux agences, dirigées l'une par un collaborateur intime du président de la République, l'autre par le publicitaire de sa campagne présidentielle [5] ; une grande partie du dernier tiers est gérée par des proches du P.S. Il est vrai que la propagande exige un minimum de conviction : ne vaut-il pas mieux la confier à des amis ?

Au deuxième semestre 1982, s'épanouit, sur les ondes et dans les journaux, la campagne du Premier ministre, « les yeux ouverts ». Auprès de cette propagande-là, qui coûte la bagatelle de 1,4 milliard de centimes, les vingt-cinq campagnes précédentes faisaient figure de bluettes. Même si certains esprits y sont rétifs, le gouvernement entend donner aux Français l'impression qu'il gouverne ; qu'il sait ce qu'il veut ; qu'il poursuit envers et contre tout une action énergique. Il imagine ainsi dissoudre les mécontentements. Le président de la République lui-même aurait trouvé cette campagne « débile », mais le Premier ministre et les dirigeants socialistes auraient considéré qu'il exagérait le sens critique des téléspectateurs.

Maintenant que la publicité est devenue propagande, n'est-il pas temps de poser le problème de l'accès de l'opposition à la publicité sur les grands médiats ? Ne faudrait-il pas, dans un état de droit, fixer des limites à la faculté que s'arroge le gouvernement de répéter indéfiniment ses slogans, sans que l'opposition puisse faire connaître, dans les mêmes formes, ses positions ? Qui déclarait, à propos de la télévision, que « la puissance publique conserverait la propriété des moyens techniques de télécommunication, mais perdrait le monopole de la programmation » ? C'était pourtant bien François Mitterrand [6].

La « République des camarades », dénoncée en 1913, atteint des sommets que Robert de Jouvenel n'imaginait pas. Des journalistes, des *cameramen* ont à peine pris pied dans un service, qu'ils hissent jusqu'à eux leurs camarades ; Radio-France, les stations régionales de la télévision ont vite été peuplées de journalistes communistes. La pénétration des hommes engagés et des programmes orientés, le népotisme, la prébende, la complaisance avaient-elles jamais connu pareils excès ? Et ils proviennent d'une « gauche » qui affichait la prétention de la vertu.

Les médiats publics sont-ils plus libres qu'avant 1981 ? Ils sont plus socialistes. Ce qui, il est vrai, revient au même ; en tout cas, aux yeux des socialistes.

Les déguisements d'un pouvoir maintenu

L'opposition a-t-elle su tirer la leçon de vingt-trois années de pouvoir ? Elle semble avoir enfin compris, dans la défaite, que les liens entre le pouvoir exécutif et les médiats privaient ceux-ci de leur crédibilité. Libres à 95 %, on les croirait toujours asservis à 95 %.

A la faveur de la « fracture », la « gauche » pouvait couper toutes les amarres, libérer la télévision en 1981 aussi inconditionnellement qu'on avait libéré la presse en 1881. Et comment nier ce courage : se dessaisir d'une autorité régalienne ? Comment nier le talent et l'honnêteté de ceux à qui on la confie et à qui on ne pourra plus la reprendre ? Un examen plus précis oblige à tempérer la satisfaction. La « gauche » a fait le pari audacieux de l'indépendance, mais le nouveau statut, sous de bien habiles déguisements, lui assure un pouvoir absolu. Pouvoir direct et officiel sur ce qui compte : les finances, la distribution des ressources, les exigences du cahier des charges. Pouvoir occulte sur les innombrables militants — journalistes et responsables — dont on a bourré depuis le 10 mai tous les étages de la radio et de la télévision, et sur la nomination desquels la Haute Autorité, mise en place quinze mois plus tard, n'a plus le droit de revenir. Pouvoir indirect sur la désignation des nouveaux responsables, à travers les membres de la Haute Autorité.

Or, contrairement à l'impression que les grands médiats ont réussi à donner au public, la Haute Autorité de l'audiovisuel n'aura qu'une ressemblance purement formelle avec le Conseil constitutionnel (curieusement, cette institution, si vilipendée par la « gauche », est soudain présentée comme un modèle, propre à entraîner un assentiment national par sa seule composition). Le Conseil est bien nommé par les trois plus hautes autorités politiques ; mais il se contente de faire respecter des *textes* ; il prononce des sentences contentieuses, au terme d'une procédure rigoureusement contradictoire, soutenue par des avocats au Conseil d'Etat, et dont les rapporteurs sont des membres du Conseil d'Etat ; il est lié par sa propre jurisprudence. La Haute Autorité doit procéder à des nominations et formuler des jugements de valeur : comment éviterait-elle que ses démarches ne soient politiques ?

Le président du Sénat, considérant que sa mission est de refléter la composition du Sénat tout entier, a été assez scrupuleux pour glisser un syndicaliste qui s'est présenté lui-même comme « de gauche » parmi les trois membres qu'il a nommés. Le président de la République et le président de l'Assemblée nationale n'ont pas eu de ces coquetteries. Les six membres qu'ils ont désignés sont connus pour être « de gauche » ; deux sont membres du P.C. ou de la C.G.T. Sept sur neuf des membres de la Haute Autorité, donc, sont bien ancrés « à gauchee ». Le pouvoir n'a rien à craindre. Dans les « 110 propositions », sous la rubrique « la liberté » et la sous-rubrique « une information libre et pluraliste », la proposition n° 94 s'énonçait ainsi : « La télévision et la radio seront décentralisées et pluralistes. Sera créé un Conseil national de l'audiovisuel *où les représentants de l'Etat seront minoritaires* ». Les représentants de l'Etat (souvent « de gauche ») formaient, jusqu'au 10 mai, la moitié des conseils d'administration des sociétés de programme. Les représentants de « la gauche » forment les sept neuvièmes de la Haute Autorité. Le progrès est évident.

Le pouvoir socialo-communiste avait une chance à saisir — en honorant ses engagements. Il a préféré se saisir d'un instrument — et trahir ses engagements.

De l'encensoir au travers du visage

Autre occasion perdue, autre illusion perdue de la liberté : les radios locales.

Georges Fillioud voulait en bannir les « radios-fric ». Par haine de l'argent ? Par incompréhension de son fonctionnement ? Ou plutôt par la volonté, dissimulée sous ce prétexte, de freiner le développement de ces radios, auquel les nouveaux dirigeants étaient si favorables quand ils étaient dans l'opposition, mais dont la perspective les inquiète maintenant qu'ils sont au pouvoir ? Le socialisme a privé tous ceux qui voulaient faire partager leurs idées ou leur musique, du seul moyen d'assurer leur indépendance : la publicité.

Ces radios locales ne coûtent pas très cher. Elles pouvaient vivre sans gros annonceurs, ni pesants minutages publicitaires.

En leur refusant la publicité, on les a condamnées, soit aux détours de la publicité clandestine, soit à dépendre d'entreprises capables de « s'offrir » une radio locale, soit aux financements politiques. Cela nous donnera-t-il des radios vraiment libres ?

L'ironie de l'histoire veut que cette politique de la communication d'Etat n'apporte à ses praticiens que déceptions amères.

Déjà, des journalistes commencent à retrouver la liberté de ton qu'ils avaient suspendue à la veille et au lendemain des folles journées de mai et juin 1981, ces saturnales de la liberté. Ils sont bien placés pour sentir le public, et connaître les faits.

Déjà, l'on a vu un directeur de chaîne, nommé par les socialistes, condamner publiquement l'information faite par l'équipe qu'il a lui-même mise en place.

Déjà, après un horrible attentat, le quartier de la rue des Rosiers s'en est pris aux journalistes de la télévision, comme s'ils présentaient une version partisane des événements du Proche-Orient — celle du P.C., et maintenant du P.S.

Déjà, la Haute Autorité, s'excitant à l'indépendance, a condamné quelques reportages particulièrement scandaleux.

Quelle caricature*, enfin, de la « liberté retrouvée », quand un conseil d'administration ne semble résister victorieusement à une injonction publique du chef de l'Etat, que pour diffuser un affligeant hommage à son génie d'écrivain et de penseur ! « De grâce, point de flatteries ! » « Comment ? Un ordre ? Nous n'acceptons point les ordres ! Ne sommes-nous point libres, même de vous flagorner ? » Et voilà le flagorné non transfiguré, mais défiguré. Boileau avait décrit la scène d'avance :

Mais un auteur novice à répandre l'encens,
Souvent à son héros, dans un bizarre ouvrage,
Donne de l'encensoir au travers du visage.

Voilà les excès dérisoires où l'on tombe quand un équilibre est rompu. Les dirigeants nommés par le pouvoir, hier avaient fort à faire pour contrebalancer les contre-pouvoirs ; aujourd'hui, ils n'ont plus rien à contrebalancer. Pouvoir et contre-pouvoir, sommet et base, sont de « gauche ». Parmi toutes les caractéristiques qui distinguent le « socialisme à la française » de la « social-démocratie », voilà sans doute la plus importante. Celle à laquelle on pense le moins. Celle qui, à la longue, peut le plus corrompre la société.

---

* Le matin du 20 juillet 1982, la presse annonce pour le soir une émission sur l'œuvre littéraire de François Mitterrand, programmée par T.F. 1. On saura par la suite qu'elle a été présentée à l'Elysée pendant et après le montage. De surcroît, son réalisateur est chargé de mission auprès du président de la République. Cette émission, « visionnée » par les journalistes, suscite de la part de la presse, même de gauche (*Libération* du 20 juillet), des réactions mordantes. En fin de matinée, un communiqué de l'Elysée demande à la première chaîne de télévision de retirer du programme cette émission. Le président de T.F. 1, après s'être fait couvrir par son conseil d'administration, annonce, avec un joli mouvement de menton, que, celui-ci étant souverain, l'émission sera maintenue.

Chapitre 20

L'art de ne pas dire
ou
La désinformation dans ses méthodes

Donc parmi les critiques que l'opposition de « gauche » dardait sur l'ancien pouvoir, particulièrement pendant le dernier septennat, aucune ne revenait plus souvent que celle d'avoir *caché la vérité* aux Français, grâce à la colonisation des médiats.

Ce reproche signifiait, *a contrario*, qu'on ne saurait l'adresser à la « gauche » : puisqu'elle avait fait de l'information un cheval de bataille, elle allait être, en ce domaine plus qu'en tout autre, exemplaire.

Les « journalistes-sic », dénoncés comme « à la botte du gouvernement », furent désignés à la vindicte populaire. La radio et la télévision allaient être démuselées ; l'information, libérée ; le public, abreuvé de la vérité dont il avait soif, et qu'on lui dissimulait.

Le pouvoir a pris... le pouvoir audiovisuel. Si le gouvernement ne peut y commander en tout et toujours, les *amis du gouvernement* y règnent sans partage (non sans disputes ; mais c'est leur affaire).

Ce pouvoir de nous informer, que vont-ils en faire ? Disposant des moyens, quelles méthodes vont-ils, jour après jour, utiliser pour changer nos (déplorables) mentalités ? Point n'est besoin d'en chercher loin les références : ce sont celles de toute révolution culturelle. Quant aux exemples, ils abondent. Le lecteur pourra ajouter les siens aux miens. Ils sont ceux d'une vaste entreprise de désinformation.

L'équilibre rompu

Entre 1974 et 1981, une rigueur, presque obtuse à force de scrupules, présidait à l'égalité du temps de parole entre la majorité (gouvernement compris) et l'opposition (syndicats non compris). Chacun comptait minutes et secondes. Edmonde Charles-Roux-Defferre, chargée de prouver que le décompte défavorisait la « gauche », avait dû déclarer forfait. En ce temps-là, les émissions politiques avaient la clarté des « Face à la presse », des « Face à face » ou autres « Armes égales ». François Mitterrand et Georges Marchais étaient les éternels champions de ces joutes qui captivaient le public. Les représentants de l'opposition ne s'y sentaient nullement en infériorité. Ils avaient volontiers le verbe haut : « Taisez-vous, Elkabbach ! »

Du 10 mai au démarrage de « l'Heure de vérité », il a fallu attendre un an pour voir renaître une émission politique digne de cette tradition. En revanche, quel déluge d'interventions ministérielles, quelles cataractes de prises de parole syndicales ou militantes, pourvu qu'elles fussent « de gauche »★ !

Les personnalités politiques de la majorité gouvernementale et de l'opposition alternent le dimanche au micro de deux radios périphériques, dans de libres débats avec des journalistes★★. Comme ces émissions existaient depuis de longues années, le pouvoir n'a pas osé faire pression pour exiger leur annulation : le bruit eût été trop fort. Mais il a trouvé un moyen oblique et efficace d'aboutir à un résultat analogue. Les personnalités de la majorité sont assurées de voir un extrait de leurs propos aux journaux télévisés de 20 heures. Pour celles de l'opposition, c'est une faveur fort rarement attribuée.

Dans les programmes faits pour « distraire » ou pour « cultiver », les idées « de gauche » sont savamment distillées. Tout un art du choix se déploie pour organiser des discussions sur des dossiers ou sur des films, où seront agressés ou ridiculisés les porte-parole de l'opposition, sous le nombre ou la goujaterie des porte-parole de « gauche »★★★.

Déjà, sous « l'ancien régime », l'équilibre avait bien du mal à être respecté. La culture diffusée sur les ondes n'inculquait certes pas les valeurs de la conservation sociale ; la plupart des réalisateurs étaient fort « engagés ». Maintes émissions du genre « Jacquou le Croquant » étaient conçues pour justifier la revendication, et susciter la lutte des classes, quand ce n'était pas la violence. Désormais, qui nierait, de bonne foi, que l'équilibre est ouvertement rompu ?

★ Une cellule du Conseil d'Etat a relevé officieusement, pendant la première année du nouveau pouvoir, les temps de parole de la majorité (gouvernement ; parlementaires ou partis de la majorité ; syndicats « de gauche ») et de l'opposition. Le rapport était de 6 à 1. Dans la dernière année du précédent septennat, le même rapport était de 1,5 pour la majorité, à 1 pour l'opposition. Ces chiffres, cités à l'Assemblée à l'occasion d'une question d'actualité, n'ont pas été démentis. Depuis, la même cellule a constaté que le rapport s'aggravait encore : 8 à 1.

★★ Emissions « R.T.L.-le Monde » et « Club de la Presse » d'Europe 1.

★★★ Par exemple, dans l'émission « Droit de réponse ». Elle mérite une mention, pour la manière exemplaire dont elle caricature son titre. Si un invité d'opposition avance quelque argument propre à contrarier l'effet de propagande attendu, sa voix est aussitôt couverte.

Protectionnisme audiovisuel

Tout est fait pour supprimer les occasions de *varier* l'information : le pluralisme, voilà l'ennemi. Le gouvernement de « gauche » a-t-il donc tellement peur des interpellations, qu'il recule devant la libre discussion ? N'est-il pas étonnant que cette peur des armes de l'esprit se développe sous le règne de celui qui annonçait superbement : « J'ai fait mon choix : je crois à la puissance de l'esprit [1]. »

On raréfie les interventions de l'opposition, qui apporteraient une autre vision de la réalité. On évite les confrontations, d'où pourrait jaillir la lumière. On s'arrange enfin pour que les Français n'aient le choix qu'entre les chaînes de télévision d'Etat, tandis que, la technique progressant à grands pas, nos voisins vont se doter d'une dizaine de chaînes. « Pas de télé-fric » ! Mais pas, non plus, de télés étrangères parlant français. François Mitterrand évoquait avec lyrisme « ce poste de télévision d'un particulier, relié par fibre optique, qui recevra à n'importe quelle heure n'importe quel programme. Tout le savoir du monde sera disponible pour chacun [2] ». Pourtant, son Premier ministre, en commission, est allé jusqu'à parler de « pollution » à propos des émissions étrangères captées par les frontaliers. C'est exactement ce que pensent les dirigeants des pays de l'Est à propos des émissions venues d'Occident. Evitons que les esprits des Français ne soient troublés par les programmes d'outre-frontières !

On s'est bien amusé de la « bataille de Poitiers », livrée pour barrer la route à l'invasion barbare. Mais on n'a pas observé que tant d'énergie était dépensée, non contre des grille-pain ou des montres à musique, mais contre des magnétoscopes. Le choix était-il innocent ? Etait-on par hasard tombé sur ces appareils diaboliques, qui permettent de faire passer au petit écran des cassettes louées à des sociétés de programmes, c'est-à-dire des produits culturels idéologiquement non contrôlés ?

A la crainte de la concurrence des informations et des idées, répond le plus sûr des tranquillisants : le protectionnisme audiovisuel.

Le talent de dissimuler

La désinformation, c'est avant tout, comme son nom l'indique, un art de ne pas dire. Détenir l'audiovisuel est à cet égard capital, car il tient infiniment moins d'informations, dans un journal télévisé, que dans les seize à quarante pages d'un quotidien. Les maîtres de l'audiovisuel contrôlent la sélection de l'information : une information à laquelle, pour l'immense majorité des Français, se réduit *tout* ce qu'il apprendront.

Certes, *le Quotidien de Paris,* ou *le Figaro,* ou maints journaux de province, donneront à leurs lecteurs les informations sur lesquelles la radio et la télévision mettent l'éteignoir. Mais un sur cent seulement des citoyens en prendra connaissance, tandis que la quasi-totalité des électeurs sont auditeurs et téléspectateurs *.

Entre ces deux catégories, il n'y a pas seulement une différence de quantité, mais de nature. D'un côté, quelques centaines de milliers de Français, qui ont accès à des informations complètes, permettant un jugement critique. D'un autre côté, des dizaines de millions d'autres, *qui n'y ont pas accès et ne le savent même pas.* Ils s'imaginent que les informations qu'on leur prédigère en un quart d'heure sont l'exact reflet, en réduction, de celles que des citoyens plus curieux lisent en une heure dans un journal. Or, il n'en est rien. Les grands médiats français évacuent systématiquement ce qui pourrait nourrir la grogne, ou simplement l'inquiétude : un comité de rédaction judicieusement composé, c'est-à-dire avec une majorité de militants « de gauche », ne se trompera pas dans ses choix.

On parle abondamment de ce qui va *mal à l'étranger,* et *bien en France ;* on s'étend complaisamment sur les désastres du capitalisme, et sur les admirables réalisations du socialisme ; on dit le minimum à l'actif de l'opposition en France, et le maximum à l'actif du gouvernement et de sa majorité.

On insiste à longueur d'émission sur *tous les malheurs que l'actualité révèle à l'étranger :* guerre des Malouines ou bombardements de Beyrouth, guérillas en Amérique centrale ou émeutes à Varsovie, chômage aux Etats-Unis ou en Angleterre, dégâts causés par des pacifistes en Allemagne occidentale, assassinats de policiers en Italie ou en Espagne **. Mais, pour la France, les nouvelles sont aseptisées : seules, ou à peu près, parviennent celles qui ne sont pas porteuses de germes critiques ; à moins qu'il s'agisse de critiquer « l'héritage » ou d'alimenter la lutte des classes.

Il a fallu que quatre-vingt-dix-neuf plasticages aient lieu en Corse dans la seule nuit précédant l'élection du président du Conseil régional, pour que les Français en soient informés. Un millier d'attentats ont été recensés dans l'île par la police dans l'année 1982 :

---

* En novembre 1982, un sondage I.P.S.O.S. a révélé que, pour la première fois en France, le nombre des téléspectateurs (93 %) dépasse celui des auditeurs de radio (92 %).

** L'assassinat à Palerme de Della Chiesa a donné lieu à un festival de longue durée, non sans maintes insinuations visant la démocratie chrétienne.

mais vous n'en saviez rien. Vous aviez même pu croire le ministre qui célébrait le « calme » revenu en Corse depuis le 10 mai 1981 — alors qu'on n'avait pas dénombré, dans les cinq années précédentes, autant d'attentats qu'en une seule.

Une explosion criminelle a-t-elle lieu au *drugstore* Saint-Germain-des-Prés ? Désamorce-t-on une bombe dans l'école maternelle de la rue Littré quelques instants avant qu'elle n'explose ? *Glissez mortels, n'appuyez pas.* En revanche, la maison de retraite de Cachan souffre, comme des dizaines d'autres, d'un déficit d'infirmières ; vous en saurez tout puisque cette situation déplorable pourra être mise au compte du maire de Paris. Reportage pirate, manipulation syndicale, débat truqué : la coupe était si pleine que, sur appel de Jacques Chirac, la Haute Autorité devra blâmer les « désinformateurs ».

Le 14 juillet 1982, des sifflets, bientôt des huées, ont accompagné le président Mitterrand entre l'Arc-de-Triomphe et la Concorde. Cette manifestation était indécente. Fallait-il la cacher aux Français ? N'étaient-ils pas capables de la juger sévèrement par eux-mêmes ? Dès les premiers signes de la *bronca*, la télévision coupa les sons d'ambiance. On n'entendit ensuite que la voix du présentateur*. Plus de vues panoramiques sur la foule : de brefs gros plans sur quelques spectateurs applaudissant le passage du chef de l'Etat, ou sur le *command-car* du président, ou sur les troupes impassibles. *L'Humanité* titrait sans rire : « Mitterrand défile sous les ovations ».

Seules les personnes présentes se seraient rendu compte de l'événement, si MM. Mermaz, Quilès et Poperen ne l'avaient relevé avec indignation, dénonçant des « groupes factieux dont les méthodes rappellent les ligues de 1934 ». Puisque « le peuple » ne peut être que de « gauche », il faut bien que les perturbateurs soient des commandos « de droite ».

Si ces zélés thuriféraires, pensait-on, n'avaient pas monté en épingle cet incident mineur, il fût passé inaperçu... Mais l'incident était majeur — sans précédent dans les annales de la République. Les proches n'ont pas imaginé qu'il pourrait être ignoré ; ils ont jugé nécessaire de contre-attaquer aussitôt. Ils ont eu tort. L'art de dissimuler va encore plus loin que ne l'imaginent les artistes eux-mêmes...

---

* Léon Zitrone. On a pu remarquer, depuis lors, que la présentation des voyages de François Mitterrand était souvent faite sans fond sonore ; notamment, celle en région toulousaine les 27, 28 et 29 septembre 1982.

Sous le talent de la dissimulation, se cache celui de simuler. Le pouvoir jette si constamment la poudre aux yeux, qu'un jet fait oublier l'autre. Relisez des gazettes datant de quelques mois : le mensonge apparaît. « Qui ne se sent point assez ferme de mémoire, disait Montaigne, ne doit pas se mêler d'être menteur[3]. »

Plusieurs ministres déclarent triomphalement, à l'automne de 1981, que la France est « le premier pays occidental à sortir de la récession ». Michel Crozier, en semestre sabbatique en Californie, se demande si le *Los Angeles Times*, qui reprend cette formule, a mal traduit un texte plus nuancé[4]. Mais non, la traduction est exacte. La formule fut reprise plusieurs fois par Jacques Delors, par Pierre Mauroy. Puis ils cessèrent de la répéter, quand ils surent que rien, hélas, ne venait la justifier. Le docteur Coué devait, provisoirement, renoncer à sa méthode.

Les rencontres internationales du président sont uniformément triomphales. Après la première rencontre, à Ottawa, entre les présidents américain et français, le porte-parole de l'Elysée constate que le président Reagan a été « profondément impressionné » par la recommandation française de baisser rapidement les taux d'intérêt (si impressionné, qu'il n'en tint pas le moindre compte).

Parmi les raisons invoquées pour expliquer les nationalisations, on insiste sur « la situation catastrophique » des industries nationalisables. Or, la plupart étaient en tête des plus prospères de France. Lorsque, pour la première fois, un journaliste de T.F. 1 entonne ce couplet, on se dit qu'il fait du zèle. Il était seulement bien informé, car le Premier ministre reprend aussitôt la chanson. Si la branche textile de Rhône-Poulenc et la branche chimique de Péchiney-Ugine-Kuhlmann allaient mal, c'est parce que les investisseurs privés refusaient égoïstement d'y perdre leur argent (ce que le gouvernement ne se refuserait pas à faire).

Le président français veut faire adopter, par ses neuf partenaires du Marché commun, une priorité pour la lutte contre le chômage, renvoyant au second rang la lutte contre l'inflation : notre pays sera en meilleure position si ses partenaires adoptent la même stratégie. Mais pour eux, il faut juguler l'inflation *d'abord*. Par une concession toute verbale, les Dix adoptent un communiqué final qui propose comme priorité « la lutte simultanée contre l'inflation et le chômage ». La propagande élyséenne souligne ce « grand succès » de la diplomatie française. Naturellement, nos partenaires ne changent rien à leur priorité anti-inflationniste...

FIRENZE - Galleria Uffizi - RAFFAELLO

MADONNA DEL CARDELLINO (dettaglio)
LA VIRGEN DEL PAJARITO (det.)
LA VIERGE AU CHARDONNERET (det.)
THE VIRGIN OF GOLDFINCH (det.)

E³B C. 34 PRINTED IN ITALY

A very happy birthday,
dear Louise, with my
love and prayers, and my
especial prayers for your
Success in your examinations

D. Bridget I.B.V.M.

Assisi 27.10.74

Mais le chef-d'œuvre de la poudre aux yeux reste le discours minimisant, qui ramène l'excessif à des proportions acceptables.

On présente les nationalisations de manière si modérée que ceux qui paraissent mentir sont ceux qui les trouvent immodérées. M. Mermaz déclare qu'elles « situent la France à mi-chemin entre le socialisme de Bonn et le socialisme de Moscou ». Qui observe qu'à mi-chemin entre Bonn et Moscou, on fait escale à Varsovie ?

François Mitterrand n'avait-il pas été plus prophétique que descriptif, quand il déclarait : « Ça marche encore, car, au fond, les Français savent qu'ils ont à leur tête un homme qui ne réussit pas, mais qu'ils n'en trouveront jamais un qui expliquera aussi bien ses échecs. Mais ça pourrait ne pas marcher toujours. Alors il pose des verrous partout où risque de passer un air de vérité. [5] »

Dissimulations et simulations autour d'un grand mort.

Les quatre épisodes qui suivent composent autant de ces « petits faits caractéristiques » dont Taine voulait faire la matière de l'Histoire.

Un journaliste de « gauche » fort connu, qui a pendant de longues années dirigé un grand journal du soir, est convié à l'Hôtel de Ville pour recevoir la médaille d'or de la Ville de Paris. La cérémonie a lieu au lendemain de la mort de Pierre Mendès France. Suit un dîner de trente couverts, où se retrouve tout ce que le monde de l'information connaît de plus influent. Le héros du jour raconte un récent déjeuner en tête à tête avec Pierre Mendès France : « L'opposition, expliquait celui-ci, ne devrait pas dire que ce régime n'en a que pour deux ans. D'abord, parce que c'est inconvenant pour des républicains. Ensuite, parce que c'est évident. — Evident ? Que voulez-vous dire ? — Il est évident que cela ne va pas durer plus de deux ans. D'ici là, Mitterrand, ou bien sera parti de lui-même, ou bien aura été chassé par la rue. » En d'autres temps, cette histoire vécue aurait fusé dans toute la presse. Epais silence.

Jean-Raymond Tournoux publie un petit livre * au titre discutable, mais dont le texte va au fond des choses. Il l'a écrit selon ses méthodes éprouvées : conversations avec les acteurs politiques, faits minutieusement recoupés, patient recueil de documents. Le boycott est à peu près complet. Aucune dépêche d'agence. Aucune allusion dans les radios et télévisions. Quand il écrivait, suivant les mêmes méthodes,

* *La France, ton café fout le camp,* octobre 1982.

la Tragédie du Général, qui avait fortement irrité le premier intéressé, les médiats lui avaient fait un accueil triomphal.

Pierre Mendès France téléphone à Raymond Tournoux pour le remercier de l'envoi de son livre et lui avoue sa crainte d'un échec historique du « socialisme à la française » : « Pas de cohérence, cela va dans tous les sens... » « La compétitivité de l'économie française, c'est inquiétant, on est fragile. » « Le socialisme à la française, personne ne sait très bien ce que c'est... » « Les ministres ne sont pas au courant des affaires... d'où les impulsions, les impatiences... » « Les perspectives ne sont pas très roses. » Mendès France raccroche, et meurt quelques instants plus tard.

Tournoux avait pris en note les formules mêmes de cette lourde confidence. Il hésite à faire part de ce réquisitoire. Quelques jours après, il reçoit *le Courrier de la République,* bulletin dont Mendès France est le directeur-fondateur, et qui ne paraissait plus guère. L'éditorial cherche à alerter les dirigeants de ce pays : c'est comme un message d'outre-tombe. « L'erreur (de la gauche) consisterait à croire qu'elle peut faire du socialisme de répartition, de générosité, sans se préoccuper beaucoup de l'efficacité économique (...). La droite a gagné d'avance, si l'on continue de s'enfoncer dans la dégradation de notre appareil productif, en termes de capacité concurrentielle. »

La « République des professeurs »? Des utopistes! « Peut-être faut-il faire de la peine à des militants de formation littéraire, qui ne connaissent pas les réalités économiques ; à ceux qu'une philosophie marxiste conduit à croire que l'élimination du profit capitaliste déclenche aussitôt, sans autre effort, une prospérité inouïe, qu'accompagnent automatiquement la fin de toutes les oppressions, l'épanouissement de toutes les libertés. A ces derniers, il faut offrir un voyage d'études en Pologne. »

L'Elysée vit dans les nuages : « Dans les hautes sphères du pouvoir, l'on entretient auprès du président de la République un optimisme, ou d'illusion ou de courtisanerie. » Que doit souhaiter un homme de gauche? « Le plus vite possible, un gouvernement d'efficacité, et non d'idéologie. Faute de quoi le socialisme sera condamné dans l'esprit des Français, et pour longtemps. »

Raymond Tournoux, soulagé de ses scrupules par ce texte, publie dans un grand magazine[6] la dernière conversation de Mendès et des extraits du dernier *Courrier de la République.* La double page, fort bien présentée et illustrée, est annoncée sur la couverture.

Rien de tout cela n'a eu le moindre écho. En d'autres temps, on eût présenté ces révélations posthumes comme un testament spirituel.

En fait de testament, on ne connaîtra que l'interprétation solitaire du président de la République... L'effort fait par le régime pour récupérer la grande figure disparue sera relayé par tous les buccins de la Renommée. Une journée nationale sera destinée à faire croire aux Français que, pour les dirigeants de la « gauche », Pierre Mendès France était l'inspirateur de tous les instants. Ses « amis », aussi peu empressés à l'écouter depuis le 10 mai que sous la IVᵉ République, le transforment en demi-dieu.

Au fait, la vertu la plus éclatante de Pierre Mendès France n'était-elle pas l'honnêteté intellectuelle ?

Chapitre 21

Techniques d'intimidation

L'art de ne pas dire peut parfois rester court. Une nouvelle désagréable au pouvoir réussit-elle à percer les barrages qu'il a disposés autour des Français ? Il faut alors savoir détourner l'attention. Monter des « coups », qui étourdissent le public. Déclencher contre les opposants l'indignation ou la suspicion.

Le talent de la diversion

Le dimanche 17 janvier au soir, quatre élections législatives partielles, gagnées au premier tour par l'opposition, contrairement à tous les pronostics officiels et officieux, répandent la consternation dans les palais nationaux. Un mot d'ordre immédiat résout élégamment le problème : on « écrase ».

Contrairement à la tradition, la télévision n'est présente auprès d'aucun des quatre élus. Jacques Attali, en train de débattre à la radio avec des journalistes, est invité à commenter à chaud les dépêches d'agences qui annoncent les résultats. Il se dérobe [1]. Gaston Defferre affirme effrontément qu'il s'agit de « circonscriptions de droite, que la droite reprend tout naturellement ». Le lendemain matin, Louis Mermaz donne le ton : « C'est un incident mineur, sans aucune signification, si ce n'est que l'électorat de gauche ne s'est pas assez mobilisé, parce que le changement n'est pas assez rapide à son gré [2]. » On suggère même que le Conseil constitutionnel « de droite » aurait choisi judicieusement ces quatre circonscriptions... Le président de la République répète en privé à ses interlocuteurs : « Ces partielles sont un petit accident sans conséquence. Les Français adorent se défouler lors de scrutins où ils peuvent se conduire en irresponsables. »

Mais pour effacer un échec, il ne suffit pas de le nier. Il faut en détourner l'attention, qu'un autre objet doit accaparer. L'affaire du Conseil constitutionnel se présente à point nommé.

La veille du scrutin, le samedi après-midi, le Conseil constitutionnel a rendu son verdict sur les nationalisations : favorable au principe ; avec quelques réserves sur les modalités. Les premières réactions de l'Elysée et de Matignon ont été de soulagement. Quelle sage sentence ! Le droit de nationaliser est déclaré parfaitement conforme à la Constitution. Les détails sur lesquels le Conseil exprime son désaccord sont infimes ; ils seront mis au point en un tournemain par les deux assemblées, qui siègent opportunément.

Pourtant, le lundi, les dirigeants du P.S. se rendent compte que la décision du Conseil pourrait fournir, s'ils la critiquaient, une excellente diversion. Ils renversent aussitôt la vapeur. Toute la semaine, les médiats sont emplis de déclarations d'une rare violence : contre l'institution, dont la décision a été « dictée par le patronat » ; contre sa « collusion avec l'opposition » ; contre sa « composition bourgeoise ».

Pierre Joxe, président du groupe socialiste à l'Assemblée, voit dans le Conseil (dont son père est un des membres les plus distingués) un « ennemi de classe » : « Nous, nous représentons le peuple. Eux représentent la majorité d'autrefois. Ils interviennent lorsqu'il s'agit de déterminer le montant des sommes à verser aux capitalistes, mais on ne les a jamais entendus s'exprimer sur le bon niveau du S.M.I.C. » (comment auraient-ils pu s'en mêler, puisque le montant du S.M.I.C. ne fait pas l'objet de lois ?) « Cette décision fait perdre du temps pour les embauches et la relance. » Le retard n'a été que d'une semaine ; un an après, on eût aimé savoir ce que les nationalisations ont apporté pour les embauches et la relance.

Lionel Jospin envisage de passer outre aux arrêts du Conseil : « Aucune révolution populaire n'a jamais été arrêtée par aucune cour suprême. » Le ministre chargé des relations avec le Parlement pousse plus loin la menace : « A force de nous assassiner, il va finir par se suicider. » Gaston Monnerville, le seul des « neuf sages » à n'être pas un « ennemi de classe », puisqu'il est « de gauche », finit par enfreindre la consigne du silence donnée par le président Roger Frey à ses collègues : « Tout ça, ce sont des bêtises. »

Mais pendant une semaine, on n'aura parlé que du Conseil constitutionnel, de « l'attentat » auquel il s'était livré contre les Français en bafouant leur évidente volonté, de la nécessité de le supprimer, ou en tout cas de modifier radicalement sa composition et son rôle. Pendant cette semaine, on ne souffla mot des élections législatives partielles. La semaine suivante, elles étaient heureusement oubliées.

Le suicide refusé

A tort ou à raison à la veille des cantonales de mars, le suicide de René Lucet — pourchassé non seulement par le parti communiste et la C.G.T., mais par son ministre, Nicole Questiaux, qui ne l'a pas admis à présenter sa défense — prend les allures d'une persécution politique. La pénible impression produite ne risque-t-elle pas d'influencer défavorablement les électeurs ? Coûte que coûte, il faut détourner les esprits par une diversion.

La voici montée en deux temps et trois mouvements. Lucet s'est-il bien suicidé ? N'aurait-il pas été assassiné ? Deux balles ont été tirées : n'est-il pas évident qu'il n'aurait pu tirer la deuxième ? L'attitude de sa femme n'est-elle pas suspecte ? Ne faut-il pas rouvrir le cercueil, recommencer l'enquête et l'autopsie ? On déterre le cadavre. On excite la presse. On laisse attendre des résultats spectaculaires. Trois semaines de soupçons, de cris et de chuchotements, multipliés par les trompettes audiovisuelles.

Les cantonales n'en furent pas meilleures, mais au moins, elles n'en furent pas plus mauvaises. Le silence retomba. La commission d'enquête, composée de médecins légistes et d'experts en balistique, confirma la possibilité du suicide. Cela n'a pas empêché le pouvoir de se venger. Le procureur de la République, qui avait pris sur lui de faire accorder le permis d'inhumer, a été déplacé dans des conditions qu'on n'avait pas vues depuis Vichy. Son supérieur hiérarchique, le procureur général d'Aix, qui s'était solidarisé avec lui, a été traité peu après de manière plus brutale encore : mis en congé spécial (par un décret qu'a rédigé celui qui le remplace). En 1976, l'opposition d'alors avait dénoncé avec force clameurs le garde des Sceaux, Jean Lecanuet, qui, dans la même ville de Marseille, avait nommé le substitut Ceccaldi, *sur sa demande,* à Hazebrouck. Qui proteste aujourd'hui contre les sanctions déguisées, parfaitement irrégulières, qui atteignent de hauts magistrats ?

Paris vaut bien une dévaluation

La deuxième dévaluation, le 11 juin 1982, tombe d'autant plus mal que, trois jours plus tôt, le président de la République, dans sa conférence de presse, était visiblement loin de s'en douter. La conférence présidentielle paraît rétrospectivement ridicule. Et les feux d'artifice de Versailles se noient dans le Grand Canal. On attendait du « sommet » un accord sur les taux d'intérêt. Rien n'est venu. On attendait un accord sur une relance économique mondiale. On verra plus tard. On attendait un accord sur les échanges avec le Japon. Il est refusé. On attendait un programme d'aide au tiers monde. On attend toujours. Le déficit du commerce extérieur, l'inflation deux fois plus rapide qu'ailleurs, le budget et la Sécurité sociale en déroute, sont soudain mis à nu par cette dévaluation en catastrophe. Un grave malaise se répand. Il faut absolument faire diversion.

Quel lapin le prestidigitateur tirera-t-il de son chapeau ? On avait jusque-là ménagé Jacques Chirac, qui semblait ménager le président. Or, dans une émission percutante, Chirac lui porte de rudes coups. Il avait fait de même la veille, à l'occasion d'une motion de censure, en parlant d'*incapacité*. Sus à Chirac ! Voilà bien la meilleure des diversions.

L'ennui est qu'on doute de pouvoir le battre à Paris. Qu'importe ! Il suffit de rayer Paris de la liste des communes de France, en application du principe lumineux invoqué par un personnage de Bertolt Brecht : « Si le peuple n'approuve plus le gouvernement, il faut dissoudre le peuple. » Si Paris n'approuve plus le gouvernement, il faut dissoudre Paris.

Cependant, si forte fut la clameur de Jacques Chirac, des Parisiens, de l'opposition tout entière, que le pouvoir dut reculer. N'avait-il pas commis une fausse manœuvre ?

En fait, la diversion avait parfaitement rempli son office. Le grave discrédit jeté sur le régime par les malheurs de la monnaie et par les mesures de blocage était passé au second plan. Quant à Paris, on revint sur le démembrement, que ne demandaient même pas les élus socialistes ; on leur donna ce qu'ils réclamaient : des conseils d'arrondissement, d'où ils pourraient conforter leur clientèle.

Le talent de répéter

Napoléon aimait à dire que la répétition est la plus grande figure de rhétorique. Selon Tchakotine, ou Lénine, ou Goebbels, la répétition, à elle seule, réussit à opérer le « viol des foules » : un mensonge maintes fois répété n'est plus perçu comme un mensonge.

Depuis 1917, le marxisme en actes a prouvé que, s'il échouait dans tous les domaines de l'activité économique et sociale, il était insurpassable en un point : garder, grâce à une propagande impitoyablement martelée, le pouvoir qu'il a conquis.

Depuis le 10 mai 1981, la radio, la télévision, beaucoup de grands journaux, s'adonnent, sur une cadence qui s'accélère, à ce qu'on appelle en langage marxiste-léniniste, l'*agit-prop* ; en langage audiovisuel, le matraquage. *Une vérité qui n'atteint pas un seuil minimum de répétition n'est pas tenue pour telle ; une erreur qui dépasse ce seuil est tenue pour vraie.*

Sans doute les responsables du parti socialiste estiment-ils que l'on n'est pas encore allé assez loin dans « l'action de propagande ». Jean Poperen, numéro deux du P.S., dans une circulaire dont l'existence n'a pu être démentie, à donné les directives suivantes à son appareil : « Le principal support (action de propagande) doit être les *media,* et en premier lieu la télévision : il est vain d'espérer entraîner un mouvement d'opinion si notre effort — expliquer, répéter — ne dispose pas de ce moyen essentiel. Il est donc hautement souhaitable... que des changements réels commencent à se faire sentir sur ce plan. Outre une présence systématique, moins désordonnée, plus « utile », des ministres sur le petit écran, il convient que soient présentés aux grandes heures d'écoute des journaux qui expliquent la politique du gouvernement, au lieu de privilégier les critiques qui lui sont faites[3]. » Aviez-vous remarqué ces *critiques ?* En tout cas, vous entendiez ces *explications.*

Efficace et intimidante répétition ! Les socialistes se sont si souvent, et depuis si longtemps, proclamés champions des droits de l'homme, qu'ils ont fini par imposer cette idée d'eux-mêmes à leurs adversaires les plus déterminés. Les communistes, sans y réussir tout à fait autant, ont presque neutralisé l'effet désastreux que provoquait en France l'annonce de tant d'atteintes aux libertés fondamentales dans les pays où ils détiennent le pouvoir. Puisqu'ils s'affirment si souvent les défenseurs des libertés publiques et individuelles, d'Angela Davis, des Rosenberg, de Curiel, de Goldman, comme jadis de Sacco et Vanzetti, c'est bien qu'ils n'ont rien de commun avec Staline ni Jaruzelski. C'est qu'ils ont tout en commun avec l'épiscopat français et *Amnesty International.*

La mainmise sur l'appareil audiovisuel assure à la « gauche » les moyens de la répétition sans fin. La détention du pouvoir fait le reste.

L'art d'intimider

Le public a-t-il l'impression, malgré tous les nuages de fumée, que les grands moyens d'information sont favorables au pouvoir ? Les sondages indiquent-ils une fuite des téléspectateurs, ainsi que des auditeurs de la radio d'Etat ? La parade consiste à user de ce qu'on pourrait appeler la « récupération terrorisante ». La baisse d'écoute, affirme la propagande socialo-communiste, tient au fait que le « changement » n'a pas encore atteint la radio-télévision... Que les bons se rassurent, et que les méchants tremblent !

Un tract, répandu en juillet 1982 dans la banlieue de Lyon, cherche à semer la panique : « Les flics nous exterminent en banlieue, soyons cruels ! » ou encore « Ça va saigner : un bon flic est un flic mort ! »[4]. Ces graffiti ont bien été inscrits sur des murs, près de véhicules incendiés par des *loubards* plus ou moins consciemment anarchistes ; mais les tracts sentent l'inspiration d'extrême droite. Les actes

210

manifestent le goût de la violence élémentaire : les tracts essaient de faire croire que cette brutalité est organisée. Charles Hernu, maire de Villeurbanne — pourtant l'un des moins sectaires des membres du gouvernement — et Marcel Houel, son collègue communiste de Vénissieux, sautent sur l'occasion. Ils assimilent à l'extrême droite l'U.D.F. et le R.P.R. « qui font tout pour empêcher la réussite du changement ». Pour minimiser la violence, trop réelle, ils mettent en cause son « exploitation ».

Charles Hernu étend sa contre-attaque aux journalistes, avec des arguments terrorisants par excellence : « Il est regrettable que le *pouvoir de l'argent* empêche nombre de journalistes d'exercer pleinement leur métier et que la recherche du sensationnel conduise trop souvent à mettre en exergue des événements qui frappent l'opinion. On offre ainsi un terrain facile à tous ceux qui, ayant trop longtemps considéré l'Etat comme leur propriété et confondu la démocratie avec l'exercice du pouvoir par eux-mêmes, sont aujourd'hui prêts à utiliser tous les moyens [5] ». Voilà les journalistes et les opposants, qui ne font que leur métier, plus dangereux pour la société et la République que les brûleurs de voitures et les chasseurs de policiers !

Les registres de l'intimidation

L'intimidation peut varier ses méthodes : la violence, ou la nuance. Parfois, elle a ses gros bras, et ne dédaigne pas la manière forte. Le parti communiste, en son XXIVe Congrès, « ne voit toujours pas venir le changement dans l'information [6] ». La C.G.T. non plus. Elle enjoint par circulaire, le 20 janvier 1982, à ses responsables de « créer de puissants mouvements d'opinion par des opérations de protestation directe devant les sièges ou dans les locaux des journaux, télé, radios ». La raison ? Vous l'aviez deviné. « Nous nous retrouvons devant des *media* toujours structurés, organisés et fonctionnant pour le compte de l'idéologie dominante, et dont l'objectif n° 1 est d'isoler les forces politiques et syndicales révolutionnaires [7]. »

Plus subtile est la tactique du gouvernement : jeter le discrédit sur sa propre télévision, confondue avec l'ensemble d'une presse supposée hostile, nostalgique, idéologiquement indécrottable. L'intimidation va jusqu'au chantage, quand elle combine la pression d'en haut — la mise en garde hiérarchique ; la pression d'en bas — la menace syndicale ; la pression intérieure — le message culpabilisant.

Le secret de l'art d'intimider ? Donner mauvaise conscience à l'adversaire, ou à quiconque serait tenté d'en adopter le point de vue ; bonne conscience à soi-même et à ceux qu'on espère rallier à sa cause.

Vous êtes journaliste économique à la télévision ? Vous avez donc l'esprit irrémédiablement déformé par les préjugés de l'économie classique, celle que les collègues de Raymond Barre enseignent à la faculté, que les banquiers pratiquent dans les banques, les négociants en leur négoce et les industriels dans leurs industries. Vous êtes donc inapte à faire comprendre aux Français la marche vers l'économie socialiste. Un conseil : méfiez-vous de ce que vous pensez spontanément. Allez plutôt interviewer Jacques Delors ou Laurent Fabius. Imprégnez-vous des idées développées dans la campagne « Les yeux ouverts ». Ou alors, cédez la place à des confrères dont la formation marxiste est plus avancée que la vôtre.

Même les nouvelles têtes ne doivent pas oublier de se laver le cerveau.

Culpabiliser l'opposition

« Vous avez juridiquement tort, puisque vous êtes politiquement minoritaires », déclare à la tribune, dans le débat sur les nationalisations, André Laignel aux applaudissements de ses amis. Malheur aux vaincus ! Le *Vae Victis*, qui ne sanctionnait chez les Romains qu'un rapport de forces, se transpose dans l'état de droit socialiste.

Voici le Premier ministre embarrassé par une question d'actualité * : il ne peut démentir, ni ne veut confirmer, la véracité d'une conversation téléphonique entre le ministre de la Santé Ralite, et le secrétaire général de la C.G.T. Krasucki. Il s'indigne, pour demander « solennellement et instamment que soit posé, à la prochaine conférence `des présidents, le problème général du caractère des questions adressées au gouvernement ». La célèbre formule du procès Zola, « La question ne sera pas posée ! », devait lui trotter dans la tête. En somme, il faut que le gouvernement puisse écarter toute question de nature à le gêner, et que les questionneurs sentent peser sur eux l'indignation du peuple. Le meilleur Parlement sera celui où le gouvernement ne répondra qu'aux questions de l'opposition qu'il aura lui-même choisies.

Il faut en permanence culpabiliser l'opposition. Refuse-t-elle de voler au secours de ceux qui ruinent allègrement notre économie ?

---

* La pratique des questions d'actualité, instituée sous le précédent septennat, a été détournée de son but depuis le 10 mai. Le président de l'Assemblée, Louis Mermaz, a décidé d'accorder deux fois plus de temps au groupe socialiste qu'aux autres groupes parlementaires, alors que ce sont évidemment les questions de l'opposition qui intéresseraient le plus le public. En outre, les ministres répondent intarissablement, de sorte que les deux groupes d'opposition parviennent rarement à poser toutes les questions qu'ils ont régulièrement inscrites.

Elle fait la « politique du pire ». S'acharne-t-elle à essayer d'amender les projets de loi dont elle mesure les dangers ? Elle a recours à « l'obstruction ». Emet-elle des doutes sur la légitimité des « changements » entrepris ? Elle « déstabilise » le gouvernement.

La mission de l'opposition serait-elle de faire l'éloge du gouvernement, de laisser passer ses projets comme lettre à la poste, de le « stabiliser » ? Telle est pourtant la pensée qui sous-tend le sophisme suivant : 1. Les temps sont durs, le franc flageole, l'économie fait naufrage, la patrie est en danger. 2. La situation ne peut se rétablir que si la confiance renaît. Quiconque s'y refuserait se comporterait en mauvais Français. 3. L'opposition manquerait de civisme si elle sapait cette confiance.

Le plus étrange est que ce raisonnement implicite pénètre plus d'un esprit, y compris parmi les opposants. Car les « libéraux » sont, par essence, tolérants. Ils respectent les raisonnements de leurs adversaires. Ils ont même la faiblesse de connaître le doute, et le scrupule.

Il faut excommunier d'avance tout adversaire : une scène d'Anatole France résume ce terrorisme intellectuel, dont il rit comme d'une puérile intolérance. C'est le dialogue absurde de deux enfants dans *le Livre de mon ami* : « Il me demanda ce que faisait mon père. Je lui dis qu'il était médecin. — Le mien est avocat, répondit Fontanet ; c'est mieux. — Pourquoi ? — Tu ne vois pas que c'est plus joli d'être avocat ? — Non. — Alors, c'est que tu es bête. »

Argument d'autorité et profession de foi remplacent dialogue, recherche de la vérité, esprit critique. Penser *autrement,* c'est penser *bête,* ou penser *nuisible.* Irrémédiablement.

Chapitre 22

L'art de mystifier

« Calomniez, calomniez, il en restera toujours quelque chose. » Basile est à l'œuvre.

Il avait déjà fait ses preuves. Par exemple, après l'attentat de la rue Copernic, la presse, intoxiquée par la « gauche », avait aussitôt désigné le coupable : l'extrême droite. On se déchaîne contre le « fascisme renaissant ». Des jeunes gens vont jusqu'à découvrir quelques « néo-nazis » et à les défigurer en leur lançant du vitriol au visage.

Cherchez à « droite »

Depuis le 10 mai, tout ce qui arrive de mauvais est imputé à la « droite » ou à l' « extrême droite » (auxquelles sont assimilés tantôt le R.P.R., tantôt l'U.D.F., tantôt les deux).

Les miracles économiques promis se font désespérément attendre ? M. Mitterrand « accuse avec indignation » le gouvernement précédent d'avoir « laissé se dégrader l'appareil économique de la France ».

Des propos du ministre de l'Economie soulèvent l'ironie des députés R.P.R. ? Jacques Delors, auquel on a fait la réputation d'un homme modéré, traite ces parlementaires de « braillards fascisants ».

Des bombes éclatent dans Paris ? « Ce ne peut être que l'extrême droite », selon le ministre de l'Intérieur. Preuve en est que Régis Debray, conseiller du président en révolution tiers-mondiste, a été visé. On apprendra cependant que des Arméniens, proches des Palestiniens, entendaient faire payer des déclarations faites à tort et à travers par Gaston Defferre sur le génocide de 1915. Peu importe ; les couplets sur la nouvelle « peste noire » ont eu leur écho.

Des armes sont volées dans un camp militaire près de Foix ? On dénonce aussitôt des groupes paramilitaires. Quelque putsch ne serait-il pas en préparation ? Quelque temps plus tard, les coupables sont découverts : non des conspirateurs « de droite », mais de vulgaires délinquants de droit commun, à la recherche d' « outils de travail » pour préparer un hold-up. Comme toujours, le démenti des faits n'atteint qu'une infime partie de ceux qu'a intoxiqués la fausse nouvelle.

Après l'attentat de la rue des Rosiers, la diffamation prend les allures de l'insinuation. Gaston Defferre déclare froidement : « Je ne crois pas que les forces de droite françaises puissent commettre de tels crimes pour déstabiliser le gouvernement. » Quelle magnanimité ! Imaginez que Christian Bonnet, après l'attentat de la rue Copernic, ait affirmé aussi généreusement : « Je me refuse à croire que le parti socialiste a fomenté ce massacre. » Entendez-vous le tintamarre ?

Bien plus : le législateur n'avait pas supposé qu'un ministre en exercice puisse injurier et diffamer un ex-ministre au titre de ses anciennes fonctions. Celui-ci n'a même pas le droit de poursuivre son diffamateur. Il doit s'en remettre de ce soin au parquet, qui attendra — longtemps — les instructions du garde des Sceaux.

Souvent, les principaux personnages du pays — ce qu'on n'avait jamais vu sous la Ve République — accablent des adversaires, nommément désignés, d'insultes publiques. Des chefs de l'opposition font-ils leur rentrée politique ? On vitupère en haut lieu le « bal des revenants ». Le Premier ministre doute du républicanisme d'un député. Gaston Defferre met en cause l'honnêteté de Jacques Chirac. Une première condamnation en justice pour injures, au moment des élections cantonales, ne l'empêche pas de récidiver.

N'est-ce pas abuser de l'impunité dont jouit tout membre du gouvernement ? Le législateur n'avait pas imaginé qu'un ministre en exercice pût abaisser sa fonction jusqu'à l'injure et à la diffamation. Il a donc protégé le ministre de toute poursuite, si ce n'est en Haute Cour pour trahison ou forfaiture*.

Quand le bateau fait eau de toutes parts, il faut jeter des victimes en pâture à l'opinion ; dénoncer les égoïsmes bourgeois, les traîtres, les saboteurs. Les responsables, ce sont les autres. La C.G.T. désorganise la production ? M. Auroux stigmatise l'intransigeance des patrons. La délinquance se multiplie ? Me Badinter accuse la société de consommation et l' « idéologie sécuritaire » (sic). Quand le pouvoir est en difficulté, il lui suffit de trouver un alibi en accablant des adversaires — et plus ils sont imaginaires, moins ils pourront se défendre.

---

* Si M. Chirac a pu faire condamner M. Defferre pour diffamation, c'est que le Tribunal de Paris a estimé, en l'occurrence, que celui-ci s'était exprimé dans une réunion électorale non en tant que ministre, mais en tant qu'homme politique.

Les faits finissent bien par parler d'eux-mêmes. On suppose des comploteurs d'extrême droite ; puis on trouve des militants palestiniens, arméniens, allemands, italiens — ou les gauchistes français d'*Action directe*. Seulement, les mêmes organes qui propagent les hypothèses sur cinq colonnes à la une, ne mentionnent même pas le démenti qu'apportent les faits. Sur cent personnes trompées, une au plus est détrompée.

Les réalités ne prévalent pas sur les mythes, quand le mythe bénéficie de si puissants haut-parleurs ; quand ceux qui appellent à la vérité sont accusés d'appeler à la subversion.

M. Mauroy n'a-t-il pas accusé l'opposition de vouloir bousculer les échéances électorales et mettre à mal les institutions ?[1] M. Bérégovoy n'a-t-il pas dénoncé le double jeu de Jacques Chirac, qui « cherche a apparaître comme un personnage tranquille et rassurant tandis que ses lieutenants et ses troupes de choc ont une attitude qui rappelle de fâcheux souvenirs »[2] ? M. Mermaz n'a-t-il pas suggéré que ceux qui « n'acceptent pas la légitimité républicaine incarnée par François Mitterrand » veulent « mettre en cause par la violence la victoire de la gauche »[3] ? Accusation, dénonciation et suggestion qui apparaissent, comme par hasard, à quelques jours d'intervalle.

Comment rétablir la vérité, quand on est insidieusement assimilé aux « ligues », aux « capitalistes », aux « multinationales », et que les organes prêts à publier votre protestation ont une diffusion cent fois inférieure à celle des organes qui vous ont vilipendé ? Faut-il perdre son temps à se défendre de n'être ni à l'extrême droite, ni ligueur, ni factieux ? Quand on dément, on crie « touché ». Quand on ne dément pas, on consent à l'accusation. Diabolique, la calomnie fait son œuvre : qu'on la combatte, ou qu'on la méprise.

Les mises en scène

Jamais aucun pouvoir en France, en tout cas depuis les deux Napoléon, si l'on excepte Vichy, n'avait poussé aussi loin la mise en scène et en condition.

Lors de leur prise de fonctions, les trois premiers présidents de la Ve République étaient allés déposer sobrement une gerbe au Soldat inconnu, avant de gagner l'Elysée, les deux premiers en voiture décapotable, le troisième à pied*. François Mitterrand innova. Il

---

* Ce qui fut critiqué comme une affectation de simplicité, de même que le refus de porter la jaquette et d'arborer le grand cordon de la Légion d'honneur.

voulut se faire introniser, en grande pompe, par de grandes ombres. Accueilli devant le Panthéon par l'Orchestre national au son de la Neuvième symphonie, il pénétra sous la voûte avec une rose à la main et alla méditer sur des tombes. A lui, Beethoven et la Joie. A lui, l'abolition de l'esclavage, puisqu'il déposait une rose sur le caveau de Schœlcher. A lui, la générosité sociale et la paix entre les hommes, puisqu'il laissait tomber une autre rose sur les restes de Jaurès. A lui, la Résistance, puisqu'il jetait une troisième rose sur les cendres de Jean Moulin. François Mitterrand fut le premier chef d'Etat français à vouloir entrer vivant au Panthéon. Imagine-t-on de Gaulle, Pompidou ou Giscard faisant de même au seuil de leur installation ? Le microcosme politique aurait dénoncé une scandaleuse captation d'héritage. Il resta, ce jour-là, muet d'émerveillement.

En octobre 1981, François Mitterrand alla assister à une reconstitution de la bataille de Yorktown. Le « vent d'Amérique », qui souffla depuis cette victoire jusqu'au 14 juillet 1789, allait de nouveau se lever. Le spectacle fut grandiose. François Mitterrand, debout sur le pont du croiseur *de Grasse,* entouré de l'amiral de Gaulle et de Claude Manceron — devenu entre-temps, son historiographe, tel Racine pour Louis XIV — assista, impassible, à la déroute des exploiteurs et au triomphe des *Insurgents.* A lui, la liberté ! A lui, l'indépendance ! A lui, la Révolution ! A lui, les illustres libérateurs : La Fayette, de Grasse, de Gaulle.

A Mexico, sur la place du Zocalo, deux fois grande comme celle de la Concorde, de Gaulle, en 1964, avait attiré un million de Mexicains enthousiastes. Les Mexicains ne l'ont pas oublié : dix-huit ans après, même ceux qui n'y étaient pas vous prétendront y avoir été. Le chauffeur de taxi, le garçon de café vous raconteront que de Gaulle, qui avait appris son discours en espagnol par cœur, était « devenu, en sept minutes, roi du Mexique ».

François Mitterrand ne pouvait faire moins. N'est-il pas le « de Gaulle de gauche » ? Et le Mexique n'est-il pas un pays « de gauche » ? Le président Mitterrand fait demander au président Lopez Portillo qu'on lui accorde à son tour les honneurs du Zocalo. Réponse négative : on ne l'a fait que pour de Gaulle, le libérateur de sa patrie, le seul survivant des quatre Grands. On propose de se rabattre sur la place de la Révolution, de proportions beaucoup plus modestes, puisqu'elle ne pourrait contenir que vingt mille personnes bien tassées. Mais le beau nom ! Sa signification n'échappera à aucun Mexicain, ni à aucun Français.

Hélas ! Un an plus tard, le même chauffeur de taxi, le même garçon de café qui vous chante la romance de Gaulle, vous dira : « Le président français actuel ? Non, il n'est pas encore venu au Mexique. » De fait, il parla devant un public clairsemé *. Les journaux mexicains le signalèrent à peine. La presse internationale ne souffla mot du discours. Notre presse en fut pleine **. Notre télévision parvint à donner une impression de foule : merveilles de la technique...

L'air des sommets

Quelques jours plus tard, à Cancun, se réunit la conférence Nord-Sud. François Mitterrand y voyait naguère « un de ces grands machins qui retombent en poussière »[4]. Il souleva la poussière en prononçant un « grand » discours sur les relations entre pays du Nord (oppresseurs) et du Sud (opprimés). Quel symbole ! Un village sous les « tristes tropiques » ; sur cette mer des Caraïbes qui vit débarquer Christophe Colomb, se mêler trois races, la blanche, la rouge et la noire, et se dresser, à la barbe de l'Oncle Sam, le premier régime socialiste du Nouveau Monde...

Malheureusement, Cancun n'est point un village du tiers monde, mais une station pour milliardaires américains ; ses seules huttes sont celles du plus huppé des « Clubs Méditerranée ». La conférence se tient dans un hôtel climatisé et stérilisé. Les propos du président français n'en franchissent pas les cloisons feutrées. La presse mondiale n'en fait pas même mention. Mais les médiats français, frappés d'admiration devant le symbole qui leur a été minutieusement commenté par le porte-parole de l'Elysée, l'amplifient longuement.

François Mitterrand, en 1975, criblait de lazzi le « sommet » réuni dans le cadre austère de Rambouillet : « On s'effraie que tant de grands prêtres se soient associés pour célébrer l'étonnant mariage verbal du péremptoire et du dérisoire[5]. »

Voilà que cette pratique, naguère ridiculisée, lui fournit la matière des plus stupéfiantes mises en scène. Après les sacres du Panthéon, de Yorktown, de Mexico et de Cancun, voici le sacre de Versailles.

Là encore, que de symboles ! Le représentant de la France révolutionnaire reçoit dans les ors de la France monarchique les grands de ce monde, avec ce brin de condescendance qu'y mettait

---

* *Le Monde* du 22 octobre 1981 évaluait l'assistance à 5 000 personnes ; *le Matin* en avait vu... 50 000 !

** Elle compara « l'appel de Mexico » au discours de Phnom Penh, qualifié lui-même de « prophétique et historique », ce qui n'était pas le ton des commentaires de 1966. En 1964, on avait en outre beaucoup daubé sur « La mano en la mano ».

Louis XIV, maître d'une nation « supérieure à toute autre » — *Nec pluribus impar.* Jamais depuis la monarchie, on ne vit un tel luxe de grandes eaux, de dîners aux chandelles, d'habits à la française et de feux d'artifice. Que n'aurait-on pas dit, si un de ses prédécesseurs en avait fait autant ? Il est vrai que, moins d'une semaine plus tard, la dévaluation montrait que la performance de l'acteur ne tenait pas les promesses du metteur en scène.

Le Grand Sécurisant

En août 1982, la multiplication des attentats terroristes à Paris avive le sentiment d'insécurité. Le président comprend qu'il lui incombe de l'apaiser. Il sera le Grand Sécurisant : il en assume le rôle dans une déclaration solennelle. Il s'associe l'image du groupement d'intervention de la Gendarmerie nationale, qui, par ses opérations éclair à La Mecque, à Gafsa, à Ajaccio, s'est acquis l'admiration des Français. Le président organise la sécurité ; il choisit un secrétaire d'Etat qui lui est personnellement dévoué. On songe à Louis le Grand, investissant La Reynie comme lieutenant général de police.

Il convient que des succès éclatants viennent récompenser rapidement ces initiatives augustes. Bientôt un communiqué de l'Elysée, chose inouïe, annonce l'arrestation de trois terroristes. A l'Elysée toujours, on laisse entendre qu'il s'agit de « très gros poissons ». La presse annonce : « trois super-terroristes arrêtés par des super-gendarmes ». Elle s'interroge : Est-ce Carlos ? Ou le chef du réseau arménien ? Ou les auteurs de l'attentat de la rue des Rosiers ? Ou ceux de la rue Copernic ? Ou le célèbre Jean-Marc Rouillan, chef d'*Action directe** ? Le même jour, de mauvais sondages arrivent [6]. On souligne qu'ils étaient antérieurs au discours et aux actes concernant la sécurité : de toute évidence, ils sont déjà périmés.

Mais les trois « super-terroristes » n'étaient que des sous-terroristes irlandais ; mais Scotland Yard les considère comme du « menu fretin » ; mais la Grande-Bretagne dédaigne de demander l'extradition. Rien n'indique que ces Irlandais s'apprêtaient à commettre un attentat en France. Le juge d'instruction ne peut retenir contre eux que le maigre chef de « recel d'armes ». Les journalistes déchantent. Ils n'osent toutefois pas trop dire qu'ils ont été grossièrement manipulés.

---

* Régulièrement arrêté par la police et libéré par la justice pendant de longues années, puis solidement conservé sous main de justice depuis 1979, et libéré dès juillet 1981 par la générosité de la loi d'amnistie.

Là-dessus, on apprend la résurrection de l'écrivain roumain Virgil Tanase, dont la spectaculaire disparition avait été attribuée à la police secrète roumaine. Le président avait accrédité cette thèse de l'assassinat, lors de sa conférence de presse du 9 juin 1982 : « S'il était démontré, hypothèse tragique, que M. Tanase a disparu pour ne pas reparaître, cela entamerait sérieusement la nature des relations entre la Roumanie et la France. » Un peu plus tard, il avait renoncé à se rendre en Roumanie.

Sorti de sa retraite, l'écrivain révèle que la Direction de la Sécurité du Territoire l'a « enlevé », pour permettre à un agent secret, M. Z., qui était chargé de le faire disparaître, d'organiser sa propre évasion de Roumanie et celle des siens. Tanase et son « assassin » insistent sur le fait que François Mitterrand était au courant de l'opération, plus d'un mois avant qu'elle se déclenchât.

Il se trouva quelques esprits grincheux — très rares — pour se demander si c'était bien le rôle d'un président de la République de s'occuper personnellement d'une machiavélique histoire de faux enlèvement ; de faire passer pour mort celui dont on voulait protéger la vie contre un agent qui avait l'intention bien arrêtée de ne pas y porter atteinte ; bref, de participer activement, par une intervention publique, à une entreprise d'intoxication. N'est-il pas souvent arrivé, depuis 1945, que des agents secrets des pays de l'Est, à la veille d'un mauvais coup dont ils étaient chargés, demandent le droit d'asile, qu'on le leur accorde, et qu'on s'occupe de faire venir leur famille ? Cette opération s'est renouvelée des dizaines de fois, y compris en France, mais toujours dans la plus grande discrétion.

Il est vrai qu'alors, l'art de la mise en scène n'en était qu'à ses balbutiements.

Le goutte-à-goutte

Pour faire comprendre les techniques de remodelage des esprits, il a fallu choisir des exemples où elles apparaissent à l'état pur. Mais la mystification propre à la révolution culturelle se fait d'ordinaire plus subtile, plus insaisissable ; elle se glisse au sein de la présentation quotidienne de la réalité. On ne change pas les mentalités des Français à coups de grandes opérations — dont beaucoup échappent à l'intention de leurs auteurs. On change les mentalités par une corrosion lente de la vérité, par un goutte-à-goutte patient, insinuant, discret.

Les techniques sont celles même que pouvaient utiliser les « gardes rouges » de Mao Tsé-toung. Mais elles ne sont pas employées avec la même vigueur sommaire. Nous sommes un peuple sceptique. On ménagera notre intelligence. Mais on va former notre sensibilité.

On nous bombarde de reportages expéditifs sur toutes les misères et révoltes du monde. Lépreux, tortionnaires, squatters, prostituées, enfants battus ou exploités, maquisards, loubards, terroristes, handicapés, homosexuels, immigrés, moralistes américains, milliardaires polonais, bébés infibulés, surdoués insupportables, chômeurs précoces, internés psychiatriques, défilent devant vous sur l'écran. Bien carrés dans vos fauteuils, vous cultivez, selon votre degré de maturation, mauvaise conscience bourgeoise ou bonne conscience révolutionnaire.

Et même si vous explosez de colère réactionnaire, si au seul mot de culture vous avez envie de jeter votre pantoufle sur le récepteur — c'est encore tout gagné pour la révolution culturelle. *Elle a besoin d'ennemis.* Ainsi, point n'est besoin de changer toutes les têtes. Il suffit de changer de sujets. La révolution culturelle se mijote dans les comités de rédaction — dont les vrais animateurs vous sont, chers auditeurs, chers téléspectateurs, tout à fait inconnus.

Cette transformation insensible, poursuivie à tous les niveaux de la vie culturelle, finit par atteindre le « seuil » au-delà duquel s'opère la « rupture irréversible ». Le seuil franchi, la vérité change de sens.

Du reste, aux yeux d'un intellectuel « de gauche » sincère, les faits doivent être subordonnés à l'Idée, car les faits sont relatifs, tandis que l'Idée est absolue. Y aurait-il eu, sous le précédent gouvernement, deux fois moins de chômeurs et d'inflation, il faudrait présenter le bilan de Giscard et de Barre comme une faillite. Y aurait-il, sous Mitterrand, deux fois plus de chômeurs et d'inflation, la politique de la « gauche » devrait être présentée comme un succès. Car « il ne faut pas désespérer Billancourt ». On ne doit pas hésiter à travestir la vérité, lorsqu'elle est de nature à faire baisser la pression révolutionnaire.

Allende avait raison. Pour un véritable homme « de gauche », ce n'est pas la vérité qui compte, c'est la révolution ; et donc, avant tout, la conquête des esprits. Façon de perpétuer, en l'appliquant à la guerre idéologique, le principe du grand stratège chinois Sun Tzu : « La guerre est fondée sur la tromperie. »

Chapitre 23

Un cas de désinformation
ou
La rose à Provins

Un incident dont j'ai été d'abord témoin, ensuite victime et, finalement, bénéficiaire, récapitule toutes les techniques de la désinformation : la dissimulation, mais aussi la simulation, la mise en scène, la répétition, l'intimidation, la diffamation, le refus du droit de réponse — le déni de droit.

C'est d'ailleurs pourquoi le Conseil constitutionnel, ce qu'on n'avait jamais vu, a implicitement condamné à la fois le Premier ministre, la télévision et la radio nationales, et la Commission de contrôle de la campagne législative, qui n'avait rien contrôlé*.

Qu'on m'excuse de revenir sur une anecdote personnelle. Elle dépasse de beaucoup ma personne, en posant un problème de morale politique. Elle se déroule comme un vaudeville.

Scène I : Où l'on refuse le débat

Le soir du premier tour de l'élection législative, le 14 juin 1981, j'invite mon concurrent socialiste — devenu mon seul adversaire du second tour — à un « débat public, loyal et contradictoire ».

Il décline mon offre.

Scène II : Où l'on propose un autre débat

Les journaux annoncent pour le vendredi 19 juin une « réunion publique » à Provins, sous la présidence du Premier ministre. A ma grande surprise, je reçois le jeudi 18 juin, ainsi que beaucoup d'autres maires de la circonscription, une lettre de mon adversaire. Il m'informe que des questions locales et nationales seront évoquées. Il « m'invite à en débattre » (sic).

Certes, ce n'est pas le face-à-face que j'aurais souhaité pour éclairer tant de questions laissées dans l'ombre. Mais les démocrates ne peuvent que se réjouir de l'organisation d'un débat. Le jeudi soir, j'annonce mon intention d'y participer. Les journaux locaux en informent leurs lecteurs le vendredi matin.

---

* Ce blâme implicite apparaît dans les considérants de la décision du Conseil constitutionnel (*Journal officiel* du 4 décembre 1981).

Scène III : Où le Premier ministre accepte le débat

Le jeudi après-midi, j'ai prévenu le Premier ministre* que je souhaiterais, s'il en était d'accord, lui porter « une contradiction courtoise ».

Il me fait dire qu'il trouve mon désir « tout à fait normal » et qu'il « me laissera volontiers la parole », en se « réservant seulement le soin de conclure ». C'est la moindre des choses.

Scène IV : Où le P.S. local refuse le débat

Un responsable du P.S. demande, vendredi après-midi, qu'on supprime le micro que les services techniques de la Ville avaient placé dans l'allée centrale de la salle des fêtes, comme il est de coutume pour toutes les réunions publiques. Aucun autre micro que ceux de la tribune ! Les organisateurs se déroberaient-ils au débat ?

De fait, un responsable socialiste local explique franchement à un de mes amis qu'une discussion ne pourrait que desservir mon adversaire : si elle se déroulait entre lui et moi, « elle ferait apparaître qu'il ne connaît pas encore les dossiers, ce qui est naturel pour un nouveau venu » ; entre le Premier ministre et moi, « elle soulignerait davantage encore l'effacement du candidat ».

De son côté, le préfet de Seine-et-Marne, Jean Brachard, soucieux de s'assurer que le déplacement du Premier ministre se passera dans de bonnes conditions, me prévient, dans l'après-midi du vendredi, que le président socialiste du Conseil général**, qui doit présider la séance, ne paraît pas souhaiter ce débat.

En effet, celui-ci me déclare qu'il s'agit d'un « meeting » purement socialiste. Il n'est au courant ni de « l'invitation à débattre » qui m'a été adressée par mon adversaire, ni de l'accord du Premier ministre pour que je lui porte la contradiction. Entre-temps, le préfet Brachard a obtenu confirmation, par le cabinet du Premier ministre, de l'assentiment de ce dernier.

Je rappelle plus tard le président du Conseil général. Il considère qu'il appartiendra à M. Mauroy, quand il arrivera, de décider.

---

* Par le truchement du préfet Chadeau, chargé de mission auprès de lui.
** Jacques Roynette. Ayant perdu sa présidence après les élections de mars 1982, il sera nommé haut-commissaire de la République à Nouméa.

Scène V : Où les organisateurs sabordent eux-mêmes leur réunion

Peu après 21 heures, dans une salle comble, où attendent deux milliers de personnes, je rejoins quelques dizaines de mes partisans, qui disposent d'une sono portative — bien faible face à la sono de la salle (5 watts pour 200).

Les militants socialistes, qui ont essayé de me barrer la route, m'injurient copieusement. Mes partisans réagissent. Une partie grandissante du public les soutient.

Durant une demi-heure, le responsable du P.S. local, le président de la séance et le candidat prononcent cependant leurs allocutions sans encombre. Je monte alors sur une chaise et, appuyé par ma sono, demande la parole. Le président de séance fait comme s'il ne m'avait ni vu ni entendu et suspend précipitamment la séance, pour attendre l'arrivée du Premier ministre.

Cette suspension, qui aurait pu si utilement être remplacée par le débat promis, durera plus de deux heures, pendant lesquelles, les organisateurs ayant abandonné la tribune, la salle s'échauffera.

Scène VI : Où le Premier ministre confirme l'accord conclu

A près de minuit, le Premier ministre est accueilli à l'entrée de la ville par le préfet Brachard. Il lui confirme qu'il accepte « sans aucun problème » de débattre avec moi. Cette confirmation est transmise par *talkie-walkie* aux responsables de la police qui se trouvent à la réunion. Prévenu, je sors difficilement de la salle pour souhaiter la bienvenue au Premier ministre, comme maire de la ville. Devant mon adversaire et le président de séance, je lui demande de me confirmer son accord. Ce qu'il fait : « Mais oui, on vous laissera parler... Je crois à la force des arguments. » Le président de séance et le candidat socialiste ne cessent de manifester leur nervosité et leur désapprobation.

Scène VII : Où le Premier ministre cède au P.S. local

Tous deux tirent par la manche M. Mauroy. Le Premier ministre les suit, me plantant là. Après quelques instants de conciliabule, il s'engouffre dans la salle. Il annonce à ses voisins de la tribune : « Je vais faire une déclaration de cinq minutes, et on va tous s'en aller. » Cette consigne a été entendue par de nombreux témoins et a même été diffusée en direct par une « radio libre » socialiste à Provins.

Ainsi, le Premier ministre, cédant aux injonctions des organisateurs socialistes, a décidé d'accepter le scénario mis au point par ceux-ci, et de rompre l'accord qu'il avait passé avec moi. Il ne m'en a pas prévenu.

Il s'approche du micro. Les caméras de télévision le filment. Avec ma petite sono, j'invite mes partisans à l'écouter en silence. Il parle, et on l'entend sans aucun mal. C'est pour m'insulter d'une façon grossière et blessante. Il n'hésite pas à flétrir mon comportement de maire par une accusation calomnieuse (« Il a déclaré sa ville interdite »). Il flétrit aussi, avec une violence non moins inacceptable, mon œuvre de ministre (« Il a fait voter une loi scélérate », pourtant approuvée par une large majorité des députés et des sénateurs, et validée par le Conseil constitutionnel). Il ose même ajouter : « Vous n'étiez pas digne d'être garde des Sceaux. »

Certains, qui n'avaient entendu ni ma conversation avec M. Mauroy, ni la consigne qu'il avait donnée à son arrivée à la tribune, crurent que le Premier ministre aurait bien voulu se lancer dans le discours dont le texte avait déjà été distribué aux journalistes de sa suite ; mais que, devant l'impossibilité de dominer les clameurs, il avait eu l'inspiration soudaine de le remplacer par une sortie spectaculaire... C'est en tout cas l'explication que devait donner son entourage.

Il invita alors « ceux qui soutiennent le candidat socialiste » à défiler devant la mairie : « Ce sera notre protestation muette, dans cette ville où il est impossible à un Premier ministre de s'exprimer. » Bien qu'il eût la voix cassée par de nombreuses réunions, il prononça sa harangue de façon parfaitement audible, tout en prétendant qu'il ne pouvait parler.

Naturellement, seuls des militants connaissant bien le terrain avaient pu imaginer de faire évacuer la salle et d'organiser un cortège vers la mairie, située à l'autre bout de la rue. Ils voulaient absolument éviter un débat où leur candidat aurait risqué d'être soit dominé par son adversaire, soit gommé par le Premier ministre. C'était de toute évidence un coup monté.

Scène VIII : Où les grands médiats reprennent et amplifient une seule version, celle du P.S.

De tous les grands médiats, un journaliste de radio, un seul, s'est trouvé sur place du début à la fin de la réunion. Il a fait passer à l'antenne une version des faits parfaitement conforme au récit qu'on vient de lire*. En revanche, l'arme absolue de la télévision, sur les trois chaînes, a diffusé, le lendemain samedi 20 juin, veille du second tour, à un moment où aucun droit de réponse ne pouvait plus être exercé, non seulement la diatribe du Premier ministre, mais la version

---

* Radio Monte-Carlo.

socialiste de l'incident, qui a ensuite prévalu ; l'ensemble des journaux écrits et radiodiffusés, dont les rédacteurs n'avaient pas été témoins des faits, n'ont pu que la reprendre, comme vérité d'Evangile.

Les propos injurieux que le Premier ministre avait prononcés la veille ont fait irruption, avec la brutalité de l'image sonore, dans l'intimité des foyers. La violence de l'attaque faisait croire que le maire de Provins, par une véritable provocation, était allé à la tête d'un commando de fanatiques interdire au Premier ministre de parler.

Ainsi, un coup monté est présenté selon la version de ceux qui l'ont monté, laquelle devient la version officielle. L'autre version — la seule exacte — est occultée. Les plus puissants organes d'information ne se soucient pas de faire entendre d'autre son de cloche que la « vérité » révélée...

Pourtant, des documents sonores — conversations enregistrées, messages transmis, émissions de la radio périphérique et de la « radio libre » socialiste, ainsi que de nombreux témoignages — prouvent d'une manière irréfutable d'où vient la provocation *.

Comment on écrit l'histoire

Dès le samedi après-midi, mais surtout le dimanche 21 juin, mille échos me rapportent la stupeur de téléspectateurs qui croient ce qu'ils ont vu. La force irrécusable de l'image sonore les transforme en témoins. Ils se récrient : « Aller empêcher le Premier ministre de parler ! » « Quelle réputation nous allons avoir ! » « Qu'a-t-il donc fait, pour que le Premier ministre dise qu'il était indigne d'être ministre de la Justice ? » Comment s'étonner de ces réactions, puisque c'est ainsi qu'on a écrit l'histoire ?

Imaginons qu'en mars 1978, Raymond Barre soit allé soutenir le vendredi soir un candidat de la majorité opposé à un *leader* de la « gauche », et qu'il ait insulté celui-ci dans sa propre ville — tant comme maire, que dans ses responsabilités nationales antérieures. Imaginons que le samedi, veille du scrutin, les trois chaînes de télévision aient répercuté exclusivement les phrases meurtrières du Premier ministre, sans donner la parole à cette personnalité d'opposition pour qu'elle puisse présenter sa défense. Quel tollé la presse aurait poussé !

Il n'est même pas nécessaire d'*imaginer*. A la veille des élections

---

* Ces documents ont formé le dossier sur la base duquel le Conseil constitutionnel a pris sa décision.

législatives du 11 mars 1978, M. Barre avait organisé à Lyon, pour le vendredi soir, un meeting dont les candidats de la majorité escomptaient que la télévision donnerait des extraits le samedi. On se récria : ce serait un scandale si le Premier ministre passait à la télévision le samedi, veille du scrutin, jour de trêve, où les prescriptions de la Commission de contrôle et les cahiers des charges des trois chaînes sont particulièrement rigoureux ! Raymond Barre dut donc avancer son meeting au vendredi à 18 heures — heure mal commode s'il en est — pour que la télévision pût en rendre compte le vendredi à 20 heures, dernière limite autorisée. Il se pliait aux exigences que lui imposaient les chaînes de télévision et une Commission de contrôle, fort pointilleuses, alors, pour le respect de leur déontologie...

Depuis 1958, jamais un Premier ministre ni un ministre ne se sont permis d'agresser un candidat, quel qu'il fût, sur les ondes ; à plus forte raison, après la fin de la campagne électorale radio-télévisée. Le nouveau pouvoir se croyait-il tout permis ?

Des leçons qui se tirent d'elles-mêmes

1. Le fin du fin de la provocation consiste à faire apparaître comme provocateur la victime même de la provocation. Voilà un coup monté dont le Premier ministre devient l'agent principal, sans l'avoir prévu ; et dont la télévision nationale s'est faite, avec quelle puissance, le diffuseur. Des militants socialistes refusent le dialogue démocratique ; ils font passer leur intolérance pour celle de leurs adversaires.

2. Le Premier ministre propose, les militants disposent. De même, le ministre de l'Education affirmait qu'on ne nationaliserait pas l'enseignement privé ; mais le Syndicat national des instituteurs boycotte l'enseignement privé. Le nouveau garde des Sceaux, Maurice Faure, annonçait qu'il ne supprimerait ni la Cour de sûreté de l'Etat, ni la loi Sécurité et Liberté, et se contenterait de les amender ; mais le Syndicat de la magistrature s'indigne, le fait rappeler à l'ordre, obtient son départ. Etc.

Les ministres socialistes modérés voudraient instaurer une social-démocratie ; mais ils risquent d'être vite débordés par la base, qui se soucie peu de « gérer la crise » ou de cautionner le capitalisme, et veut provoquer la transformation collectiviste de la société. La base rappellera le sommet à l'ordre autant de fois qu'il le faudra.

3. La télévision, dans le sillage du Premier ministre, promène sa caméra comme un miroir... aux alouettes. Le nouveau pouvoir était en place depuis quelques semaines, sans encore les communistes, et voilà déjà qu'on présentait une moitié de vérité, comme toute la vérité.

227

La Commission de contrôle de la campagne législative aurait dû s'opposer à une émission diffamatoire, à plus forte raison un jour où la télévision est neutralisée. Sait-on que son président, militant socialiste depuis vingt ans et conseiller d'Etat, fut nommé, quelques jours après avoir laissé passer cette émission, président-directeur général de T.F. 1 ? Que les journalistes de la télévision qui avaient réalisé et commenté cette séquence, loin d'être sanctionnés, ont été promus chefs de service ? (Ce qui ne veut pas dire qu'ils recevaient la récompense de l'incident de Provins ; mais que leur zèle de militants faisait d'eux des hommes sûrs.)

Or, six mois plus tard, ce même président-militant suspendit et radia le journaliste Jacques Hébert, pour avoir coupé le son de la fin d'une phrase prononcée par une vieille dame interrogée sur un marché... C'était encore dans la circonscription de Provins, pour l'élection partielle de janvier 1982. Dans une émission d'une minute consacrée à mon adversaire Marc Fromion, des « sons d'ambiance » étaient enregistrés sous la halle de Nangis. « Il n'y a rien de changé depuis le 10 mai à la télévision », disait avec vivacité cette électrice. Jacques Hébert avait prononcé son commentaire en empiétant sur la fin de la phrase : « à la télévision », qu'on entendait mal.

C'était une peccadille, par comparaison aux fautes commises six mois plus tôt par ses chefs. « Je tondis de ce pré la largeur de ma langue... » Jacques Hébert fut dénoncé au syndicat par un technicien qui l'accompagnait ; et mon adversaire se plaignit au P.S. La chaîne syndicale et la chaîne partisane fonctionnèrent à merveille. Quelques heures plus tard, Jacques Hébert était mis à pied. Il comparut ensuite devant un conseil de discipline. Celui-ci, composé de membres qui essayaient de se sauver eux-mêmes face aux purges qui se préparaient, a docilement donné l'avis favorable à une sanction, qui lui avait été demandé par le président-directeur général.

Selon que vous serez socialiste ou misérable, les jugements de cour vous rendront blanc ou noir...

QUATRIÈME PARTIE

Que va-t-il se passer ?
ou
Les scénarios de sortie

On peut tromper une partie du peuple tout le temps et tout le pleuple une partie du temps, mais on ne peut pas tromper tout le peuple tout le temps.

Abraham Lincoln [1].

Et rose, elle a vécu ce que vivent les roses,
L'espace d'un matin.

François de Malherbe [2].

Le projet socialiste s'est prononcé à Epinay pour une stratégie de rupture avec le capitalisme. Mais qui dit rupture dit affrontement. Il n'y a que deux méthodes : renoncer à appliquer notre programme, ou nous donner les moyens de l'affrontement.

Cahiers du C.E.R.E.S. [3] (1974).

Notre démarche ne saurait être confondue avec celle d'un « projet réformateur » qui maintiendrait intactes les structures de la société capitaliste.

Projet socialiste [4] (1980).

Si j'échoue, ce sera une radicalisation du pouvoir.

François Mitterrand [5] (1981).

Chapitre 24

La démystification spontanée

Le 10 mai, Mitterrand ne dépassait la barre des 50 % que d'une faible longueur. Pourtant, ce 1,75 %, si faible à côté de l'avance de De Gaulle ou de Pompidou, parut vite contenir une formidable puissance, d'où allait jaillir une réaction en chaîne : et d'abord dans les élections législatives.

Sur le terrain de l'arrondissement de Provins, je sentis aussitôt la vanité du calcul qui misait sur un retournement des électeurs, dont on attendait naïvement qu'ils confirment l'ancienne majorité à l'Assemblée « par souci d'équilibre ». « Rendez-vous au troisième tour ! » disions-nous crânement.

Le déferlement de la vague

A travers les cent quarante-sept communes de la circonscription, je rencontrais beaucoup moins d'électeurs qu'à l'accoutumée. Le maigre public qui venait m'entendre était visiblement, soit anxieux, soit réfractaire à mon argumentation. Je lisais quelques passages du petit livre bleu, le *Projet socialiste pour les années 1980.* Mes interlocuteurs secouaient la tête, incrédules : « Mais ils ne feront pas tout ça ! Vous voulez nous effrayer ! » Ils avançaient comme des somnambules.

La veille du scrutin, dès que l'on m'eut projeté la séquence télévisée où le Premier ministre me prenait à partie, je ne doutai pas du résultat ; il eût été, de toute façon, assez serré. A ceux qui m'avaient soutenu, j'annonçai que je serais certainement battu, mais qu'il y aurait sans doute matière à invalidation.

De fait, il s'en fallait de 92 électeurs ** seulement que le résultat eût été inverse. Déposer un recours ?

Beaucoup, notamment des politologues, me rappelaient qu'en France, la tradition était de toujours réélire l'invalidé — l'électorat, vexé, confirmant systématiquement son premier vote et aggravant la sanction infligée au battu, considéré, en plus, comme mauvais joueur.

---

* Après vérifications et corrections. Sur 75 057 inscrits et sur 60 075 suffrages exprimés.

Mon entourage me faisait observer, en outre, que mon premier échec se perdait dans un phénomène d'ampleur nationale : le naufrage de l'ancienne majorité, dont la moitié des députés n'étaient pas revenus. Un second échec m'atteindrait personnellement et irrémédiablement. Pourtant, j'avais éprouvé une telle sensation physique du malentendu électoral, que je ne doutai pas de mon devoir : faire acte de résistance, en rendant mes électeurs conscients de la mystification à laquelle, selon moi, ils avaient, comme tous les Français, succombé. Les quelques mois que réclamerait l'examen du contentieux par le Conseil constitutionnel leur donneraient sans doute le temps de se reprendre.

Le reflux

Déjà, aux premiers jours de septembre, un frémissement de l'opinion parcourait la circonscription. A leur retour de vacances, nos concitoyens étaient comme dégrisés. Les motifs d'inquiétude s'accumulaient. « Plus personne n'a voté Mitterrand », disait-on de bouche à oreille. Des électeurs qui avouaient s'être joints à la nouvelle majorité affirmaient qu'on ne les y reprendrait plus. Dans la rue, les gens m'abordaient : « Alors, on va revoter ? » Ils semblaient partagés entre l'espoir et le septicisme. Il est honnête de dire que la résignation l'emportait sur le désir de se battre. Elle parut même l'emporter jusqu'au 17 janvier. « Que voulez-vous y faire ? Ils sont là pour sept ans, en tout cas pour cinq. Ce ne sont pas quelques élections partielles qui y changeront quoi que ce soit. »

Dès la mi-octobre, je tins une réunion. J'attendais deux ou trois centaines de sympathisants. Ils dépassèrent le millier. En dehors d'une période électorale, on n'avait jamais vu cela à Provins. La plupart des visages étaient nouveaux. Beaucoup de jeunes, attentifs, anxieux. Que s'était-il passé au printemps ? Qu'allait-il se passer ? J'esquissai l'analyse qui fait l'objet de ce livre. Elle portait.

Toutefois, la masse n'était-elle pas gagnée par une sorte de pessimisme passif ? N'y avait-il pas un risque que nous en venions à vivre la pièce de Bertolt Brecht, *la Résistible Ascension d'Arturo Ui,* où tout un peuple assiste, dans une indifférence rêveuse, à la mise en place d'un système, qui, progressivement, l'investit et l'asservit ? Pendant que je réunissais des groupes de discussion — parents d'élèves, agriculteurs, commerçants, cadres — la masse restait hors d'atteinte. Et les doctrinaires « de gauche » s'installaient partout. La majorité des inconnus qui ne venaient pas à ces réunions n'avaient-ils pas déjà basculé dans le camp de la nouvelle légitimité ?

Un succès de l'opposition freinerait la morgue du pouvoir, un succès du gouvernement l'inciterait à aller plus loin et plus vite dans ses projets : tel serait évidemment l'axe de ma campagne. Mais les électeurs de cette circonscription se rendraient-ils compte de l'importance symbolique de cette élection ?

Heureusement, vinrent opportunément m'aider le Premier ministre, les ministres d'Etat — chargés de rabattre, qui l'électorat communiste, qui l'électorat « centre gauche » — le président de l'Assemblée nationale, le premier secrétaire du parti socialiste, etc. Ils proclamaient à l'envi que cette élection serait un « test national ». Le candidat socialiste avait été invalidé par un Conseil constitutionnel * qui n'était qu'un vestige de « la droite ». Le réélire, ce serait « confirmer les pleins pouvoirs du président et de sa majorité de gauche ». Le battre, ce serait « redonner de la force à la réaction »...

De fait, à compter de l'invalidation, prononcée au début de décembre, la campagne prit une tournure que je ne lui avais jamais connue. Partout, de la petite salle de mairie rurale aux *meetings* de Montereau, Provins et Nangis, le public était en moyenne trois fois plus nombreux que six mois plus tôt. La discussion ne se déroulait plus sur le mode de la politesse sceptique, mais d'une approbation farouche. Le vent avait tourné.

Les résultats tournèrent aussi. Il fallait remonter à 1968 pour en retrouver de semblables : 6 400 voix d'avance sur mon adversaire, c'était dix fois plus que je ne l'avais escompté. Ce succès n'avait rien de personnel ni de local, puisqu'on le retrouvait à l'identique dans trois autres circonscriptions qui n'avaient aucune corrélation entre elles : toutes conquises dès le premier tour par l'opposition, avec des marges à peu près aussi confortables. Les sondages commandés par le P.S. et le ministre de l'Intérieur dans ces quatre circonscriptions avaient donné deux des candidats de l'opposition largement battus **, deux gagnant de justesse ***. Nul n'avait prévu ce petit « raz de marée ». Il n'affleura qu'en quatre points, parce que le Conseil constitutionnel n'avait annulé que quatre élections ; mais il aurait — on le sentait sur le terrain — submergé cinquante circonscriptions, si le Conseil constitutionnel avait fait droit aux cinquante contestations dont il était saisi.

Dans les jours qui suivirent, chacun de nous quatre reçut des milliers de lettres d'inconnus, souvent modestes, qui, de tous les

---

* Depuis sa création, le Conseil constitutionnel a régulièrement invalidé de quatre à six députés à chaque élection ; soit de la majorité, soit de l'opposition, en proportion de leurs effectifs ; ce qui était encore le cas.

** Jacques Dominati à Paris, Bruno Bourg-Broc dans la Marne.

*** Pierre de Bénouville à Paris, moi-même en Seine-et-Marne.

coins de l'hexagone, nous clamaient leur soulagement et leur espoir. « Le champagne a coulé à flots le 17 janvier », me dit un producteur d'Epernay affairé à reconstituer des stocks. Il ajouta, honnêtement : « Mais on en avait quand même consommé davantage le 10 mai... »

L'analyse des scrutins par bureaux de vote faisait apparaître une caractéristique inverse de ceux de juin 1981 : alors, l'électorat modéré s'était massivement abstenu, tandis que l'électorat « de gauche » se mobilisait. En janvier 1982, l'électorat « de gauche » était resté au chaud, alors que l'électorat modéré, y compris les résidents secondaires, bravait le verglas ou les inondations pour apporter son témoignage. « On ira voter à la nage s'il le faut », me disaient, la veille, les habitants de villages sinistrés du bord de la Seine ; ils se contentèrent d'y aller en barque.

Six mois avaient donc suffi pour que le public fasse aux candidats modérés un triomphe qu'ils n'avaient pas connu depuis la vague de juin 1968. Leur électorat, tenté au printemps 1981 par la résignation, avait compris qu'il pourrait exprimer sa volonté en retournant la situation locale. De fait, une règle à calcul montre que, si les électeurs avaient voté, le 17 janvier, dans 491 circonscriptions, en effectuant, par rapport à juin, le même glissement que dans ces quatre-là, *les cent cinquante députés d'opposition seraient revenus à trois cents, et les deux cent quatre-vingts députés socialistes à cent trente.*

Quelques jours plus tard, à l'Assemblée, un député de l'opposition[1], pointant un doigt vers les députés socialistes, s'écria : « Vous êtes tous des Fromion ! » (C'était le nom de mon adversaire socialiste). Il exagérait : ce n'était vrai que pour la moitié d'entre eux.

Allaient-ils, pratiquement intacts, demeurer encore, pendant quatre ans et demi, maîtres absolus de cette chambre rose ? C'est la question que se posaient naïvement mes électeurs, émerveillés de leur prouesse...

Les ides de mars

Contrairement à ce qu'elle avait dit pendant la campagne, la « gauche » répéta sans cesse que ces partielles de janvier étaient un incident sans signification ; même « à droite », on le crut*. Elle aborda donc les cantonales de mars en toute quiétude, et subit d'autant plus fort le traumatisme qu'elles lui infligèrent. Les quatre élus du 17 janvier avaient au contraire la conviction d'avoir été portés

---

* Cette opinion prévalut dans le public. Un éditorial en première page du *Monde* du 19 janvier 1982 déclarait : « Alain Peyrefitte a poussé un peu loin le bouchon en déclarant qu'il s'agissait d'un sondage en vraie grandeur. »

comme des fétus de paille par le ressac et ne doutèrent pas que les cantonales marqueraient un grand succès de l'opposition, malgré ce qu'annonçaient les pronostiqueurs.

Tout est signe. Parmi les dix-neuf membres du gouvernement qui se présentèrent aux cantonales, deux furent brillamment élus au premier tour : Charles Hernu, ministre de la Défense, et son secrétaire d'Etat, Georges Lemoine ; ils étaient les seuls à n'avoir effectué *aucun changement* dans leur secteur ministériel, et à avoir écarté résolument celles des 110 propositions » qui étaient de leur ressort, à commencer par la réduction du service militaire à six mois, qui aurait pourtant été si populaire. Tous leurs collègues, qui s'étaient consciencieusement appliqués à introduire les « 110 propositions » dans leur secteur, furent mis en ballottage. Enfin, Georges Fillioud, ministre de la Communication, à qui était attribuée l'emprise de la gauche sur les moyens audiovisuels, fut battu à Romans, petite ville dont il était maire, avec un écart spectaculaire de 1 400 voix sur 6 000.

Les élections partielles locales

Comment douter de la convergence nationale de tant d'indices, quand on constate la régularité des reculs de la gauche aux élections locales partielles ?

Le retournement avait commencé dès l'automne 1981*. Depuis lors, les « partielles » locales ont marqué systématiquement un recul global de la « gauche ». Pendant quelque temps, on assista à un progrès socialiste, mais insuffisant pour compenser les pertes communistes. Puis, les dimanches électoraux devinrent aussi néfastes au P.S. qu'au P.C. :

Au printemps 1982, les élections des sénateurs représentant les Français à l'étranger donnèrent des résultats tout aussi spectaculaires. Le gouvernement, ne doutant pas que la vague du printemps 1981 déferlerait sur les rivages étrangers, avait fait passer le nombre de ces sièges de six à douze. *Tous* les élus furent d'opposition.

En décembre 1982, les élections prud'homales ont offert des enseignements analogues : grand succès des organisations dont l'opposition au pouvoir « de gauche » était la plus virulente — Confédération générale des cadres, petite et moyenne industrie — grave recul de la C.G.T. et piétinement de la C.F.D.T.

---

* Ladislas Poniatowski, dans le canton de Quillebœuf-sur-Seine, dans l'Eure, où il n'avait obtenu que 43,3 % des voix trois mois plus tôt, en rassembla 58,2 % le 23 septembre 1981.

Jamais, depuis 1958, on n'avait constaté une pareille concordance dans les résultats. Pour chacune de ces élections, même d'intérêt strictement local, les candidats de l'opposition nationale qui progressaient le plus étaient ceux qui axaient leur campagne sur un thème offensif : « Attention ! Les socialo-communistes ont fait main basse sur l'Etat ! Ne leur confiez pas d'autres pouvoirs ! Sinon, ils continueront de plus belle ! Donnez-leur une leçon ! »

Les sondages

Jusqu'à la fin de 1981, la cote du nouveau pouvoir se maintenait dans les sondages à un haut niveau ; on lui faisait confiance pour la lutte contre l'inflation, contre le chômage [2]. Quel contraste avec les inquiétudes qui s'exprimaient autour de moi et dans toutes les élections partielles ! On aurait dit que les personnes interrogées répugnaient à laisser paraître leurs sentiments, si ce n'est en confidence, ou dans le secret de l'isoloir. Dans les mois suivants, l'opposition se mit, systématiquement, à gagner les élections tout en perdant les sondages. Pourquoi ?

Ce décalage me suggéra une hypothèse. Jusqu'au 10 mai, la seule catégorie qui faisait de la rétention aux sondages était l'électorat communiste : ses trois quarts seulement osaient annoncer des intentions de vote sincères. Après le 10 mai, semble être apparue, au moins pendant quelque temps, une frange d'électeurs du même ordre de grandeur — quelque 5 % du public — qui, tout en appartenant à l'électorat modéré, n'avouaient pas leur opinion. « Pour qui travaillent ces sondeurs ? » se demandait-on. « En s'affichant comme opposant, ne court-on pas des risques ? »

Pendant les semaines qui ont précédé l'élection partielle du 17 janvier 1982, plusieurs électeurs m'ont déclaré, tout fiers : « Vous savez, j'ai été sondé. — Alors, vous avez dit pour qui vous alliez voter ? — Je m'en suis bien gardé ! Ils avaient mon nom, mon adresse et ma profession ! Je ne veux pas qu'on me cherche des ennuis. » Ces citoyens, émerveillés d'avoir été authentiquement sondés, montraient sans le savoir l'inauthenticité de ce sondage...

Dans les premiers mois de 1982, les enquêtes d'opinion accusèrent une étrange contradiction. Le pays était de plus en plus mécontent à tout propos : chômage, inflation, défense du franc, sécurité, télévision, libertés [3]. Et pourtant, les mêmes qui condamnaient la gestion, se gardaient de remettre en cause les gestionnaires. Ils s'apprêtaient même, en cas d'élections, à voter derechef pour eux.

Enfin, au cours de l'été 1982, apparurent, non seulement des bilans lourdement négatifs, mais des jugements sévères sur les dirigeants socialo-communistes. Les personnes interrogées n'avaient plus peur d'afficher leurs opinions : le mécontentement l'emportait sur la prudence.

En longue période, les Français sont passés de la confiance à la méfiance, de l'adhésion à la déception. L'évolution ressemble à la coulée d'un glacier : insensible, mais inéluctable. Que peut-elle signifier ? Sans doute, qu'une partie des électeurs de la « gauche » en mai et juin 1981 se sont réfugiés dans l'expectative ; cependant que des abstentionnistes rejoignaient le camp de l'opposition. Il est rare que l'on saute sans transition d'un camp dans le camp adverse : l'abstention fournit un *sas,* où l'on peut séjourner un temps sans se donner l'impression de se désavouer.

Ce sont les abstentionnistes qui ont assuré le succès de François Mitterrand et de la chambre rose. Ils ne voulaient pas d'un changement de société. Ils passent avec armes et bagages à l'opposition, dès qu'ils comprennent que le pouvoir a accompli des réformes qu'il veut irréversibles, en prétendant s'appuyer sur une volonté populaire qui n'existait pas.

La grogne catégorielle

Pendant vingt-trois ans, les différentes catégories socio-professionnelles s'étaient senties, tour à tour, atteintes par les tourments de la mutation.

Mais jamais, sauf en mai 1968, ces grognes ne se conjuguèrent : quand les mineurs se mettaient en grève, les cadres gardaient leur calme ; quand les agriculteurs s'agitaient, les ouvriers restaient tranquilles. Aujourd'hui les médecins, les petits commerçants, les artisans, les chefs des petites et moyennes entreprises, les cadres, les agriculteurs, s'inquiètent *simultanément**. Les conditions commen-

---

* Par exemple, Paris était à demi paralysé le samedi 23 octobre 1982 par six manifestations concurrentes. Des motards protestaient contre la vignette sur les grosses cylindrées et le coût des assurances, exigeant du président de la République qu'il « respecte ses engagements ». Les handicapés, grelottant dans leur chaise roulante, clamaient qu'on ne tenait pas la promesse d'aplanir les innombrables difficultés qu'ils rencontrent dans leurs déplacements. Les rapatriés s'estimaient trompés par une loi d'amnistie qui ne consacrait pas suffisamment leur intégration dans la communauté nationale. Les adversaires du bruit affirmaient leur frustration de ce qu'on ne faisait rien pour le réduire. Des immigrés exigeaient la légalisation « sans papiers » qui leur avait été garantie. Le rassemblement de « Laissez-les vivre » demandait que l'on renonçât à rembourser l'interruption volontaire de grossesse. Bref, pour des problèmes sans aucun lien entre eux, ces manifestations traduisaient les espoirs déçus de maintes catégories de la population.

cent à naître, d'un profond mécontentement interprofessionnel.

Le mécontentement est moins inquiétant que la désespérance. Un nombre croissant de jeunes chercheurs*, d'entrepreneurs, cadres, agriculteurs et même fonctionnaires, cherchent à s'installer au Canada ou aux Etats-Unis. Se déclarent tentés par l'émigration[3] 17 % des médecins généralistes : qu'au bout d'un an de pouvoir socialiste, une aussi forte proportion d'une catégorie d'intellectuels se sente prête à s'arracher à la communauté nationale, est un signe de la déconvenue la plus grosse de danger peut-être, pour l'avenir de l'expérience en cours.

Quand les rats quittent le navire

Plus éloquents encore que les retournements d'électeurs, les états d'âme des partisans.

Lorsque *le Nouvel Observateur* se demande en gros titre sur sa couverture « *Que vont-ils faire de notre argent ?* », c'est tout autre chose que si la question était posée par des boutiquiers poujadistes. On disait *Nous* quand on était fier de contribuer à une exaltante transformation de la condition humaine. On dit *Ils* quand on veut prendre ses distances avec une gestion qui accumule les déconvenues.

Lorsque Michel Jobert se demande « Que faire ? », c'est déjà intéressant. Ce l'est plus encore, quand il se répond : « D'abord, cesser de se rassurer d'alibis qui détournent de l'action et de la lucidité, plus qu'il n'y incitent. » Parmi ces alibis : « l'héritage », « le complot international des capitalistes attachés à compromettre et abattre la France ». Qui, au pouvoir, échappe à cette mise en garde[4] ?

Certains journalistes « de gauche », depuis l'été 1982, donnent l'impression d'être de moins en moins à l'aise. Certains journalistes d'opposition se montrent de plus en plus mordants. Un signal d'alarme est tiré par Jean-Edern Hallier, le très fougueux paladin de François Mitterrand. Il ne veut pas être « le dindon de la farce », le jour où on se mettra à ricaner sur le passage de ceux qui ont appelé à « voter à gauche » : « J'ai rythmé la campagne de mes blocs-notes du *Matin*. Le jour de la victoire, les militants ont couvert ma voiture de roses. Et puis, j'ai lancé des batailles sur les instructions directes de Mitterrand[5]. » Il a refusé de se présenter aux législatives, où il eût été élu sans coup férir : « Un député de plus parmi les Emiliens, à quoi bon ? Il y en a déjà cent de trop[6]. »

Celui que Mitterrand a proclamé « le plus grand écrivain de sa

---

* Dans une des premières industries de pointe, travaillant pour l'armement, 60 % des cadres du plus haut niveau sont déjà partis, notamment pour les Etats-Unis.

génération », préparait une émission qui lui sera au dernier moment retirée, parce qu'il se montre « insuffisamment docile ». « Ce pouvoir supporte *d'autant moins la liberté d'expression, qu'il s'en targue.* » On ne peut vouloir à la fois l'appui d'un esprit libre, et qu'il cesse d'être libre de donner cet appui. « J'ai eu beau attaquer violemment Giscard et Lecat, ex-ministre de la Culture, ils ne m'en ont pas moins nommé au Haut Comité de l'Opéra[7]. »

Le retournement

Déjà apparaissent, de-ci de-là, les premiers signes que les principaux acteurs commencent eux aussi à percevoir l'échec. « Exécrable ! », s'exclame, devant le déficit du commerce extérieur, le ministre chargé de ce portefeuille. Il ne peut que commenter, en observateur stupéfait, son propre passif. *L'Etat-spectacle est devenu l'Etat-spectateur.*

Devant quelques journalistes, le Premier ministre reconnaît[8] : « Nous nous sommes crus un peu magiciens, mais il y a eu des obstacles sur notre route »... « La reprise n'a pas relayé la relance par la consommation, comme prévu »... « Nous avions situé plus haut le seuil de vulnérabilité des entreprises. » Il est difficile d'avouer plus d'erreurs, et plus graves, en moins de mots. Quand un dirigeant communiste procède à son autocritique, c'est que l'heure de sa disparition est proche. Pour un dirigeant socialiste, le droit à l'erreur est sans limites : *repentir vaut impunité.* Les Français sont si tolérants, qu'ils sauront gré au Premier ministre de cette confession publique : sa sincérité l'absout, et assure son maintien dans les lieux.

La volonté prométhéenne de « changer la vie » ne s'en essouffle pas moins. La saison lyrique touche à sa fin.

Les Grecs guettaient et Thucydide a analysé ce moment où, dans la bataille, le destin bascule. Ils l'appelaient *tropè*. Les combattants qui allaient de l'avant se mettent à tourner les talons. C'est là que les vainqueurs dresseront un *trophée (tropaion)* — monument élevé à l'endroit où le sauve-qui-peut a commencé.

Sous la IVe République, quand prenait fin l'état de grâce, nommé « préjugé favorable », le gouvernement sautait comme un bouchon de champagne. La Ve République peut présenter un risque : que la stabilité des institutions maintienne en survie artificielle une équipe atteinte en plein cœur.

Déjà, on murmure que le Premier ministre est plus prêcheur que capable : « Il a atteint son niveau d'incompétence », clame le président de la Confédération générale des cadres. Voilà le président de la République contraint de le relayer. L'inflation de son « domaine réservé » s'aggrave à vue d'œil. Il offre sa poitrine aux flèches. Il était plutôt fait pour la harangue du tribun, dit-on déjà, que pour l'âpre action du consul. Le garant suprême n'est plus garanti contre les coups.

Déjà, l'opinion française a fortement évolué — au point de se renverser — à propos de notions qui expriment une philosophie de la vie en société : socialisme, libéralisme, nationalisations, participation*.

Déjà, la rumeur publique répercute des affirmations venues d'on ne sait où : « Cela ne peut plus durer ! » « Ça finira mal ! ». Lionel Jospin semble leur faire écho, en promettant aux Français des « années terribles ».

Déjà, se réveille un cortège de mauvais souvenirs : l'éphémère Cartel des gauches, l'éphémère Front populaire. Seule la Constitution, heureux « héritage », peut lui permettre de surmonter la tempête. A moins que les institutions n'aient pour effet de le contraindre à rester à la barre jusqu'au naufrage final.

Les scénarios du dénouement

Le propre d'une démocratie est qu'on n'y peut gouverner long-temps sans majorité. C'est notamment le cas de la démocratie française, tant que l'on y respecte les libertés publiques et individuelles. Si cette condition reste remplie, *le régime socialo-communiste ne pourra pas toujours poursuivre sa fuite en avant dans l'intoxication.*

Le président de la République a mis un an pour commencer à dissiper en lui-même le malentendu dont il était victime par auto-intoxication ; pour comprendre qu'aucun « élan du peuple de gau-che » ne l'avait porté au pouvoir ; qu'il ne saurait donc être le « président de la République socialiste » ; qu'il avait la faculté légale, non le mandat légitime, de socialiser la France ; qu'il risquait à la longue, faute d'admettre ces réalités, de n'avoir plus de soutien dans le pays.

Lui-même, son gouvernement, sa majorité se sont comportés pendant leur première année comme des vainqueurs arrogants. Après

---

* Selon un sondage inédit de la S.O.F.R.E.S., le concept de « libéralisme » est passé, de 52 % d'appréciations positives en 1980, à 58 % en 1982 ; les opinions négatives régressant de 23 à 21 %. Le « socialisme » a reculé de 56 à 45 % d'appréciations positives, les jugements négatifs grimpant de 19 à 31 %. Les « nationalisations » ont reculé de 40 à 38 % en appréciations positives, les appréciations négatives progressant de 35 à 40 %. La « participation » voit les appréciations favorables passer de 61 à 68 % et les opinions défavorables tomber de 17 à 11 %.

avoir reproché pendant vingt-trois ans à l'ancienne majorité de « refuser l'alternance » (c'est-à-dire de ne pas se prêter à sa propre défaite), ils ont osé proclamer l'irréversibilité de leurs « changements ».

Cette époque triomphale est révolue. Définitivement. Confronté aux réalités, à l'opinion, à ses militants, à ses doctrines, le socialisme devra inventer sa route.

Plusieurs choix lui sont ouverts ; et cette multiplicité n'est-elle pas inscrite dans les contradictions du socialisme ?

Que se passera-t-il demain ? Pour le dénouement, plusieurs scénarios sont possibles. Il reste à tenter de les imaginer. Suivre chacun jusqu'au bout, c'est encore explorer les replis du malentendu.

La social-démocratie

La social-démocratie est un socialisme alangui. « *Ce que je critique chez les sociaux-démocrates, c'est d'avoir cessé de considérer le grand capital comme l'ennemi* [1]. » Telle était la position de François Mitterrand quand, pour conquérir le pouvoir, il avait besoin des communistes, dont la social-démocratie, précisément, est la bête noire. Et si les réalités du pouvoir le contraignaient à faire volte-face ?

Perspective rassurante en apparence, et dont la vraisemblance a récemment paru grandir. Le socialisme donne des signes qu'il est capable de *s'édulcorer;* ne pourrait-il pas virer à ce que méprisent tellement ses alliés, ses doctrinaires et ses militants, mais que révèrent bien des Français : la social-démocratie ? Quitte à rompre avec le P.C. ?

Cap à droite

Après tant d'avertissements électoraux, après deux dévaluations et après deux millions de chômeurs, le processus n'a-t-il pas déjà commencé ? Le pouvoir socialiste a entr'aperçu les conséquences économiques et politiques de sa ligne de conduite. Ses réflexions ont été accélérées par les cordiales semonces de Helmut Schmidt, par les mises en demeure moins cordiales de la Bundesbank. En catastrophe, l'on a mis en place, dans l'été 1982, un dispositif qui ponctionne le niveau de vie. L'on invoque la rigueur, sans la tourner seulement contre les « gros ». Le langage « anti-patrons » tend à disparaître. Devant les trous béants de l'assurance-chômage, on appelle les syndicats à « prendre leurs responsabilités », c'est-à-dire à faire comprendre à la « base » le langage des réalités.

Ne rêvons pas. *Les socialistes n'ont changé ni de principes, ni de buts, ni d'adversaires; pas plus que Lénine, après la révolte des marins de Kronstadt, n'avait renoncé à la doctrine marxiste-léniniste en décrétant la N.E.P.*. Ils sont simplement devenus plus précautionneux. Ils ont*

---

* Nouvelle politique économique (retour à une relative liberté économique) adoptée en 1921 devant les ravages provoqués dans l'économie par une socialisation trop rapide; mais sans remettre en question les grands principes socialistes, surtout la collectivisation des grandes entreprises. Staline y mit un terme brutal.

compris qu'ils n'étaient pas de taille à affronter le discrédit international ; qu'il était encore plus dangereux de vouloir faire dégringoler le « mur d'argent » que de sauter par-dessus ; qu'il valait mieux mettre une sourdine au vocabulaire, sottement ressassé, d'un marxisme grinçant. Ils ont constaté que le socialisme provoquait, dans les profondeurs de la société, des phénomènes d'allergie beaucoup plus redoutables que l'opposition politique ; qu'à force d'invoquer la lutte des classes, elle finirait par arriver ; et qu'en attendant, on déclenchait la guerre incontrôlable des catégories.

Ils ont compris, semble-t-il, que la radicalisation accélérerait, d'abord, la paralysie économique et la tension sociale. Leur idéologie pouvait, certes, leur faire espérer qu'ensuite tout irait bien. Mais leur sens électoral a pu leur faire craindre les échéances malencontreuses du calendrier démocratique. D'élémentaires préoccupations tactiques leur ont appris à « gérer le temps ».

Pour un président de la République, il est aussi humiliant de se laisser surprendre par les événements, que, pour une vigie, de ne pas remarquer le passage d'un navire[2]. Jusqu'ici, ce changement dans le changement porte les marques de l'improvisation. Mais peut-être la leçon de réalité a-t-elle porté plus même qu'on n'est prêt à l'admettre ?

Le socialisme, moins les nationalisations

Serait-ce alors, enfin, l'avènement de cette heureuse social-démocratie que, paraît-il, le monde envie à quelques-uns de nos voisins ?

Pour le savoir, il faudrait pouvoir définir la social-démocratie. Là-dessus, nos socialistes ont toujours été assez discrets. Pour eux, la social-démocratie se distingue du socialisme à la française, en ce *qu'elle accepte l'organisation économique du capitalisme, avec lequel le socialisme à la française entend rompre.*

En somme, c'est la séparation des tâches. Les capitalistes s'occupent du capital ; les sociaux-démocrates s'occupent de la société et de la démocratie. Les capitalistes assurent la prospérité économique ; les sociaux-démocrates veillent à y faire participer le peuple. Les capitalistes amassent les bénéfices ; les sociaux-démocrates s'efforcent seulement de les diffuser équitablement.

Les socialistes français n'admettent pas, eux, que le pouvoir social et le pouvoir économique fassent ainsi chambre à part. Ils entendent que le pouvoir *politique* gère les moyens *économiques* de sa politique *sociale*.

Ils le voulaient ; ils l'ont fait. Dès lors que les nationalisations, surtout celle du crédit, sont accomplies, il n'est plus temps de songer à une « social-démocratie à la suédoise ». Ce stade est largement dépassé. Pour que le « socialisme à la française » vire à la social-démocratie, il lui faudrait d'abord *dénationaliser :* inconcevable (du moins pour ceux qui ont nationalisé).

Sociaux-démocrates sans le savoir

La social-démocratie, à dire vrai, nous y vivons depuis longtemps ; nous en faisons sans le savoir, comme monsieur Jourdain faisait de la prose. Politique de la redistribution sociale des profits dégagés par le capitalisme, extension toujours plus attentive des protections sociales, négociation permanente de l'Etat avec les grandes centrales syndicales, démocratisation de l'enseignement : tous ces traits essentiels de la social-démocratie « classique » caractérisent la société française des années 70.

La seule différence est que cette politique n'a pas été menée *par* des partis appelés sociaux-démocrates ; et, plus important encore, que les forces syndicales et politiques de la « gauche » n'ont cessé de critiquer, comme étant « de droite », une politique que, dans les pays sociaux-démocrates, elles auraient soutenue comme étant « de gauche ». Du reste, s'ils la combattaient dans leur phraséologie, ils y participaient dans leurs négociations.

Les résultats sont là, indiscutables : le secteur nationalisé était en France, dès le lendemain de la guerre, beaucoup plus étendu qu'il ne l'est en Suède un demi-siècle après l'instauration de la social-démocratie. Au taux de 42,5 % le 10 mai 1981, le prélèvement collectif sur le produit intérieur brut était certes moins élevé qu'en Suède, mais beaucoup plus élevé que dans l'Allemagne sociale-démocrate, où il n'atteignait, quand le chancelier Schmidt a quitté le pouvoir, que 36 %.

Seulement, pour n'avoir pas dit que nous faisions de la social-démocratie *, nous avons laissé cette voie disponible pour le rêve. Etrange social-démocratie : *elle constitue notre réalité, mais nourrit les rêves de ceux qui refusent la réalité.*

---

* Comme on l'a vu au chapitre 1ᵉʳ, l'accentuation de cette tendance entre 1974 et 1981 a irrité l'électorat modéré — qui s'est estimé trahi — sans satisfaire l'électorat de « gauche » — qui l'a considérée comme une ruse du capitalisme. Elle peut donc être considérée comme une des causes du 10 mai.

Définir la social-démocratie comme un socialisme qui n'ose pas s'approprier les grands moyens de production, c'est, dira-t-on, l'enfermer dans des bornes trop étroites ? Même une économie plus qu'à demi collectivisée devrait pouvoir être gérée selon l'esprit de la social-démocratie ?

Comment alors définir cet esprit ? Un mot suffira : l'ambiguïté. C'est un socialisme qui ne va pas jusqu'au bout de lui-même. Non pas, entre le capitalisme et le socialisme, la « troisième voie », mais le double jeu. On entretient les masses dans le langage de la revendication — arracher le bonheur à l'exploiteur « capitaliste » ; mais on gère le pouvoir à leur place. On les encadre dans un parti qui sait ce qui est bon pour elles beaucoup mieux qu'elles-mêmes ; mais une propagande incessante parvient à les convaincre que ce sont elles qui ont pris les décisions. On entretient les entreprises dans l'illusion qu'on respectera les règles du capitalisme ; mais on les étouffe sous les charges. On ne met pas en cause les hiérarchies sociales ; mais on les nivelle sous la fiscalité.

Ce style de gouvernement consiste à faire progresser la socialisation de quelques pas, en disant aux uns qu'on n'est pas assez fort pour aller aussi loin qu'ils le désirent, aux autres qu'on n'est pas assez fou pour aller aussi loin qu'ils le craignent. En calmant les terreurs de ceux-ci et les ardeurs de ceux-là, on avance aussi vite qu'on peut, aussi lentement qu'il faut. La social-démocratie se fait relayer par la social-démagogie.

Les sociaux-démocrates sont loués pour leur « bon sens », leur « réalisme ». Ils ne sont que des socialistes temporisateurs, qui ont parfaitement maîtrisé l'art d'anesthésier les résistances comme les pulsions. Mais leur « bon sens » ne va jamais que dans le sens de la collectivisation, même s'il y va plus lentement. Et leur « réalisme » modèle une réalité socialiste.

Les socialistes français auront-ils ce talent, si peu conforme au caractère français ? Nous n'avons jamais fait nos révolutions à coups de patience. Pourtant, la volonté de se maintenir en place est si forte chez nos socialistes, qu'ils pourraient bien apprendre très vite l'art d'aller très lentement. Même si François Mitterrand avait, pendant sa longue marche vers le pouvoir, inlassablement martelé son hostilité à la voie sociale-démocrate. « Dans les pays où s'est développée la social-démocratie, on ne s'est pas attaqué au cœur de la bataille, c'est-à-dire qu'on n'a pas cherché à détruire autant qu'il le fallait le capitalisme et ses maîtres[3]. »

Le scénario ne laisse pas d'être inquiétant ; peut-être *le plus inquiétant de tous ; précisément parce qu'en apparence, il est le plus rassurant.* Le socialisme n'y deviendra pas plus « sage », comme certains le croient naïvement ; il deviendra plus efficace. Et donc, à terme, plus sûrement ruineux.

Car il mettra en place insensiblement le despotisme de l'Etat paternel que Tocqueville avait senti venir il y a un siècle et demi : « Je vois une foule innombrable d'hommes semblables et égaux, qui tournent sans repos sur eux-mêmes pour se procurer de petits et vulgaires plaisirs, dont ils emplissent leur âme. Au-dessus d'eux, s'élève un pouvoir immense et tutélaire, qui se charge seul d'assurer leur jouissance et de veiller sur leur sort. Il est absolu, détaillé, régulier, prévoyant et doux. Il ressemblerait à la puissance paternelle si, comme elle, il avait pour objet de préparer les hommes à l'âge viril. Mais il ne cherche, au contraire, qu'à les fixer irrévocablement dans l'enfance. Il travaille volontiers à leur bonheur ; mais il veut en être l'unique agent et le seul arbitre. Il pourvoit à leur sécurité, prévoit et assure leurs besoins, facilite leurs plaisirs, conduit leurs principales affaires, dirige leur industrie, règle leurs successions, divise leurs héritages. Que ne peut-il leur ôter entièrement le trouble de penser et la peine de vivre[4] ? »

En maintenant le cap d'un socialisme maximaliste, tel qu'il avait été lancé dans le budget de 1982, le déficit du budget de 1983 eût été de quelque 250 milliards : folie. En réduisant la voilure, on le ramène entre 100 et 150 milliards*. Sagesse ? Non : folie plus supportable ; donc, folie qu'on laissera faire ; folie qui déréglera insensiblement mais inéluctablement notre vie.

François Mitterrand avait inclus dans ses « 110 propositions » le droit de veto syndical sur la politique du personnel. Cette énormité, même Jean Auroux sent qu'elle ne peut passer : on introduit un droit de regard, sans le veto. Sagesse ? Non : on a mis en place un comité sans responsabilité, qui va tenir la direction sous surveillance permanente. Le veto, pour le moment, n'est pas de droit : mais il est de fait.

Pour les pionniers d'une société d'initiative, le socialisme est un poison, qui ne pourra qu'éterniser la crise. Si l'on veut que le malade

---

* Selon que l'on accentuera ou non les « truquages » impitoyablement analysés par R. Barre[5].

l'avale sans s'en rendre compte, il faut le lui administrer par petites doses : c'est social-démocratiser.

La méthode est simple : *une petite dose de socialisme, un gros comprimé d'euphorisant. Si cela marche, les doses de socialisme pourront être progressivement augmentées.*

Curieusement, les socialistes vont répétant : « Nous avions sous-estimé l'état de délabrement de la France ; c'est pourquoi, désormais, nous faisons moins de socialisme. » Comme si le socialisme intégral ne pouvait prendre que sur un capitalisme florissant ! C'est avouer qu'il ne peut parasiter durablement qu'une économie très saine. Mais les socialistes avaient sous-estimé les capacités de résistance de la société française. Elles les contraignent à ruser.

Certains militants ne comprennent pas ces subtilités. Ainsi, Didier Motchane, qui reproche exactement à Mitterrand ce que Giscard se voyait reprocher symétriquement par une partie de son électorat : « Lorsque les socialistes multiplient les colloques pour convaincre le patronat français et les banquiers étrangers qu'ils ne sont pas socialistes, ils ne peuvent qu'inquiéter leurs électeurs sans rassurer ceux de la droite. Ce serait sacrifier notre politique à l'illusion qu'elle peut obtenir un consensus général[6]. »

Obtenir un consensus général, ce serait en effet trop demander. Mais si l'on ne vise qu'à *éviter une révolte générale,* cette politique sera mise en œuvre. On prendra également soin de ne pas révulser les Motchane. Tout en pratiquant la méthode des sociaux-démocrates, on criera très fort qu'on ne l'est pas, et que la politique « n'a pas changé » : « Non seulement, proclame Pierre Mauroy, nous poursuivons la même politique, mais nous l'accentuons[7]. »

Le malentendu continué

En somme, cette forme de social-démocratie, c'est le malentendu continué. « Je représente, proclamait avant son élection le candidat Mitterrand, l'*autre* politique — le socialisme à la française — qui reposera sur l'adhésion profonde du pays. » Vous avez dit socialisme à la française ? « Non, ce n'est pas ma bible[8] », répond, dix-sept mois plus tard, paterne, le président. Une bible, c'est encombrant et c'est contraignant... Il suffit d'avoir en soi la vérité : « Je veux être l'expression juste *de ce pourquoi j'ai demandé au peuple français sa confiance[9].* »

Admirable confidence. Il ne nous dit pas : « *de ce pourquoi le peuple français m'a donné sa confiance* ». Cela, il ne le sait maintenant que trop bien, et ne veut pas le savoir. *Il lui suffit d'être à lui-même sa propre référence.* Cela permet toutes les variations dans l'unité. C'est le

247

Neveu de Rameau, dans son rôle d'homme-orchestre, et sans violon ni clavecin, « faisant à lui seul les danseurs, les danseuses, les chanteurs, les chanteuses, tout un théâtre lyrique » [10]. La politique ne change pas, elle module. Tantôt sur les cuivres, retentissante de sonorités populaires ; tantôt sur les cordes, douce aux sensibilités effarouchées. Mais au terme ? Tous artifices oubliés, où serons-nous ? Plus avant dans la société de l'uniforme collectif.

Cajolés, les patrons — mais sans moyens pour accomplir le redressement qu'on attend d'eux. Cajolés, les fonctionnaires — mais livrés aux tout-puissants syndicats ; souvent découragés de « faire du zèle » ; forts de leur sécurité d'emploi, et dégoûtés des exigences du service public : privilégiés sans nerf. Cajolés, les cadres — mais fiscalisés et, peu à peu, encadrés de près par ceux qu'ils sont censés encadrer. Cajolées, les collectivités locales — mais toujours enserrées dans la bureaucratie et, de plus, viciées par la partisanerie. Cajolée, l'unité nationale — mais minée par la haine sociale. Cajolés enfin, cajolés d'abord et surtout, les travailleurs — mais en fait appauvris, dans leur pouvoir d'achat et dans les perspectives d'emploi.

Faut-il continuer la liste des caresses illusoires et des trop réelles frustrations ? Posons-nous plutôt cette question : comment se fait-il que la social-démocratie, ce rêve du bonheur petit-bourgeois, débouche sur l'anémie économique et la tension sociale ?

La réponse est simple : la social-démocratie a vécu son âge heureux. Politique de la redistribution, elle supposait qu'il y avait beaucoup à redistribuer. Elle s'appuyait sur un capitalisme dynamique, sur les formidables progrès de productivité que les économies occidentales ont connus pendant trente ans — les « Trente glorieuses ».

A force de facilités financières, de protections sociales encourageant les abus, de prélèvements sur la consommation, elle a affaibli les économies dont elle s'était emparée. Elle a reculé les échéances de l'immense reconversion technologique et marchande qui, aujourd'hui, nous saisit à la gorge.

La social-démocratie était facile au temps de la facilité. Ce temps est révolu. Aussi la marge politique des socialistes s'est-elle rétrécie : leur action demande de plus en plus à leur capacité d'illusionnistes.

Cette capacité devrait, quand même, trouver ses limites. Il sera difficile, à la longue, au « socialisme à la française », de maintenir son nouveau cap, celui d'une social-démocratie qu'il avait tant critiquée quand il croyait pouvoir faire beaucoup plus et beaucoup mieux qu'elle. Ainsi, nous serait épargnée la lente leucémie des forces vives de la France.

Chapitre 26

Deuxième scénario

La troisième force

Pour que la méthode sociale-démocrate nous amène progressivement au socialisme intégral, il faut du temps, beaucoup de temps. Or, ce temps est semé de scrutins.

A l'époque de la social-démocratie heureuse, il lui était assez facile de gagner les élections : gérante du pactole distribué aux masses, elle pouvait compter sur leur gratitude. Pourtant, dans les pays qu'elle avait conquis, ses mérites n'ont jamais paru si éclatants, qu'elle n'ait constamment suscité l'allergie d'une petite moitié du corps électoral. Avec les « années terribles », l'allergie ne peut s'atténuer ; et la gratitude a moins de motifs de s'épanouir. Les scrutins deviennent donc des échéances impitoyables.

Plus les élections locales ou partielles donneront de sombres indications, plus les hommes au pouvoir seront conduits à se défaire du scrutin majoritaire ; et soucieux d'élargir leur base politique.

Le refus du quitte ou double

Avec le scrutin majoritaire, pour les sortants, c'est quitte ou double. Le socialisme court donc le risque de voir sa carrière brutalement interrompue en 1986. Il ne pourra même pas se flatter que son œuvre lui survive. Car la logique majoritaire aura modelé une opposition combative, déterminée à enlever toutes les bandelettes dont les socialo-communistes auront enveloppé le corps français, à le purger de tous les poisons qu'il aura dû absorber.

Menacés d'une pareille défaite, les socialistes se souviendront de leur programme. Il prévoyait l'introduction du scrutin proportionnel. On y aura déjà préparé les électeurs : aux municipales, aux régionales *. Il avait disparu de notre expérience hexagonale, depuis plus de vingt ans qu'on l'avait abandonné. Après quelques années, il bénéficiera de l'accoutumance.

------

* Si elles ont lieu. Déjà, en 1979, le scrutin retenu pour l'Assemblée européenne était la proportionnelle.

Le système proportionnel, du reste, n'est pas un monstre politique. Il ne présente pas seulement des inconvénients. Il satisfait à l'esprit de justice. Avec lui, on peut voter comme on pense, et être représenté comme on a voté. Point de ces affres du choix forcé, où l'on met dans l'urne le bulletin d'un candidat qu'on n'aime pas, plutôt que de celui qu'on aime, afin d'en écarter plus sûrement un troisième qu'on déteste. Dans le paradis proportionnel, à chacun selon sa préférence.

Or, paradoxalement, cet univers du désir est aussi celui d'une certaine stabilité. Les électeurs sont étonnamment fidèles : l'oscillographe électoral n'enregistre presque jamais de séisme. Et surtout, à l'inverse du scrutin majoritaire, le scrutin proportionnel n'amplifie aucun mouvement ; il ne crée pas de « raz de marée » artificiels. Un pour cent de voix, en plus ou en moins, donne ou enlève quatre ou cinq députés, pas cinquante ou soixante. Toute la psychologie politique s'en trouve modifiée. A peu de chose près, l'équilibre des forces est permanent : les assemblées successives présentent la même configuration générale. Si le gouvernement change de couleur, tout le monde sent que cela tient à fort peu de choses. Fini les triomphes ou les débandades que provoque le scrutin majoritaire.

L'ivresse du pouvoir absolu est inconnue des systèmes proportionnels : le pouvoir se sait marginal, puisqu'il est fondé sur la négociation. Car la proportionnelle multiplie les partis. Un petit parti peut jouer un rôle aussi important qu'un gros. Solidement assis sur son stock d'électeurs, il est fort dans toute négociation. Les autres aussi ? Oui, tous les partis sont forts. Mais, à la fin, il faut bien s'entendre pour constituer, avec une coalition, un gouvernement. Le climat politique est froid, cynique parfois. Chacun, par nécessité, respecte l'autre.

Pour sauver les meubles

Quelle tentation que ce système, pour un P. S. qui serait devenu trop faible pour l'emporter dans un scrutin majoritaire, mais demeurerait assez fort pour dominer la scène d'une assemblée proportionnalisée !

Le choix serait en somme, pour lui, le suivant : « Si nous conservons le scrutin majoritaire, une droite résolue risque de reprendre le pouvoir et de défaire systématiquement ce que nous avons fait. Le socialisme à la française n'aura été qu'une parenthèse. Si nous introduisons le système proportionnel, nous avons de bonnes chances, disons trois sur quatre, de participer demain, malgré notre recul, à une coalition de gouvernement : elle pourra, sinon faire encore progresser le socialisme, du moins le maintenir au niveau que nous aurons atteint ; en attendant mieux ».

Les chances de ce socialisme sauvegardé et partagé sont d'autant plus fortes que le président de la République disposera encore, en 1986, de deux ans de mandat. Il gardera l'initiative de nommer un gouvernement. Il sera en bonne place pour donner un sens socialiste à une assemblée élue dans la confusion. En deux ans, les délices de la négociation permanente l'auront envoûtée. Même si le successeur n'est pas un socialiste, pourra-t-il revenir à la conception classique de la Ve République ? Pourra-t-il revenir, surtout, au système majoritaire, qui avait fait ce régime, tel qu'on le connut pendant vingt-trois ans ?

Une assemblée élue au scrutin majoritaire peut décider la proportionnelle pour sauver les intérêts politiques du parti qui en constitue la majorité. Comment une assemblée élue à la proportionnelle décidera-t-elle le retour au scrutin majoritaire ? La proportionnelle, c'est en effet, pour presque tous les députés, en tout cas pour tous leurs caciques, la réélection assurée. C'est aussi la perspective d'échapper à cette terrible force de dissuasion : le pouvoir de dissolution. Le président ne pourra plus brandir une menace qui ne ferait pas plus peur qu'un revolver à bouchons.

Voilà comment on crée de l'irréversible. Le changement de loi électorale n'apparaîtrait d'abord que comme une opération d'intérêt immédiat. Pourtant, il nous installerait dans un autre monde politique. Il nous éloignerait, certes, de la radicalisation, du socialisme pur et dur ; à plus forte raison, de la démocratie populaire. Mais il risquerait de nous enfoncer dans l'enlisement définitif d'un socialisme adouci.

Le compromis historique

Le prix de cette opération serait une entente avec la « droite », ou une partie de la droite : qui dit proportionnelle dit coalition. Et si l'on supprime le scrutin majoritaire parce qu'on craint de n'y point conquérir la majorité, il faut bien prévoir de gouverner, étant en minorité, avec de nouveaux alliés. *A fortiori,* si les anciens ne suivent pas le mouvement.

La question de la proportionnelle se relie donc directement et intimement avec la question de la « troisième force ». Celle des années 1947-1951 n'a pas laissé aux Français des souvenirs éblouissants. Luttant à la fois contre le parti communiste et contre de Gaulle, coincés entre les « totalitaires » et les « autoritaires » — le socialisme de la S.F.I.O., la nébuleuse radicale, la démocratie chrétienne du M.R.P. s'étaient entendus pour se maintenir. Mais comme ils ne s'entendaient à peu près que sur cela, le résultat ne fut pas à la mesure de leurs espérances.

Le « compromis historique », auquel pensent de plus en plus de cerveaux agiles, à mesure que s'affirme l'échec du « socialisme à la française », présenterait de grands avantages et de grands inconvénients.

Des avantages ? On « dédramatiserait » la situation. On cesserait de jouer le sort de la France à la roulette russe ; ou, pour changer de métaphore, on en reviendrait à la célèbre formule politico-culinaire : « on fait l'omelette, on coupe les deux bouts, on garde le milieu ». On exclurait seulement les révolutionnaires qui veulent aller plus loin dans le chambardement, et les « réactionnaires » qui veulent opérer une restauration.

Des inconvénients ? Les acquis du « socialisme à la française » subsisteraient. Comme l'Angleterre après 1951 ou la Suède après 1976, la France continuerait à vivre avec des structures qui répandraient dans son organisme l'irresponsabilité, l'anonymat, la bureaucratie, le noyautage syndical.

Les partis au pouvoir ne s'accorderaient que sur la sauvegarde du *statu quo*. Ils se disputeraient sur tout le reste.

Ce « compromis historique » ne serait pas seulement un compromis entre les socialistes et leurs adversaires ; mais entre la Ve République et la IVe.

Depuis 1958, les souvenirs laissés par celle-ci avaient paru vacciner les Français contre le régime des partis. Ses mérites s'étaient perdus dans l'effondrement final. Solon avait bien dit à Crésus que l'on ne pouvait se dire heureux avant de connaître sa mort. La mort de la IVe République l'a fixée dans une image de malheur. « Il n'y a pas de politique sans risque, mais il y a des politiques sans chance », aimait à dire Edgar Faure. Trop souvent, les gouvernements paralysés de la IVe République ne purent prendre un risque sans tomber, et perdirent alors toute chance.

Qui expulsera l'autre ?

Les assemblées de la IIIe et de la IVe République avaient l'art de faire et de défaire les gouvernements. Ministres d'un jour, députés de la veille et du lendemain, y employaient toute leur ingéniosité. Régime d'assemblée, imbrication étroite de l'exécutif et du législatif et soumission de celui-là à celui-ci, confusion des pouvoirs, scrutin proportionnel favorable aux petits partis charnières, conjugaient leurs effets pour provoquer une dilution de la responsabilité politique. Une décision était-elle à prendre ? Le temps de la réflexion, les atermoiements de dernière heure, avaient raison du projet, qui rejoignait le placard. Les renversements d'alliance étaient de règle. Les compromis ont conduit aux plus tragiques compromissions.

La chambre du Front populaire n'a-t-elle pas remis les pleins pouvoirs au maréchal Pétain ? Celle de 1951, malgré un raz de marée gaulliste en électeurs, n'a-t-elle pas éliminé, par une diabolique loi électorale, le général de Gaulle de la scène politique ? Celle de 1956, qui paraissait devoir donner les pleins pouvoirs à Mendès pour qu'il mette fin à la guerre d'Algérie, ne les a-t-elle pas donnés à Guy Mollet pour qu'il s'enfonce dans le conflit ? La logique du système voulait que le suffrage universel fût trahi, au profit de combinaisons savamment échafaudées par des hommes dont elles étaient la seule raison de vivre.

Notre système majoritaire a éliminé cette déviation de la vie politique. Il a imposé la netteté et la continuité des choix. Si le malentendu qui a fait irruption par surprise en 1981, et qui dure, nous est si sensible et si insupportable, n'est-ce pas précisément parce qu'il est étranger aux mœurs politiques qui étaient devenues les nôtres ?

Tôt ou tard, le système majoritaire expulserait ce malentendu, comme un corps étranger. Mais la réciproque nous menace : pour que le malentendu se perpétue, il faut altérer le système majoritaire.

Imaginations en travail

Mais si la nouvelle Assemblée était élue à la proportionnelle ? Si la résurrection d'une configuration analogue à la « troisième force » de la IVe République y devenait possible ? Son image trotte déjà dans pas mal d'imaginations.

Elle trotte dans l'imagination communiste, qui a toujours cru qu'un jour ou l'autre le parti socialiste retournerait à sa dérive droitière, qu'il « trahirait la cause des travailleurs ».

Elle trotte dans un coin de l'imagination « centriste ». On entend déjà des raisonnements qui pourraient justifier une alliance de troisième force. « Après l'échec de l'expérience socialiste, il faudra protéger l'unité nationale, ne pas désespérer le *peuple de gauche*, réconcilier les Français, travailler avec les syndicats. » Ces idées sont justes, à condition de ne pas en oublier quelques autres. Isolées, elles peuvent aboutir tout droit à rendre aux socialistes une bonne part du pouvoir que les électeurs auraient voulu leur enlever. Déjà se dessine un groupe de pression de l'entente...

Le « centre » — laïc ou chrétien — a souffert pendant des années du système majoritaire, qui l'obligeait à choisir entre sa droite et sa gauche. Il s'y est amenuisé, électoralement, idéologiquement. Soudain libéré par la proportionnelle, ne trouverait-il pas une chance de s'épanouir ? Et un grand rôle à jouer, en ramenant le socialisme dans les voies de l'évolution réaliste, en l'arrachant au communisme ? Curieuse vocation de certains à jouer les saint-bernard du marxisme...

Reste l'imagination socialiste. Elle n'est assurément pas préparée à ce « tête, droite ». Le nouveau parti socialiste s'est constitué, à Epinay, contre l'idée même de la troisième force, de la compromission avec le centre. Mais l'instinct de conservation est fort. Il tourne vers l'avenir plus que vers le passé. Si une partie de la « droite » offre ses services pour sauver un socialisme condamné par le peuple, lui refusera-t-on longtemps l'honneur de la considérer comme une « force de progrès » ?

Le trouble-fête

Le point difficile de ce ralliement à l'universelle social-démocratie sera la rupture avec les communistes ; et peu importe à qui en reviendra l'initiative.

Rupture inévitable : politiquement, elle serait le prix, peut-être le seul prix, d'un ralliement d'une partie de la « droite ».

Les adeptes du « compromis historique » se déshonoreraient dans deux cas :

S'ils acceptaient d'entrer au gouvernement pendant le mandat de l'Assemblée élue en juin 1981 — cette assemblée élue avec un scrutin majoritaire qui fait passer dans l'hémicycle une ligne infranchissable ; cette assemblée rose et rouge où ils ne seraient alors que des jaunes.

Si, après les élections, ils acceptaient de devenir les otages de la gauche et de l'extrême gauche, dans une coalition où le P.C. continuerait de peser de tout son poids — occulte beaucoup plus qu'électoral — et où on leur demanderait d'entériner et de pérenniser, par leur présence, le changement de société introduit dans la législature précédente — nationalisations, lois Auroux, révolution culturelle, colonisation des médiats, etc.

Du côté des communistes, il n'y aura plus intérêt à s'attarder dans un pouvoir qui, enregistrant un échec économique, n'en prendrait plus argument pour aller au bout de la révolution. La chance de la déstabilisation majeure se retrouvera à la base, du côté des cellules du

P.C. et de la C.G.T., dans l'exploitation forcenée de la régression — Billancourt lancé à l'assaut de Boulogne.

C'est bien là que le bât blessera le pouvoir. Le P.C., consolidé par la proportionnelle dans son électorat, installé à travers la C.G.T. dans les entreprises, dans les bureaux, dans la rue, aura les moyens d'empoisonner le règne de la social-démocratie. A toutes les équations économiques et sociales, déjà insolubles avec la règle à calcul sociale-démocrate, il ajoutera son inconnue supplémentaire.

Dans ce scénario, le socialisme réunirait cependant toutes les conditions de l'échec... et de la durée. Au lieu d'être renforcé par l'union, le pouvoir serait affaibli par la négociation permanente. L'agitation communiste à la base annulerait les concessions que le sommet pourrait consentir au réalisme. Le socialisme n'aurait pas changé de ligne, mais de cadence. Il s'installerait en petite vitesse. Mais il aurait gagné sur l'essentiel : l'irréversibilité du mal qu'il nous aurait infligé, et surtout de celui qu'il pourrait, fût-ce à doses réduites, nous infliger encore pendant des dizaines d'années.

Une journée avec la « dame de fer »

Aussitôt après la victoire des conservateurs aux élections britanniques du printemps 1979, Mme Thatcher, nouveau Premier ministre, vint passer une journée en France. En l'absence de notre ministre des Affaires étrangères, je fus chargé de lui tenir compagnie.

Après un déjeuner à l'Elysée, nous nous rendîmes en Provence, où elle tenait à visiter l'usine de séparation des isotopes du Tricastin. Chemin faisant, elle me déclara, non sans fierté : « Je suis le premier Premier ministre conservateur depuis la guerre — Comment ? lui dis-je. Et Churchill, Eden, Mac Millan, Lord Home, Heath ? — Ils n'ont pas été des Premiers ministres conservateurs. Ils n'ont pas le moins du monde remis en cause la société socialiste établie par Attlee. Je suis la première à vouloir remplacer cette société socialiste, qui a ruiné le Royaume-Uni, par une société vraiment libérale. »

Lorsque, m'expliqua-t-elle, Churchill, battu aux élections de 1945, revint au pouvoir après six années de gouvernement travailliste, il accepta de considérer la socialisation de la Grande-Bretagne comme un fait accompli. Il géra au mieux la société travailliste. A intervalles réguliers, ses successeurs, quand les travaillistes perdaient les élections, firent de même. Ainsi, trente-quatre années de « Welfare state » ont distillé leurs drogues dans toutes les cellules de la société. L'appareil étatique s'est démesurément gonflé. L'initiative et le risque ont été pénalisés ; l'inertie et la bureaucratie encouragées ; les syndicats sont devenus de plus en plus tyranniques. La Grande-

Bretagne est entrée dans un processus de décadence résignée, flegmatique, dont même le pétrole de la mer du Nord n'a pu la sortir. La « dame de fer » arrivait, expression d'une dernière résurgence du vouloir-vivre britannique...

Mais elle m'ajouta, brusquement songeuse : « Enfin, j'espère bien parvenir à effacer les traces des six années désastreuses d'Attlee. Mais ce sera difficile, après trente ans d'accoutumance. L'Angleterre a pris tellement de mauvaises habitudes. Jamais je ne pardonnerai à mes prédécesseurs d'avoir eu la faiblesse de ne pas revenir sur les erreurs des travaillistes quand il était temps pour le faire. Il est vrai que les conséquences pernicieuses du socialisme ne se font sentir qu'à la longue... »

Elle a pu réveiller le sens de la grandeur, lancer son pays dans une expédition pour l'honneur. Mais ses efforts désespérés pour réparer dans la société les ressorts brisés de la responsabilité et du risque, sont venus bien tard. Ils semblent voués, au moins partiellement, à l'échec. « L'irréversible » est toujours prompt à prendre possession des proies qu'on lui offre.

La France, quant à elle, ne serait que trop disposée, par trois siècles d'étatisme, à verser définitivement dans la société des consommations collectives, de l'assistance tutélaire, des facilités corporatives, des féodalités syndicales, de la lutte des classes rampante — qui, dans l'univers actuel, nous condamneraient à l'appauvrissement et à l'irrémédiable déclin. Epanouissement du mal français, la social-démocratie nous rendrait douce cette mort lente. Avec la proportionnelle, nous n'aurions même pas à prendre la décision. Cela s'appelle l'euthanasie.

Chapitre 27
Troisième scénario
Se soumettre ou se démettre

Le troisième scénario serait la conséquence logique — en saine démocratie majoritaire — du retournement de l'esprit public, pour peu qu'il se confirme sans équivoque.

Il y a eu l'éclair des élections législatives partielles, puis le coup de tonnerre des cantonales. Depuis, semaine après semaine, voici la bruine continue des sondages, la pluie des élections locales partielles, en attendant l'orage des municipales. Le baromètre ne varie pas, l'aiguille du pouvoir est calée sur le mauvais temps. Les Français, de toutes catégories sociales, de toutes familles politiques, ont perdu confiance. Ils broient du noir. Une majorité d'entre eux, chaque fois qu'ils en ont l'occasion, votent pour les adversaires du gouvernement.

Il est de plus en plus difficile, alors, d'éviter la petite extrapolation suivante : « Si cette consultation locale avait été un scrutin national, l'opposition serait redevenue la majorité, haut la main. »

La régularité de cette tendance donnerait à l'opposition le droit de demander la dissolution de l'Assemblée.

La « majorité » n'aura pas de mots assez durs pour condamner ce crime de lèse-Assemblée, de lèse-démocratie, de lèse-nation. Est-ce léser l'Assemblée, que de la souhaiter en harmonie avec le peuple ? Est-ce léser la démocratie, que de la faire fonctionner ? Est-ce léser la nation, que de vouloir qu'elle s'exprime ? Il est vrai que la République a besoin de stabilité. Ses représentants sont élus pour une durée déterminée. Remettre sans cesse en cause leur mandat, ce serait corrompre le principe même du système représentatif.

Notons en passant qu'il serait assez plaisant de voir les socialistes se retrancher derrière ce principe, eux dont l'idéologie pousse si fort à l'expression spontanée du peuple, toujours et partout — dans les villes, les usines, les administrations, les régions. Que ne l'instaurent-ils aussi quand le peuple la demande ?

Le président de la République, pour tirer les choses au clair entre le peuple et ses gouvernants, a — ne disons pas le *devoir,* puisqu'il reste libre — mais en tout cas le *droit,* de recourir à la dissolution. Ce droit est un *outil* destiné à mettre au net les situations confuses. Dissoudre

257

relève, certes, de la seule responsabilité du chef de l'Etat ; mais ce n'est pas un sujet tabou*.

En prononçant la dissolution, le chef de l'Etat ne déclare pas illégitime l'Assemblée sortante. Il ne fait qu'interrompre son mandat, pour que le législatif dispose d'un mandat rafraîchi et actualisé ; pour que les électeurs fassent connaître leur volonté ; pour qu'un conflit soit tranché par le peuple. Ou qu'un grave malentendu soit dissipé. L'accumulation de scrutins de désaveu obligerait les dirigeants à prendre enfin conscience de la méprise. Sinon, elle deviendrait imposture.

L'opposition, en suggérant, voire en réclamant, la dissolution, ne commet, pas plus que lui en la décidant, un crime de lèse-Parlement. Elle a le droit de demander une clarification politique. Une fois de plus, une phrase prémonitoire de François Mitterrand, mordante d'ironie, semble s'appliquer à la situation dans laquelle il s'est placé lui-même : « Il se peut qu'il se trouve bien comme il est, (qu')il trouve la France bien comme elle est. Tant mieux pour lui, tant pis pour elle. Mais la léthargie n'est plus ce qu'elle était. On retrouvera bientôt l'esprit des lois. [1] »

Le juge du contrat

Les socialistes ont si souvent invoqué le « contrat » signé en mai et juin 1981 par les Français ! Qu'ils ne s'étonnent pas si, à notre tour, nous l'agitons sous leur nez.

Ce contrat lierait-il, sans possibilité d'avenant, sans clause résolutoire, le seul peuple français — le mandant ? Alors que, de leur côté, les mandataires pourraient en prendre à leur aise avec les clauses, appliquant celle-ci, rejetant celle-là, et surtout ne remplissant même pas l'objet essentiel du contrat : la réduction du chômage, la maîtrise de l'inflation, la progression du niveau de vie ?

Admettons un instant que le peuple français n'ait qu'à s'en prendre

---

* A la fin de mai 1968, bien que la motion de censure déposée par la « gauche » eût été repoussée, François Mitterrand et divers responsables de la « gauche » réclamèrent à cor et à cri la dissolution. A juste titre ; elle s'imposait de toute évidence. Satisfaction leur fut donnée le 30 mai. Neuf ans plus tard, après des élections municipales qu'elle avait gagnées, la « gauche », à nouveau, réclama la dissolution de l'Assemblée. En septembre 1982, les libéraux allemands ayant renversé leur alliance avec les socialistes au profit des chrétiens démocrates, le chancelier Schmidt, mis en minorité par le Bundestag, voulut en appeler au pays. Il considérait, même dans un régime d'assemblée, que la seule réponse démocratique à une manœuvre parlementaire résidait dans l'organisation de nouvelles élections.

à lui-même, d'avoir signé sans demander à voir de plus près. Reste qu'il a le droit d'en appeler au tribunal si le contrat n'est pas exécuté. Quel tribunal peut rendre raison au peuple français, sinon celui qu'il constitue lui-même ?

On comprend pourquoi le gouvernement se refuse à admettre qu'il a changé de politique depuis la deuxième dévaluation. Ce serait avouer que l'exécution du contrat s'est révélée impossible, et qu'il a fallu la suspendre. Pourra-t-il tenir longtemps sur cette supercherie ? Chaque élection, depuis l'été 1981, est devenue une confrontation sans merci entre la « majorité » et l'opposition. Depuis vingt ans, la « gauche » a poussé à la politisation des élections locales : elle est arrivée à ses fins. Mais elle en paiera le prix.

A quoi s'ajoute une constatation dont on s'étonne qu'elle ne soit pas faite davantage. Un gouvernement « de droite », cela marche. Les gouvernements Chirac ou Barre furent des gouvernements qui gouvernaient. On pouvait les aimer ou ne pas les aimer. On ne leur contestait pas leur qualité de gouvernement.

Il en va tout autrement pour la « gauche ». Avant de savoir si le gouvernement Mauroy est un bon gouvernement, beaucoup se demandent si c'en est un. Qu'est-ce qu'un gouvernement qui fait une politique, puis une autre dont chacun sait qu'elle est à l'opposé de la précédente, tout en disant que c'est la même ? Aussi le peuple français est-il fondé à se montrer vigilant quant au respect du contrat : en deçà même de la *volonté,* la *capacité* du gouvernement à le remplir est-elle assurée ?

La dissolution

Formons l'hypothèse, honorable pour François Mitterrand, qu'il dissolve l'Assemblée. Sans biaiser ; sans changer la loi électorale (sinon, on retrouverait le scénario de troisième force).

Opération suicide ? Pas nécessairement. François Mitterrand peut, en provoquant des élections, mettre les Français au pied du mur de leur grogne : il ne suffira plus de grogner, il faudra choisir. L'opposition, elle aussi, serait au pied du mur : elle devrait, pour de bon, proposer son alternative, pour mettre en jeu l'alternance.

Pareil sursaut d'honnêteté, de courage, de loyauté à l'égard des Français pourrait servir la « gauche » comme la dissolution du 30 mai 1968 avait servi de Gaulle. Mieux encore, la dissolution rendrait caduc le contrat passé, ou supposé passé, en 1981. La majorité sortante devra définir un nouveau contrat, qui sera bien forcé, cette fois, d'être clair et précis. François Mitterrand aura sa belle et bonne chance de séduire à nouveau les Français.

259

S'il y parvient, le socialisme, dopé de neuf, poursuivra ses ravages, assuré de sa légitimité. Mais s'il n'y parvient pas ? Si gaullistes, libéraux, centristes, unis pour vaincre, composent une majorité dans la nouvelle Assemblée ?

On entrerait alors dans l'inédit. Le rêve des politologues se réaliserait enfin ! Ils ont si souvent imaginé cette situation, que nos institutions rendent possible mais que nous n'avons encore jamais vue : l'Elysée et le Palais-Bourbon de part et d'autre du fossé politique, comme ils le sont de la Seine.

L'improvisation

La suite du scénario est incertaine. Il faudra improviser. Tout dépendra du comportement des acteurs.

On peut supposer qu'une majorité modérée, après une victoire obtenue par son unité et la qualité de son projet, voudra honorer ses engagements et appliquer le mandat qu'elle aura reçu.

Il est bien concevable que François Mitterrand tente tout pour l'écarter de son devoir. Au nom de la réconciliation nationale, de la paix civile, de son propre mandat, il pourra proposer le mariage de l'eau et du feu, confier à une personnalité adroite et subtile — ce que le général de Gaulle puis Georges Pompidou appelaient « l'Edgar Faure du moment » — de rassembler les « hommes de bonne volonté » de chaque camp.

Mais il se peut aussi qu'il refuse cette tentation. Avoir été le restaurateur du parti socialiste, l'avoir arraché aux envoûtements médiocres des alliances avec la « droite », avec l'Argent, pour l'y soumettre lui-même à nouveau ? Tromper la volonté du peuple, passe encore : elle est bien obscure. Mais trahir le socialisme ? A l'âge où il n'y a plus d'avenir que dans le destin ? Les députés socialistes même s'y prêteraient-ils ?

De toute façon, la nouvelle majorité tiendra le président à sa merci. Pourquoi lui proposerait-il ce qui serait repoussé par elle ?

Reste la confrontation. Depuis Mac Mahon et Gambetta, on en connaît la formule : « Quand la France aura fait entendre sa voix souveraine, croyez-le bien, il faudra se soumettre ou se démettre. [2] »

Se battre ? C'est également concevable, mais le champ de bataille serait, très vite, ailleurs qu'au Parlement. Le président peut en effet nommer un Premier ministre selon son cœur : l'Assemblée le censurera. Il peut nommer un second Premier ministre sur le même modèle : nouvelle censure. La tactique n'aurait de sens que si ces gouvernements anti-parlementaires mobilisaient dans la rue, dans les usines, les forces disponibles pour une guerre civile. Encore faudrait-il qu'il s'en trouvât de disponibles.

L'humiliation de se soumettre, l'honneur de se démettre

Revenons à des hypothèses plus conformes à la tradition républicaine.

En 1978, se préparant à gagner les législatives — il s'en fallut de peu — François Mitterrand évoquait naturellement l'hypothèse d'une majorité de gauche coexistant avec Valéry Giscard d'Estaing. Cela ne paraissait pas le choquer. Il répondait à une question de Jacques Fauvet : « Constitutionnellement, le président a une entière liberté de choix quant à la désignation de son Premier ministre. Politiquement, démocratiquement, psychologiquement, il doit désigner un Premier ministre issu de la majorité voulue par le suffrage universel. De plus, cette majorité aura été élue pour appliquer un certain programme. Elle aura le devoir de l'appliquer. [3] »

On ne pouvait être plus clair. Mitterrand président n'aura plus qu'à faire ce qu'il attendait du président Giscard d'Estaing.

Pourtant, cette soumission, on imagine mal qu'il l'accepte. On ne le voit pas présidant les conseils des ministres qui déferont ce qu'il a fait, signant les ordonnances de dénationalisation, promulguant les lois que ses amis auront repoussées, enfermé à l'Elysée pendant que le Premier ministre traitera avec le monde entier des affaires de la France.

Et l'on souhaite qu'il ne se voie pas non plus dans ce triste personnage. On le souhaite pour la dignité de la fonction présidentielle. François Mitterrand en a découvert les vertus à l'usage. Saurait-il comprendre que, n'ayant plus cet usage, il lui enlèverait cette dignité ? Saurait-il rendre enfin justice à l'œuvre du général de Gaulle, en quittant sa fonction avec la même simplicité que lui ? Sans finasser avec le peuple français ? En ayant peut-être recours à cette admirable sortie que sut trouver de Gaulle pour se faire donner quitus de l'engagement qu'il avait pris pour sept ans envers les Français : un référendum ?

Je le crois. Il faudrait ensuite le remplacer. Et l'on assisterait sans doute, en sens inverse, à ce qui s'est passé en 1981 : une élection confirmerait l'autre aussitôt après, parce que les Français n'aiment pas, ou n'aiment plus, mettre la contradiction dans leurs pouvoirs politiques. Ils y veulent l'unité.

Ainsi, l'échec de la gestion socialiste, le retournement massif de l'opinion, auraient rapidement, si chacun joue honnêtement le jeu démocratique, leur conclusion normale. Pourquoi faut-il que, de tous les scénarios concevables, celui qui est le plus respectueux des Français nous paraisse à l'avance le moins vraisemblable ?

L'explosion

Les trois hypothèses à hauts risques qu'on va lire ne sont pas les plus vraisemblables. La maturité politique des Français permet d'espérer que nous les éviterons. Il n'est pourtant pas exclu qu'elles se réalisent. Elles pourraient d'autant plus survenir qu'on aurait d'avance refusé d'y penser. Ne nous rassurons pas à trop bon compte : « Bah ! Nous avons peut-être fait une bêtise en 1981. Mais cela passera. Il suffit d'attendre les prochaines élections. La France en a vu d'autres. »

L'Histoire n'offre pas d'assurance tous risques. Le président incarne la légitimité pour sept ans. Mais si son gouvernement devient trop impopulaire ? Si son Premier ministre, chargé de lui servir de « paratonnerre », ne remplit plus sa fonction ? Il devra bien changer l'un et l'autre. Et si, la dégradation empirant, le nouveau gouvernement hérite rapidement de l'impopularité du précédent ? C'est le pouvoir suprême qui sera contesté. « L'autorité seule ne fait rien ; la soumission ne suffit pas ; il faut gagner les cœurs », disait le Mentor de Fénélon [1]. Ce qui était vrai pour une monarchie l'est mille fois plus pour une démocratie. *Un président sans appui dans l'opinion est un président sans pouvoir.*

Le désarroi

Il ne suffit donc pas de faire comme si 1,75 % des électeurs avait assuré, quoi qu'il advienne, non seulement un chèque en blanc, mais un compte en banque indéfiniment garni pendant sept ans. Encore faut-il que le crédit, régulièrement renouvelé, permette d'alimenter le compte.

Au départ, ce crédit semblait illimité. François Mitterrand aurait pu dire, comme Louis XVI à ses débuts : « L'amour de mon peuple a retenti jusqu'au fond de mon cœur. » Mais si la rhétorique triomphe aisément des maux passés et des maux à venir, les maux présents triomphent d'elle.

Les Français sont de plus en plus nombreux à se demander si la potion magique qu'on leur avait promise n'était pas simplement de l'ignorance économique, de la méconnaissance des réalités internationales ; bref, cette forme maladive du repli sur soi qu'on pourrait appeler *l'autisme politique*. Ils craignent que leurs dirigeants ne pratiquent pas la politique des *yeux ouverts*, mais de la *porte close*.

Dès lors qu'une majorité de Français jugeraient sans fondement la politique menée par le pouvoir, ils en viendraient, s'il ne changeait pas de politique, à mettre un jour en cause le pouvoir. L'autorité perdue, avec la foi du peuple, on ne commande plus qu'à des ombres. Alors, le glissement et même la glissade ne seraient pas loin.

Alors, il ne servirait à rien de laisser entendre, comme il arrive à François Mitterrand de faire, que seule la responsabilité du gouvernement, et non la sienne, est engagée dans ce qui est impopulaire — dévaluation, blocage des salaires ou montée de la violence. Il ne lui suffirait pas non plus — si justifiés que soient pour un président des déplacements hors de nos frontières — de se réfugier dans une perpétuelle fuite à l'étranger : il arrive que les voyages prouvent moins de curiosité pour ce qu'on va voir, que de répulsion pour ce que l'on quitte... François Mitterrand a conquis le pouvoir en promettant aux Français de leur « changer la vie ». Il s'y est maintenu, bien qu'ils commencent à constater que leur vie ne change en rien ; sinon en pire, pour bon nombre d'entre eux[*]. Pourrait-il s'y maintenir encore, en leur donnant l'impression qu'il se consacre surtout à la politique étrangère, comme s'il portait sur ses épaules une part importante du destin du monde ?

Cette conviction de travailler pour l'Histoire et pour l'univers, François Mitterrand l'a acquise à force de vouloir imiter le Général : mais n'est pas de Gaulle qui veut. Il prend le risque que les Français s'en rendent compte plus tôt que lui.

Ce qui est à retenir dans les mauvais sondages qui ont suivi la dévaluation de juin 1982, ce n'est pas la médiocre popularité du gouvernement, du Premier ministre et du président ; c'est qu'ils soient tombés si bas, si vite après être montés si haut. Michel Debré ou Raymond Barre adoptaient un style de rude franchise qui leur valait estime et respect, mais aussi une constante impopularité. François Mitterrand et Pierre Mauroy aboutissent aux mêmes résultats alors que leur style est à l'opposé ; et après avoir connu un degré de popularité qu'avaient seuls atteint de Gaulle, Pompidou, Chaban et, par moments, Giscard. La chute est brutale. S'en relèveront-ils ?

---

[*] 82 % des Français estimaient au bout d'un an que leur condition n'avait nullement changé ; mais, d'autre part, 50 % considéraient que les choses étaient devenues plus difficiles pour eux, contre 20 % plus faciles[2].

Et s'ils n'y parviennent pas ? Comment un Premier ministre dirigerait-il un gouvernement à partir du moment où la majorité des Français le considéreraient comme incompétent ? Comment un président pourrait-il encore courtiser l'Histoire, quand la monotonie du quotidien lui casse ses effets ? Et comment se référerait-il sans arrêt à sa propre volonté, comme un souverain autoritaire, si la volonté du peuple, unique souverain, va à l'encontre de la sienne ?

Le collapsus psychologique

La confiance joue le même rôle dans une société libre, que la contrainte dans une société autoritaire. La survie du pouvoir est suspendue chez nous à la confiance qu'il inspire. Si elle fléchit, durablement, les subterfuges ne masqueront plus les chocs du réel. Certes, les institutions ont été conçues pour mettre le pouvoir légitime à l'abri des vicissitudes d'une opinion sujette à des variations saisonnières. Mais si l'opinion persiste dans ses refus, impossible de les mettre au compte d'une humeur versatile. On ne saurait gouverner longtemps la Ve République, sans majorité dans le pays.

Le pouvoir peut paraître puissant, tant qu'il tient tous les leviers dans sa main et paralyse tout contre-pouvoir. Si un jour des échecs accumulés minaient le crédit que lui avait accordé le public ou dissipaient la crainte révérencielle qu'inspirait son omnipotence, il en viendrait à chanceler. C'est un colosse aux pieds d'argile ; ou plutôt, au crâne d'argile.

Sa grande faiblesse ne lui est pas extérieure : elle n'est pas dans des coquecigrues — « l'héritage », ou la « droite », ou le « capitalisme ». Elle lui est intérieure. Elle réside dans le dogme, présenté comme *la* science, alors qu'il est la projection de postulats erronés. Voilà que la réalité oppose aux idées un refus d'obéissance.

Au bout d'un an de pouvoir, les notables socialistes, réunis en séminaire à Maisons-Laffitte, ont gravement conclu qu'ils devaient « agir en parti du gouvernement ». Que de temps il leur a fallu pour reconnaître qu'ils avaient perdu leur temps ! L'intelligence des socialistes, pris un par un, est pourtant tout aussi rapide que celle des autres. Mais collectivement, elle est d'une extrême lenteur ; car il leur faut se dégager de la glu idéologique.

Au cours du même colloque, ils ont remarqué que, depuis 1789, la « gauche » n'avait conservé le pouvoir que fort peu de temps en France : les « réactionnaires » ne lui avaient jamais laissé le temps de démontrer ses bienfaits. Interprétation contestable d'un fait incontestable. N'est-ce pas plutôt à cause de la doctrine utopique a laquelle ils restent incurablement attachés ? Comment faire de bonne politique avec des idées fausses ?

Les doutes emmagasinés dans le public depuis des mois, refoulés en profondeur, peuvent tout à coup se manifester bruyamment. La condamnation du passé ne suffit plus à apaiser l'inquiétude de l'avenir.

Des esprits longtemps abusés se désabusent brusquement quand ils mesurent l'intoxication dont ils ont été victimes. Le Panthéon, ou Versailles : parce que c'était la « gauche », les Français n'avaient rien osé dire. Mais il a suffi d'une dévaluation pour qu'ils se ressaisissent ; d'un coup, 10 ou 20 points perdus dans les sondages.

Dans ces moments chauds, les fantômes resurgissent. Jacques Delors voit dans les banquiers autant de « maçons occupés à construire le mur d'argent »[3]. Les mythes du P.S. reposent sur des analyses sociologiques périmées : le « mur d'argent », aujourd'hui, est fait de millions de briques. Cependant, l'expression plonge assez loin ses racines dans l'inconscient collectif, pour polariser l'agressivité bien compréhensible d'un chômeur ou d'un « smicard » sur ces odieux capitalistes. Ne sont-ils pas responsables, selon le président de l'Assemblée nationale, « de la faim dans le monde, qui fait 50 millions de morts chaque année dont 30 millions d'enfants ? Cela aussi, c'est un sacré goulag. Et cela, c'est bien le capitalisme »?[4] Malhonnêteté intellectuelle sans limite ni pudeur ? Ou plutôt, effort désespéré du croyant pour sauver une foi qui s'effrite ?

Plus les échecs auront été minimisés, plus leur accumulation finira par apparaître comme une déroute. Pendant un temps, le pays assiste à la dégradation en spectateur placide. Mais il existe un seuil, au-delà duquel la France se doutera que le pouvoir socialo-communiste la pousse vers un précipice en lui bandant les yeux et en lui jouant de la musique douce sur les cordes de l'appareil de désinformation publique.

Alors, la France pourrait sentir monter en elle une conviction irrésistible, que j'entends déjà dans ma Brie : « On a choisi Mitterrand pour se défouler. Cette gauche-là au pouvoir, c'est un accident ! Une parenthèse ! Ils sont minoritaires. Ils n'ont pas plus droit au maintien dans les lieux que des *squatters*. »

La débâcle économique

A force de prétendre que les idées sont « à gauche », la « gauche » va convaincre les Français que les faits sont « à droite ». Comment pourrait-on à la fois s'affirmer « européen », et rompre avec le système « capitaliste » sur lequel repose la Communauté européenne ? Comment attendre qu'une économie de marché soit améliorée par des mesures qui, à terme, la condamnent au dépérissement ?

Il est difficile de savoir à l'avance si l'économique « lâchera » *avant,* ou *après* le politique. Au début de 1982, les élections législatives partielles et les cantonales ont montré que le politique pouvait lâcher, tandis que l'économie paraissait tenir bon ; alors que des porte-parole autorisés de l'opposition et du patronat avaient annoncé l'inverse. Le front économique a cédé un peu plus tard, sans que les revers politiques s'aggravent.

Les socialo-communistes croient qu'un impôt rapporte d'autant plus de recettes, que son taux est plus élevé. Or, au-delà d'un certain taux, l'expérience montre que les recettes de l'impôt diminuent. Au sommet de la « courbe de Laffer »[5], revenus et taux d'imposition deviennent inversement proportionnels ; plus le taux s'élève, plus le revenu imposable baisse. A partir du moment où un chef d'entreprise se décourage, on observe dans l'entreprise les redoutables effets de cette « courbe de Laffer ». Le patron, harassé de charges et de taxes, inquiet pour l'avenir, renonce à investir son épargne dans des dépenses qui seraient, certes, créatrices d'emplois et de richesse, mais pour lui, de beaucoup d'angoisse aussi ; contre quel profit ? Pourquoi ne pas plutôt consommer, ou jouer en bourse, ce qui lui en restera ? Sous les travaillistes, des patrons anglais s'achetaient ostensiblement une Rolls ou une voiture de course, plutôt que de faire un investissement condamné par la politique fiscale du *Labour.*

La baisse spectaculaire de l'investissement privé est plus grave qu'une stagnation générale ou que la croissance zéro. Elle manifeste la défiance d'entrepreneurs traumatisés par la gestion socialiste, et prélude à la régression de l'appareil économique. Plus que sur le capital, le potentiel d'un pays repose sur l'audace, le goût de bien faire, la volonté de réussir de tous et particulièrement de ses dirigeants et de ses cadres. La croissance des impôts, le gonflement des pouvoirs syndicaux, la lutte des classes découragent les entrepreneurs d'entreprendre.

Un artisan serrurier est venu me demander de l'aider à trouver un emploi de salarié. Devant les charges qui augmentaient, il renonçait à sa liberté de « patron ». Il me montrait ses déclarations de revenus et ses feuilles de taxes et d'impôts : il gagnerait plus d'argent une fois salarié, et travaillerait beaucoup moins. Il pourrait jouir de la qualité de la vie. Excellent professionnel, il n'eut pas de mal à trouver un emploi. Son ouvrier n'a pas eu la même chance. Il a été licencié. Il pèsera sur la collectivité comme chômeur.

L'égalité n'y aura même pas son compte. Après un dépôt de bilan, les ouvriers qui pointeront à l'agence pour l'emploi, verront leur niveau de vie se réduire beaucoup plus que leurs patrons soulagés. Les inégalités n'auront jamais été aussi criantes. Le socialisme peut-il se permettre d'engendrer le contraire de ce qu'il promettait ? *

Déjà la France, troisième pays du monde pour le commerce extérieur en 1979-1980, est redescendue en 1982 au cinquième rang pour le volume de ses échanges, mais elle est montée au premier pour l'importance relative de son déficit extérieur.

L'économie française risque de tomber à la merci des capitalistes étrangers — alors que, paradoxe, on justifiait les nationalisations par la menace de « multinationalisation » qui pesait sur elle. La France aura voulu faire cavalier seul, pour « rompre avec le capitalisme », auquel restent fidèles tous ses partenaires. Ils en tireront les conséquences... Quand dix nageurs, dont quelques colosses, veulent, pour lui donner une leçon, tenir sous l'eau la tête d'un seul qui veut jouer les trouble-fête, ils n'ont pas de mal à y parvenir.

Combien de temps la Banque de France pourra-t-elle dépenser un milliard par jour pour défendre le franc, tantôt contre le Mark, tantôt contre le dollar ? Combien de fois pourra-t-on faire une dévaluation pour rien, au lendemain de laquelle les pétro-dollars arabes, dont on attend le salut, émigreront vers un Mark fort, et non vers un franc dévalué, dont on supputera aussitôt la date de la prochaine dévaluation ? La panique financière est un phénomène qui, hélas, se répand à grande vitesse. Après les dimanches roses, les vendredis noirs.

Trop de signes montrent l'accentuation des glissements, pour qu'il ne devienne pas nécessaire de prévoir l'hypothèse d'une avalanche. Les banques, submergées d'appels de détresse, seraient dans l'incapacité d'accorder les crédits ; d'autant que leurs fonds disponibles sont absorbés en priorité par l'Etat et les sociétés nationalisées. Des centaines de sociétés déposeraient leur bilan ; le chômage augmenterait encore ; l'industrie s'asphyxierait doucement. Le moteur étouffé, la machine s'arrêterait de tourner.

Ce scénario du « collapsus » économique ne serait-il pas, tout simplement, une dramatisation soudaine d'un affaissement venu de loin ? Lequel ne serait lui-même qu'un cas particulier de l'affaissement de la vitalité occidentale ? Pierre Chaunu a lumineusement interprété le « déclin de l'Occident » comme une crise de la volonté[6]. Le socialisme n'exprimerait pas une volonté profonde de la nation, mais au contraire une crise de la volonté de vivre collective. En l'accélérant, il aurait accompli son destin.

---

* *Libération* a fait d'intéressantes enquêtes sur les moyens accrus, sous le régime socialiste, de s'enrichir.

Presque tous les Français, même ceux qui n'avaient pas voté socialiste ou communiste, s'imaginaient que, la « gauche » une fois victorieuse, la paix sociale s'instaurerait. Les syndicats n'étaient-ils pas « de gauche » ? Ne se mettraient-ils pas d'accord avec le pouvoir pour faire régner le calme et assurer le succès de l'expérience socialiste ?

Or, les communistes sont là pour veiller, s'il en était besoin, à ce que « la lutte des classes » s'intensifie. Car, pour eux, un échec économique est toujours l'occasion d'un progrès dans leur pénétration. Laurent Salini[7] reprend à son compte l'appréciation d'Engels : « La France est un pays où la lutte des classes est toujours poussée jusqu'au bout. » Roland Leroy[8] affirme : « La lutte des classes ne s'est nullement achevée le 10 mai, elle s'est au contraire exacerbée. Les travailleurs peuvent et doivent monter en première ligne. Pas question de rabaisser la barre et d'avoir un comportement timoré et frileux. » La puissante organisation de la C.G.T., appuyée maintenant sur des supplétifs immigrés, ses *goumiers* et *tabors,* lancera les assauts, au risque de rendre racistes des Français qui ne le sont pas.

Le gouvernement parle-t-il de « pause » ? Georges Séguy s'indigne : « L'essentiel reste à faire. Tout est possible. Les conditions d'un changement profond et durable existent. Les travailleurs doivent se mobiliser pour une *accélération* du changement[9]. »

Dans l'armée des « forces de gauche », c'est toujours le *plus* « *à gauche* » qui gagne, parce que c'est toujours le *moins* « *à gauche* » qui a mauvaise conscience. Un véritable homme « de gauche » pense toujours qu'on n'est pas allé assez loin.

Rien n'est donc plus difficile à atteindre qu'un consensus social, puisqu'il signifierait, aux yeux des organisations marxistes, que la lutte des classes a pris fin. Ce qu'elles ne reconnaîtront pas de sitôt. Cet état paradisiaque ne peut arriver, selon la doctrine, que lorsque le socialisme sera complètement installé. « Alors », comme le chante Virgile, « le bétail n'aura plus à craindre les lions ; les plantes vénéneuses périront, et partout croîtront les aromates... »

Si la montée du mécontentement dépasse un certain niveau, un seul consensus devient possible : *le consensus de rejet.* La propagande socialiste laissera indifférent, ou même elle irritera. Elle est de plus en plus insupportable aux agriculteurs, aux entrepreneurs, aux cadres, aux professions libérales, aux intellectuels. Elle peut devenir inopérante auprès des syndicats, si leur base s'exaspère.

Comment des catégories professionnelles en colère peuvent-elles se réconcilier ? En tournant leur colère vers le pouvoir. Ne cherchez pas plus loin l'explication des huées qui accueillent si fréquemment les ministres ou le Premier ministre, voire le président de la République.

Devant un *consensus de rejet,* si les conditions venaient à en être réunies, sur quoi pourrait reposer l'autorité de l'Etat, seule capable de dominer la tempête ? Sur la Fonction publique. Sur la police. Sur l'armée. Sur le recours au suffrage universel.

La débandade des fonctionnaires

La plupart des fonctionnaires, quoi qu'on en dise, ont le goût du travail bien fait et le sens de l'Etat. L'altération du service public et l'effacement du sens de l'Etat, qui ne datent pas d'hier, désolent beaucoup d'entre eux, quelles que soient leurs opinions politiques.

Mais toutes les enquêtes d'opinion concordent : plus de sept fonctionnaires sur dix votent, soit communiste, soit surtout socialiste *. C'est vrai de l'Education nationale, dominée par la F.E.N. C'est vrai des grandes administrations publiques. C'est vrai du secteur nationalisé. Et comment en serait-il autrement, puisque le socialisme, c'est l'extension démesurée de la Fonction publique ?

La prise en main de celle-ci par un ministre communiste n'est pas faite pour y diminuer l'influence de la « gauche ». L'art de noyauter les services publics, de manipuler les responsables et de s'emparer des leviers, c'est le fond même du léninisme. Il y aura donc de bonnes chances pour que la Fonction publique résiste aux assauts que subira le régime.

Ce que les fonctionnaires reçoivent du régime en privilèges, comment ne le lui rendraient-ils pas en loyalisme ? Ils ont voulu la « gauche » au pouvoir. Ils l'ont. Ne voudront-ils pas tout faire pour l'y maintenir ? Les fonctionnaires devraient donc former normalement, autour du gouvernement « de gauche », un rempart protecteur.

Cependant, ils pourraient bien, si jamais les autres catégories socio-professionnelles se liguaient dans un phénomène de rejet social, prendre eux aussi leurs distances à l'égard du régime. Car une attitude trop zélée envers un pouvoir fortement ébranlé ferait apparaître leur isolement dans la nation.

L'histoire de France a connu beaucoup de changements de régime depuis 1789. Chaque fois, dans la Fonction publique, la même série de phénomènes se produisit : flottement, attentisme, non-obéissance,

---

* Pour le 10 mai, 71 % des fonctionnaires civils de l'Etat avaient l'intention de voter Mitterrand (instituteurs et professeurs : 80 % ; P.T.T. : 74 %[10]). En revanche, la proportion tombait à 53 % pour les employés des collectivités locales.

désobéissance. Il est logique de supposer que les choses ne se passeraient pas autrement.

Mai 1958 : les préfets, qui avaient souvent une carte de la S.F.I.O. en poche, faisaient le mort devant un gouvernement qui n'existait pourtant que par la grâce de ce parti. Maurice Faure, nommé à l'Intérieur, n'y demeura que trois jours. On le remplaça par Jules Moch, dans l'espoir que ce ministre socialiste pourrait reprendre en main les préfets socialistes. Les commandes ne répondirent pas davantage.

Ce fut encore le cas en mai 1968. Ce qu'on appelait sans rire « l'Etat-U.D.R. » fut à la pointe de l'agitation. Les administrations qui étaient censées obéir au gouvernement se placèrent presque toutes en situation soit de rébellion, soit d'hibernation.

En mars 1977, au lendemain d'élections municipales qui avaient confirmé la percée de la « gauche » aux cantonales de mars 1976, la classe politique se mit à extrapoler. Pierre Viansson-Ponté traduisit la conviction générale dans un retentissant article : « La débandade [11]. » Il y montrait que les fonctionnaires faisaient déjà allégeance au pouvoir qui allait, ils n'en doutaient plus, sortir des urnes un an plus tard.

La carrière des fonctionnaires dure quarante ou quarante-cinq ans ; celle d'un gouvernement, deux ou trois ans ; celle d'une expérience qui échoue peut s'interrompre brusquement. Les hommes politiques tombent ; les fonctionnaires restent. Tant mieux pour le pays : ce sont eux qui, à travers dix-sept régimes, ont maintenu l'Etat par leur sens du service et du bien public. Comment leur reprocher de prendre leurs directives auprès des dirigeants de demain, plutôt qu'auprès de ceux qui datent déjà d'hier ?

Quand la police baisse les bras

Egalement fonctionnaires, les policiers ont, eux aussi, le sens de l'Etat. De surcroît, leur principal syndicat est socialiste. Le régime devrait donc pouvoir compter sur eux.

Or, ils furent vite choqués par des déclarations du nouveau ministre de l'Intérieur, qui les accusa d'être « inféodés à la droite », « racistes », « fascistes » [12], etc. Ce que disait M. Defferre était probablement vrai de quelques dizaines d'entre eux, sûrement pas de cent vingt mille.

Devant leur réaction, on s'efforça de les amadouer. On leur accorda les trente-neuf heures et une septième semaine de congés. Mais ils n'apprécièrent pas que le gouvernement se targuât, auprès de l'opinion, de renforcer la sécurité en recrutant en une année plus de policiers que dans aucune des vingt-trois années précédentes. Car ces recrutements ne suffisaient pas même à compenser la baisse d'activité entraînée par le nouveau temps de travail : le nombre de policiers en activité avait diminué.

C'est surtout la nouvelle politique judiciaire qui encoléra les policiers. Dès l'été 1981, ils durent se mettre à la recherche de bon nombre des dix mille amnistiés ou graciés, qui venaient d'être relâchés, et qu'ils appelaient cruellement des « badinters ». Ils étaient massivement hostiles à ce qu'on abolît la peine de mort, qu'ils considéraient comme leur seule protection contre le tir préventif des auteurs de hold-up ou de prises d'otages. Ils étaient furieux qu'on eût relâché les terroristes d'*Action directe* et supprimé la Cour de sûreté de l'Etat. Dans cette perpétuelle guerre civile qui les oppose aux criminels, ils allaient avoir le dessous. Pourquoi prendre de si gros risques pour arrêter un délinquant, dès lors que le parquet n'engagerait pas de poursuites ? A chacun de leurs camarades abattus par la balle d'un tueur, la révolte gronde. Gaston Defferre, aux obsèques de l'un d'entre eux, à Lyon [13], eut la surprise de voir deux mille policiers lui tourner le dos pendant la durée de son discours ; ils s'interposèrent ensuite entre le corbillard et la voiture de leur ministre. Celui-ci dut renoncer à assister aux obsèques de policiers tués, alors qu'il en aurait, hélas, tant d'occasions.

La forte croissance du terrorisme, de la criminalité et de la psychose d'insécurité ne fait qu'aggraver le malaise. La création d'un secrétariat d'Etat à la Police, ce qu'on n'avait pas fait depuis Vichy, ne l'a point dissipé. Les policiers ont le sentiment qu'on réduit dangereusement leur capacité de tenir tête aux criminels. Ils n'admettent pas qu'on semble faire passer la défense des délinquants avant la défense de la société.

Les actes d'insubordination passive se multiplient. A la fin d'une manifestation gauchiste au quartier Latin, un groupuscule se rend au ministère des Transports, boulevard Saint-Germain, entre dans la cour, met le feu à la voiture du ministre communiste, Charles Fiterman, qui assiste impuissant à l'incendie. La police laisse faire.

Une interrogation est née. L'on se remémore que l'insubordination de la police sonna le glas de la IVe République. Quand les policiers en tenue se mirent à manifester devant le Palais-Bourbon [14], les députés comprirent qu'ils ne pourraient plus compter sur eux. Qui empêcherait d'autres manifestants d'envahir l'Assemblée ?

La force de dissuasion de l'armée

Quand de Gaulle vit sa légitimité contestée*, en mai 1968, il voulut la retremper dans la source de toute souveraineté : le suffrage universel**.

Peu après avoir pris cette décision, il sonda l'armée, pour s'assurer qu'elle serait prête à remettre en marche les services publics, à reprendre les bâtiments publics occupés et, au cas où des événements de type révolutionnaire empêcheraient le peuple de s'exprimer, à y mettre bon ordre. Il fallait que la police sût qu'elle pouvait s'adosser à l'armée. Il fallait surtout que tout amateur de révolution intégrât dans ses calculs une dimension militaire de nature à les compliquer quelque peu. La réponse de l'armée fut catégorique***. Celle du suffrage universel ne devait pas l'être moins.

François Mitterrand sait, lui aussi, que l'armée est l'ultime recours. Voilà pourquoi, n'en doutons pas, il a renoncé, dans un premier temps, à étendre vers elle le champ des expériences socialistes. Pour l'armée, et seulement pour elle, Mitterrand a délibérément choisi de renier ses engagements de 1972 — mise à la casse de la force de dissuasion, désarmement ; et même, jusqu'à nouvel ordre, ceux de 1981, comme le service militaire à six mois. L'armée vaut bien l'oubli d'une promesse.

Le budget militaire pour 1982 avait été jugé inespéré par les cadres de l'armée. Comment les militaires ne se sentiraient-ils pas flattés d'être courtisés par des antimilitaristes ? Mais ils savent bien que la Défense nationale exige, non pas *un* bon budget, mais une perspective au moins décennale de bons budgets ; qu'il n'y a pas d'avenir pour l'armée, si elle ne peut pas renouveler son matériel, perfectionner

---

* Notamment par François Mitterrand, qui s'écriait, dans le débat sur la motion de censure en s'adressant à Georges Pompidou : « Où est-elle, votre légitimité [15] ? » et qui posait sa candidature à une présidence de la République qui n'était nullement vacante : « Je vous le déclare, puisque l'échéance est à dix-huit jours : je suis candidat [16]. »

** Il avait décidé, lors de son voyage en Roumanie, entre le 14 et le 18 mai, de donner la parole au corps électoral, sous forme d'un référendum. Georges Pompidou, le 30 mai, obtint de lui qu'il substituât à cette consultation des élections législatives, auxquelles les Français étaient plus accoutumés.

*** De Gaulle interrogea longuement plusieurs militaires : notamment le général Lalande, son chef d'état-major particulier ; son fils, le capitaine de vaisseau Philippe de Gaulle, qui lui conseilla de venir s'installer à Brest ; son gendre, le général de Boissieu, commandant la division stationnée à Mulhouse, qui lui apporta un message de loyalisme du général Hublot, commandant le corps d'armée de Strasbourg ; pour finir, le général Massu.

sans cesse la force de dissuasion, moderniser la force d'intervention ; qu'elle suppose une économie prospère, des finances saines, une monnaie solide ; et que l'indépendance nationale ne peut être garantie si ces conditions-là ne sont pas réunies. Le gel autoritaire de 13 milliards d'autorisation de programme dans le budget 1982 a constitué une amère surprise : pas un seul nouvel avion de combat ne pourrait être acheté dans l'année, ce qui ne s'était jamais produit depuis 1958. Le budget 1983 a accentué la désillusion. Et déjà, par la voix de leurs trois chefs d'état-major, les armées ont pris date.

La campagne « Marche pour la paix », lancée par le P.C., est orchestrée par la télévision d'Etat [17]. Les tentatives gauchistes, auxquelles l'armée avait su faire obstacle depuis 1968, reviennent au galop. Les comités de soldats cherchent de nouveau à s'implanter. La suppression des tribunaux permanents des forces armées, qui existent dans les armées d'à peu près tous les pays et que la France connaissait depuis six siècles, a été durement ressentie par les officiers. Les chefs de corps ont été péniblement surpris d'apprendre par la télévision, *sans aucune concertation préalable,* le 14 juillet 1982, que les arrêts de rigueur étaient supprimés : un colonel n'aura plus la faculté d'en user pour punir l'appelé qui apporte du haschich à la caserne, ou le soldat ivre qui ridiculise l'armée en chantant en uniforme des refrains obscènes. « Autant de fissures dans la discipline, sans laquelle il n'y a plus d'armée », commence à murmurer plus d'un officier.

L'armée française n'est pas une armée de *pronunciamento*. Mais en cas d'émeutes, manifesterait-elle à François Mitterrand la loyauté dont elle assura de Gaulle à la fin de mai 1968 ? Les chefs militaires auraient sans doute une façon courtoise et ferme de faire comprendre qu'il n'appartient pas à l'armée de faire de la politique ; ni surtout de se substituer à la volonté du peuple comme soutien du régime. Que le président consulte donc le corps électoral, comme l'avait décidé, dès la mi-mai 68, le général de Gaulle ! Et le gouvernement issu de cette consultation pourra compter sur la loyauté de l'armée...

L'escalade

Si la paralysie économique se conjuguait avec un rejet social, si la Fonction publique, la police et l'armée * ne jouaient plus le rôle de la jetée qui protège la rade contre la tempête, qui pourrait empêcher les flots d'engloutir le pouvoir, telle la ville d'Ys ? La tranquillité

---

* La revue du C.E.R.E.S. a consacré à ces thèmes un article révélateur, jamais démenti (voir en annexe).

publique ne serait plus garantie. Au-delà d'un certain degré de mécontentement, les canaux institutionnels de nos sociétés éclateraient.

On avait déjà vu maints agriculteurs mener une opération-commando, en bloquant l'autoroute avec des tonnes de fruits ; ou des viticulteurs déversant des hectolitres de vin sur la chaussée : on les revoit plus souvent que jamais — sauf sur le petit écran, qui les passe pudiquement sous silence. Mais avait-on déjà vu le Tour de France bloqué avec tant de violence par des manifestants en colère ? Jamais. La Bourse envahie par des chefs de petites et moyennes entreprises venus interrompre les cotations [18] ? Jamais. Des squatters d'usines tirer à chevrotine sur les gendarmes, et ceux-ci priés de prendre leur mal en patience et de laisser filer les tireurs ? Jamais. Des syndicalistes mettre le feu à un château, comme le firent [19] une centaine de sidérurgistes des Ardennes, qui barrèrent les accès avec des troncs d'arbres pour empêcher les pompiers d'intervenir avant que les flammes aient tout détruit ? Jamais. Avait-on vu un gouvernement considérer cet incendie comme une « action syndicale » ? Avait-on vu la télévision d'Etat commenter un tel sinistre sur un ton pénétré d'admiration pour « l'action revendicative des ouvriers sidérurgistes » ? Jamais.

Formes modernes des *Jacques* et des *Maillotins* qui déchirèrent le XIVᵉ siècle, le plus noir de notre histoire, ces « actions » que la « gauche », prisonnière des mythes, n'ose contrarier, peuvent aussi bien se retourner vers elle. Les sidérurgistes pyromanes n'ont-ils pas scandé des slogans hostiles à François Mitterrand ? Leurs camarades n'ont-ils pas, à Denain, fait une conduite de Grenoble à Pierre Mauroy ?

La violence risque de monter de mois en mois vers la surface visible de la scène sociale. Bien sûr, les émeutes, qu'on appelle révolutions quand elles réussissent, sont chez nous une vieille tradition. Les Parisiens font des barricades comme les castors font des digues. Notons pourtant qu'on n'avait point vu de scènes d'émeutes en France depuis 1968. Nous en revoyons.

Quand la température s'élève, le feu qui avait longtemps couvé, se propage à une vitesse terrifiante. Arrive un moment où les différentes couches de la population se sentent comme contaminées par une épidémie. Les catégories restées jusque-là tranquilles se mettraient à se demander : « Pourquoi pas moi ? » La seule voie qui leur paraîtrait alors efficace risquerait d'être celle de la rue — le plus sûr baromètre des angoisses d'une société.

Devant les cortèges et les violences, le syndicalisme ouvrier, C.G.T. en tête, ne pourrait se laisser dépasser. Les syndicats seraient obligés de crier avec les loups, et plus fort qu'eux, pour asseoir à nouveau leur autorité sur le monde ouvrier. Ils seraient contraints de se désolidariser du gouvernement

Le régime d'Allende — constante référence de François Mitterrand — a été battu en brèche par une manifestation de camionneurs. Ne faut-il pas craindre que les camionneurs français bloquent un jour nos villes et nos axes routiers ? Beaucoup d'autres catégories seraient bientôt tentées de les épauler. Les médecins, en refusant de faire fonctionner les hôpitaux. Les pharmaciens, en baissant leurs rideaux. Certains contribuables, en refusant de payer l'impôt : cela a commencé, à propos de l'école libre. Et entre les cheminots, les postiers, les électriciens, que de corporations qui pourraient, sur une simple flambée de colère de la « base », mettre le gouvernement à genoux !

L'opposition nationale commettrait une lourde erreur, si elle s'imaginait qu'elle tirerait avantage, pour elle-même et pour le pays, d'une grève de l'impôt ou d'une révolte des routiers. Car le peuple français a atteint aujourd'hui un degré d'évolution qui lui fait, en définitive, respecter la loi et détester l'illégalité. Il suffirait que l'opposition semble s'appuyer sur ces mouvements spasmodiques, pour qu'elle devienne suspecte de les manipuler ou de les susciter. Le pouvoir aurait beau jeu de dénoncer ces « menées subversives ». François Mitterrand n'a-t-il pas été rejeté, et n'a-t-il pas perdu plusieurs années dans sa quête du pouvoir, parce qu'il avait eu l'imprudence, à la fin de mai 1968, de sortir du chemin de la légalité ? Parce qu'il était allé un peu trop loin, les Français l'ont fait revenir fort en arrière.

Mais il n'est pas nécessaire que l'opposition parlementaire s'agite, pour que l'opposition populaire le fasse.

Le char de Phaéton

Si demain la C.G.T., entraînée par sa « base », ou voulant éviter de se laisser déborder par la C.F.D.T., prenait une attitude offensive contre le pouvoir, le P.C. courrait-il le risque de décevoir sa clientèle électorale en s'associant à un gouvernement qui ne tiendrait pas les engagements solennels pris envers le monde ouvrier ? Admettrait-il même, alors, que le pouvoir continue à mener deux politiques contradictoires : *rompre avec le capitalisme* pour rencontrer la volonté de sa base gauchisante, et *sauver le capitalisme* pour rattraper sa frange de cadres, de professions libérales et de petits patrons ? A la fin, il faut bien choisir.

Dans cette situation difficile, le P.C. verrait sans doute l'occasion de reconquérir sa première place au sein des forces de « gauche », redevenues ce qu'elles savent si bien être : des forces de contestation. La « gauche » et la solidarité gouvernementale voleraient en éclats.

Bien sûr, le P.S. conserverait la majorité absolue à la Chambre si les communistes se désolidarisaient de lui. Toutefois, dans une conjoncture aussi rude, pourrait-il gouverner seul ? Alors que son imposante majorité de députés — adeptes de la représentation proportionnelle — ne serait évidemment plus du tout représentative de ses proportions dans la nation ?

Bien plus, le parti socialiste est loin d'être monolithique. L'affaire Questiaux a montré une fois de plus, s'il en était besoin, que le C.E.R.E.S. avait les liens les plus étroits avec le parti communiste*.

Plutôt que de rester enfermé dans un P.S. qui apparaîtra alors comme condamné à l'échec ou voué à une dérive « droitière », le C.E.R.E.S. pourrait suivre le parti communiste dans son opposition à la politique gouvernementale **. L'équilibre fragile entre les clans du parti socialiste, que maintenait le charisme personnel de François Mitterrand, serait rompu.

Tel Léon Blum en 1936, François Mitterrand est l'arbitre des appétits de sous-familles socialistes. Ote-t-il un portefeuille au C.E.R.E.S., en écartant Mme Questiaux ? Il donne en compensation le ministère de l'Industrie, ajouté à l'apanage scientifique de Jean-Pierre Chevènement. Si le C.E.R.E.S. se retirait, chaque clan voudrait s'en partager les dépouilles, en prenant le dessus sur ses rivaux.

La coalition de « gauche » va-t-elle se désintégrer comme le char de Phaéton, brûlé par l'incendie de toute une société ?

Il ne resterait plus guère au président qu'à essayer, par des

---

* Cette affaire est double. D'abord, la révélation que Mme Questiaux, figure de proue du C.E.R.E.S., avait, dans l'affaire Lucet, obéi aux injonctions du P.C. et de la C.G.T. Ensuite, une conversation téléphonique, imprudemment engagée en voiture par le ministre communiste Ralite avec le secrétaire général de la C.G.T. Krasucki, et qui suggérait que Mme Questiaux servait de « taupe » au P.C. et à la C.G.T., leur fournissant les informations qu'ils ignoraient sur certains conseils interministériels où aucun ministre communiste n'était convié. Mme Questiaux a dû quitter précipitamment le gouvernement. La publication, par l'hebdomadaire *Minute,* du texte intégral de cette conversation n'a suscité ni démenti ni action en justice. Le Premier ministre n'a pas été en mesure de contester l'exactitude de ce document — les groupes d'opposition détenaient du reste une copie de la cassette d'enregistrement. Cette affaire est sans précédent dans l'histoire politique française. Elle a été aussitôt étouffée.

** Inversement, si le président donnait aux communistes les gages qu'ils demanderaient pour rester au pouvoir, l'aile « droite » du P.S., Michel Rocard en tête, pourrait faire sécession.

élections législatives anticipées, ou par un référendum, de frapper sa légalité républicaine du sceau de l'adhésion populaire. Il n'est pas sûr qu'il y parvienne. Ni même qu'il s'y résolve. Il pourrait préférer la « radicalisation ».

La radicalisation

Retour d'Egypte, où il avait assisté aux obsèques du président Sadate, François Mitterrand déclara dans l'avion à des journalistes, en octobre 1981 : « Si j'échoue, ce sera une radicalisation du pouvoir, et l'opposition fait une erreur historique, car elle devrait comprendre qu'elle a le meilleur gouvernement possible dans les circonstances économiques et politiques actuelles [1]. »

Radicalisation ? Il n'est pas sûr que le public ait bien perçu cette acception inusitée en France. Pour les Américains, un *radical,* c'est un révolutionnaire, qui veut arracher les *racines* de la société ; c'est un extrémiste ; c'est un violent. Pour les Français, un radical, c'est l'homme du compromis. Le sens originel de notre mot, au siècle dernier, se rapprochait davantage du sens américain, mais il s'est affadi. Un masseur m'a dit, le lendemain de l'étrange déclaration présidentielle : « Ah, comme il a raison, le président ! Il nous a compris ! Nous sommes tous des radicaux ! Les Français ne sont heureux que dans les motions nègre-blanc ! » Curieuse langue française, où le même mot signifie à la fois une chose et son contraire.

Pourtant, le thème de la « radicalisation » est ancien chez les socialo-communistes. Le président, dans son avion, ne s'est livré à aucune improvisation. Il s'est contenté de faire un bref écho à une hypothèse, dont les communistes et la gauche du parti socialiste n'ont jamais cessé d'explorer les contours. Les communistes le font en secret. Les socialistes ne peuvent s'empêcher de bavarder ; mais quand ils parlent sincèrement, on ne les croit pas.

Un lumineux article de la revue du C.E.R.E.S., dès 1974, détaillait l'hypothèse de la radicalisation*. En termes fort précis, il décrivait les mécanismes qui permettraient à un gouvernement socialo-communiste, une fois parvenu aux commandes de la société par un processus légal, celui de la victoire électorale, d'assurer la perpétuité de son pouvoir par des procédés para-légaux. Il faudrait et il suffirait qu'il s'assure du contrôle politique de la justice, de la police et de l'armée.

---

* On en trouvera en annexe de larges extraits.

Ainsi la France, une fois la « gauche » bien installée, pourrait devenir une démocratie populaire par la seule manipulation de l'appareil d'Etat. Cet article révélateur n'a jamais fait l'objet d'une mise au point. Mais il n'a jamais été non plus cité ; à croire qu'il n'a jamais été lu.

Il est temps, pour les démocrates, d'étudier cette hypothèse. Elle débouche en fait sur deux scénarios, qu'il nous reste à examiner.

L'avertissement doit être pris au sérieux. La « radicalisation » n'est ni un fantasme de possédants affolés, ni — comme des journaux de « gauche » ont voulu le laisser entendre — un épouvantail d'opposants habiles à semer la panique. *Elle est une hypothèse de travail posée par certains des détenteurs du pouvoir et par le chef de l'Etat lui-même.*

Grâce à l'échec

La formule n'a cependant jamais été répétée par le président, ni reprise par ses amis. On les comprend. Elle n'est pas convaincante. « Vous trouvez qu'il y a déjà trop de socialisme, et vous le refusez ? On va vous l'imposer à plus forte dose. » Au reste, pour des socialistes, il est assez désagréable de présenter le socialisme pur et dur comme une punition. Menace-t-on de gaver de confitures l'enfant qui refuse la soupe ? François Mitterrand se serait-il mis, l'espace d'un instant, dans la peau d'un bourgeois que la confiture socialiste dégoûte à l'avance ?

L'avertissement renferme un *paralogisme** flagrant. On peut le traduire ainsi : « Vous devriez préférer notre réussite à notre échec. Si nous réussissons, vous aurez le socialisme, mais lentement et en douceur. Si nous échouons, on vous l'administrera tout de suite, de force et en force. » En somme, plus il échouera, plus il ira vite.

Qu'est-ce que cette « réussite » du gouvernement socialiste, qui retarderait l'avènement du socialisme intégral ? Qu'est-ce que cet « échec », qui l'accélérerait ?

A l'évidence, ce n'est pas du socialisme lui-même qu'il est question, dans cet échec ou cette réussite : l'offense à la simple logique serait trop flagrante. *Echouer* doit s'entendre dans un sens plus ordinaire : dans la gestion, sanctionnée par les indicateurs de la monnaie, de l'emploi, de l'inflation, du commerce extérieur, de l'épargne, des investissements...

---

* Le lecteur notera que nous nous refusons aux interprétations malveillantes. Le paralogisme est un faux raisonnement qui, par opposition au sophisme, est fait de bonne foi.

Mais alors, la phrase devient franchement inquiétante. Si une dose de socialisme à 50 % ne parvient pas à juguler la crise, on administrera du socialisme à 100 %. Pourquoi pas le socialisme à 100 % tout de suite ? Parce que les Français, drogués de libéralisme, n'y étaient pas prêts ? Sans doute *. Mais y seront-ils mieux disposés par l'échec des premiers essais socialistes ?

Non, et le mot de radicalisation prend alors tout son sens : il faudra les forcer. *Moins le socialisme sera convainquant, plus il se montrera contraignant.*

On n'a jamais trouvé que deux moteurs à l'activité productive : l'intérêt ou la crainte. Ou bien on a vu s'établir une économie d'initiative, ou bien une économie de contrainte. (Le profit n'est pas la seule motivation qui suscite l'intérêt personnel. Le simple *désir de réussir,* le goût de bien faire, peut avoir des effets beaucoup plus puissants sur l'innovation, la création et la production, que le goût du lucre. Simplement, le profit est, en économie libérale, le signe extérieur de la réussite.)

En l'absence d'intérêt ou de crainte, le véhicule n'a plus de moteur. Il tombe en panne. Dès que l'intérêt est atteint sérieusement par les excès de l'égalitarisme, il faut bien en venir à la crainte. Mais partout où elle a été utilisée, cette motivation négative n'a donné que de bien médiocres résultats.

Ainsi, la radicalisation est le scénario envisagé pour répondre à un double échec : celui des faits économiques et sociaux ; celui de l'opinion. Double échec qui ne conduit à aucune remise en question de la doctrine, mais amène à l'appliquer intégralement et immédiatement. Comme si la résistance psychologique était précisément ce qui empêchait le socialisme de produire tous ses bons effets. Il faudrait donc la briser ; rien n'empêcherait plus, alors, d'aller jusqu'au bout de la doctrine.

Le scénario de la radicalisation, évoqué ce soir d'octobre 1981, a-t-il été abandonné ? La réussite ne fut pas aux rendez-vous que lui avait fixés Pierre Mauroy. Pourtant, François Mitterrand n'a pas mis sa menace à exécution. Loin de radicaliser son action, il l'a, au contraire, mitigée. Si les difficultés continuent, et s'il y pare de la même façon, nous serons en plein scénario social-démocrate.

Pourtant, on aurait tort de croire définitivement écarté le scénario

---

* Jean Poperen l'avoue sans fard. Une propagande intensive y remédiera : « Le courant dominant de l'opinion ne nous est pas favorable... Celui qui frappera le premier (face à l'attentisme) a toutes chances de provoquer le courant dominant en sa faveur... Le principal support doit être les *médias*[2]. »

de la radicalisation. Si quelques actes du pouvoir se sont conformés, *in extremis,* au bon sens, le langage reste le même. Officiellement, la politique n'a pas changé[3]. Elle demeure celle des « 110 propositions ». Elle est censée n'avoir pas échoué : elle est même censée réussir. L'opposition est seule à parler d'échec ; seule à voir, dans les mesures de rigueur, des concessions à ses principes. Le pouvoir ne présente ces mesures que comme des aménagements conjoncturels.

Mais alors, le jour où l'échec serait si flagrant qu'aucune rhétorique ni désinformation ne saurait le masquer, la radicalisation pourrait sortir tout armée de l'imagination socialiste. Les aménagements de l'été 1982 eux-mêmes seraient utilisés pour montrer qu'ils n'ont servi à rien ; qu'*à la rigueur passagère des socialistes financiers, doit succéder la rigueur permanente des socialistes politiques.*

Radical d'emblée

Cette rigueur, ses éléments, ses instruments, ses thèmes sont déjà en place : il suffit au chef de laisser l'orchestre donner toute sa puissance.

Toute la « stratégie de rupture » repose sur l'idée que, sans radicalisation, le socialisme ne peut pas effectuer sa percée. En milieu capitaliste, la plante socialiste ne prend pas : il faut enfoncer ses racines dans un terreau spécial, gorgé d'engrais artificiel, où elles pourront enfin se développer.

La « décentralisation », pour casser les structures administratives au profit des structures militantes. La subversion de l'audiovisuel, avec l'aide des syndicalistes de choc. Les nationalisations de l'industrie et du crédit, qui passent un lacet au cou de la moyenne et petite industrie. *D'emblée, le socialisme a montré sa capacité à se radicaliser.* C'est François Mitterrand qui a voulu démarrer en trombe pour prendre l'adversaire de vitesse.

Naturellement, les victimes n'étaient pas toutes consentantes. Leur vague résistance jeta le parti socialiste dans la fureur. On vit, à Valence, à quel point la « force tranquille » du président masquait chez les militants un potentiel de révolution. On devine la violence qui pourrait se déchaîner sur un signal.

Le signal n'est pas encore venu — puisque la politique « réussit ». On a mis un couvercle sur le bouillon ; mais il continue de mijoter. De temps en temps, la vapeur s'échappe : au *meeting* du Bourget par exemple, où, exaspérés par l'appui populaire qu'avait reçu l'école libre menacée, les militants de la laïcité ont clamé leur frénésie et conspué le Premier ministre et le ministre de l'Education nationale, trop mous et trop temporisateurs à leur gré.

Même le militant qui vit au cœur du Premier ministre laisse, lui aussi, de temps en temps, échapper sa vapeur. D'où les propos sévères tenus à l'encontre de *l'opposition, toujours perçue comme illégitime, toujours soupçonnée de préparer un putsch.*

Les instruments

Aussi n'est-il pas trop difficile d'imaginer comment la radicalisation fonctionnerait. Ses instruments ?

Deux partis, sans cesse plus actifs pour surveiller les fonctionnaires, promouvoir les zélotes, dénoncer les réfractaires, encadrer les mous : « Sur les terrains habituels de la présence militante — précise cyniquement Jean Poperen —, marchés, entreprises, gares, grands ensembles, petites réunions-débats, d'immeubles, campagnes de réunions publiques, imaginer des formules nouvelles[4] ». Deux partis, plus présents encore dans la décision politique, inspirant le gouvernement à ciel ouvert, afin de casser dans l'esprit des Français l'image de l'Etat-arbitre, de l'Etat supérieur à tous les conflits de la société — cette image façonnée par mille ans d'histoire et qui est présentée comme engendrant le « conservatisme ».

Deux syndicats, aux pouvoirs renforcés dans et sur l'entreprise. Confirmés dans leur rôle de partenaires exclusifs du dialogue interne. Un second train de lois Auroux accomplirait certaines promesses des « 110 propositions » devant lesquelles le gouvernement a reculé. Par exemple, le veto sur l'organisation du travail, sur toute la politique du personnel, y compris les licenciements et l'embauche (« pas de carte d'adhérent : pas de travail »). Ou encore, « le comité d'hygiène et de sécurité aura le pouvoir d'arrêter un atelier ou un chantier pour raison de sécurité » — c'est-à-dire le droit de suspendre le travail sans aucune instance d'appel, pour une raison dont il sera le seul juge et qui pourra n'être qu'un prétexte (proposition 61). Et peu importe que les syndiqués ne soient qu'un salarié sur cinq : ainsi n'auront-ils de compte à rendre qu'à eux-mêmes, et à leurs centrales.

Des entreprises livrées de la sorte à la double commande — patronale et « démocratique », mais sans aucune des contraintes de la cogestion, de la coresponsabilité.

Le secteur public encore augmenté de quelques conquêtes, à mesure que les faillites, ou les actions de force de la C.G.T., obligeront les entreprises privées à déclarer forfait.

Un enseignement livré à l'autogestion des syndicats d'enseignants. Une politique culturelle sélective, fortement dotée de moyens, favorisant dans tous les domaines le « changement des mentalités ». Des médiats pris en main au nom de la légitimité populaire, pour devenir toujours davantage l'instrument militant de la Révolution en marche.

Lâchez les mythes !

Naturellement, cette radicalisation réactiverait les grands mythes du dynamisme révolutionnaire.

La *volonté populaire,* telle que l'interprètent deux partis qui se considèrent comme les seuls représentants des travailleurs, puisque la « droite » représente les seuls nantis, et que les travailleurs sont tous « de gauche ».

La *légitimité révolutionnaire* — qui excuse par avance les entorses à la légalité. On n'oublie pas Robespierre : « Sous le *régime révolutionnaire,* la puissance publique elle-même est obligée de se défendre — par tous les moyens — contre toutes les factions qui l'attaquent[5]. »

La *lutte des classes* — chantage le plus odieux qui ait jamais été exercé sur la candeur des masses. Le mot terrible de Saint-Just peut toujours être invoqué : « Il n'y a pas de liberté pour les ennemis de la liberté » — donc pour les ennemis du peuple ; autrement dit, pour « la droite ».

La *nouvelle citoyenneté* — et pour la bâtir, jeter bas l'ancienne société : celle des inégalités.

On fait croire à tout un chacun qu'il est lésé, victime d'un ordre inique, et que l'on peut restaurer la justice *ici et maintenant :* il suffit de « neutraliser les oppresseurs, avec cette idée finale : corriger l'immense injustice qui préside à la vie de la société française ; redistribuer le profit national[6] ». Parce que « la liberté, dans le système économique où nous sommes, est celle du renard libre dans un poulailler libre[7] ». Parce qu'on « ne changera pas la vie, si on ne commence pas par changer les fondements de notre société, c'est-à-dire les structures économiques[8] ». Parce qu' « il existe une dictature de classe. C'est la dictature de classe de la bourgeoisie d'argent[9] ».

Comment mieux légitimer la lutte des classes, qu'en définissant l'adversaire comme un dictateur ? Le paisible Bernard Pivot n'en est-il pas un, selon Régis Debray ? On redouble de zèle dans la recherche des boucs émissaires. On excite les aigreurs ; on transforme les faiblesses en droits, la bassesse en vertu : vue dans ce prisme, l'envie devient soif de justice.

Rien là de très nouveau, direz-vous. En effet : il suffira d'appliquer les textes. La radicalisation est consubstantielle au socialisme. Elle n'en est pas la transformation monstrueuse. Radicaliser, c'est seulement accentuer les pratiques actuelles ; c'est libérer le socialisme des entraves qui le retiennent.

C'est le lancer à l'assaut de toute autorité, selon un processus inexorable. Toutes les révolutions commencent par la ferveur, qu'après Tocqueville et tant d'autres, Bertrand de Jouvenel a parfaitement décrite : « Les débuts d'une révolution offrent un charme inexprimable. L'événement encore indécis paraît recéler tous les possibles. Il promet aux rêves insatisfaits, aux systèmes dédaignés, aux intérêts blessés, aux ambitions déçues. Il va tout réparer, tout exaucer et tout accomplir ; l'assurance joyeuse de sa jeune démarche excite l'amour de tous et trouble jusqu'à ceux qu'elle menace directement [10]. » L'enthousiasme soulève les artisans de la révolution en marche. « Ils croient combattre l'oppression, borner le pouvoir, faire cesser l'arbitraire, garantir la liberté et la sécurité de chacun, remédier à l'exploitation du peuple et faire rendre gorge à ses bénéficiaires [11]. » N'avez-vous pas reconnu « l'état de grâce » ?

Mais soudain déferle, à une heure imprévue, l'éternelle vague de la révolution triomphante : « C'est le fourmillement des envies qui se débondent et des appétits qui se déchaînent contre l'autorité ; tandis qu'elle craque, on entend crouler autour d'elles les autorités sociales. Ce ne sont plus que décombres sur quoi le flot déferle, portant des hommes nouveaux. Demander à ceux-là leur programme, quelle dérision ! Ce sont voiles que gonfle le vent de l'époque, coquillages où mugit la tempête [12]. »

Celui qui donnerait le coup de pouce

Voici donc le paradoxe : le socialisme radicalisé, c'est, oui, un léger coup de pouce. Mais ce coup de pouce, qui le donnerait ? Le président est trop respectueux de la légalité pour en prendre l'initiative ! Et si d'autres que lui voulaient la prendre, il les en empêcherait.

Est-ce si sûr ?

Le scénario de la radicalisation, tel que le C.E.R.E.S. l'a imaginé d'avance, est un lent investissement des pouvoirs de souveraineté — justice, police et armée. Soyons sûr que cet investissement est en train de se faire. Cette mise en place se fait silencieusement. Sans même que l'opinion s'en doute. Quand l'infiltration sera suffisamment avancée, la décision s'imposera d'elle-même. Elle naîtra d'une situation.

François Mitterrand a donné, dans le passé, des preuves irréfutables de la détermination farouche avec laquelle il savait vivre la logique du pouvoir. Il a montré que, si les circonstances lui paraissaient le commander, il ne se faisait pas de la légalité un scrupule excessif.

Nous avons en mémoire les accents émouvants, d'une évidente sincérité, avec lesquels il a condamné la peine de mort. Mais quand il était garde des Sceaux, entre janvier 1956 et juin 1957, il a montré sa force d'âme en faisant passer par-dessus ses convictions ce qu'il considérait comme l'intérêt supérieur du pays. Pendant les dix-sept mois de son séjour à la chancellerie, soixante et un condamnés à mort — trois condamnés de droit commun et cinquante-huit terroristes — furent guillotinés*. Depuis 1831, on n'avait jamais vu un garde des Sceaux présider à tant d'exécutions capitales en si peu de temps.

Lui qui, plus tard, devait prononcer de si violents réquisitoires contre la loi anticasseurs ou la procédure des flagrants délits, il imagina une notion qu'on n'avait jamais vue en droit français, celle de *flagrant crime*. Le décret, contresigné par lui, du 17 mars 1956[13], dérogeait à toutes les traditions de la justice civile aussi bien que militaire. Il disposait qu'en Algérie les autorités militaires pourraient « ordonner la traduction *directe, sans instruction préalable,* devant un tribunal permanent des forces armées, des individus pris en flagrant délit de participation à une action contre les personnes ou les biens, *même si les infractions en cause étaient susceptibles d'entraîner la peine capitale* ».

Ce texte terrible fut utilisé pour la plupart des condamnés à mort exécutés par les soins du ministère de la Justice pendant que François Mitterrand le dirigeait. Fernand Yveton, secrétaire général du parti communiste algérien, en a été l'un des plus marquants. Arrêté le 23 novembre 1956, trouvé porteur d'un explosif dont on le soupçonnait de vouloir se servir contre un réservoir de gaz, il était jugé et condamné à mort dès le lendemain. Son pourvoi en cassation était rejeté ; son recours en grâce également, sur recommandation du garde des Sceaux. Il était guillotiné le 6 février 1957 — deux mois et treize jours après son arrestation**.

Le « coup de pouce », on peut penser que François Mitterrand n'hésiterait pas à le donner, s'il devait juger un jour que la raison d'Etat l'imposait.

---

* La guillotine servait si souvent, qu'elle fonctionnait de plus en plus mal ; les exécutions devenaient aléatoires. Le ministère de la Justice étant pauvre, François Mitterrand dut demander à son collègue Bourgès-Maunoury, le ministre de la Défense, d'en fabriquer une autre — ce qui fut fait à l'arsenal de Toulon — et de la lui livrer gratuitement.

** Pierre Mendès France, entouré de grands magistrats comme MM. Lindon, Patin, Rolland, prononça un très sévère réquisitoire contre la politique judiciaire de François Mitterrand, au cours d'un colloque de juristes et d'intellectuels à Dijon ; ce colloque fut organisé et publié par *les Cahiers de la République* à l'automne 1957.

Soudain, la guerre civile...

Mais ne faudrait-il pas craindre que ce « coup de pouce » nous jette dans un engrenage infernal, dont la société et la France risqueraient de sortir brisées pour longtemps ? Radicalisé, le socialisme radicaliserait aussi ses adversaires. Peut-on appeler à la lutte des classes sans recevoir des coups ? On aurait vite fait de retrouver les gestes et les réflexes d'un sport national que les Français avaient à peu près oublié — la guerre civile.

Les affrontements qui conduisent aux guerres civiles sont toujours inopinés. Qui se doutait, en 1935, que la guerre d'Espagne allait commencer l'année suivante ? En 1924, que la Chine allait connaître pendant un quart de siècle le plus sanglant des conflits intérieurs ? En 1916, qu'une révolution féroce allait triompher en Russie, à travers d'effroyables massacres ? Au début de 1870, qu'une guerre franco-prussienne allait servir de détonateur à la Commune de Paris et à son impitoyable répression ? En 1847, que la monarchie de Juillet, en 1829, que la Restauration seraient renversées sur des barricades ? En 1788, que les Etats généraux, convoqués dans l'euphorie, déclencheraient une révolution dont les réactions en chaîne n'ont pas cessé, jusqu'aujourd'hui, de déstabiliser la France ?

Le 14 juillet 1789, le roi s'endort paisiblement. Il a montré sa volonté d'effectuer des réformes en réunissant les Etats généraux, malgré les conseils de prudence que lui prodiguait son entourage. Il a passé outre à la pusillanimité de ces incorrigibles conservateurs. Jamais, depuis Henri IV, un roi n'avait été aussi populaire que lui... Soudain, il est réveillé en sursaut. Le duc de La Rochefoucauld-Liancourt, grand maître de la Garde-Robe, se penche sur lui : « Sire, la Bastille est prise ! Le gouverneur est assassiné ! On porte sa tête sur une pique dans toute la ville. » Le roi se réveille tout à fait. « Mais... c'est une révolte ? — Non, sire, c'est une révolution. »

Là encore, Louis XVI trouva que son entourage exagérait. On lui prédisait toujours l'Apocalypse ! Ce n'était pas parce qu'une populace échauffée avait pris un coup de sang, qu'il fallait prêter aussi gratuitement de si noirs desseins à des adversaires que le roi n'avait pas. « Vous voulez me faire peur ! Vous passez votre temps à crier *au feu* ou *au loup !* »

Ne faut-il pas avoir l'esprit mal tourné, ne faut-il pas être un ennemi du peuple, pour imaginer qu'un loup peut se cacher derrière une rose ?

Heureux Liban ; tranquille Irlande ; paisible Chili ; Cambodge, « pays du matin calme », installé depuis deux millénaires dans la sagesse confucéenne : vieux pays civilisés, habiles à vivre avec leurs conflits, habitués à la liberté — et où, sous l'effet de quelque « coup de pouce », l'horreur a débarqué un jour. Le fantôme de votre paix saccagée, de votre civilisation perdue, nous hantera-t-il assez pour nous interdire les gestes irréparables ?

La radicalisation molle

Il est vrai que le scénario de la radicalisation peut connaître une autre variante. L'intoxication peut réussir. La force de résistance de notre société peut avoir été suffisamment anesthésiée, pour que le sang n'ait pas à couler.

Sur un peuple de sceptiques et de blasés, il serait facile à un parti de militants de régner. Militants ? Pas même : des bureaucrates et des profiteurs du militantisme y suffiraient bien, aussi blasés et sceptiques au fond d'eux-mêmes que leurs sujets. Peut-être le plus tragique danger qui menace l'esprit public en France est-il l'envahissement d'un universel « à quoi bon ? ». Ce serait alors la radicalisation molle — comme les montres de Dali. La liberté mourrait faute de défenseurs, sans même qu'on ait besoin de l'assassiner.

Le philosophe russe Zinoviev a décrit, avant même de passer à l'Ouest, cette situation, où le socialisme, maître de tout, obtient la complaisance de toute une société : « La société du moindre effort fournit aux individus des plaisirs inférieurs, mais qui n'en sont pas moins des plaisirs. Si, préalablement avilis, les hommes finissent par se plaire dans la paresse et l'irresponsabilité crasses, s'ils finissent par aimer leur vie végétative de clochard, d'asilaire ou de relégué, le socialisme leur donne d'infinies possibilités de se réaliser. La loi du moindre effort qui aboutit au socialisme règle aussi le socialisme. Une fois qu'on y est, on n'a plus envie d'en sortir et l'on tâche seulement d'aménager sa bauge confortablement [14]. »

Zinoviev parle du socialisme communiste ? Certes. Mais justement, la réussite de la radicalisation serait d'aboutir au point où la réussite soviétique a conduit : à transformer le socialisme en société. Une société dont on ne peut plus sortir sans révolution.

Chapitre 30
Sixième scénario
L'engrenage de la démocratie populaire

Il existe une variante au scénario de la « radicalisation » : l'engrenage de la démocratie populaire, c'est-à-dire *la radicalisation récupérée par les communistes*.

Ce n'est pas notre avenir le plus probable. Mais a-t-on le droit d'affirmer qu'il est impossible ? Qui en mettrait sa tête sur le billot ? Il importe de comprendre par quel cheminement ce que François Mitterrand appelle le « mariage du socialisme et de la liberté » pourrait, en effet, engendrer une France communiste.

Qui ne connaît des Polonais, des Tchèques, des Hongrois, des Roumains, réfugiés chez nous depuis dix, vingt ou trente ans ? Interrogez-les. S'ils sont en confiance, ils vous diront leurs craintes pour notre pays. Ce qu'ils observent en France depuis le 10 mai, c'est, à un rythme un peu plus lent, le processus qu'ils ont vu se dérouler dans leur pays entre 1945 et 1947, avant que le rideau de fer ne vînt précipiter brutalement la « marche vers le socialisme ».

Nationalisation des banques, gel de l'or, impôt sur la fortune, mise en place d'un système inquisitorial, d'offices fonciers, de syndicats révolutionnaires tout-puissants, prise en main des grands moyens d'information, propagande distillée. « Nous voyons exactement se dérouler chez vous ce qui s'est passé chez nous. »

« *Faites que la France...* »

J'ai passé une journée avec Alexandre Zinoviev, à discuter sur ce thème*. Ce dissident soviétique est sans doute, avec Soljenitzyne — mais en sociologue et logicien — celui qui a le plus lumineusement démonté les mécanismes de prise du pouvoir dans une société collectivisée. Il est convaincu que la France a parcouru, depuis le 10 mai, plus de la moitié de la route qui conduit à la démocratie populaire.

Il dit, avec une tendresse teintée d'humour : « Quand les Alle-

---

* Le 1er juillet 1982. Il enseigne d'ordinaire la logique à l'Université de Munich.

mands de l'Est sont devenus communistes, nous, Soviétiques, nous nous sommes dit (il faut nous pardonner, c'était juste après la guerre) : « Ceux-là, ils ne l'ont pas volé ! » Quand les Hongrois, les Tchèques, les Polonais sont tombés sous le joug, nous nous sommes, certes, attristés pour eux. Il faut quand même avouer qu'au fond de nous, nous préférions ne pas être tout seuls dans notre cas. Mais il y avait un pays auquel nous pensions bien que jamais cette mésaventure ne pourrait arriver, c'est la France. Pour nous, la France, c'est 1789, c'est la patrie de la liberté. Alors, nous autres dissidents, depuis le 10 mai, nous sommes de plus en plus inquiets. Nous croyons revivre un mauvais rêve. »

Il me quitta avec des larmes dans les yeux : « O faites, faites tout ce que vous pourrez, vous et chacun de vos amis, pour que cela n'arrive jamais à la France ! Car si la France tombait sous le pouvoir des communistes, ce serait un coup terrible pour toute l'humanité. A commencer par le peuple d'Union soviétique, qui perdrait à jamais tout espoir. Je prie Dieu qu'il nous épargne à tous ce malheur. »

Savoir se rendre indispensable

Le P.C. installé au gouvernement, il s'est installé dans l'Etat. Selon la croyance commune, les communistes sortiront, quelque jour, de l'un et de l'autre. Quand cela les arrangera. Ou plutôt, imagine-t-on, quand cela conviendra à François Mitterrand. Dans la première hypothèse, on ne les retiendrait pas. Dans la seconde, ils n'auraient pas les moyens de s'opposer à leur éviction.

Le départ des ministres communistes du gouvernement Ramadier, en 1947, est souvent invoqué pour montrer qu'il est facile de se « débarrasser » des communistes : si Ramadier l'a réussi... Mais le journal du président Vincent Auriol montre, de la façon la plus claire, que ce sont les communistes qui ont voulu partir. Simultanément, le P.C. ne supportait plus d'endosser une politique de rigueur dont l'échec était ressenti par ses militants, et le Kremlin commençait à entrer dans la « guerre froide ». Il fallait se mettre en position de combat. Fini, l'union nationale. Le parti allait devoir attaquer. Vincent Auriol et Paul Ramadier supplièrent Maurice Thorez de rester : les larmes aux yeux, il refusa. On peut parier que les communistes partiront s'ils décident de le faire, et le jour qu'ils auront décidé.

Ne peut-on imaginer une conjoncture où les communistes n'auraient nulle envie, et ne recevraient nulle injonction, de quitter leur part de pouvoir ? Tous les cas de figure qui comportent le départ du

P.C. supposent pour le P.S. un changement d'alliés, *un virage à droite.* Mais si le socialisme se radicalise, s'il *vire à gauche ?*

Et même s'il ne vire pas, trouvera-t-il encore, après la rupture avec la société libérale à quoi il a procédé pendant sa première année, des alliés de remplacement ?

Politiquement, le P.S. n'aura, en cas de radicalisation, nul besoin de se séparer de ses alliés. Bien au contraire, le P.C. lui assure un relais indispensable dans le champ des forces syndicales. Pour que la radicalisation s'opère, il faudra une C.G.T. active, répercutant fidèlement — dans les entreprises, dans les manifestations, par les pressions auprès des personnalités, par l'encadrement social — tous les mots d'ordre « de gauche ». A plus forte raison, s'il faut demander à la C.G.T. de jeter ses troupes contre des manifestants issus des classes moyennes ou paysanne. *Il sera prudent de l'associer au pouvoir plus encore qu'aujourd'hui.* Il faudra agir quotidiennement dans le style des actions menées sporadiquement chez Talbot ou chez Citroën : on le fera selon un plan concerté.

Le parti communiste ne cherchera alors qu'à se rendre utile, afin de devenir indispensable. Soit lui-même, soit ses « courroies d'entraînement » syndicales ou clandestines, seront le meilleur outil de la radicalisation.

La question demeure : comment, d'auxiliaire zélé, devenir le maître ? Quand il s'agit de communisme, la réponse est toujours dans le rapport des forces internationales.

Les Français considèrent que le maître est François Mitterrand, et l'esclave le P.C. Mais les communistes sont de trop bons connaisseurs de la « dialectique du maître et de l'esclave », pour ne pas se souvenir qu'un jour arrive, où le maître devient l'esclave de l'esclave qui est devenu son maître. Le lion, sur son tabouret, peut se lasser de tenir dans sa gueule la tête du dompteur ; une seule goutte de sang, venue d'une éraflure, suffit à provoquer le déclic de la mâchoire.

Les voisins du solitaire

Quand nous parlons de la radicalisation, nous pensons d'abord à *ses effets sur la société.* A travers notre économie, ils s'étendraient aussi à notre situation dans la communauté internationale.

Etendre encore le secteur public ; s'engager dans le protectionnisme, pour « reconquérir le marché national », et surtout pour se soustraire aux critères et à la sanction du marché international ; provoquer les réactions de la puissance américaine, voire de nos partenaires européens, et les combattre au nom de l'indépendance : le socialisme pur et dur n'échapperait pas à cette logique infernale, qui

« radicaliserait » aussi son isolement. *Il faudrait s'enfermer entre Français pour socialiser à l'aise.*

Fondée sur le système capitaliste et sur le libre-échange, la Communauté européenne éclaterait sous la double pression de notre collectivisme et de notre isolationnisme. Alors qu'elle doit mettre en commun ses ressources et son énergie pour réussir sa mutation technologique, son entrée dans le quaternaire économique — le repli français ruinerait ses chances : elles ne sont déjà pas si faciles à saisir. Qu'un pays de notre taille s'engage résolument sur la voie de l'autarcie militante, de la pauvreté assumée, et ce sont tous les équilibres des économies voisines qui sont menacés. Notre ruine volontaire risquerait d'entraîner des conséquences préjudiciables au Luxembourg, en Belgique, en Italie et même en Allemagne. Ce n'est pas seulement l'Europe occidentale en tant que communauté organisée qui serait atteinte, mais l'Europe des nations libres dans leurs œuvres vives.

Déjà, nos amis nous font discrètement comprendre que nous ne sommes plus « crédibles » : à Bruxelles, il est couramment admis, dans les milieux européens et américains, que le Marché commun, l'Alliance atlantique elle-même sont ébranlés par l'évolution de la France. La France serait bientôt l'occasion et l'enjeu d'une vive tension internationale. Le pouvoir socialo-communiste, attaqué de l'extérieur, contre-attaquerait ; il se poserait en champion de la lutte contre l'impérialisme, contre le capitalisme international. A la tête d'un grand pays en voie de sous-développement, il aurait tous les titres à se faire le champion d'un tiers-mondisme agressif. Le parti communiste ne serait pas le dernier à le pousser sur ce chemin[1].

Radicaliser le socialisme, ce serait rompre les solidarités économiques, mais aussi politiques de l'Occident. Ce serait ébranler l'Europe et affaiblir le monde libre.

Quand on ne peut pas refuser un allié

Les dirigeants du Kremlin laisseront-ils passer cette occasion inespérée d'avancer leurs affaires ? On les verrait sans doute disposés à faciliter le succès de la politique « progressiste » du gouvernement français contre les « menées de l'impérialisme américain », en étendant sur lui une protection de fait.

Le gouvernement français pourrait-il refuser cet appui ? Aura-t-il les moyens d'un isolement qui le mettrait en butte, en même temps, à l'Occident au nom du collectivisme, et au camp soviétique au nom de la liberté ? Il faudrait à la France une solidité économique qu'elle aurait par hypothèse perdue, surtout si la radicalisation était consécutive à un grave échec économique.

Mais, dira-t-on, les accords de Yalta tiennent toujours, et l'Union soviétique a intérêt à ce qu'ils tiennent ? Pour que les Occidentaux se gardent d'intervenir en Tchécoslovaquie et en Pologne, il faut que les Soviets évitent de s'immiscer dans les affaires françaises ? Si c'était vrai, les accords de Yalta et la doctrine de Monroe réunis garantiraient aussi les Etats-Unis de toute ingérence soviétique sur le continent américain. Or, voilà Cuba, à cent cinquante kilomètres de la Floride, transformé en satellite de l'U.R.S.S. Celle-ci intervient aussi, fort activement, au Nicaragua, au Salvador ou au Guatemala. Ainsi qu'en Ethiopie et au Yémen, en Afghanistan et au Vietnam. La volonté de puissance des Soviétiques est sans frontières. La France est-elle moins attirante que ces micro-puissances ?

L'Union soviétique n'a jamais cessé de poursuivre son expansion diplomatique et militaire. Elle a la force et l'audace d'intervenir partout où les circonstances lui permettent de le faire.

Le principe constant de sa politique étrangère depuis 1917 demeure : « Ce que j'ai est mien ; ce que tu as est négociable. » Yalta ne fut pas un partage, mais un barrage : le barrage que Staline opposa à toute prétention de Roosevelt de favoriser, au-delà de cette ligne, la création de démocraties à l'occidentale. L'ensemble des accords conclus entre les Alliés pendant et après la guerre, spécialement sur l'Allemagne, ont toujours été compris à Moscou comme le moyen d'étendre peu à peu l'influence soviétique à toute l'Allemagne, et ainsi à toute l'Europe. Le but suprême de l'U.R.S.S. n'a jamais cessé d'être la finlandisation de l'Europe occidentale. Si, en France, se présentait aujourd'hui une occasion, comment les léninistes ne la saisiraient-ils pas ?

On retrouverait les communistes français au détour de ce choix. Pour eux, la partie serait décisive. Ils la joueraient en plein accord avec l'Union soviétique. On comprendrait alors quel investissement à long terme ce fut, pour les communistes français comme pour le Kremlin, d'avoir préféré un parti réduit, mais fidèle. Le moment viendrait pour l'un et l'autre d'encaisser les bénéfices. Les pauvres scores électoraux seraient vite oubliés, quand les communistes français pourraient se prévaloir d'une réussite historique : avoir fait entrer la France dans la mouvance des pays « socialistes », ce que leurs camarades portugais ont failli réussir, mais failli seulement, avant que les œillets ne se fanent.

L'opération pourrait entraîner une grande révision européenne, où l'Allemagne, elle aussi affaiblie, achèterait sa réunification par sa neutralisation. Ou bien la conversion pourra être strictement française.

Inutile d'aller plus loin dans l'imagination de notre accès au « camp de la paix ». Mais soyons assurés que les pressions et les chantages exercés par le P.C., de l'intérieur, relayeraient efficacement les chantages et les pressions de l'U.R.S.S. à l'extérieur.

Le communisme international n'est pas pressé. C'est une Eglise souterraine, comme celle des chrétiens des premiers siècles. Et il a sur le socialisme à la française une supériorité décisive : il sait ce qu'il veut. Il a tout le temps d'arriver à ses fins. Même s'il ne dispose pas de l'éternité.

Soviétisation intérieure

Parallèlement à la soviétisation diplomatique, progresserait une soviétisation intérieure. Le rôle du P.C. grandirait dans l'Etat, dans l'économie, dans la société. Il faudrait passer par ses bons offices pour garder de bonnes relations avec le Protecteur. Déjà, lors des obsèques de Brejnev, Pierre Mauroy et Claude Cheysson se sont vu refuser, par le nouveau secrétaire général du parti communiste d'Union soviétique, l'audience qu'ils sollicitaient de lui — alors qu'il recevait de nombreux chefs de délégations étrangères. En revanche, M. Andropov a trouvé le temps de passer une heure, pour une « réunion de travail », en tête à tête avec Georges Marchais.

Honnête courtier a l'extérieur, le P.C. serait le garant de l'ordre à l'intérieur. Essayez d'organiser une grande manifestation politique sans service d'ordre. Vous n'y parviendrez pas sans courir de grands risques. On ne fait pas face à des perturbateurs avec de jolies hôtesses. Or, le service d'ordre le plus musclé de France est celui de la C.G.T.

Comme le cynisme du P.C. sera précieux, pour les opérations de police un peu rudes, ou pour les grands coups de propagande ! On voit clairement, par l'exemple de « l'état de guerre » polonais, combien un parti communiste occidental sait appuyer les interventions les plus brutales, tout en faisant patte de velours. Irremplaçables, ses talents pour encadrer les masses ! Commandos, procès publics : rien ne le rebutera.

A partir de là, comment exclure le type de dérive qu'ont connu, après 1945, les pays de l'Est, et qui a conduit les partis communistes, à l'origine simples éléments d'une démocratie encore pluraliste, modestes membres de belles coalitions de gauche, à prendre peu à peu toutes les commandes et à éliminer leurs adversaires grâce à leurs alliés* ; puis leurs alliés grâce au vide politique ? Le processus de la

---

* Le P.O.U.P. (Le parti ouvrier unifié polonais, c'est-à-dire le parti communiste) choisit les candidats des autres partis aux élections. C'est une conception efficace de la concurrence.

radicalisation donne l'avantage à l'organisation la plus dure, à ceux que rien ne peut retenir d'aller jusqu'au bout — puisque c'est là, au contraire, que, dès le départ, ils se sont préparés à aller.

Les Français croient se souvenir que les pays de l'Est ont été soviétisés parce que Yalta en avait ainsi décidé. Quelle erreur! Les Anglo-Saxons n'avaient pas voulu livrer l'Europe de l'Est à Staline. Ils croyaient qu'elle résisterait beaucoup mieux par la force même de la démocratie, bien installée dans plusieurs de ces Etats. La Tchécoslovaquie ne faisait pas partie du dispositif militaire de l'U.R.S.S. : pas un soldat soviétique n'y a stationné pendant les vingt ans qui ont séparé le premier et le second coup de Prague. L'engrenage vers la démocratie populaire s'est mis en marche peu à peu, comme insensiblement. Quand le rideau de fer est vraiment tombé, à la suite du plan Marshall et du refus que lui opposèrent les Soviétiques en 1947, le collectivisme était déjà pratiquement en place. Presque sans que les Polonais, les Tchèques ou les Hongrois s'en fussent rendu compte.

Puis-je avouer que je n'évoque pas sans frémir cette période ? Entre mars 1954 et l'été 1956, j'ai vécu, sur le terrain, en Pologne, la désespérance d'un peuple qui avait vu peu à peu se refermer sur lui la trappe, et qui en était encore tout stupéfait.

Les « rapatriés »

Contentons-nous ici d'évoquer une catégorie de Polonais : les Franco-Polonais. Ils témoignent de l'étonnant jobardisme des Français à l'égard de la propagande communiste. Ils montrent que l'incrédulité à l'égard des scénarios de « radicalisation » et de « soviétisation », n'est que de la crédulité.

La plupart des ressortissants français dans cette démocratie populaire sont en effet des doubles-nationaux, venus en Pologne à partir de 1945 dans des convois de « rapatriement », et demeurant dans des cités ouvrières où ils forment parfois des quartiers entiers de langue française. Le séjour en Pologne leur changeait vite les idées. J'ai souvent rendu visite à ces « rapatriés »*. Chaque fois, j'étais reçu avec une touchante cordialité ; après quelques minutes de conversation, ils en venaient aux confidences : « J'ai fait la bêtise de ma vie », « Ah! si je pouvais repartir », « Nous sommes dans la souricière ». Ces ouvriers franco-polonais — qui s'étaient naturalisés

---

* A Nowa-Huta près de Cracovie, Gliwice (Gleiwitz), Sosnowice, Walbrzych (Waldenburg), Jelenia Gora (Hirschberg) en Silésie ex-allemande.

français entre les deux guerres, ou, étant nés chez nous, y avaient fait leur service militaire — votaient le plus souvent communiste en France et lisaient *l'Humanité*. Les agents polonais dans la région parisienne, dans le bassin minier du Nord et de Lorraine, les avaient incités à revenir au pays de leurs aïeux, pour participer à l'exaltante construction du socialisme. Ils auraient tout à y gagner, rien à y perdre.

Ils avaient pensé qu'en venant en Pologne, ils trouveraient l'Eden sur terre qu'on leur avait promis. Beaucoup avaient voulu faire une expérience et profiter de l'aubaine d'un voyage gratuit dans un convoi organisé. Certains même, qui n'avaient pas la moindre goutte de sang polonais dans les veines, mais qui désiraient suivre une amie polonaise, s'étaient attribué des grands-parents polonais par simple déclaration, en vue de se glisser dans le convoi.

Leur surprise avait commencé dès la frontière. On leur avait échangé tout l'argent français qu'ils portaient sur eux contre quelques zlotys au taux officiel : tel qui avait 24 000 anciens francs, a reçu en échange 280 zlotys, avec lesquels il a pu acheter quatre boîtes de sardines, qui lui auraient alors coûté, en France, 300 francs anciens. Après un séjour dans un camp d'accueil, près de Stettin, qui ressemblait fort à un camp de concentration, on leur proposait de vivre à deux ménages dans le même petit logement ; s'ils n'étaient pas contents, ils devaient rester encore dans le camp. Ce n'est souvent qu'après plusieurs années qu'un logement décent leur était attribué. Leur désillusion allait croissant, au fur et à mesure qu'ils découvraient le niveau de vie polonais. Entre-temps, on leur avait retiré leur passeport français, et ceux mêmes qui avaient obtenu avant leur départ un visa de retour, en demandaient en vain la restitution.

Le « paradis socialiste », ils n'y songeaient plus guère. Ils ne rêvaient que de la France — ce paradis perdu. Une tasse de mauvais café, un verre de vin rouge : la nostalgie les submergeait. Comment oublier surtout, mais comment définir, cette impalpable atmosphère de liberté, qu'ils ne respireraient plus jamais ?

Beaucoup voulaient encore espérer que nous pourrions les rapatrier en sens inverse. Des scènes déchirantes se produisaient fréquemment dans mon bureau ; des mères suppliaient en pleurant, qu'on leur donnât le moyen de repartir avec leurs enfants ; les hommes proféraient de sourdes menaces contre ceux qui les avaient trompés.

Malgré quelques assouplissements intervenus en 1956, en 1970, en 1980 — à l'occasion d'une crise — beaucoup n'ont pu revenir en France pour s'y réinstaller. Le plus souvent, quand l'un d'entre eux recevait un visa, quelques membres de sa famille étaient retenus en otages. Ils se sont lassés de lutter : ils se sont peu à peu résignés à l'inévitable.

Cet air libre que tant d'entre eux venaient chercher jusque dans nos bureaux, sans doute l'ont-ils goûté quelques semaines, dans le printemps de Walesa ; jusqu'à ce que la chape retombe...

L'incertitude et le certain

Les scénarios de la « radicalisation » et de la « soviétisation » comportent un coefficient élevé d'incertitude. Jouant à quitte ou double, le socialisme peut être balayé. Mais il peut aussi tout emporter, sans même livrer combat. Ce serait la « radicalisation molle » évoquée plus haut : radicalisation, à cause de l'échec économique ; molle, grâce à la passivité sociale. Si la société française accepte sans broncher que ses ressources soient socialisées, son appauvrissement organisé, ses libertés concrètes rognées, alors le parti socialiste pourrait maîtriser le processus. Au moins dans une première phase de quelques années, avant que la ruine de la France appelle un bouleversement en Europe.

Mais si la société réagit, la radicalisation deviendrait forcément plus brutale dans ses méthodes. Ce serait l'affrontement, avec ou sans métaphore. Et l'on ne voit pas comment les socialistes pourraient le gagner sans le concours actif du parti communiste à l'intérieur, de l'Union soviétique à l'extérieur.

La « radicalisation », on sait comment elle commence. Personne ne sait où elle finit. Mais d'avance, nous connaissons ceux qui en paieront tous les dégâts, si elle échoue comme si elle « réussit » : la France et les Français.

On n'est pas toujours sûr d'échapper au pire

Vous qui me lisez, les trois derniers scénarios vous paraissent invraisemblables. Vous êtes tenté de n'y voir que du catastrophisme : les divagations de quelque Cassandre, qui peindrait tout en noir.

De fait, les trois premiers scénarios paraissent répondre aux plus fortes probabilités.

Le président de la République et les dirigeants du parti socialiste, ayant pris la mesure du réel, se résigneraient à la social-démocratie.

Ou bien le parti socialiste, ayant obtenu aux prochaines élections législatives des résultats qui lui permettraient de participer au pouvoir sans en détenir le monopole, se dissocierait des communistes et de sa propre extrême gauche. Il constituerait, alors, un rassemblement avec des éléments du « centre » qui auraient accepté de conclure un

« compromis historique » et de consolider les acquis du socialisme.

Ou bien, ayant été franchement battu aux élections législatives, il devrait céder le pouvoir, le président étant obligé de quitter l'Elysée, ou n'y restant que pour inaugurer les chrysanthèmes.

Les Français ont acquis collectivement l'esprit démocratique. La guerre civile ne semble pas pour demain. Mais les trois derniers scénarios ne sont pas, hélas, complètement improbables.

Il n'est pas exclu que le marasme économique et la montée des mécontentements aboutissent à un mois de mai 68 à l'envers : une explosion sociale contre la « gauche ». Cette fois, elle aurait de la peine à retourner la situation, comme le fit de Gaulle le 30 mai. Car elle rallierait difficilement l'appui de l'armée comme du peuple.

Il n'est pas exclu, puisque le C.E.R.E.S. en a fait sa principale hypothèse de travail et que le président nous en a lui-même prévenus, que les éléments les plus durs du parti socialiste veuillent, par la « radicalisation », sauver les réformes de structure déjà accomplies, et accentuer le « socialisme à la française ».

Il n'est pas exclu que ce processus fasse entrer la France dans la voie d'une démocratie populaire.

En histoire, tout est toujours possible. Y compris l'accident, qui n'arrive pas seulement aux autres. Le pire n'est pas toujours sûr ; mais on n'est pas toujours sûr d'échapper au pire.

Que faire ?
ou
Les frais de succession
de l'héritage socialiste

Les hommes sont-ils, oui ou non, capables de tirer la leçon de l'amère expérience de leurs frères ? Peut-on, oui ou non, prévenir qui que ce soit du danger ?

Alexandre Soljenitsyne [1] (1975).

A l'aube de la révolution socialiste, la conquête du pouvoir d'Etat par un gouvernement d'Union de la gauche marquera le début d'une période de transition.

Programme du parti socialiste [2] (1972).

La petite enfance sera l'objet d'une priorité absolue pour un gouvernement de gauche.

C'est à cet âge que la socialisation des enfants peut être rendue la plus facile.

Plan socialiste pour l'éducation [3] (1975).

CINQUIÈME PARTIE

Que faire ?
ou
Les frais de succession de l'héritage socialiste

Chapitre 31

Le devoir d'opposition
Les devoirs de l'opposition

Que le socialisme s'engage dans l'un ou l'autre des scénarios précédents, cela dépend avant tout de lui-même, et particulièrement de son chef. Mais cela dépend aussi de l'opposition, c'est-à-dire de la façon dont les Français hostiles à la socialisation de leur pays la refuseront.

L'opposition n'est nullement un monopole des états-majors ; une sorte de cercle, fermé à qui n'aurait pas été au moins secrétaire d'Etat sous l'ancien pouvoir. On comprend que la « gauche » s'efforce de modeler cette image. Face à elle, l'opposition ne serait pas une masse de millions de Français inquiets de leur avenir, mais le « club des ex », les insupportables « revenants ». Or, l'opposition appartient au peuple français, comme la majorité. Elle procède de lui, comme la majorité. Elle a reçu de lui un mandat de s'opposer. Il est tout aussi légitime que le mandat de gouverner qu'a reçu la majorité.

La démocratie, c'est le droit à l'expression publique des désaccords ; à la mise en question du pouvoir ; à la pluralité reconnue des politiques proposées aux citoyens ; à une solution de substitution au système en place. Tout cela ne serait que mots vides et droits sans contenu, s'il n'existait une opposition bien vivante.

On a beaucoup glosé sur un « statut » de l'opposition. Le mot sonne bizarrement. L'opposition n'a d'autre statut à requérir, que la jouissance des libertés publiques et des droits de ses élus. Elle n'est pas une minorité à protéger, comme une espèce animale en voie d'extinction. Elle ne réclame pas une réserve où vivre, comme les Indiens. Elle réclame encore moins un partage du pouvoir, ou des places — sa menue monnaie. On ne peut être choqué, par exemple, qu'à l'Assemblée nationale, la majorité dispose des présidences de toutes les commissions — postes essentiels à sa responsabilité majoritaire, qu'elle, et elle seule, doit exercer.

L'intérêt du pays n'est pas dans la confusion des responsabilités. Il n'y aura jamais trop de clarté dans notre démocratie. *Pour le peuple aussi, « gouverner, c'est choisir » ; et donc, pouvoir choisir.* L'opposition lui conserve cette possibilité de choix, en mêlant le moins possible ses démarches et ses actions avec celles du pouvoir : même si elle se refuse à le critiquer systématiquement, elle ne saurait s'identifier à lui sans dommage pour la République.

Peu importe le « statut ». Peu importe, même, l'intolérance dont la majorité peut faire preuve à son endroit. Le salut de l'opposition ne réside pas dans la tolérance du pouvoir. Elle ne doit compter que sur elle-même ; sur sa capacité à garder, ou à gagner, la confiance d'un nombre toujours plus grand de Français. Et l'exaspération qu'elle suscite chez les autorités en place n'est pas forcément la plus mauvaise recommandation...

Ne pas dévier de la légalité

« La majorité des Français ne pourraient pas supporter que ceux qui sont devenus minoritaires puissent contrarier le changement, que ce soit au Parlement, dans les entreprises ou ailleurs. [1] » Cet étonnant avertissement du Premier ministre tendrait à assimiler l'opposition à une entreprise factieuse. Bien d'autres propos, dans bien d'autres bouches, ont la même résonance. Si socialistes et communistes voient un rebelle derrière chaque député qui dépose un amendement, chaque patron qui fait faillite, est-ce parce qu'ils ne supportent pas l'opposition ? Peut-être la désireraient-ils, secrètement, plus violente qu'elle n'est ? Ils réagissent en matamores, à la recherche d'ennemis à pourfendre que l'on puisse qualifier de « revanchards », de « putschistes » ou de « fascistes ». Comme si la révolution qu'ils conduisent, déjà « radicale », avait besoin, pour justifier ses excès, de susciter des contre-révolutionnaires, des comploteurs (internationaux), des émigrés (de l'intérieur) et autres ennemis du peuple. Ce qui présente pour la « gauche » plusieurs avantages : désigner des coupables, détourner les colères, la faire apparaître elle-même comme « rempart de la démocratie ».

Raison de plus pour que l'opposition se tienne à son droit. *Tout son droit : qu'elle ne se laisse point intimider, qu'elle occupe entièrement le terrain que lui doivent sa légalité et sa légitimité. Mais rien que son droit : qu'elle se garde de toute contagion de l'intolérance ; qu'elle évite même de répondre à toute provocation.*

Certes, elle ne cessera d'être suspecte de vouloir renverser, pardon, « déstabiliser », le pouvoir légal. Il lui faudrait s'abstenir de toute action, pour ne pas donner prise au soupçon. Du moins doit-elle éviter de fournir à l'opinion l'occasion d'approuver ses accusateurs.

Méfions-nous de l'entraînement fatal qui, lorsque les uns parlent de « subversion », pousserait les autres à répondre « dictature ». Il incombe à l'opposition, par sa tenue, par son scrupule juridique, d'empêcher ce détournement de la République. Elle aura plus que sa part dans le maintien d'un état de droit. Combien il serait facile de dresser une partie des Français contre un pouvoir qui les inquiète !

Chaque jour, je dois convaincre un interlocuteur exaspéré, que le pouvoir socialiste est légal, et qu'il ne doit être combattu que par les armes du vote et de l'opinion. Voilà bien le travail quotidien des élus de l'opposition : calmer leurs électeurs, les exhorter au respect de l'ordre républicain, à l'obéissance aux lois, même les pires — en attendant que leur suffrage donne à une autre majorité le moyen de les changer.

Percer à jour le malentendu permanent

Le moyen le plus efficace de construire l'avenir, celui qui peut frapper les esprits et préparer l'alternance, c'est la parole : il faut informer puisqu'on désinforme, expliquer puisqu'on embrouille, répéter autant que de besoin.

Dans cette stratégie de la reconquête, plusieurs voies sont possibles. Incontestablement, la plus mauvaise serait celle du compromis, de la complaisance et de la collaboration. Le « socialisme à la française » ne saurait être l'affaire de ceux qui n'ont eu nulle part à sa définition ni à sa mise en œuvre. Les gaullistes, les centristes, les libéraux, les radicaux n'ont point de place dans l'expérience tentée depuis mai 1981. Il importe de refuser par avance tout « bout de chemin » avec le pouvoir actuel. Ceux qui se laisseraient tenter deviendraient les cautions libérales et modérées d'une « union nationale » factice. Ils ne pourraient rien réparer ; ils devraient tout supporter. Du reste, dès qu'ils se seraient laissé absorber par la majorité du printemps 1981, ils cesseraient de représenter autre chose qu'eux-mêmes aux yeux de l'opposition — la vraie, celle que forment plus de la moitié des Français.

Son respect de la légalité dont l'adversaire est dépositaire ne lui interdira pas, pour autant, de mettre en cause *le bien-fondé de la politique* menée par le pouvoir. Au contraire. Son devoir est de percer à jour les malentendus permanents, grâce auxquels le socialisme a conquis le pouvoir et par lesquels il l'exerce.

Le terrain de ce combat est celui de l'opinion. C'est dans l'esprit et le cœur des Français que l'opposition trouve la source vive de sa légitimité.

Certes, l'opposition doit d'abord se manifester au Parlement. Elle y passe au crible la gestion quotidienne du gouvernement. Tâche obscure, dont il paraît peu de chose dans la presse. Tâche ingrate, puisqu'il faut toujours se battre, et toujours être battu. Tâche rendue difficile par l'intolérance de la majorité à l'Assemblée. Néanmoins, dans cette confrontation de tous les instants, l'opposition apprend beaucoup. Sur les vues et sur les réflexes de l'adversaire. Sur elle-même aussi : elle forge son unité dans ce combat, elle y essaie les arguments, les défenses et les attaques. Elle y révèle des hommes nouveaux, des tempéraments de lutteurs, des intelligences qui savent voir la brèche, des compétences qui en remontrent aux experts du pouvoir. Très vite, l'opposition a su exister, s'organiser et montrer au pays le visage d'une force résolue et sérieuse — des hommes sur qui l'on peut compter.

Les modérés, les libéraux, présents dans les profondeurs du pays, mais qui s'ignoraient eux-mêmes, ont été revigorés par cette découverte. Leurs élus et militants en ont été, à leur tour, ragaillardis. Ce fut la première manifestation, entre mandants et mandataires, d'un *échange,* dans lequel l'opposition comme sentiment spontané, et l'opposition comme organisation politique, se sont retrouvées. C'est là que s'enracinera la capacité de gagner.

Agir sur le terrain, modestement, inlassablement, à travers des colloques, des débats, dans des clubs, des associations locales, des sociétés de pensée — comme celles où mûrit, avant 1789, la grande mutation des esprits — telle est la tâche majeure des modérés : celle de laquelle ils s'étaient trop souvent désintéressés quand ils détenaient le pouvoir.

Une cure de vérité

En s'unifiant, en se tenant à l'écoute du pays, en dialoguant avec les citoyens, l'opposition trouvera tout naturellement un message dynamique et stimulant, porteur de vérité et d'espoir. Il faut insister sur l'importance des mots. Depuis des années, ceux de l'ancienne majorité tombaient à plat. Le pouvoir culturel, détenu par la « gauche », était parvenu à détruire le système de valeurs sur lequel reposait le discours des modérés. *L'opposition présentait bien le mal qu'elle faisait ; la majorité présentait mal ce qu'elle faisait de bien.*

Avant de reconquérir la majorité parlementaire, il faut retrouver une *majorité de valeurs ;* des valeurs pour la majorité, la grande majorité des Français. C'est sur le terrain qu'on peut le plus efficacement aller à la rencontre des valeurs que les Français ressentent, et en essayer avec eux l'expression. Le discours sur les valeurs est l'instrument privilégié du pouvoir culturel. A l'opposition de s'en saisir, et de saisir en même temps sa principale chance.

L'opposition organisée n'est pas le simple transmetteur des inquiétudes et des colères de la « base ». Elle aide à passer des manifestations spontanées de l'esprit critique, à l'expression d'un esprit public, capable aussi de construire. Proche du peuple, c'est-à-dire des sources du pouvoir, elle est en mesure de contrarier l'entreprise officielle de mystification. Il lui revient de donner des cibles aux critiques, de les faire échapper aux servitudes d'une actualité désordonnée, qui fait oublier autant de colères qu'elle en soulève. Habilement, les porte-parole socialo-communistes cherchent toujours à la confiner dans l'actualité immédiate, et à lui interdire les synthèses. Raison de plus pour que l'opposition classe, formule, éclaire. Elle transforme une opposition de réaction et de frustration, en une entreprise où la France pourra se ressourcer. De réflexes, elle doit faire des réflexions.

Ainsi, dans l'opposition, notre peuple peut commencer la « réforme intellectuelle et morale », sans laquelle il ne se débarrassera pas du « mal français ». Quand, en 1976, j'écrivais le livre qui porte ce nom, j'espérais encore que nous saurions, sans avoir d'abord à payer le prix d'une convulsion nationale, entreprendre cette réforme sur nous-mêmes. Sa nécessité demeure plus que jamais. L'opposition lui ouvre une chance neuve. « Et si la guérison — écrivais-je[2] — résidait, justement, avant tout dans la réflexion ? Si elle passait par une humilité lucide et positive ? Nous savoir malades, nous distinguer de la maladie : c'est cela, l'essentiel d'une thérapeutique (…). Toute psychothérapie est d'abord une cure de vérité. »

Nous voici en pleine cure de vérité. Par le socialisme, le mal français connaît un accès de fièvre — qui peut être mortel, mais dont nous pouvons aussi sortir guéris.

Dans l'opposition, les Français peuvent cerner la maladie, en refuser la fatalité. *Ce n'est pas la maladie des autres, c'est la nôtre.* Le socialisme au pouvoir nous révèle la nocivité de toutes sortes de conduites qui, de l'étatisme au corporatisme, de l'irresponsabilité à l'obsession égalitaire, constituent depuis bien longtemps le syndrome qui nous paralyse.

Dans l'opposition, les Français entrent en réflexion sur eux-mêmes. Ils font retraite. Les analyses les plus lumineuses rencontrent l'incompréhension, dès lors qu'elles viennent de l'Etat. En France, l'Etat n'est pas un pédagogue accepté. L'opposition peut devenir ce pédagogue qu'on écoute.

A condition d'être intraitable sur ce qu'elle sait être la vérité. C'est à elle qu'il incombe de dissiper les ambiguïtés ou les méprises dans lesquelles se complaît un pouvoir qui ne veut ni ne peut avouer ses intentions contradictoires. Elle est la pointe qui doit crever les vessies qu'on veut faire prendre pour des lanternes.

A condition aussi qu'elle sache prendre du recul ; qu'elle sache se mettre en question. Elle ne trouvera les Français, que si elle cherche du même pas qu'eux, avec autant d'humilité qu'eux. Qu'elle se mette, en leur compagnie, en quête de mots et de valeurs pour notre temps.

Union et projet

Prenez par exemple, une valeur précieuse entre toutes : l'unité de la communauté française, dépassant toutes les catégories sociales et politiques ; cette unité, dont il faut montrer qu'elle n'est pas un thème pour harangues, mais le principe même d'une action politique.

Comment le faire comprendre, comment y faire croire, si l'opposition ne témoigne pas elle-même pour l'unité ? Si ses responsables au sommet, ses militants à la base, ne vivent pas en bonne harmonie ? S'ils veulent convaincre le peuple français qu'ils peuvent l'unir, il faut qu'ils offrent eux-mêmes le modèle de l'union et dissipent une bonne fois pour toutes les combats de grands ou de petits chefs.

Si le combat pour l'unité est tellement essentiel pour l'opposition, ce n'est pas seulement parce qu'elle paierait ses divisions aussi cher, demain, qu'elle les a payées hier. C'est parce qu'*elle n'aura pas de valeur plus précieuse à défendre que la fraternité,* après le cortège de dissensions, de haines et de vengeances qu'aura suscitées la lutte des classes. Le peuple sent obscurément qu'il ne peut trouver son salut que dans l'unité. Il rejettera un jour ceux qui l'auront divisé. Il accueillera ceux qui lui paraîtront le plus capables de recréer un consentement national.

Cette fraternité sera française. Nous n'avons pas honte d'appartenir à notre pays. Nous sommes fiers de communier avec son message universel de liberté et de générosité, qui a fait de lui un des grands acteurs de l'histoire. Il n'y a pour nous qu'une histoire de France ; qu'un peuple ; qu'une France, et elle n'est ni à gauche ni à droite. Elle est au-dessus. En elle seule, nous redevenons frères.

Dans son combat même, l'opposition veillera à ménager la chance des réconciliations futures. Si fermes que soient ses critiques, elle ne devra pas attaquer les personnes, ni même blesser les convictions. Elle redonnera tout son sens au joli terme de « modéré ». La démocratie consiste à se supporter les uns les autres. Sans modération, il n'est plus de vraie démocratie.

La recherche et l'élaboration d'un programme ne viendront qu'ensuite. Il serait dangereux de se figer dans un texte, avant que la réflexion ait porté tous ses fruits. Nous ne devons pas imiter les rédacteurs du Programme commun, non plus que ceux des « 110 propositions » : ne nous enchaînons ni aux formules du passé, ni aux sollicitations de l'actualité ou de la démagogie. La mise en forme des aspirations et la rédaction d'un programme de législature ne peuvent ni ne doivent s'improviser au gré de doléances catégorielles, ou de dogmes généraux, vides de sens. Un programme transpose les valeurs d'une société en objectifs précis. Ce travail ne peut être ni circonstanciel, car il serait vite périmé, ni intemporel, car il serait inapplicable. Dans les deux cas, il porterait en lui son échec.

Il faudra savoir résister à trois tentations :

— La tentation de s'ouvrir à toutes les clientèles, de céder à toutes les exigences : la tentation de la *macro-* comme de la *micro-démagogie*. Un programme sérieux n'est pas fait du cumul de tout ce que chacun veut entendre. Sinon, il répand l'illusion, au lieu de susciter la conviction. Il entretient des malentendus. Bientôt, il divise au lieu de rassembler.

— La tentation de la *gestion*. Un programme ne doit pas être un catalogue rempli de chiffres, un rapport technocratique. Il doit être une projection vers l'avenir. Les exigences de la gestion changent vite — même si les principes restent immuables : rigueur, honnêteté, objectivité. Celui qui serait adapté à janvier serait périmé en juin. Surtout au train où se détériore la situation économique et sociale du pays. Quand le général de Gaulle est revenu au pouvoir, le 1er juin 1958, son programme tenait en dix lignes.

— La tentation, enfin, du *moralisme*. Retrouver les valeurs qui font vivre la démocratie et durer la nation, les valeurs qui font avancer la « querelle de l'homme », oui, certes. Mais fuir le prêche. Les Français détestent les donneurs de leçon. Ils veulent des exemples : c'est tout autre chose.

Avant d'élaborer un programme détaillé, tâche qu'il faut réserver à la période qui précède les élections générales, les formations de l'opposition seront bien inspirées de s'accorder sur les *principes d'un projet* commun pour la France. Comment la sortir du marasme où elles la trouveront ? Comment se comporteront-elles à l'égard de l'œuvre accomplie par la « gauche » et où tout, loin de là, n'est pas exécrable ? Comment trieront-elles ce qu'elles effaceront et ce qu'elles pérenniseront ? Elles montreront ainsi qu'elles seront capables, plus tard, de s'entendre sur les détails, puisqu'elles auront tracé ensemble les lignes de force.

Par-dessus tout, la liberté

Notre critique du socialisme ne sera entendue que si nous savons pratiquer l'art de la liberté.

Le mot de *libéralisme* peut-il s'imposer ? Face à « socialisme », n'est-il pas, précisément, l'*isme* d'en face ? Aussi désuet que la « droite » contre la « gauche » ? Il serait mortel pour l'opposition de n'offrir à la France qu'une substitution d'idéologies, qu'un changement de camp. En politique intérieure aussi, il faut éliminer Yalta.

En revanche, les voies de l'unité nationale peuvent se retrouver, sinon sur les dogmes du libéralisme, du moins dans la pratique et la diffusion de la liberté. Libérer les énergies, les initiatives, les efforts personnels et collectifs ; libérer la liberté de ses bandelettes ; la lester de responsabilité. Si elle n'est présentée que comme un ressort économique, ou même comme un droit-de-l'homme-et-du-citoyen, elle restera seulement le totem de notre République, au pied duquel seront sacrifiées les chances de notre peuple. La liberté se vit.

Ces devoirs de l'opposition, on pourrait les résumer en dix commandements, et les mettre en vers naïfs, comme ceux du vieux catéchisme :

> Toute la loi respecteras,
> Hors d'elle ne t'égareras.
> Chaque mensonge exposeras,
> Et la vérité tu diras.
> L'esprit public éveilleras.
> A ce pouvoir part ne prendras.
> A tes alliés du bon combat
> Toujours uni demeureras.
> Fraternité ménageras.
> Hâtif programme ne feras.
> Exemples plutôt donneras,
> Et principes formuleras.
> Surtout, liberté défendras.
> En chemins neufs la conduiras.

Chapitre 32

Un projet pour la France :
le politique

Quel projet, et qu'y mettre ?

Des *chiffres ?* Non. Inutile de fixer à l'avance le montant du S.M.I.C. De dénombrer les milliards à investir dans telle ou telle filière. De calculer en pourcentage la décroissance de la hausse des prix. De faire semblant d'être déjà assis devant le tableau de bord et d'en maîtriser les clignotants. Nos compatriotes ne se fieront plus à ces engagements-là. Ils ont appris que des chiffres précis peuvent être faux.

Des *lettres ?* Les Français savent aussi que l'on peut composer avec elles des mots qui chantent. « Justice, solidarité, égalité », diront les uns. « Liberté, liberté, liberté », répondront les autres. Les Français imaginent déjà cette logomachie ; déjà, ils s'en détournent.

Il faut les faire inventer des *actes*. Non pas le plan détaillé d'un redressement. Simplement, quelques actes qui nous engagent dans une voie neuve. Quelques actes qui ne pourront être proposés, décidés et accomplis sans une réflexion en profondeur sur ce que nous sommes et sur ce que nous voulons faire de notre France. Des actes-témoins, qui incarnent des principes d'action.

La réalité doit rester juge de nos idées ; elle nous impose de tourner le dos aux systèmes. C'est un regard clair sur nous-mêmes qui nous découvrira la voie de notre identité, pour les décennies qui viennent.

Ce regard sur nous-mêmes nous apprend que le mal est au cœur de notre société, de nos mentalités. N'hésitons pas à nous le répéter : l'histoire du mal français n'a pas commencé le 10 mai 1981 ; mais le socialisme « à la française » — ô combien — concentre et exaspère le mal qui était en nous ; il nous donne, par là même une chance de nous en guérir.

Nous n'expulserons pas le mal français avec le « socialisme à la française », comme le possédé expulse son démon, à la fois familier et étranger. Ce mal ne nous est pas étranger. Si le socialisme battu ne devait nous rendre qu'à nous-mêmes, tels que nous étions *avant* le 10 mai, sa défaite n'aurait pas servi à grand-chose.

Restaurer l'avant-10 mai ne doit pas, ne peut pas, être le projet de la

France. Avant le 10 mai, nous n'avions que trop sacrifié aux idées fausses qui nous minaient.

Nous devons redécouvrir les idées qui sauvent : celles de l'autonomie, de l'enracinement, des responsabilités à taille humaine.

L'ancienne majorité n'a-t-elle pas, au moins en partie, perdu la confiance des électeurs pour avoir introduit le marxisme dans sa vue des choses ? Cependant que les socialistes ont capté — un temps — cette confiance, pour avoir déclaré bien haut soutenir les valeurs de la France éternelle...

Double inconstance, double méprise ! Il est grand temps de rectifier. Car les Français commencent à entrevoir ce qu'ils ne savaient pas, et pour cause, avant le 10 mai : que le socialisme ne garantit pas la liberté ; qu'il répand l'insécurité ; qu'il s'en prend à la propriété ; qu'il peut virer à l'oppression — bref, qu'il n'assure pas les quatre droits fondamentaux de l'homme et du citoyen.

Il est grand temps d'essayer d'imaginer les voies sur lesquelles la France retrouvera les allures de la liberté, et les moyens de tenir son rang.

Ce ne peut être le travail d'un seul. Mais chacun doit y réfléchir, personnellement. Les idées qui suivent n'ont pas été élaborées solitairement, mais elles expriment une conviction qui est la mienne. Elles ne cherchent pas l'originalité. Elles ne prétendent pas avoir trouvé *la* vérité. Elles sont une recherche ; elles s'offrent comme telle, à ceux qui voudront aussi chercher.

La France sur ses deux jambes

Comment réconcilier l'Etat et le citoyen ? L'Etat et la nation ? L'Etat chez nous est mal perçu, mal accepté ; car il administre trop et de trop loin, à travers trop d'intermédiaires. En revanche, il ne gouverne pas suffisamment. L'Etat aurait bien assez à faire, d'assurer notre sécurité extérieure et intérieure, de conduire nos relations avec l'étranger, de veiller aux grands équilibres économiques, de définir et faire respecter les droits de chacun, de gérer et améliorer les services publics indispensables.

Pour le reste, qu'on le libère des tâches où il s'englue ; où il se fait sans cesse juge et partie ; où la rigidité administrative est mal faite pour réussir.

Qu'on nous libère des rapports quasi psychanalytiques qui nous lient à lui, Etat détesté quand il nous contrôle ou nous prend notre argent, Etat révéré quand il nous verse prestations ou subventions.

Mettons la France sur ses deux jambes : la force de l'Etat, la vitalité des citoyens. Si l'Etat régente tout, il a tôt fait de s'hypertrophier et de se dresser sur les décombres de la nation. Il faut à la France un Etat au service de la nation — et non pas un Etat gestionnaire !

On confond abusivement aujourd'hui, sous le nom d'Etat, des fonctions bien différentes. L'administration, de plus en plus bureaucratique. L'empire économique, lié au secteur démesurément accru de la production et de l'intervention publiques. Le système social qui opère de massives redistributions des revenus. Enfin, l'Etat proprement dit, expression de la nation au milieu des autres nations, garant des droits collectifs et personnels.

Il faut réapprendre à distinguer l'Etat de la nation, et rendre à cette dernière ses responsabilités.

L'Etat doit rester libre, et particulièrement des grandes puissances privées, des grandes organisations sociales, qui risquent de mobiliser ses orientations à leur profit exclusif. Mais qu'aussi il nous laisse libres, sans dicter toute forme d'évolution, sans imposer une hégémonie dictatoriale à toutes les catégories de la société ! On doit rejeter tout autant le pouvoir des oligarchies, que l'omniprésence étatique.

Tocqueville dénonçait par avance la menace mortelle d'un Etat qui ne laisserait subsister aucun refuge dans une société d'abord bouleversée, puis uniformisée. La menace, largement réalisée, s'aggrave encore aujourd'hui. Mais nous en sentons une autre. Dans la période difficile que nous vivons, nous avons besoin d'un Etat capable de grandes décisions. Or, il souffre plus que jamais des langueurs bureaucratiques qui paralysent la vie sociale, mais qui ont aussi paralysé son propre pouvoir de décision.

Il faut séparer les domaines de l'Etat et ceux de la nation, afin de renforcer l'un et l'autre. Gouverner et gérer, ce n'est pas même chose : gouverner, c'est choisir, c'est réformer, c'est aller de l'avant ; gérer et s'enfermer dans la gestion, c'est s'ankyloser.

Un président pour l'unité

La République est une et indivisible ; le président en répond. Les Français avaient cru élire un président pour l'unité. Ils se sont retrouvés avec un président de combat, de plus en plus identifié à son camp par la rudesse même des luttes qu'il a engagées.

Cette dérive présidentialiste n'est pas le fait d'un seul homme. Pompidou et Giscard l'avaient connue peu ou prou, et même de Gaulle. Mais elle restait supportable, tant que le président se contentait de sauvegarder la société qu'il avait reçue le jour de son installation ; tant qu'il se montrait constamment soucieux de rencontrer un *consensus* ; surtout s'il poussait le souci de la légitimité jusqu'à interroger le peuple en des référendums, où il posait *la* question de confiance, en liant à une réponse positive son maintien à la tête du pays.

En revanche, cette dérive devient intolérable, avec un président qui déclare lui-même vouloir la « rupture » — rupture de l'histoire et rupture de la société.

Est-il vain d'espérer qu'enfin la leçon sera comprise, et entendu le vœu des Français ? Que l'élection présidentielle soit le moment où un peuple désigne l'homme le plus capable de surmonter ses divisions ; de présider, sans se déjuger lui-même, aux réorientations, voire aux alternances, de la direction politique ! Nous devons désigner un président qui soit toujours en état politique et moral d'exercer sa fonction d'arbitre et de recours.

Comment ? Il n'existe pas de garanties. Nous aurons les présidents que méritera notre vie civique. Dans une société à l'esprit partisan, en conflit idéologique, comment n'aurions-nous pas des présidents de guerre civile ? Dans une France désabusée de ces passions et plus soucieuse de responsabilité et de concret, les candidats chercheront à nous renvoyer notre image, et nous pourrons choisir celui qui lui serait le plus fidèle.

Un mandat présidentiel plus court

Homme au milieu des hommes, *primus inter pares,* et non souverain « par la grâce de Dieu », le président est condamné à sentir son crédit rongé peu à peu par l'épreuve du pouvoir. Sept ans, c'est bien long pour qui conduit un peuple libre. Les Français en ont conscience qui, en majorité, souhaitent réduire à cinq ans le mandat présidentiel. Est-il bon que l'homme qui garantit l'unité nationale reçoive un mandat qui risque d'outrepasser dans le temps la période où ses concitoyens lui font réellement confiance ?

Cinq ans, mais renouvelables une fois. Pourquoi pas, puisque alors, impérativement, ou bien, son premier mandat achevé, le président sera remplacé ; ou bien la confiance de la nation lui sera clairement renouvelée ?

Dans nulle autre démocratie, le mandat présidentiel n'est si long. Le septennat, hérité de la IIIe République, ne répond plus au rôle dévolu par la constitution de la Ve République à son premier magistrat.

Un Parlement pour contrôler

S'il convient que le gouvernement administre moins pour gouverner mieux ; s'il convient de réduire le mandat du président de la République — il ne sera certainement pas inutile de fixer à nouveau le rôle propre du Parlement. Quelques règles aideraient à y parvenir.

La première serait de déclarer le mandat de député incompatible avec l'exercice d'une gestion locale. Les députés seront plus disponibles pour leur tâche de législation et de contrôle ; de plus, les élus locaux seraient mieux dégagés des incidences de la politique nationale.

Une seconde règle consisterait à séparer deux fonctions qui se confondent en nos parlementaires : l'élaboration des lois, et l'intervention auprès des administrations en faveur des administrés. Ne pourrait-on pas élire des « médiateurs » départementaux *, chargés d'aider les citoyens dans leurs difficultés, et libérer sénateurs et députés de ces démarches innombrables, afin qu'ils puissent mieux travailler à la loi, sans alibi pour l'absentéisme ?

Députés et sénateurs ne devraient pas être confinés dans le vote des textes du gouvernement ; mais contrôler ses actes, et les actes des administrations que les ministres dirigent.

Ainsi, les commissions parlementaires d'enquête prendraient un plus large essor. Toutefois, elles ne doivent pas être des machines politiques, ni se substituer à la justice. Elles devraient être constituées *à parts égales* de députés ou de sénateurs de la majorité et de l'opposition. Une composition proportionnelle à celle de chaque chambre n'est qu'un aveu de parti pris : selon que vous serez bleu ou rose, « Les jugements de cour vous rendront blanc ou noir ».

Les commissions d'enquête et de contrôle pourraient avec profit être composées simultanément de députés et de sénateurs, qui s'apporteraient des lumières complémentaires et s'équilibreraient mutuellement. Une des institutions les plus utiles de la Ve République, la commission mixte paritaire (qui prépare un texte commun, au terme de la navette, pour le vote final des deux chambres) obéit déjà à ce principe. Majorité et opposition tendent à s'y neutraliser. Hors de la présence de tiers, notamment du gouvernement, les parlementaires cherchent, sans effets de manches, des solutions raisonnables.

---

* Cette suggestion, reprise par Maurice Druon, était esquissée dans le Programme de Blois. Le médiateur, dans chaque circonscription, pourrait doubler le député et se substituer à lui pour les interventions particulières. Il lui serait interdit de se présenter ensuite aux élections législatives.

De telles dispositions rehausseraient l'autorité parlementaire ; les élus de la nation n'auraient plus à redouter d'être considérés comme les « godillots » du gouvernement et des partis.

Il faudrait enfin rétablir le scrutin uninominal s'il venait à être supprimé ou altéré. Certes, le jeu et l'influence des partis sont inhérents à la démocratie ; mais leur toute-puissance lui est fatale. Tant que les électeurs d'une circonscription gardent la liberté de choisir un homme, même indépendant de tout parti, la politique gardera une dimension humaine. On pourra, ici et là, préférer une personne à un parti — et surtout, les partis demeureront des réunions d'hommes libres, au service de concitoyens qu'ils connaissent, et non d'anonymes moulins à moudre une idéologie.

Des référendums plus fréquents et autres

« La souveraineté nationale appartient au peuple, qui l'exerce par ses représentants et par la voie du référendum », dit la Constitution de 1958 en son article 3. Mais cette pratique est strictement limitée, et le président de la République en a seul l'initiative. Ne faut-il pas donner plus d'occasions d'y recourir ?

Pour réviser la Constitution, la pratique du référendum est, depuis les précédents de 1946, 1958 et surtout 1962, la voie royale ; mais le président peut préférer en appeler aux deux chambres réunies en congrès. En dehors de la ratification des accords internationaux, seul un texte relatif à « l'organisation des pouvoirs publics » peut être proposé aux Français. Aussi ne peut-on pas les interroger sur leurs préoccupations quotidiennes, sur des faits de civilisation : impossible de les consulter sur l'avortement ou sur la peine de mort ; de les faire décider sur l'énergie électronucléaire ou la force de dissuasion.

Cette limitation est regrettable. Le droit de gouverner, confié à une majorité, entraîne-t-il le droit de se substituer aux Français pour leurs grands choix de société ? Que le pouvoir politique propose ; mais que la société dispose.

Ne peut-elle pas d'ailleurs proposer, elle aussi ?

La Constitution helvétique reconnaît le droit de 60 000 électeurs de demander l'élaboration, l'abrogation ou la modification d'une loi. Cette disposition, véritable école du civisme, permet aux Suisses de prendre l'initiative et de se prononcer sur des questions concrètes. Soit dans le cadre de la Confédération : « Doit-on restreindre le nombre des immigrants ? » Soit dans le cadre d'un canton : « Faut-il que les tramways roulent à droite, ou à gauche ? » Le choix effectué ne remet pas en cause la légitimité du gouvernement ; les partis s'abstiennent même, généralement, de donner la moindre consigne de vote.

Pourquoi notre Constitution ne comporterait-elle pas une disposition de ce genre ? Non seulement la nation entière pourrait trancher des problèmes de société, à l'initiative du président de la République ou à sa propre initiative. Mais les deux collectivités territoriales de la République, le département et la commune, pourraient se voir confier les pouvoirs référendaires dans la limite de leurs compétences reconnues par la loi : soit à l'initiative de l'exécutif qu'elles se sont donné (bureau du conseil général, municipalité), soit à l'initiative de la population.

Des référendums pour que le pouvoir légitime le changement. Des référendums pour que l'initiative populaire se passe, le cas échéant, des initiatives du pouvoir. Cette extension de la démocratie directe est conforme à un état de civilisation, où les citoyens sont devenus capables d'exercer leur bon sens politique sur des objets concrets, et y aspirent. Elle permettrait de poser les problèmes en termes clairs, et de les résoudre en dissipant les malentendus, qu'entretiennent des mandats trop extensifs confiés dans la confusion. Ce serait une transformation immense — et, pour la réflexion politique, un champ d'investigation encore vierge.

Un consensus pour les règles communes

La France a la chance de faire partie de la vingtaine ou trentaine d'Etats démocratiques, sur cent cinquante que compte notre planète. La plupart des Français demeurent convaincus que les fondements de cette société de liberté ne pourraient être remis en cause dans notre pays.

Certes, la Constitution ne peut être modifiée sans un large consensus, qui interdit surprise ou méprise. Mais le régime des libertés publiques ne relève que des lois ordinaires. Il peut être bouleversé par la simple volonté de l'Assemblée nationale — même si la majorité y est faible, même si elle n'y revêt qu'un caractère momentané. Le Sénat ne peut s'y opposer. Des changements essentiels de société se trouvent donc à la merci du caprice d'une majorité épisodique.

Dans une société commerciale par actions, le conseil d'administration ou l'assemblée générale des actionnaires ne peuvent prendre les grandes décisions qu'à une majorité qualifiée. En général, un tiers des voix suffit à bloquer tout choix de quelque importance.

Dans la communauté nationale, il est possible de définir un type de loi dont la solennité et la pérennité seraient intermédiaires entre celles de la loi constitutionnelle et celles de la loi ordinaire.

Ces lois existent déjà : ce sont les « lois organiques ». Elles concernant des textes d'application de la Constitution. Leur procédure d'approbation est un peu plus exigeante que la procédure ordinaire. Il suffirait de modifier la Constitution pour étendre le champ de compétence des lois organiques, et aussi pour renforcer l'exigence de consensus.

On pourrait placer sous la protection de lois organiques, donc sous la sauvegarde d'un large assentiment, les règles concernant les droits civiques et l'exercice des libertés publiques, celles concernant le droit de propriété, les principes fondamentaux du système éducatif, ou de la libre administration des collectivités locales, de leurs compétences et de leurs ressources.

On peut adopter un système de majorité qualifiée à l'Assemblée nationale. Mais l'amplification majoritaire risque de le rendre illusoire*. On peut chercher la solution dans un accord nécessaire de l'Assemblée et du Sénat.

Ces lois organiques devraient être adoptées dans les mêmes termes par les deux assemblées. Si ce consensus était impossible, le pouvoir exécutif aurait toujours la ressource du référendum. De telles dispositions mettraient le pays à l'abri des accès de fièvre. Elles renforceraient les règles inaliénables d'une « démocratie à la française ».

Des citoyens plus responsables : une vraie décentralisation

Si ces propositions étaient adoptées, on voit mal comment on pourrait conserver sa rigidité au carcan administratif qui continue d'enserrer la France. Il faudra reprendre en sous-œuvre l'édifice bâclé depuis le 10 mai.

L'émiettement communal reste l'obstacle majeur à la dévolution, au niveau municipal, de compétences réelles. Prenons acte de la coopération intercommunale. Favorisons son extension à travers le territoire ; que, grâce à elle, les communes, pour tout ce qui concerne les équipements et leur gestion, soient mises à même de traiter leurs affaires ; alors qu'isolées les unes des autres, les municipalités sont le plus souvent contraintes de s'abandonner aux grands corps techniques.

Nous devons clarifier les rapports du département et de la région. Au moment de leur confier de nouvelles attributions, il serait insensé de les dresser l'une contre l'autre. La région ne doit pas être, comme le département, une collectivité territoriale, avec une assemblée élue

---

* Avec un peu plus d'une moitié des électeurs, la « gauche » dispose aujourd'hui de plus des deux tiers des sièges de députés.

au suffrage universel : elle absorberait le département ; son assemblée transformerait les conseils généraux en assemblées-croupions. La région doit rester une sorte de service commun des collectivités qu'elle rassemble : un syndicat de départements ; une agence de planification des équipements.

Le pivot de la décentralisation sera le département. Education, services sociaux, installations hospitalières, routes et transports publics, équipements ruraux, conservation des patrimoines et de la nature, action culturelle : le département peut prendre en charge tout ce qui dépasse les moyens ou le territoire des communes.

Ainsi, à la place des grandes féodalités monolithiques — Ponts et chaussées, Agriculture, Education nationale, Finances, on verrait apparaître une administration plus aérée. Plus vivante : d'un département à l'autre, les méthodes et les expériences pourraient utilement varier. Plus homogène aussi : dans le cadre d'un département, les cloisonnements actuels pourraient sauter. Plus ouverte enfin, car les besoins et les aspirations des citoyens exerceraient une pression plus efficace sur des responsables plus proches d'eux.

Encore faut-il établir le conseil général sur de nouvelles bases de représentation. Aujourd'hui, le rôle du conseiller général est ambigu : il double les maires, avec ou contre leur gré. Ne serait-il pas plus sage de composer le conseil, d'une part de représentants des villes et des syndicats de communes, d'autre part d'élus au suffrage universel direct ?

De la tête de l'Etat à la gestion de la plus petite commune, il faut inviter les Français à une redistribution complète des rôles, pour que tous participent mieux aux responsabilités, et soient mieux à même de défendre leurs libertés.

Alors, les citoyens se sentiront davantage concernés par la gestion du pays.

Fonction publique et fonction du public

Pour que cette démocratie restituée fonctionne sincèrement, nous devons insister sur la neutralité de la fonction publique. Que penser d'un préposé des postes qui ne distribuerait le courrier que de ses amis ? Que penser de ces enseignants trop nombreux qui transforment leur enseignement en discours doctrinaire ?

Il faut que l'administration redevienne ce corps qui n'avait d'autre fierté que celle du service public. L'administration ne doit jamais plus être un « contre-pouvoir » : nul ne lui en donne le mandat.

Cela passe sans doute par une révision déchirante de la déontologie syndicale dans la fonction publique : beau sujet pour un référendum populaire.

La liberté trouvera toujours des adversaires. Toujours, la justice devra la protéger et rétablir ses droits.

Toutes les déclarations des droits, de 1789 à 1958, en passant par la plus révolutionnaire, celle de 1793, font de la *liberté,* de la *sécurité* et de la *propriété*, des droits imprescriptibles. Jouir paisiblement des fruits de son travail et être libre d'aller et venir sans avoir peur : telle est la sécurité, sans laquelle il n'y a pas de liberté. La justice a le devoir de la garantir. L'accroissement de la violence n'est pas un phénomène récent ; il ne date pas de l'avènement socialiste. Depuis la fin des années 60, le flot monte, comme si les digues étaient rompues. Est-ce le fleuve qui est en crue, ou les berges qui se sont effondrées ? Les deux, sans doute. Il faut donc réparer les digues, sans attendre la décrue.

Pour un malheureux qui s'égare, combien de criminels décidés à vivre hors la loi — après avoir commencé par la petite délinquance, ils finissent dans la grande criminalité, s'ils ne rencontrent pas d'obstacle au développement de leur carrière criminelle.

Les récidivistes endurcis, on ne peut les réinsérer contre leur volonté. Les bons sentiments n'y peuvent rien. Tout criminel n'est pas « réinsérable ». Pour ces récalcitrants, il ne reste que la dissuasion par des peines, non pas plus sévères, mais plus rapidement prononcées et effectivement purgées. La faute appelle la sanction ; les rêveries sur les nuages roses ne changent rien à cette donnée première de l'humaine condition.

Seul un système pénal qui ose sanctionner respecte la liberté ; il reconnaît le libre arbitre du délinquant ; et, en le dissuadant de nuire à nouveau, il protège effectivement la liberté de ceux qui n'ont pas honte de l'appellation *d'honnêtes gens*. Ces honnêtes gens qui, jurés d'assises, acquittent l'auteur d'un acte d'autodéfense, quand les magistrats lui avaient infligé une peine de principe. Il est clair que l'opinion est si lasse de tant de violence trop mal sanctionnée, qu'elle dépasse peut-être à son tour les limites d'une saine prudence. Peut-on l'en blâmer ? Si la justice doit prévenir la tentation du délit, elle doit aussi prévenir l'exaspération des innocents, en se montrant ferme avec les coupables. Sa faiblesse est grosse de troubles graves et de crimes inattendus.

La qualité de la justice ne se mesure pas à la durée des peines (pas plus qu'hier, à leur violence). C'est l'univers moral de la faute et du châtiment qui se trouve en question. Que valent des peines plus longues et plus nombreuses, dans une société où la base morale de ces peines est devenue incertaine ? Le pilori infligé au Moyen Age au fraudeur et au voleur exprimait avec une force incomparable la réprobation sociale. La valeur *morale* de six ou douze mois de prison est souvent trop légère. La violence des peines n'est pas une réponse à la violence des crimes. La seule réponse est dans la fermeté de la condamnation morale. On peut, on doit même — quand il n'y a pas de trouble de l'ordre public ni de menaces pour la sécurité — remplacer beaucoup de mois de prison par des semaines de travail, ou par de lourdes amendes proportionnelles aux revenus effectifs du condamné *. Mais on ne doit pas céder à la complaisance intellectuelle.

La justice n'est que l'expression de nos valeurs. Souhaiter qu'elle soit ferme, c'est simplement souhaiter être assurés de ce que nous sommes.

L'indépendance, en définitive

Faut-il parler ici de ce « projet » permanent de toute nation digne de ce nom : son indépendance ? Cette indépendance qui, lorsqu'il s'agit de la France, oblige à la « grandeur » ?

Pareil projet n'est pas à imaginer. Depuis de Gaulle, nous en connaissons les buts et les moyens ; nous savons qu'il est exigeant, mais qu'il est accessible. Le pouvoir socialiste a pu y jeter la confusion ; il n'en a pas proposé d'autre.

Il suffira de reprendre le chemin. Ce que l'épisode socialiste nous aura appris, c'est que l'intendance doit suivre : elle trace la ligne, si fragile, entre la souveraineté et la gesticulation, entre la grandeur et la grandiloquence.

Dans l'indépendance, se résume en définitive la tâche suprême du pouvoir politique : pour y atteindre, la bonne volonté ne suffit pas, ni même la volonté. Il faut savoir faire vivre une nation ; et donc savoir la faire produire, exporter, gagner.

---

* Nous en avions élaboré le projet, que j'ai exposé dans *les Chevaux du lac Ladoga.*

Chapitre 33

Un projet pour la France :
l'économique

L'Europe, et la France au cœur de l'Europe, sont engagées dans une lutte terrible contre leur déclin. Hier encore, le savoir-faire industriel était l'apanage de l'Occident. L'Europe, chez elle, ne craignait aucune concurrence. Ce temps n'est plus. La montée, en certains domaines, des pays naguère sous-développés, nous a obligés à reculer : dans le textile, dans la sidérurgie par exemple.

La banalisation du savoir-faire s'étend et s'accélère. Dans le tiers monde, où la main-d'œuvre demeurera longtemps meilleur marché que chez nous, et où un travail intensif représente encore un progrès social par rapport à une condition paysanne figée depuis des siècles, le savoir industriel sera de plus en plus répandu. Le taux de croissance de ces pays est très supérieur à celui des pays développés. Il pourrait s'élever deux fois plus vite, au minimum, dans les trois prochaines décennies : le revenu global du tiers monde se trouvant multiplié par quatre, quand celui des pays de l'O.C.D.E. ne ferait que doubler à peine.

Le monde nous lance un défi mortel, qu'il nous appartient de relever par notre vitalité, si nous ne voulons pas disparaître. Il nous faut savoir où nous allons, sans essayer de louvoyer.

L'Etat ne doit pas gérer l'économie nationale ; mais guider la « société France ». Il aura besoin de toute sa force pour imposer la rénovation et la clarification du jeu économique. Il devra assumer ses responsabilités dans la profonde mutation industrielle que provoque l'avènement de technologies révolutionnaires. Le « changement » doit être orchestré, et par des gens qui connaissent la musique. S'agit-il d'un plan ? Si l'on veut : d'un plan de libération des énergies.

La grande machinerie de la liberté

Aux yeux des adeptes de l'économie planifiée, l'économie de marché s'exerce de façon chaotique. Tentons pourtant de voir fonctionner le système concurrentiel.

Chaque jour, sur le marché, des millions de consommateurs choisissent d'épargner ou de dépenser. De consommer la viande ou le poisson, le vin ou la bière, les produits frais ou les conserves. De garder leur situation ou, s'ils le peuvent, d'en changer. D'habiter en ville ou en banlieue. D'acheter telle marque de voiture ou de téléviseur.

Par cette foule de décisions, le consommateur exerce un pouvoir souverain sur l'orientation économique : la façon dont il emploie son revenu constitue un exercice beaucoup plus concret et constant du droit de vote, que celui qu'autorisent les urnes. Le marché, c'est, en économie, la démocratie directe ; on pourrait dire que c'est la plus démocratique de toutes les institutions.

Des dizaines de millions de centres de décisions autonomes, se livrant chaque année à des milliards d'actes d'échanges : tout est enregistré, comme sur un ordinateur géant. Et les entreprises doivent adapter leur production, réviser leurs plans, bouleverser leurs investissements.

C'est le grand jeu ordonné de millions de libertés, face à des milliards de sollicitations concurrentes. C'est un immense mouvement d'adaptation, individuelle et collective, à la diversité mouvante de la vie.

La publicité, dira-t-on, manipule les clients, incapables de résister à ses mirages. Mais pourquoi leur reconnaîtrait-on la capacité de résister aux mirages de la démagogie, et pas à ceux de la publicité ? Pour un régime totalitaire qui refuse aux citoyens le droit de voter, il est cohérent de refuser aux consommateurs le droit de choisir leur consommation. Non pour un régime politiquement libéral. Rien n'empêche un autre produit, ou une association de consommateurs, de mettre en garde contre une publicité à sens unique.

L'économie d'échanges fait circuler sans arrêt produits, informations, sanctions, obligeant chaque producteur à améliorer sa prestation sans retard, sous peine d'être remplacé par un concurrent. Ne prétendons pas que ce système est parfait ; reconnaissons simplement, avec Felipe Gonzales et tous les socialistes d'Europe occidentale sauf ceux de France, qu'il est le plus efficace levier du progrès économique et du changement social.

Plus sont nécessaires de profondes mutations, plus il importe de laisser les ressorts de la liberté en régler le sens, le rythme, l'ampleur.

Pour un milliard que le budget de l'Etat pourra injecter dans un créneau utile, combien de dizaines de milliards définitivement immobilisés sous forme de droits acquis ! Tout budget d'Etat est un congélateur de l'initiative. C'est pourquoi il augmente sans cesse : il ne conçoit l'innovation que par l'addition.

Priorité donc à la *débudgétisation,* à la *défiscalisation,* au *désubven-*

tionnement. Priorité au libre-échange des services, des idées, des décisions, des financements.

Investir, investir

Le problème majeur de l'économie française est celui de l'investissement. Investir pour la recherche, le renouvellement technologique, la mutation de notre appareil de production. Investir pour robotiser, informatiser. Investir pour l'emploi, pour former ceux qui travaillent déjà et ceux qui vont travailler. Investir pour tirer des têtes françaises toute la ressource dont elles sont capables.

Or, investir, pour une entreprise, cela demande d'emprunter. Les taux sont dissuasifs, à cause de l'inflation et surtout de la faiblesse du franc : pour attirer vers notre monnaie, les autorités fixent des taux qui la maintiennent en état de survie, mais étouffent l'économie.

Il faut rendre confiance dans le franc, comme Reagan a rendu confiance dans le dollar : en menant une politique conforme aux règles du financement international. Alors les taux pourront baisser, comme ils ont baissé aux Etats-Unis.

Il faut encore abandonner la gageure absurde qui tente de financer l'investissement à travers le budget. Le Français est mauvais contribuable. Comment lui demander de donner plus à l'Etat, pour qu'ensuite celui-ci fasse des « cadeaux aux patrons » ? C'est violenter à la fois le portefeuille à droite, et le cœur à gauche. C'est presque de la provocation.

Il serait bien plus efficace de jouer sur le volontariat de l'investissement. Les ressources sont infinies : il suffirait de rendre intéressant pour les Français de faire glisser sur l'épargne quelques points de ce qu'ils dépensent en consommation. Plutôt que de taxer les grandes fortunes, il faudrait les mobiliser. Au lieu de les pousser à fuir l'impôt par la consommation, il vaudrait mieux les jeter dans l'investissement.

Ce ne serait pas très difficile. Les techniques existent. Par exemple, le prélèvement libératoire à 30 % des sommes prêtées aux entreprises, dans la mesure où le taux de prêt serait inférieur aux taux bancaires.

Les cinq libertés de l'entreprise

Un surprenant sondage [1] montre que 76 % des Français sont favorables à l'allègement des charges fiscales et sociales qui pèsent sur les entreprises. Se pourrait-il que déjà le monde industriel soit mieux compris ? Oui, il faut diminuer les charges pour leur permettre de retrouver leur compétitivité, de réaliser des bénéfices, de rassembler les fonds propres indispensables aux investissements et, par l'investissement, de créer des emplois.

Il faut ensuite « déréglementer » les mécanismes de base de notre économie. Ils sont grippés par des législations archaïques, étouffés par les monopoles d'Etat : énergie, banques, assurances, transports.

Il est indispensable de faire reculer l'interventionnisme de l'Etat, qui déborde aujourd'hui comme un fleuve en crue. L'économie française, longtemps contrôlée, est actuellement hyper-contrôlée. Prix, revenus, crédit, changes, échanges extérieurs, tout de nouveau est verrouillé ; tout fonctionne sous la contrainte. Administrative depuis Colbert, libérée depuis Barre, notre économie est redevenue plus administrative qu'elle ne le fut jamais. Aux contrôles, il importe de substituer la confiance, génératrice d'initiative.

Il faut enfin assurer à chaque entreprise, grande ou petite, ces cinq libertés fondamentales :

— *liberté de sa stratégie* : choisir le risque, choisir ses produits, ses clients et ses fournisseurs, calculer ses prix, déterminer ses modes de vente ;

— *liberté d'organisation et de gestion* : étendre ou restreindre ses implantations, déterminer ses techniques, ses structures ;

— *liberté d'investir* : en France ou à l'étranger, dans tel ou tel domaine, pour telle ou telle technologie, tel ou tel matériel étranger ou français ;

— *liberté d'accès aux financements* : pouvoir choisir et varier ses financements, accéder à toutes les formes de l'épargne, rester libre à l'égard de ses financiers ;

— *liberté de la politique du personnel* : pouvoir embaucher et licencier, promouvoir et former ; choisir les hommes ; surtout, pouvoir encourager l'effort, l'initiative, la responsabilité.

Ces libertés sont indissociables. Elles forment un tout. Elles permettent à une politique d'entreprise de former un tout.

Le raisonnement fatal

Prenons un exemple. Aujourd'hui, toute embauche devient quasi définitive : l'inspection du travail et les syndicats s'opposent aux licenciements. Cette contrainte s'ajoute aux contraintes du financement. Imaginez un chef d'entreprise devant un nouveau marché potentiel. Il aura tendance à faire ce raisonnement fatal :

1) Je dois m'endetter lourdement, à cinq ans au moins, pour l'achat du matériel.

2) Je dois embaucher du personnel.

3) Je ne suis pas sûr du succès. Au cas où mes espérances seraient

déçues, je vais devoir non seulement amortir mon investissement, mais encore affronter grève sur grève des syndicats, et l'obstruction de l'inspection du travail. Je risque tout simplement de couler mon affaire. Donc, je renonce à prendre ce risque ; d'autant que, si je gagne, le fisc me prendra tout, ou presque.

Ce raisonnement, répété dans des milliers d'entreprises, qui ne manquaient ni d'idées, ni de dynamisme, ni de moyens, a fini par tuer l'investissement.

Les seuls investissements qui, aujourd'hui, restent rentables, sont ceux que les grands groupes peuvent réaliser à l'étranger, avec l'espoir de voir la maison-mère française devenir une filiale accessoire de la ou des succursales étrangères : cas typique de Michelin, qui, ayant fini de se partager le marché américain avec Goodyear, peut, au besoin, se passer de Clermont-Ferrand.

Désengager l'Etat, substituer la confiance au contrôle, libérer les entreprises : cela implique le retour au secteur privé de la majeure partie des sociétés nationalisées.

La dénationalisation sera le test d'une politique de libération économique. Il n'y a pas lieu d'avoir à cet égard le moindre complexe.

Le chapitre suivant montrera comment il conviendra de remettre en circulation les actions de ce potentiel économique, et de réussir à cette occasion une grande politique nationale de l'épargne et de l'investissement populaires.

Il va de soi que les banques passées sous la férule de l'Etat en 1981 seront dénationalisées en priorité. Sans leur retour au secteur privé, il ne saurait y avoir de liberté économique. Il faut mettre fin à ces barrages abusifs qu'une bureaucratie inadaptée place de plus en plus nombreux sur le cours naturel des capitaux. On allégera aussi la pression qu'exerce, sur les banques mutualistes non nationalisées, un Etat avide d'en prendre le contrôle effectif.

Moins prélever, moins dépenser

Les prélèvements obligatoires — fiscalité et cotisations sociales — représentent en France, aujourd'hui, près de 45 % du produit intérieur brut. A 50 %, on se retrouve, sans bien s'en rendre compte, dans une société tout à fait collectiviste.

Il est indispensable de réduire la masse de ces prélèvements. S'il est possible aux citoyens et entreprises de pays comme les Etats-Unis, le Japon, le Canada, l'Allemagne fédérale ou la Suisse de ne pas prélever plus de 30 à 36 % de la richesse nationale, pourquoi n'en ferions-nous pas autant ?

Il conviendra d'abord de porter l'effort sur les entreprises. En effet, le lien est étroit entre le dynamisme de l'économie, les marges des entreprises, et l'emploi ; on réduira d'abord les charges pesant sur les employeurs ; puis, le dynamisme retrouvé, la reprise de l'activité, réduisant la charge du chômage, autorisera des allégements fiscaux au bénéfice des particuliers, dont le pouvoir d'achat, alors accru, accélérera la demande. L'effet de « relance par la consommation », auquel croyait tant la « gauche », pourra se produire, dès que réapparaîtra le facteur qui fit complètement défaut : la confiance des agents économiques.

Certaines innovations récentes en matière fiscale pénalisent plus l'économie, qu'elles ne peuvent rapporter à l'Etat. Ainsi en est-il de l'impôt sur l'outil de travail. Il est si absurde, que le gouvernement s'est décidé à le suspendre jusqu'en 1985. Il faut le supprimer complètement. Si l'on considère que le capital est une base d'imposition légitime, il conviendra de procéder à un nouvel examen — sérieux celui-là — de cette fiscalité, dont notre pays n'a pas l'exclusivité. Pour ce qui est des tranches supérieures de l'impôt sur le revenu, il ne faut pas perdre de vue qu'une taxation trop forte décourage l'effort individuel : elle doit donc être allégée.

Tout cela ne se fera pas en un jour. La diminution des recettes de l'Etat entraîne la réduction de ses dépenses : il y faudra de la prudence dans l'exécution, autant que de la hardiesse dans la conception. Un plan sur plusieurs années permettra d'y parvenir, en agissant sur les postes suivants :

— l'emploi des fonctionnaires, dont le nombre ne devra plus croître ; on devra même envisager de ne pas remplacer ceux qui partent à la retraite, et d'introduire une grande mobilité, à l'intérieur du secteur si protégé de la Fonction publique ;

— les frais de fonctionnement, qui devront être scrupuleusement quantifiés : on fermera certains services, certaines missions ; on fera des économies sur le « train de vie » ;

— les aides à l'industrie privée seront suspendues, notamment celles dont l'obtention s'entoure de telles démarches, qu'elles constituent le privilège presque exclusif de quelques experts en chasse au trésor.

Cette liste n'est pas limitative, et il est aisé de comprendre que plus nombreux seront les efforts fournis en la matière, plus vite on engagera le processus de réduction des charges.

L'ordre économique mondial est complexe. La France y est totalement engagée.

En 1975, elle a pris l'initiative d'une réunion dont l'objet était de faire progresser rationalité et justice dans le fonctionnement de l'économie mondiale. Les différents « sommets » internationaux qui firent suite n'ont pas eu le succès escompté. La France devra cependant persister dans cette voie, qui répond à sa mission internationale. Ce peut même être un stimulant de concevoir, pour les pays en voie de développement et avec eux, les techniques et l'organisation qui pourraient, à l'avenir, les servir et nous servir.

Mais dans le concert des nations, nous avons des partenaires naturels — alliés et rivaux tout à la fois — avec lesquels notre intérêt bien compris nous commande de compter d'abord : membres de la Communauté européenne, Etats-Unis et Canada, Japon.

Ces pays sont, d'une façon générale, les seuls clients actuellement solvables (« pétroliers » exceptés) que le monde nous offre. Ils sont les concurrents et les partenaires obligés de notre développement. Avec eux, nous pouvons réussir la mutation économique de cette fin du xxᵉ siècle. Avec eux, nous pouvons aussi la manquer. Sans eux, seul l'échec est sûr.

Il convient, en particulier, d'harmoniser au mieux notre politique avec celle de nos partenaires européens. Il en va de l'avenir de la France que la Communauté européenne, unie et diverse, puisse faire entendre sa voix et pèse de son vrai poids sur les équilibres du monde — le poids d'une communauté hautement développée de trois cents millions de citoyens libres.

Le marché mondial est dominé par des ententes industrielles, technologiques, commerciales, de caractère international. Les entreprises françaises, faute d'entente avec des groupes étrangers, sont dans de nombreux secteurs tout à fait hors d'état de soutenir la concurrence. Il est significatif, tant au plan commercial qu'à celui de la recherche, que 80 % des brevets utilisés par notre industrie soient étrangers. On ne peut pas se satisfaire de cette situation ; on ne peut pas non plus la nier. Tout en consacrant les plus grands efforts à la recherche française et à sa commercialisation, il faut nous maintenir en symbiose avec ce renouveau universel de la technologie : c'est le seul moyen d'y conquérir peu à peu une place plus digne de notre génie.

Prenons garde à tout ce qui menace de limiter la libre circulation des produits et des services. La France, aujourd'hui et demain, doit s'en convaincre, et résister à la tentation fallacieuse du repli sur soi que prêche le P.C. et que consentait le programme de Créteil. Protectionnisme et autarcie doivent être perçus comme de mortelles menaces d'axphyxie et de récession.

Quelle inappréciable contribution notre appartenance à la Communauté européenne aura apportée à l'économie française ! En déclenchant son essor de 1959 à 1981. En freinant sa dégradation depuis le 10 mai. En favorisant son redressement, le jour où finira l'expérience socialiste. A son tour, la France se trouvera bien de contribuer à renforcer la Communauté européenne, pour lui permettre de se transformer en une véritable union économique et monétaire.

Les chevaliers de Crécy

Quand le balancier reviendra, la première tâche des nouveaux dirigeants sera placée sous le signe de l'urgence. La situation financière de la majorité des entreprises — trésorerie, emprunts, marges — s'est tellement détériorée, qu'elle met en péril leur survie. Elles ressemblent aux chevaliers français à la bataille de Crécy, engoncés dans leurs lourdes armures. Elles aussi, quand elles tombent, elles en font tomber trois ou quatre autres par répercussion ; et elles ne peuvent plus se relever. Le désastre ne sera évité que par un plan de sauvetage, qui pourrait comporter le blocage des charges fiscales et sociales pendant une durée déterminée, le retour à une totale liberté des prix industriels, la modération des coûts salariaux tant que ne seront pas reconstitués les fonds propres. Telles sont les conditions d'un redémarrage de l'investissement.

Ce plan devrait s'insérer dans une action d'ensemble visant à rétablir les grands équilibres économiques. Ce sera une opération aussi délicate que, pour un vaisseau spatial, après une divagation dans l'espace, sa rentrée dans l'atmosphère.

La majorité reproche à l'opposition de ne pas avoir de grands desseins. N'est-ce pas déjà un grand dessein, d'éliminer celles des réformes socialistes qui sont incompatibles avec une société de liberté ? De libérer l'économie des nationalisations, de la réglementation, de la bureaucratisation, des contrôles, bref du socialisme ? Trop longtemps, la France n'a pas choisi entre le dirigisme de l'Etat-patron et la liberté du marché, entre la décadence protégée et l'ambition encouragée de conquérir les premières places dans une compétition impitoyable aux nations qui ne se mettent pas en mesure d'y faire face. Trop longtemps, on s'est cru obligé de puiser respectueusement dans la doctrine socialiste.

Après la fin de l'expérience en cours, les Français pourront avoir la joyeuse insolence de Chamfort rencontrant Florian, de la poche duquel dépassait un manuscrit ; Chamfort, faisant mine de le lui prendre, lui dit : « Oh, Monsieur, si l'on ne vous connaissait pas, on vous volerait. » Les Français, quand ils connaîtront les dogmes qu'on aura appliqués chez eux, ne seront plus tentés de les emprunter.

Rendre aux activités productives, compétitivité et rentabilité. Réhabiliter l'entreprise, le profit, la propriété, la croissance. Privilégier les valeurs d'entraînement. On n'imagine pas le renouveau que provoquera probablement la libération de l'économie, quand sera levée l'hypothèque collectiviste, qui pesait depuis de si longues années sur la France.

Chapitre 34

Un projet pour la France :
le social

Le progrès social repose sur le progrès économique : la dureté des temps transforme cette affirmation en évidence pour tous. Il y a plusieurs façons de la comprendre.

Trop souvent, l'on ne conçoit le progrès qu'à travers la redistribution d'avantages décidés, dispensés et contrôlés par la collectivité. C'est ce qu'on peut appeler le progrès *indirect*. Mais il ne faut pas oublier le progrès *direct* : celui qui repose sur l'augmentation des salaires, et du pouvoir de consommation des salaires. Le progrès direct présente sur l'indirect deux supériorités : il est moins coûteux, puisqu'il ne comporte pas de frais de gestion ; il est libre d'usage, et entraîne la pleine responsabilité des bénéficiaires.

Réciproquement, le progrès économique est conditionné par le progrès social, celui qui met en valeur les mérites de chacun. En élevant le niveau des compétences des salariés, en introduisant dans l'entreprise le dialogue responsable, on favorise le progrès économique.

Une occasion à saisir

Prenons l'exemple des nécessaires dénationalisations : ce ne sera pas seulement une œuvre de salubrité économique ; ce doit être une occasion de progrès social.

Dénationaliser ne sera pas, en effet, revenir au *statu quo ante*. Ce ne sera pas rendre des biens volés à leurs propriétaires légitimes. Il n'y a pas eu vol. Il n'y a plus qu'un propriétaire légitime, l'Etat. Ce sera donc désétatiser, et rendre ces entreprises à la nation. Les faire passer de la nation réduite à son Etat, vers la nation dans la diversité de sa vie. Les nationalisations donnent à la France la chance historique de réaliser en grand cette « participation » dont rêvait de Gaulle, et qui ne put jamais dépasser le stade embryonnaire.

La Révolution fit, elle aussi, ses nationalisations : elle nationalisa les biens du clergé, mais pour les « séculariser » en les revendant aussitôt. L'extension de la propriété agricole dans la bourgeoisie et la paysannerie fonda la prospérité de notre agriculture au XIXᵉ siècle. Pourquoi ne pas suivre cet exemple, et, pour l'industrie, procéder à la vente des biens nationaux ? Il n'y a pas de meilleure méthode que l'actionnariat populaire, pour drainer les richesses de l'épargne, formidables investissements potentiels qui existent en France et que jamais l'Etat ne pourra faire transiter par son budget.

Il faut cependant aborder avec prudence le problème de l'actionnariat ouvrier, de l'intéressement ou de la participation du personnel. Si ce problème reste aujourd'hui le plus souvent sans solution pratique, c'est parce qu'on a voulu l'enfermer dans le cadre étroit d'une entreprise donnée. Or le personnel est mobile, affecté sans cesse par des changements dans le nombre, comme dans les personnes. Ensuite, comment rendre attractive la propriété des actions ? Si l'on attribue 20 à 30 % du capital au personnel et qu'on le traite comme les autres actionnaires, la distribution des dividendes reste faible par rapport au salaire ; s'il n'y a pas de dividendes, les travailleurs s'estiment dupés. Les actions seront-elles cessibles ? La plupart des travailleurs n'auront qu'une idée : s'en débarrasser au plus vite en les revendant. L'essentiel est de faire évoluer les mentalités, en permettant aux travailleurs de constater qu'ils ont avantage à la prospérité des entreprises.

L'entreprise comme société

L'entreprise n'est pas toute la société ; mais une politique sociale qui court-circuiterait la société-entreprise manquerait son but — et tuerait l'entreprise.

Politiques des loisirs, de la famille, de l'habitat et du cadre de vie : fort bien. Mais tant que le travail, le métier ne seront pas le lieu de l'épanouissement personnel et de la fraternité humaine, la France restera une proie pour la lutte des classes.

Ce n'est pas à l'Etat, à la loi, de dire aux entreprises comment elles deviendront ces communautés où responsabilité et productivité, dynamisme et négociation pourront conclure un mariage fécond : chaque entreprise a ses caractéristiques, ses difficultés, ses acquis. Les chefs d'entreprise et les cadres sont de plus en plus nombreux à partager ce souci. Réuni en congrès en juin 1982, le Centre des jeunes dirigeants d'entreprise a adopté d'heureuses propositions : « Faire participer les femmes et les hommes à l'élaboration du projet d'entreprise. » « Faire prendre les décisions au niveau le plus bas et pratiquer ainsi la délégation montante. » « Définir par la négociation la règle du partage de l'augmentation de la productivité. »

L'autorité nécessaire du patron ne peut plus s'exercer dans la solitude, même s'il est guidé par l'encadrement. L'ensemble des employés d'une entreprise doit participer aux responsabilités, selon des modalités claires, pour éviter tout malentendu.

Pour un âge moderne du syndicalisme

Comment faire partager ces responsabilités ?

Dans certains pays de vieille tradition sociale-démocrate, il n'y a qu'un syndicat et tous les salariés sont syndiqués.

En France, deux, trois, parfois quatre organisations se proposent et s'opposent. Les rivalités syndicales débouchent sur la surenchère. Elles procèdent de références idéologiques et politiques sans rapport avec la particularité et l'intérêt même de chaque entreprise. Sans doute est-ce précisément cette *extériorité* des syndicats qui fait fuir les salariés. Le taux de syndicalisation ne dépasse pas 18 % des salariés : le plus bas d'Europe occidentale.

Alors ? Supprimer autoritairement le pluralisme syndical ? Ce ne serait pas conforme à la démocratie. Mais l'est-il davantage d'établir ces syndicats, tous minoritaires, en partenaires uniques du pouvoir ?

Pourquoi ne pas construire un authentique régime représentatif des salariés, où les syndicats joueraient le rôle que jouent les partis dans le système représentatif des citoyens ?

Le gouvernement ne négocie pas — ou ne devrait pas négocier — avec les partis : il va devant les élus du Parlement. Pareillement, les négociations sur les conditions de travail devraient être menées et conclues dans chaque société, non point par les syndicats eux-mêmes, mais avec la représentation élue des salariés, à laquelle chacun, syndicaliste ou non, pourrait être candidat. Cette réforme, qui rapprocherait la France de la plupart de ses partenaires du Marché commun, ferait passer notre syndicalisme de l'âge féodal à l'âge moderne.

La diversité et la concurrence des tendances s'atténueraient par l'obligation de former des « majorités de représentation ». Ainsi parviendrait-on à faire progresser dans les entreprises un dialogue responsable.

Pourquoi un salarié ne peut-il poser sa candidature aux élections de délégués au comité d'entreprise, s'il n'est présenté par un syndicat agréé ? Concevrait-on que demain, aux élections législatives ou cantonales, l'on oblige tout candidat à se faire présenter par une des quatre formations politiques reconnues, tout en interdisant la création d'un parti nouveau ? C'est pourtant ce qui se passe dans les entreprises.

Les lois Auroux coiffent en outre ces élus d'un véritable commissaire politique, en autorisant les syndicats, dans les entreprises de plus de cinquante salariés, à désigner, sans aucune élection, un délégué syndical, dont le rôle réel consiste à contrôler l'alignement des délégués élus sur les mots d'ordre du syndicat... Ces lois, qui donnent aux minorités organisées et militantes un pouvoir illimité à l'intérieur des entreprises, devront donc être remplacées par cinq mesures protectrices de la liberté des travailleurs :

1. Suppression du monopole de fait des syndicats politiques, par la possibilité de créer des syndicats autonomes.

2. Suppression du droit de percevoir les cotisations sur les lieux de travail.

3. Elections libres sans aucune restriction de candidature.

4. Suppression du délégué syndical.

5. Obligation, avant toute décision de grève, de recourir à un vote des salariés à bulletin secret.

Revenir au comité d'entreprise

Parallèlement, il faut faire progresser l'information. Nul ne doit avoir le sentiment que la direction pourrait tricher avec les problèmes réels de l'entreprise. Les travailleurs d'une entreprise doivent avoir une vision complète et exacte de sa situation.

C'est justement dans cette intention que le général de Gaulle imposa les comités d'entreprises : les salariés y ont la possibilité de se faire assister par des experts-comptables de leur choix, autorisés à examiner les comptes d'exploitation et les bilans, à se faire communiquer les pièces comptables, au même titre que les commissaires aux comptes. La concertation entre salariés et direction s'établit ainsi autour d'éléments vérifiables et certifiés. Cette réforme, la plus importante sans doute qui ait été adoptée dans les entreprises françaises, aurait dû bouleverser les rapports humains. Il n'en a rien été. Pourquoi ? Le plus souvent, les syndicats parlent le moins possible aux travailleurs de ce qui se passe au comité d'entreprise, de manière à garder au patronat une image à laquelle ils puissent s'opposer. Quant au patronat, il hésite trop souvent à vivre dans la transparence : il se fait le complice du silence des syndicats. Ainsi, huit salariés sur dix ignorent ce que la loi leur apporte depuis la fin de la guerre. Et la méfiance à l'égard du patronat n'a fait que s'aggraver.

Quelques dispositions légales permettraient de remettre en valeur cette institution essentielle de la participation. Elles imposeraient aux responsables de réunir au moins trimestriellement le comité d'entreprise, et de rendre compte à chaque réunion de la situation financière et des perspectives d'avenir, avec les mêmes sanctions, en cas de déclarations erronées, que vis-à-vis d'une assemblée générale des actionnaires. En outre, le comité d'entreprise devrait se réunir chaque fois que les deux tiers des délégués du personnel en feraient la demande ; ainsi que pour toute décision engageant l'avenir de l'entreprise (diversification, investissements, modifications de production, licenciements collectifs, etc.).

Les travaux du comité d'entreprise, enfin, il faut les faire sortir de la complicité du secret, pour que ce qui s'y est dit ne soit pas dissimulé ou déformé. Ce serait un grand progrès que d'enregistrer les débats, de les conserver en archives, d'en diffuser un compte rendu à chaque membre de l'entreprise.

Quant au syndicalisme dans l'Etat, il faudra lui fixer des bornes. « On ne se syndique pas contre l'Etat », disait le général de Gaulle. Il est légitime que les fonctionnaires puissent faire valoir leurs intérêts catégoriels. Mais la politisation syndicale, qui conduit certains syndiqués à se placer en situation de rébellion larvée à l'égard de la hiérarchie d'Etat dont ils dépendent, est particulièrement choquante. L'Etat devrait n'accepter la discussion qu'avec des représentants élus, syndiqués ou non. Et surtout, imposer aux syndicats une stricte obligation de réserve. Notamment dans les administrations qui remplissent une fonction de souveraineté : diplomatie, armée (ce qui est encore le cas) ; justice, sécurité (ce qui, depuis longtemps, n'est plus le cas).

Au-delà des économies

« Nous vivons avec une protection sociale au-dessus de nos moyens » : la cause, tranchée par le juge Michel Rocard, est entendue. S'agit-il de faire descendre la protection *au niveau* de nos moyens ? En rognant par-ci, en sabrant par-là ? On y parviendra peut-être temporairement, quitte à donner l'impression de lésiner sur la santé, de toucher à des droits acquis, de revenir sur des « conquêtes ». En multipliant frustrations et amertumes. Certes, des économies massives sont nécessaires. Mais il faudrait aussi imaginer une politique *différente* de la protection, une politique plus positive.

Il faudra bien commencer par les économies. La solidarité nationale a ses limites naturelles. Il est inquiétant que le budget de la couverture sociale dépasse celui de l'Etat *. Le vieillissement du pays pèse de plus en plus lourd. L'abaissement de l'âge de la retraite aggravera singulièrement le problème.

Une gestion plus rigoureuse s'impose, d'abord dans le domaine hospitalier. Il faut avoir le courage de radier les faux chômeurs ; de

---

* Sur les 700 milliards de ce budget, l'assurance vieillesse représente environ 350 milliards ; l'assurance maladie 250 milliards, sur lesquels 100 sont consommés par les personnes âgées.

guérir cette plaie de la Sécurité sociale et des entreprises qu'est « l'arrêt-maladie », si libéralement accordé puisqu'il est désormais considéré comme un droit. « J'ai droit à deux mois de maladie ; je n'en ferai pas cadeau au patron. » On peut imaginer des dispositifs de dissuasion*.

Mais rien, dans ce domaine difficile, ne progressera sans que progresse la responsabilité : pour l'éduquer, l'essentiel est de commencer à donner de la *transparence* à notre système de protection.

Transparence à l'égard des coûts de chaque *prestation*. Le bénéficiaire devrait connaître l'ampleur du service qui lui est rendu : le coût de sa journée d'hôpital, ou de son arrêt de travail.

Transparence à l'égard des charges. Que chaque salarié reçoive la totalité de son salaire, cotisations patronales incluses ; qu'il verse lui-même toutes les charges sociales. Son revenu ne serait en rien modifié, mais il pourrait prendre la mesure du coût réel des prestations dont il bénéficie. Il sentirait enfin le poids réel de « la Sécu » sur son pouvoir d'achat et sur la richesse nationale.

Volontariat et responsabilité

Par une politique *différente,* il faudra aller plus loin dans la responsabilité *personnelle.*

L'assurance-incendie comporte une certaine franchise ; l'assurance automobile obligatoire ne couvre que les risques les plus graves, à l'égard des tiers. Pour le reste, l'assurance est facultative et requiert un supplément de prime à verser.

Pourquoi ne pas instituer des formules analogues en matière d'assurance-maladie ? Au-dessous d'un certain plancher, pas de remboursement. A ces risques, ruineux pour la communauté par leur « atomisation » entre tous les assurés, mais supportables pour chacun, des mutuelles et des assurances volontaires pourvoiront, si l'on y tient. Inégalité devant la santé ? Les mutuelles, les assurances privées répondent à un geste volontaire. Surveillées par ceux qui y cotisent, ces caisses sont le plus souvent gérées avec une grande efficacité, qui leur permet de disposer d'installations que l'Assistance publique voudrait bien posséder.

---

* Par exemple, un contrôle par l'entreprise, qui serait autorisée à faire procéder à une contre-visite par un médecin de son choix et à s'assurer par un visiteur que le malade est bien chez lui pendant sa maladie. Autre exemple : un abattement de jours, qui ne seraient remboursés ni par la Sécurité sociale ni par l'entreprise, en progression constante selon le nombre d'arrêts-maladie dans l'année (deux jours au premier arrêt, trois jours au deuxième arrêt, etc.).

Tout progrès de la responsabilité est un progrès de la société. L'assistance est la tentation des peuples agonisants.

Permettre à chacun de définir son assujettissement à la Sécurité sociale, au-delà d'un minimum imposé par l'indispensable solidarité nationale, signifie : moins de charges obligatoires pour la communauté ; de petites charges réparties volontairement par chacun dans des organismes privés ; un service social maintenu ou amélioré ; et la fin du gouffre de la Sécurité sociale.

Liberté de la consommation sociale

Quand on parle de « politique sociale », c'est toujours celle des autres, celle de l'Etat. N'y a-t-il donc pas moyen de donner à chacun la possibilité de choisir *sa* politique sociale ?

On en revient au commencement : évitons que le progrès social n'emprunte trop de coûteux détours. Préférons la voie directe.

Le revenu de chaque Français a deux origines. Une origine économique : rétribution aux salariés, loyer aux propriétaires, rémunération à l'artisan, bénéfice au commerçant ; c'est le principe *actif* de ce revenu. Une origine sociale : pensions de retraite ou d'invalidité, famille nombreuse, longue maladie, remboursements de soins médicaux, indemnité de chômage ; c'est le principe *passif* de ce revenu.

Or, le revenu social ne peut exister que parce que des prélèvements sont opérés sur le revenu économique. Les redistributions ne peuvent exister que parce que des actifs travaillent et sont imposés. Jusqu'où peut aller le prélèvement sur l'actif, pour permettre la création de revenus passifs ?

En 1960, 20 % des revenus d'une famille moyenne étaient « passifs ». En 1980, la part du revenu « passif » est montée à 33 %.

Sans doute une certaine idée de la justice y a-t-elle gagné : vieillesse, maladie, invalidité, chômage et charges de famille sont moins sources de misères... Pourtant, ce brassage colossal d'argent, ces prélèvements souvent très lourds, sont-ils réellement efficaces ? La collectivité donne d'une main ce qu'elle reprend de l'autre, et le mouvement est affecté de gaspillages et de « pertes en ligne ».

Bien sûr, il faut protéger les plus démunis, ceux que la vie éprouve ; mais est-ce que cela doit être au prix d'une machinerie énorme, qui assomme les actifs pour un rendement médiocre ? Ni la justice ni l'efficacité n'y trouvent leur compte.

Il faut freiner la croissance du revenu social et accélérer celle du revenu économique. Diminuer les cotisations et augmenter les salaires, parce qu'on aura limité les transferts. Les sociétés développées sont en train de découvrir ensemble la nécessité de revenir à un meilleur équilibre de la consommation sociale *imposée* et de la consommation sociale *libre*. Un colloque de l'O.C.D.E. le constatait en 1981 : « Il est clairement apparu que les pays de l'O.C.D.E. (les plus développés du monde) sont maintenant entrés dans une période où les problèmes d'équité seront centrés sur la distribution du marché ou des revenus initiaux, plutôt que sur celle des revenus redistribués. »

Choisir son mode de travail

Liberté de choix, encore, quand il s'agira de travail. Tout le monde n'a pas les mêmes besoins ni les mêmes goûts. Certains préféreront gagner moins et n'avoir qu'une activité à temps partiel.

Les problèmes que pose le « temps partiel » (organisation du travail, complément de service, surcoût de la protection sociale) sont d'autant plus nombreux que notre société est « figée ». On craint pour son emploi ; pour ses revenus ; pour l'avenir. L'employeur de même. Le temps partiel permettrait à tant de personnes de voir leur vie « transformée » ; à tant de mères de continuer à éduquer leurs enfants ; à tant de personnes d'un âge déjà mûr de commencer à se reposer sans rompre avec la vie active ; et même, pourquoi pas, à tant de jeunes soucieux de conserver le temps de leur « art de vivre » ! Pourtant, cette pratique ne s'implante ni en droit, ni en fait. Le problème ne trouvera une solution que si nous parvenons à assouplir d'innombrables réglementations. Dans une société où toute latitude sera donnée aux entreprises, débarrassées de leurs lourds carcans, pour être dynamiques et saines, il s'avérera très vite que la perte d'un emploi ne signifiera plus « chômage », mais « mutation ». On ne sera plus licencié, on changera d'état.

La collectivité versera des indemnités pour un stage d'adaptation. Assouplir les règles du licenciement, réduire les indemnités de chômage, qui parfois incitent peu à la recherche d'un nouvel état, n'apparaîtra plus alors comme « antisocial ».

Une autre approche du travail

Si parler de « goût du travail » rend un son un peu archaïque, le *dégoût* du travail n'est pas si répandu. Faut-il faire rêver sur le dépérissement du travail, sur la réduction massive du temps qu'il nous prend ? Cette réduction n'est pas affaire de désir, mais de productivité. *A productivité égale, toute réduction de travail réduira en proportion les salaires directs.* Il faudrait donc accomplir de gros progrès de productivité avant de diminuer sensiblement le temps de la production. Ils sont possibles, certes, mais à travers un comportement tout autre que la *diminution* du travail : sa *valorisation.*

Aujourd'hui, deux types de gestion du travail humain s'opposent. L'un, hérité de Taylor, largement employé par Lénine et ses épigones, cherche à faire travailler pour un rendement mécanique optimum les hommes comme les machines. L'autre, souple et humain, dit en substance : « Plus le niveau culturel est élevé, plus l'efficacité économique est grande. Fini l'O.S. mécanisé ; oui à l'O.S. intelligent. »

On retrouve ici l'expérience japonaise. Il faut prendre le risque de la confiance et de la responsabilité. Mais nul ne le prendra, si nous ne savons pas créer, dans tous les lieux de la société, de l'entreprise à l'État, les règles d'une plus authentique fraternité.

Vivre chez soi

Hors l'entreprise, la vie sociale, c'est d'abord celle qui naît dans une maison, l'anime et s'y conforte. La maison, c'est l'endroit où l'on est chez soi, où l'on est soi, où l'on amasse à tout âge ses trésors, où l'on se retire. On a tôt fait de tenir à ses murs. Ils sont nôtres, même si, légalement, ils appartiennent à un tiers.

Il faut faire coïncider cette propriété sentimentale et la propriété légale, aider les Français à accéder à la pleine propriété de leur foyer. Cet habitat, ils l'aiment individuel. S'ils doivent se résoudre à l'habitat collectif, ils préféreront quelques étages, quelques familles, plutôt que le gigantisme et son anonymat. Redonnons toutes les préférences à la propriété individuelle. Permettons à chaque citoyen d'accéder à la propriété de son logement.

Georges Marchais, au Comité central qui suivit les élections législatives de mars 1978, expliqua l'échec du P.C. par le fait que les ouvriers, devenus peu à peu propriétaires, ne voulaient plus voter communiste. On ne saurait mieux dire.

Dans ce désir de devenir propriétaire de son logis, se cache un instinct de durée. Mais cet instinct n'est-il pas frustré, si ce bien ne peut être légué à un continuateur naturel ? Quelle absurdité, de vouloir tout réduire à l'échelle d'une vie d'homme ! « Ici et maintenant », certes. Mais après ? Rien n'est achevé, pour qui laisse *un bien* à un enfant vivant, ou à trois, ou à cinq !

La famille est le dépositaire de l'âme d'une nation. Le plus clair, le plus vivace, le plus chaleureux, parmi les valeurs qui font de l'homme un être de culture, s'apprend dans la famille. Rien ne saurait la remplacer. C'est en son sein que l'on apprend le respect d'autrui, du travail d'autrui, du bien d'autrui. C'est là que l'on acquiert la franchise, l'honnêteté, le sens de la solidarité et l'abnégation. C'est dans ce milieu compréhensif et affectueux — mais sans complaisance — que naît la fierté d'appartenir à un groupe, un groupe armé d'un solide réseau de valeurs.

Ces notions, instillées en chaque individu, ne périront pas avec lui. Par elles, une personne devient composante et représentante de sa nation-mère... Réalité physique d'une maison, école des rapports sociaux, maillon de la durée humaine, la famille demeure la plate-forme la plus sûre à partir de laquelle les Français affirmeront leur volonté d'être libres.

L'Etat doit tout faire pour encourager l'existence et la croissance des familles, sans jamais émettre la moindre prétention (sinon de stricte assistance en cas de détresse avérée) sur les enfants qui y grandissent.

Des Français par millions

L'individu ainsi se survit, et la famille, et la nation... Pendant des siècles, la foi du charbonnier incitait à faire des enfants, à l'aveuglette. La mort aussi fauchait à l'aveuglette. Mais la poussée vitale surmontait les incessants ravages de la maladie, de la famine et de la guerre.

La biologie d'une société prospère ne peut plus être celle-là. Chaque nouvelle vie est mieux assurée. La juste mesure demande un réglage démographique plus précis. Désormais, il dépend de décisions individuelles responsables. L'Etat ne les impose pas ; mais il y prend sa part, car elles résultent souvent des conditions que l'on fait aux familles. La famille de trois enfants est devenue, pour un jeune ménage, pour une femme, un modèle héroïque. Nous devons très vite définir les mesures nécessaires pour qu'aucune péripétie économique ne fasse obstacle à cet appel de l'avenir. Avec deux enfants par famille, un peuple ne se reproduit pas.

Un exemple : en Tchécoslovaquie, la démographie s'effondrait ; on a décidé de rémunérer trois ans de congé maternel pour toute naissance. Dès l'année suivante, la courbe se redressait.

Ce qui est du devoir de l'Etat, c'est de faire en sorte que nos compatriotes aient envie que la France compte à terme 80 ou 100 millions d'habitants ; et que, dépouillant leur traditionnel mal-thusianisme, ils souhaitent voir la pression des jeunes générations pousser la société vers la vie.

Notre pays est un des rares qui doivent grandir pour pouvoir subsister. Prenons conscience que nous formons une nation sous-peuplée, entourée de nations surpeuplées. La nature a horreur du vide ; si nous ne le comblons pas nous-mêmes, d'autres le combleront, tôt ou tard, par une osmose brutale. L'Europe occidentale elle-même est menacée. Elle doit prendre du poids démographique, si elle ne veut pas se laisser distancer par les Etats-Unis et l'empire soviétique. Or, elle ne le peut qu'en France, que par la France.

C'est à cette ambition que doivent concourir toutes nos lois sociales : créer une France libre et prospère, peuplée de Français fiers de l'être, et nombreux.

Chapitre 35

Un projet pour la France :
le culturel

Beaucoup des problèmes de la France se posent désormais en termes de survie : l'économie sombrera, ou réussira sa mutation ; la société se décomposera, ou retrouvera unité et liberté. Dans les deux cas, c'est l'identité même de la France qui est menacée.

Cette identité présente bien d'autres aspects. Elle est une conscience, un mode de vie — une culture.

Par l'*égalitarisme* et l'*internationalisme,* le socialisme a voulu rendre les hommes identiques et interchangeables. Et il a prétendu accomplir une révolution culturelle : créer un univers où tout se vaut ; où, finalement, rien ne vaut rien.

Il faut sortir de ce monde informe et sans repère. Il faut convier les Français aux retrouvailles avec la France.

Va-t-on ramener à ce principe toute la politique culturelle ? Non, certes. Celle-ci doit aider la culture à être elle-même, c'est-à-dire diverse et accueillante ; toujours en quête de terres nouvelles. Mais à cette quête elle-même, l'Etat ne prend pas part directement ; même quand il se contente d'aider, il doit se méfier de soi. L'art officiel n'a que trop fleuri. Plutôt que de prodiguer ses crédits, qu'il fasse des lois qui multiplient les mécènes, pour que la liberté de création y trouve son compte. C'est la seule façon de tripler ou quadrupler le budget *utile* de la culture, sans en augmenter encore le budget *parasitaire* — le nombre des fonctionnaires.

Terres nouvelles, terres ouvertes. Mais sur les vieux terroirs, où les chemins sont fixés par des siècles de cheminement, où les arbres ont lentement grandi et ne sont remplacés que lentement, où le regard de l'adulte retrouve sans mal les repères de l'enfant — sur ces vieux terroirs de l'identité française, l'Etat peut se montrer utile sans être dangereux.

Là est le domaine propre d'une politique nationale de la culture, cette culture qui fait de nous une nation — et quelle nation ! Aux Français de veiller à la survie de cette œuvre collective, que leurs aïeux ont façonnée avec tant d'amour, d'obstination, de talent. Cette politique, tout simplement, nous aidera à demeurer français.

En cela, point d' « idéologie française », n'en déplaise à Bernard-

Henri Lévy. Au reste, la France n'est pas le plus petit commun dénominateur des Français : elle existe d'abord par leur multiplicité. Relisez cette page de Michelet — bon connaisseur s'il en fut de notre patrimoine : « C'est un grand et merveilleux spectacle que de promener ses regards du centre de la France aux extrémités, et d'embrasser de l'œil ce vaste et puissant organisme, où les parties diverses sont si habilement rapprochées, opposées, associées, le faible au fort, le négatif au positif [1]... »

Cette diversité, foisonnante comme la vie, nous ne la conserverons dans notre unité géographique, politique et psychologique, qu'en nous acceptant les uns les autres dans l'amour du *patrimoine* national. La France ne vivra que si elle demeure pluraliste, et ce pluralisme ne perdurera que si nous savons cultiver la vertu d'accueil.

Parler français, parler de la France

Etre Français, c'est d'abord parler français : puiser dans ce trésor inépuisable, se dresser à son école de rigueur abondante, d'imagination domptée.

Bien malade, notre langue ! Malmenée par des usagers expéditifs, bousculée par d'incessants envahisseurs. Notre bonne Académie peine sur son dictionnaire : mais tous les jours, il faudrait être sur le front. Tous les jours, la communication, l'information précise, l'intelligibilité des faits et des idées souffrent du brouillage auquel les soumet une langue *déparlée* et *désécrite**.

Pas de dialogue sans un langage commun, aussi affiné que possible et saisissable par tous, car, disait Montaigne, « la plupart des occasions de trouble sont grammairiennes ». A nouveau, il faut « défendre et illustrer la langue française », surtout quand elle s'adresse au public. A l'école, à la radio, à la télévision, dans les administrations et dans le discours politique, il faut parler juste. Assez de grossièretés qui veulent faire populaire et insultent le peuple. Assez de barbarismes, d'à-peu-près, de termes non définis : l'ambiguïté engendre la méprise ; la concertation requiert la précision ; le bon usage est facteur de paix civile.

Aux jeunes Français, aux moins jeunes aussi, il faut également réapprendre l'histoire de leur pays. Longue histoire, qui a ses rythmes et ses moments — et il faut en retenir la chronologie ; qui comporte, au-delà des passions qu'elle a inspirées, des faits et des

---

* Voir en annexe le test de vocabulaire d'élèves de seconde, qui montre combien l'imprécision du langage peut entretenir de malentendus.

réalités qu'on peut connaître objectivement ; qui a ses héros, dont même la légende fait partie de notre patrimoine.

Trop de pédagogues, trop longtemps, ont cultivé l'amnésie historique et désorganisé notre mémoire collective. Or, en gommant de l'imagination des jeunes le sentiment d'appartenir à une nation, on la détruit lentement. On spolie le peuple de sa dimension historique ; on attaque ses racines profondes. *Un peuple sans mémoire est un peuple sans avenir, parce que sans identité et sans ambition.* Plus grave, même : ce sont les ressorts de la civilisation qui se défont.

Les siècles, dans une histoire comme la nôtre, protègent les atomes humains contre l'angoisse de leur solitude. Ils introduisent le relativisme dans nos pulsions et nos idées. La durée française a su apaiser tant de guerres civiles ! Elle englobe tant de formes politiques, tant d'évolutions sociales ! La fraternité française, si difficile à saisir dans le feu de nos disputes, nous l'apprenons dans le temps de la nation. La conscience collective nous ouvre à l'homme — à l'humanité, et à tout homme. Quand on sent vibrer l'homme sous le heaume et le chaperon, sous le tricorne ou la casquette, nous le reconnaîtrons partout, même en nos adversaires.

Nombre d'enseignants d'aujourd'hui n'auront pas le talent, ou l'envie, d'enseigner ainsi l'histoire ? A plus forte raison, de propager les valeurs du patriotisme et du civisme ? Peut-être ! Qu'à cela ne tienne : les progrès de l'audiovisuel permettent de pallier cette carence. Un téléviseur et un magnétoscope ne coûtent pas, ensemble, plus cher que le salaire et les charges de deux mois d'enseignant. Des films documentaires, mis en cassettes, y aideront. Comme l'enseignement de l'histoire, de la géographie, de l'instruction civique, de la morale, et même de la littérature, se ferait plus vivant, s'il était appuyé par des films alertes et colorés, illustrant par l'image les documents les plus significatifs ! La classe deviendrait plus attractive, la mémoire plus profondément marquée.

La saveur de la diversité

La diversité française est encore la meilleure médiatrice de son unité — et de sa durée.

Paris n'a pas à être l'arbitre unique des goûts et des consécrations et à conduire les provinces au dépérissement. « Il n'est bon bec que de Paris », proclamait *le Grand Testament* de François Villon. Illusion de Parisien, et qui fait sourire un Lyonnais, un Strasbourgeois ou un Rouennais !

Un des maux les plus douloureux de toute période de grande mutation, c'est le déracinement. Hier, l'exode rural. Aujourd'hui, une nécessaire mobilité, à laquelle on n'est pas préparé. Quitter son village, ou son quartier, crée un véritable déchirement ; donc, un sentiment d'injustice. Les « frustrés » ont tôt fait d'estimer que « ce monde n'est pas fait pour eux » ! Ainsi éclosent vite les fruits vénéneux de la revendication agressive. Les gens qui ont rompu leurs amarres éprouvent le besoin de s'enraciner, ou de déraciner les autres. Pour que les Français se sentent partout chez eux en France, il convient que la France s'anime jusqu'au plus profond de ses provinces.

Jadis, beaucoup de départements se flattaient de compter une ou plusieurs « académies » : on y entretenait une vie culturelle de qualité. C'est sur une question posée en 1755 par l'académie de Dijon, que J.-J. Rousseau écrivit le discours « sur l'origine et les fondements de l'inégalité parmi les hommes ». Comment rendre la culture française à nouveau polyphonique ?

Plutôt qu'en tentant de porter Brecht à la campagne, on y parviendrait en proposant aux dizaines d'associations qui se créent dans chaque coin de France d'aider à faire connaître localement ce qui s'est créé et se crée localement. Romans, poèmes, tableaux, musiques qui restent dans le grenier de leurs créateurs, sont morts. Dans une France décentralisée, l'accès d'une œuvre à un public pourrait être facilité.

Ce sera le rôle des collectivités locales de promouvoir les lettres et les arts avec l'aide des associations privées. La vie culturelle doit contribuer à la découverte de nouveaux talents. Il faut multiplier concours, expositions et concerts d'artistes locaux inconnus, autour desquels radios et presse locales tiendront leur rôle de critique et de héraut.

Libérer l'école

La liberté de choix entre l'école publique et l'école privée doit être garantie, afin que chacun puisse faire éduquer ses enfants dans des écoles où ne sera pas foulé aux pieds ce que leur famille leur aura appris à respecter, à aimer, à croire.

Tout ce qui aura été fait par le socialisme contre l'enseignement privé, devra être, cela va de soi, défait.

Mais il faudra aller beaucoup plus loin...

Notre éducation est devenue une machinerie monstrueuse, ingouvernable, ruineuse. Il faut d'abord délivrer l'école *publique* de la bureaucratie et de la *syndicalocratie*. Si l'école libre, avec moins de moyens, réussit mieux, c'est parce qu'elle est plus libre, tout simplement*. Parce que chaque établissement peut définir son but, ses méthodes, tout en restant en contact étroit avec les familles. *Plutôt que d'étatiser l'enseignement libre, il importe de libérer l'enseignement d'Etat.* Sans doute l'école publique doit-elle être contrôlée par une autorité publique ; mais que ce soit, au moins, une autorité locale.

Il faut qu'y souffle un esprit nouveau. L'effondrement des interdits, le recul de la réflexion, la démission de tant de parents et d'enseignants, l'excessive permissivité ont fini par créer chez les jeunes une vague d'angoisse.

Du coup, les insondables ressources intellectuelles et morales de la jeunesse sont sous-exploitées. Sous-instruits, sous-éduqués, sous-motivés, il est extraordinaire que tant de jeunes *résistent* à ce traitement ! Il est temps, entre la pédagogie de la répression et celle de la démission, de trouver une troisième voie : celle de la confiance, de l'ardeur et de la responsabilité.

L'instruction publique de Jules Ferry a été remplacée par *l'éducation nationale* des syndicats politisés. Seules auraient pu leur faire contrepoids les organisations de parents d'élèves. Or, les enseignants ont pris en otage la principale association des parents, réduite au rang de filiale peu encombrante. La toute-puissance des syndicats, leur corporatisme étroit, leurs mots d'ordre marxisants ne pourront être combattus efficacement que par la création d'une nouvelle légitimité : *la dévolution aux parents de la réalité du pouvoir éducatif.*

Des structures entièrement neuves permettront seules cet assainissement primordial. Il faut en finir une bonne fois avec ces chefs d'établissement-potiches, privés de vrais pouvoirs ; condamnés à subir les nominations de leurs professeurs sans en choisir aucun ; obligés à chaque rentrée d'attendre pendant des semaines que les nouveaux maîtres veuillent bien accepter leur affectation ; hors d'état d'organiser et d'animer une équipe enseignante ; coincés entre un syndicalisme agressif, représentant une « base » organisée en petits soviets, et une hiérarchie académique, réduite à une bureaucratie anonyme.

Au slogan « argent public — école publique », les parents doivent répondre : « argent des parents, école des parents ».

---

* J'ai le souvenir vivace du « Congrès d'Amiens », vaste colloque d'enseignants, où les syndicats à qui mieux mieux réclamaient les « moyens financiers indispensables à la rénovation pédagogique ». Georges Hacquard, directeur de l'Ecole alsacienne, les déconcerta en leur disant : « Réclamez plutôt la liberté dont je jouis, moi, directeur d'une école privée ! » Son témoignage de grand novateur de méthodes ne pouvait être récusé par personne.

Deux principes doivent présider à cette organisation : le transfert des pouvoirs et la concurrence.

Les responsabilités, pour l'enseignement primaire et secondaire, doivent être données au département : Paris, et même le chef-lieu de l'académie, sont trop loin ; il faut résoudre les problèmes sur place. Mais la plupart des communes ne peuvent supporter le budget et la gestion de leur école, à plus forte raison de leur collège ou de leur lycée. Le département est une aire appropriée à l'organisation et au commandement de l'éducation.

Il ne s'agit pas de *déconcentrer* l'autorité, c'est-à-dire de la faire passer de fonctionnaires irresponsables situés au centre, à des fonctionnaires non moins irresponsables situés à la périphérie. Il s'agit de *décentraliser* l'autorité, en la confiant à des élus responsables devant leurs électeurs.

Des commissions de *parents élus au suffrage universel,* comme dans les pays de type anglo-saxon, exerceraient le contrôle et la gestion de la vie scolaire et des établissements.

Ensuite, il importe, non seulement de maintenir le choix des parents entre l'enseignement public et privé ; mais, progressivement, de rendre possible le choix entre deux établissements d'enseignement public. Les parents ne seront vraiment libres, que lorsqu'ils pourront choisir entre deux écoles, deux collèges, deux lycées. Une école unique, c'est le risque d'une culture unique, derrière un syndicat unique et deux partis unis... avant de former un parti unique.

La seule manière d'échapper à ce risque est d'organiser l'émulation entre écoles. Rien n'est plus antidémocratique que d'imposer « la sectorisation », à chaque enfant, en raison de son domicile : les enfants sont marqués et parqués comme des bestiaux. C'est ainsi que dans des pays « socialistes », les consommateurs se voient imposer un épicier ou un boucher, à l'exclusion de tout autre.

Voilà une petite révolution que l'échec du pouvoir socialo-syndicalo-communiste rendra enfin possible.

Une autre sera parallèlement possible dans l'Université. L'autonomie et la participation pourront y devenir des réalités, et non plus des slogans. L'autonomie financière permettra de passer des contrats de recherche avec les entreprises ; de faire payer des droits convenables aux étudiants, compensés par des prêts d'honneur et des bourses — car rien n'est moins *démotivant* que la gratuité. L'autonomie des diplômes et la concurrence entraîneront les universités à lutter à qui aura les meilleurs enseignants, les meilleurs étudiants, la meilleure image, les meilleurs débouchés.

Chaque trimestre, les étudiants, comme dans la plupart des universités américaines, pourront noter leurs enseignants et présenter leurs suggestions, en renvoyant sous plis anonymes des questionnaires informatisés. Leurs représentants au conseil de gestion, au lieu d'être choisis à la proportionnelle sur des listes politisées, seront choisis au scrutin uninominal dans la formation de base de l'université — « séminaires », « travaux dirigés », « conférences de méthode » — le seul niveau où les étudiants se connaissent et s'apprécient. Ces délégués de base désigneront ensuite, hors de toute organisation politisée, leurs représentants au conseil de gestion.

C'est par plus de libertés, plus de démocratie, que notre système éducatif évitera de devenir ce qu'il est déjà à moitié : le Moloch des consciences.

Libérer la communication

Autre « mentor » facilement abusif, la télévision. Tout comme il a renoncé au monopole de la radio, l'Etat doit renoncer au monopole de la télévision. Un livre est un produit issu de l'initiative privée. Pourquoi n'en irait-il pas de même de l'audiovisuel ? De la diversité et de la concurrence naîtra peut-être la qualité. En tout cas, l'endoctrinement direct ou latent s'en trouvera fortement contrarié.

Ce qui ne veut pas dire que l'Etat ne doit pas avoir une ou deux chaînes à soi, qui, sérieuses sans être ennuyeuses, pluralistes également et sans publicité, seraient « la voix de la France ».

Le système audiovisuel d'Etat, et lui seulement, demeurera placé sous une Haute Autorité. Les Français sont trop sceptiques et la télévision trop controversée pour qu'on puisse y échapper. Mais il faut absolument éviter que cette autorité soit soupçonnée de n'être que l'émanation du pouvoir politique. Il conviendrait donc que les membres de cette instance soient élus par des institutions dont l'indépendance est inhérente à leur existence. Cette mission pourrait être confiée à des hauts magistrats choisis par la Cour de cassation, par la Cour des comptes, par le Conseil d'Etat, ainsi qu'à des membres de l'Institut de France, désignés par leurs pairs. Ils seraient appelés à garantir la liberté, l'impartialité et la pluralité des opinions pour l'information et la communication audiovisuelles.

Est-il enfin tolérable que la presse d'un pays démocratique soit à la merci des arbitraires pressions et arrêts de travail du Syndicat du livre ? Dans ce secteur, le poids de la C.G.T. procède d'un monopole de l'embauche, qui viole tout simplement la Déclaration des droits de l'homme et du citoyen, en vertu de laquelle « tout citoyen peut parler, écrire, *imprimer librement,* sauf à répondre de l'abus de cette liberté dans les cas déterminés par la loi » (art. 11).

La presse et la communication sont des libertés publiques : nul n'est fondé à leur mettre des entraves.

Une seconde nuit du 4 Août

Se pencher sur le passé de la France, pour lui faire entrevoir ce qu'elle peut attendre de l'avenir, c'est sans doute aux intellectuels de le faire. Encore faut-il, pour que réussisse une « réforme intellectuelle et morale », que les intellectuels s'écartent des chemins de l'idéologie.

Libérer les idées, libérer les efforts, faire constater aux Français qu'un pluralisme fraternel est préférable à tous les contrôles et interdits suspicieux : ainsi retrouverons-nous le sens de notre héritage. Le citoyen n'est pas le souscripteur d'un « contrat social » à la Rousseau, mais bien l'héritier de sa famille, de sa province, de sa nation.

Il y a là matière à toute une révolution mentale, digne de celle qui, en quelques heures, la nuit du 4 août 1789, abolit féodalités et privilèges, supprima les ordres et les corporations, pour qu'il n'y eût plus que des citoyens libres. Il nous faut espérer une seconde « nuit du 4 Août », qui libère la France et lui rende la République. Redécouvrir notre identité agissante. Accepter et vouloir la diversité, afin de rassembler et de construire.

Est-il admissible que la France des années 60, rayonnante de progrès et de transformations, n'ait vécu qu'une vingtaine d'années ? Qu'une France frileuse l'ait emporté, refusant la formidable compétition du monde contemporain, ses risques féconds et ses conquêtes sans fin, pour se replier sur elle-même ? Combien de temps notre pays se laissera-t-il bercer par une paix tiède et petite-bourgeoise ?

Le vrai visage de la France que nous aimons, c'est celui de la France qui bâtit et conquiert — et dont l'autorité rayonne.

Libre de ses mouvements, rassemblement d'hommes libres et de collectivités libres, la France, devenue collégialement responsable, peut accomplir son singulier destin : celui d'être, selon le mot de Grotius, « le plus beau royaume après celui des cieux », celui de servir d'exemple au monde. « Il y a des pays qui ne sont jamais plus grands que lorsqu'ils tentent de l'être pour tous les autres », disait André Malraux.

La nation française est accueillante. Pour faire vivre son économie et compenser sa démographie, beaucoup d'hommes, des rives de la Méditerranée, du Levant, du fond de l'Afrique, sont venus travailler, habiter chez nous. Beaucoup s'y sont trouvés mieux que chez eux. Ils y ont fait venir leur famille. Ils y ont eu des enfants. Ils ont pris racine sur notre terre, parmi nous. Allons-nous le leur reprocher ?

Ils posent à la France de délicats problèmes : tant de situations, d'attitudes différentes, de leur côté ou du nôtre, selon les régions, les quartiers, les métiers...

Longtemps, nous avons fait semblant de croire qu'ils n'étaient que de passage : migrants, plutôt qu'immigrés. Si c'était le cas, il ne fallait pas les laisser faire : point de femmes ni d'enfants, point de long séjour — la rotation impitoyable d'une main-d'œuvre d'appoint.

La France a agi plus généreusement. Elle a laissé parler la nature humaine : la nôtre, la leur. Beaucoup resteront. Et pourtant, nous ne les avons pas traités comme des immigrés — comme de nouveaux venus dans notre nation.

Aujourd'hui, le problème ne peut plus être éludé. Ou il faut les renvoyer. Ou il faut les intégrer.

Ce n'est pas un problème économique. C'est un problème culturel. Vis-à-vis de notre culture, vis-à-vis de la leur.

Les renvoyer ? On peut l'envisager pour certains, pour beaucoup, s'ils ne s'y refusent pas. Avec la loi Stoléru-Bonnet, nous avions encouragé le retour au pays. Depuis 1979, la courbe s'était inversée. Chaque année, au lieu de 100 000 de plus, on en comptait 50 000 de moins. C'était un bon début.

Depuis le 10 mai, on a souhaité rompre avec cette politique de l'incitation au départ ; on a voulu accueillir à bras ouverts les immigrés, y compris ceux qui étaient en situation irrégulière ; y compris ceux qui avaient déjà reçu le pécule de départ ; y compris ceux qui avaient été expulsés comme délinquants.

Le socialisme a choisi la voie du laisser-faire : laisser grandir en notre sein des communautés qui nous resteront étrangères, et cultiveront farouchement leur caractère étranger. Grandir : car, même en arrêtant l'afflux nouveau comme ce serait nécessaire, la démographie vivace de ces communautés accroîtra régulièrement, sauf vigoureuse politique de l'aide au retour, leur place, leur poids, par rapport aux Français.

Intégrer, en revanche, cela ne veut pas dire refuser à ces hommes et à ces femmes l'usage de leur langue ni le culte de leur religion. Cela signifie seulement les placer dans une dynamique qui, peu à peu, effacera les distinctions dans ce qu'elles peuvent avoir d'agressif et de systématique.

Que de Portugais, d'Italiens, d'Espagnols, de dissidents des pays de l'Est, qui s'installeraient en France, si nous avions une politique d'immigration plus active ! Or, n'oublions pas que nous sommes un pays sous-peuplé — le moins dense de toute l'Europe de l'Ouest.

Il est aussi aisé d'intégrer quelques millions de Latins, qu'il eût été dangereux de vouloir intégrer dix ou vingt millions de musulmans.

L'éducation, en particulier, doit faire — sans complexe, avec détermination — son œuvre de francisation. Ne sous-estimons pas l'attraction qu'exerce sur ces déracinés le modèle français. Respectons et écoutons la différence, certes — mais ne l'aggravons pas.

Peut-être notre attitude est-elle, en fait, un test de notre vitalité nationale. Si nous hésitons à franciser, n'est-ce pas parce que nous doutons de la France, de nous-mêmes ? Mais avons-nous le droit de douter ? Là encore, notre survie est en jeu. Si nous admettons cet objectif de l'intégration, sans doute serons-nous amenés à mieux nous définir nous-mêmes, à mieux connaître notre identité. Et dans cette diversité nouvelle, à enrichir davantage encore notre patrimoine d'humanité.

Chapitre 36

Quitte ou double

Que restera-t-il de l'expérience socialiste, quand elle aura été démystifiée par l'Histoire ? Que comporte-t-elle d'*irréversible* ?

Il est imprudent de dresser le bilan d'un processus qui n'a pas pris fin : ce serait l'image figée d'une réalité mouvante. L'Eglise, dans sa sagesse, se refuse à canoniser un saint homme de son vivant : fût-il faiseur quotidien de miracles, elle attend qu'il ait rendu l'âme. Le socialisme à la française ne fait pas de miracles ; mais il n'a pas encore rendu l'âme.

Un bilan qui peut encore basculer

On ne peut donc que relever des tendances qui commencent à se dégager de l'expérience socialiste. On connaît maintenant les mots en « isme » qui caractérisent le socialisme à la française. *Dogmatisme* : il repose sur une doctrine qui subordonne les faits à l'idéologie. *Sectarisme* : quiconque ne partage pas le dogme est un mauvais Français ; il doit être écarté des responsabilités et n'a même pas droit au dialogue. *Collectivisme,* parce qu'on est décidé à rompre, par l'appropriation collective des grands moyens de production et du crédit, avec ce qu'on appelle péjorativement le « capitalisme », c'est-à-dire en fait avec l'économie libérale, le marché, la propriété privée. *Aventurisme,* parce que la lutte des classes, qui est le fond de la doctrine, fait courir à la société de terribles dangers.

Ces tendances demeureront gravées dans l'histoire de France. Le socialisme n'est pas une simple parenthèse. L'expérience du 10 mai, à l'image d'un tremblement de terre, continuera, bien après sa fin, à produire des effets sous l'écorce de la société française.

Des six modèles de *Kriegspiel* que nous avons imaginés, nul ne peut savoir lequel l'emportera, ni s'ils ne feront pas place à un septième. L'Histoire nous rend conscients des conséquences prévisibles de l'expérience socialiste. Elle peut être balayée au profit d'un régime, soit de vraie liberté, soit de vraie mainmise autoritaire ; elle peut aussi s'enliser. Le bilan peut basculer, comme le destin. Mais il existe, dans ce qui s'est passé depuis le 10 mai, quelques points forts, qui pourraient bien demeurer. Certains s'inscrivent à l'actif ; d'autres au passif.

A l'actif : l'alternance démocratique

Dans une démocratie classique, l'alternance met les idées de l'ex-opposition à l'épreuve des faits.

C'est la première fois, depuis deux siècles, que les Français ont su changer de régime, sans changer de constitution. Bien plus : faire une révolution pacifique, sans effusion de sang, et même sans désordres. La France est entrée dans un processus de « changement graduel », celui du « réformisme dur »*, sans vraiment y faire obstacle.

La « gauche » n'est plus dans l'opposition ; et surtout, pour la première fois après quarante-cinq ans, elle est *seule au pouvoir*. L'alternance s'est faite sans heurts, ce qui n'allait pas de soi. Les institutions que de Gaulle a données à la France n'avaient pas encore fait la preuve de leur solidité. Elles commencent à la faire.

Les Anglo-Saxons n'en ont pas été étonnés, tellement l'alternance leur paraît naturelle[1]. L'étonnant est précisément que ce qui ne s'était jamais produit en France y soit devenu naturel. Deux fractions du corps électoral, de force à peu près égale, peuvent l'emporter successivement : car chacune de ces deux fractions recueille provisoirement des électeurs, si peu que ce soit, qui ne répugnent pas à franchir la barre dans l'autre sens. Ce qui est le propre des démocraties stabilisées.

Les battus, les électeurs devenus minoritaires, se sont inclinés en silence devant le verdict. Même quand ils ont deviné que les électeurs majoritaires avaient été victimes d'une méprise, en croyant que le « changement » allait être seulement celui du personnel politique ; alors que le « changement » voulu par ce nouveau personnel, allait affecter les fondements mêmes de leur société.

L'acceptation de l'alternance est la preuve que les Français ont assimilé et mérité la démocratie. Ils se montrent attachés aux institutions : bon signe pour le respect de la Loi fondamentale, c'est-à-dire du lien national. *Ceux qui désirent que le pouvoir change de mains n'imaginent pas d'autre moyen que des élections. Il est essentiel que les responsables de l'opposition encouragent le peuple dans ces sentiments légalistes.*

En revanche, l'ancienne opposition paraît avoir accepté ce qu'elle n'avait jamais cessé de contester depuis la naissance de la Ve Républi-

---

* Ces expressions sont celles de Pierre Mauroy dans *les Héritiers de l'avenir* (p. 295 *sq.*).

que : institutions, défense, politique étrangère. Ces ralliements sont autant de gages de paix civile. Ils n'ont sûrement pas été pour peu dans la faveur dont a été aussitôt entouré le nouveau président. Le « changement » s'est fait à l'intérieur d'institutions intactes. Les Français ont été reconnaissants à François Mitterrand de s'être installé avec aisance dans un cadre constitutionnel auquel il avait été si hostile.

De Gaulle avait parié que les Français pouvaient devenir un peuple majeur, qui n'aurait plus besoin d'être tenu en laisse par les caciques, ceux qu'il appelait les « politichiens ». Le pari ne finira-t-il pas un jour par être gagné ?

Il ne le sera que si le retour du balancier est possible : si l'alternance joue dans les deux sens. Les socialo-communistes nient cette éventualité. Ayant goûté aux joies du socialisme, il est « inconcevable » que le peuple choisisse de « revenir en arrière » ; ce qui ne laisse pas d'être inquiétant. Les modérés ont joué le jeu de l'alternance. Le pari gaullien suppose que la « gauche », à son tour, joue le jeu ; c'est-à-dire accepte d'abandonner le pouvoir — avec l'espoir de le retrouver un jour, si sa conduite républicaine lui vaut à nouveau la faveur du corps électoral. Sinon, il manquerait aux institutions le sacre d'une double alternance. Le système majoritaire aurait valu à la France vingt-trois ans de redressement, mais aurait abouti à une catastrophe : on accuserait sans doute de Gaulle d'avoir été un apprenti sorcier. Il est donc encore trop tôt pour porter un jugement sur cette partie de son œuvre qui, comme la langue d'Esope, pourra être la meilleure ou la pire des choses.

A l'actif : le ralliement de la gauche aux institutions

François Mitterrand est à l'Elysée comme s'il y avait toujours été ; dans le bureau même du général de Gaulle, que son prédécesseur avait évité ; dans des institutions « qui n'étaient pas faites à mon intention », remarque-t-il, « mais qui sont bien faites pour moi ».

Comme elle est loin, l'époque où il démontrait que les institutions de la Ve République, non seulement procédaient d'un coup d'Etat, celui du 13 mai 1958, mais donnaient lieu elles-mêmes à un « coup d'Etat permanent » ! La « monarchie républicaine » continue.

En se ralliant aux institutions qu'il avait combattues avec tant d'acharnement, a-t-il donné raison à la majorité d'avant le 10 mai ? Il a surtout donné raison aux réalités. Il aurait, assure-t-on, déclaré : « Si je n'avais pas les institutions de la Ve République, je serais balayé en dix-huit mois[2]. » Sous la IVe République, il aurait duré beaucoup moins que dix-huit mois. Pierre Mendès France, qui était loin d'avoir bousculé les intérêts des diverses catégories d'électeurs autant que François Mitterrand, n'avait pu tenir plus de sept mois.

Il sera désormais difficile à la « gauche » de combattre des institutions* dont elle aura profité pour s'installer au pouvoir. *Elles ont été assez solides pour supporter le poids du changement ; leur solidité en est renforcée, par une adhésion étendue maintenant à tous les Français.*

Cette contradiction avec le dogme socialiste en général, et les thèses de François Mitterrand en particulier, est si énorme, qu'elle est empreinte d'une certaine grandeur. Avoir dénoncé avec tant d'éclat ces institutions « césariennes » ; avoir promis que s'il arrivait au pouvoir, il changerait la Constitution ; et se garder ensuite d'y rien toucher (si ce n'est le mode de scrutin) : quand on se renie à ce point, n'est-ce pas une façon presque émouvante de se dépasser ?

Car les pratiques constitutionnelles qu'on avait tant décriées sont maniées sans vergogne par les nouveaux princes. Retournés à l'opposition — s'ils n'outrepassent pas leurs pouvoirs et acceptent de s'éclipser — ils seront malvenus de blâmer le maniement d'armes dont ils auront eux-mêmes usé et abusé.

Il n'est plus question de cette réforme de la Constitution qui figure pourtant encore dans les « 110 propositions » du candidat Mitterrand. Pourquoi toucher à un texte à l'abri duquel on gouverne ? Modifie-t-on ce à quoi on doit de rester au pouvoir ? Il a donc vite fait taire ceux des dirigeants ou des militants de « gauche » qui continuaient à s'interroger sur l'adéquation de la Constitution à leurs dogmes.

Ce revirement inattendu démontre que les institutions de la Ve République sont si stables, qu'elles peuvent résister au choc de l'arrivée de la « gauche ». Si, de son côté, la « gauche », tel le pot de terre de la fable, ne pouvait à la longue résister au choc des institutions, l'héritage constitutionnel resterait sauf : celui de l'homme qui, seul, s'était dressé contre la dictature molle du régime d'assemblée. Sauf si une fuite en avant rétablit celui-ci sous la forme du scrutin proportionnel...

A l'actif : le ralliement de la « gauche » à la dissuasion nucléaire

Plus étonnant encore a été le ralliement de la « gauche » à la politique de défense qu'elle avait combattue ; spécialement, son adhésion à la théorie de la « force de frappe » comme instrument de dissuasion.

---

* Sauf par le biais d'un changement de la loi électorale, l'adoption de la proportionnelle équivalant à l'adoption d'un nouveau système institutionnel.

Ce retournement est non seulement contraire aux thèses socialistes, mais situé aux antipodes de l'*esprit socialiste,* dont l'antimilitarisme a toujours été une composante essentielle. Des militants socialistes, à voix basse, n'hésitent pas à qualifier ce ralliement de reniement.

Les raisons en sont multiples. En premier lieu, le pouvoir, tout prosaïquement, a voulu ménager l'armée. Peut-être aussi le poids de l'Histoire a-t-il effrayé les socialistes : témoins des catastrophes auxquelles ont conduit leur dogme, par exemple sous la Chambre du Front populaire, ils ne souhaitent pas leur renouvellement. A moins que le président, saisi par la grandeur de sa fonction, n'ait voulu être le chef d'un Etat fort et respecté. La fonction aurait créé l'homme. Cet autre pari de De Gaulle serait gagné.

Il est à craindre que ce militarisme de fraîche date ne survive pas à l'affaiblissement de l'économie. Il suffira que des budgets aléatoires succèdent à la programmation pluriannuelle qui garantissait à l'armée des ressources prioritaires, quelles que soient les fluctuations de la conjoncture. « On verra bien »... Et, depuis l'été 1982, l'on commence à voir. En tout cas, la « gauche » ne pourra plus contester un système de défense nationale qu'elle aura pris à son compte, ou qu'elle n'aura affaibli que par son impéritie.

A l'actif : le ralliement à la politique d'indépendance

Quels étaient les grands principes de la politique étrangère du général de Gaulle ? L'indépendance nationale. Le refus de la supranationalité. Dans la fidélité aux alliances, l'autonomie absolue des décisions militaires. Dans la poursuite de la construction européenne, la défense des intérêts nationaux, allant jusqu'au veto pour les questions primordiales. Le non-alignement et le refus de la politique des blocs. La politique d'aide au tiers monde, les liens privilégiés avec les pays arabes, la coopération franco-africaine, la francophonie et des relations étroites avec le Québec.

Tous ces principes sont devenus ceux de la politique étrangère de François Mitterrand. Excepté quelques différences de ton et quelques velléités idéologiques comme le soutien aux « mouvements de libération » d'Amérique centrale, l'essentiel n'a pas changé. Même si l'on a souvent l'impression que l'exécution est devenue contradictoire et médiocre. Le sillon creusé par le général de Gaulle était trop profond. Ces principes, qui avaient provoqué la plupart des motions de censure de la « gauche », paraissent devenus les siens.

Elle ne pourra plus reprocher à ses successeurs de rester attachés à des valeurs qu'elle a fini par admettre, ni d'ignorer les dogmes qu'elle a fini par trahir. Volte-face aussi importante que les deux précédentes, pour l'établissement d'un assentiment national.

A moins que, jouant là encore les apprentis sorciers, nous ne puissions rester dans le camp de l'Ouest, à force de choisir le Sud, manipulé par l'Est ; ou à force d'affaiblir l'Europe en son centre...

A l'actif : la découverte du réel

La « gauche » aura appris que le réel est coriace. Que la magie reste inopérante. Qu'il ne suffit pas de « faire payer les riches » pour effacer le chômage ; de « rompre avec le capitalisme » pour améliorer le niveau de vie des travailleurs ; de faire appel à la « solidarité » pour vaincre les pesanteurs de la société française ; de s'appuyer sur les syndicats pour obtenir la renonciation aux privilèges corporatistes.

La « gauche » commence à deviner que l'économie n'est pas aisément malléable, et que les mentalités le sont encore moins. Ses échecs la rendront moins agressive et moins sûre de sa vérité. Ses succès éventuels (blocage des salaires, rupture du cercle infernal de l'échelle mobile, économies sur la Sécurité sociale), résident dans des mesures qu'elle n'aurait jamais tolérées de l'ancien pouvoir.

Les majorités précédentes avaient cédé à la tentation d'un socialisme inavoué. Par conviction ? Par résignation ? Par nécessité électorale ? Par confusion du « social » et du « socialisme » ? Par insuffisante armature intellectuelle, face à la pression des médiats ? Les gouvernements qui succéderont à la « gauche » devraient avoir la capacité politique d'arracher la France à ce *socialisme rampant*.

Les bienfaits d'une alternance tardive

Le ralliement de la « gauche » aux piliers essentiels du gaullisme — institutions, défense, politique étrangère — n'a été possible qu'en raison de la résistance que l'ancienne majorité a opposée à l'Union de la gauche. Si la « gauche » était arrivée au pouvoir aux élections législatives de 1973, en vue desquelles elle avait conclu son union, le Programme commun l'engageait à bouleverser en priorité ces trois secteurs.

Par exemple, il réglait la question militaire dans un chapitre intitulé « le désarmement » (ce n'est qu'ensuite qu'apparaissaient les mots « et la défense nationale »). Sous ce titre significatif, le Programme commun annonçait la renonciation, sans condition ni délai, à l'arme atomique ; le refus de l'armée de métier ; la réduction à six mois du service militaire*. En outre, il était prévu d'abaisser immédiatement le budget de la Défense nationale de 26 à 16 milliards, soit un abattement de 40 %**.

Si la « gauche » l'avait emporté en 1973, la France, depuis longtemps, n'aurait plus d'armement nucléaire ; elle aurait arrêté toute recherche dans ce domaine. Elle serait dépassée — dans le domaine atomique — par des pays tels que la Suède, l'Inde, la Chine, l'Afrique du Sud. Son armée serait inférieure à celle de pays tels que la Suisse, la Syrie, l'Egypte ; pour ne pas parler d'Israël.

Cinq ans après la signature du Programme commun, les socialistes n'avaient toujours pas bougé. Charles Hernu, qui essayait de faire évoluer son parti, devait reconnaître la vanité de ses efforts : « C'est parce qu'il y a une légitime sensibilité pacifiste au sein du parti socialiste que notre débat est difficile[3]. » Et Pierre Mauroy déclarait : « Sur la défense, les socialistes n'ont pas modifié leur position depuis 1972[4]. » Beaucoup de militants, libertaires ou utopiques, se refusaient à quelque défense nationale que ce fût, atomique plus que toute autre[5].

Ce sont les communistes, toujours plus réalistes, qui ont fait évoluer la *pensée*, si l'on ose dire, de la « gauche » en matière militaire. A partir de 1978, les socialistes sortirent de leur immobilisme. Le ralliement des communistes, puis celui de l'opinion publique, à la force de dissuasion, leur firent comprendre qu'il serait absurde de renoncer à l'armement atomique, à l'heure où divers pays de taille moyenne cherchaient à s'en doter. François Mitterrand dut admettre qu'il n'avait pas eu raison de traiter naguère de « bombinette » la bombe française et de lui dénier la capacité de grossir. Ainsi, en gagnant les élections législatives de 1973 et de 1978 et l'élection présidentielle de 1974, l'ancienne majorité parachevait un fait accompli, sur lequel on n'a plus osé revenir.

Il en était de même pour la Constitution et la politique étrangère. La « gauche » voulait les saccager au bout de seize ans. Elle ne le pouvait plus au bout de vingt-trois ans. Le dernier septennat de « l'ancien régime » n'aurait-il eu qu'un mérite, il eut celui-là — l'Histoire lui en reconnaîtra sans doute d'autres.

Il est vraisemblable que, si la « gauche » avait à nouveau perdu l'élection présidentielle de 1981, elle aurait dû encore beaucoup

---

* Seul ce troisième point sera maintenu en 1981 dans les « 110 propositions », mais non suivi d'effet dans les dix-huit premiers mois, bien qu'on en reparle.

** Comme, d'autre part, la paye du soldat devait être fortement augmentée et « indexée sur le S.M.I.G. », les crédits restant disponibles n'auraient pas suffi au maintien des armements classiques, déjà insuffisants.

rabattre de son programme économique et social. Pour finir par se rapprocher du pouvoir, elle aurait dû renoncer à des dispositions comme la nationalisation du crédit, propre à lui aliéner une frange du « centre » dont elle avait besoin. Elle n'aurait fait qu'imiter, avec plus de vingt ans de retard, le parti socialiste allemand, la S.P.D., qui, à Bad-Godesberg en 1959, avait abjuré le marxisme et accepté le capitalisme. François Mitterrand et la « gauche socialiste » étaient bien sortis de leur long aveuglement en matière institutionnelle, militaire et diplomatique. Pourquoi n'auraient-ils pas été capables de le faire en matière économique et financière ?

Malheureusement, le temps leur a manqué pour effeuiller jusqu'au bout la marguerite du Programme commun. Ce sont les Français qui en font les frais : le parti socialiste évoluera peut-être encore, mais à leurs dépens.

La catharsis de l'alternance

Les dégâts qu'aurait commis l'opposition, si elle avait gagné les élections plus tôt, auraient été sans doute irréparables. N'ayant pas encore effectué le chemin qui lui a permis de se rallier aux principes fondamentaux de la Ve République, elle l'aurait détruite sans retour. On aurait risqué fort de ne pas pouvoir revenir sur le démantèlement de la Constitution, ou sur la mise à la casse de la force de dissuasion.

Au contraire, l'adhésion des socialo-communistes aux principes qu'ils stigmatisaient peut préparer les conditions d'une réconciliation nationale : elle amorce un accord sur un certain nombre de données fondamentales. Cette évolution sera complète, si l'échec du « socialisme à la française » est assez incontestable pour lever l'hypothèque que sa perspective faisait peser jusque-là sur notre avenir.

Des changements en matière constitutionnelle, militaire ou diplomatique eussent été irréversibles. Les changements en matière économique et sociale n'ont rien d'irréversible. Il faudra de longues années pour que le pays s'en remette vraiment. Mais il suffira de quelques semaines pour annuler par ordonnances ce que la législation socialiste a de plus pernicieux, en ce qu'elle s'attaque aux structures : depuis les nationalisations jusqu'aux lois Auroux, depuis les charges qui accablent les entreprises privées jusqu'aux textes d'abrogation Badinter. En fait de lois, la parenthèse socialiste serait vite refermée.

Resteraient, en revanche, les « embellies » sociales, qui n'affectent pas les structures, comme la croissance des bas salaires, la cinquième semaine de congés ou les trente-neuf heures. On ne revient pas sur des droits acquis par un peuple de travailleurs ; sauf à en suspendre l'effet pendant une ou deux années pour permettre à l'économie de se redresser, si les socialo-communistes la laissent par trop exsangue.

Notre démocratie pourrait sortir renforcée de l'épreuve. Maintenant qu'elle a prouvé que le pouvoir n'était pas réservé à une partie de la France, elle devient propice à la recherche d'un assentiment national. Demain, l'alternance pourrait s'effectuer sans entraîner une « révolution » en sens inverse de celle que prétendaient réaliser les socialo-communistes.

Ainsi, des chances sérieuses existent qu'à l'avenir, le débat soit moins stérile ; le manichéisme, moins tranché ; le discours politique, moins partisan. Chaque élection générale pourrait alors ne plus signifier un risque de chambardement, mais en quelque sorte une possibilité de relever la garde : ce qui est tout aussi sain pour la garde descendante que pour la garde montante.

Ce ne sont pas là, dira-t-on, les bienfaits du socialisme, mais ceux de l'alternance. Qu'importe ! Déjà, le pays retire un avantage de l'expérience : il en sort lavé de son complexe d'alternance. Ce qu'il a vécu, on pourrait l'appeler la catharsis de l'alternance.

Même nos affrontements pourront avoir des effets positifs

Lorsque des joueurs s'affrontent sur un terrain de football, le public se prend au jeu : chaque spectateur participe en personne à la lutte entre deux clans, deux villes ou deux nations. La rencontre dépasse le cadre sportif, pour pénétrer dans les insondables profondeurs de la psychologie de masse. Le match devient parodie de guerre ; les joueurs, des combattants.

Le jeu sert d'exutoire à la violence contenue en chacun de nous. En feignant le conflit, en le cantonnant dans des limites que fixent des règles et que contrôle un arbitre, on entraîne le spectateur à se purifier de son trop-plein d'agressivité.

La politique n'est pas un jeu, direz-vous ? Elle le devient. Les passions qui se déchaînent lors des élections rappellent de plus en plus l'atmosphère des rencontres sportives. Au milieu des clameurs, deux pulsions collectives contradictoires tendent vers le couronnement d'un vainqueur unique.

Nous avons appris à mimer des affrontements ; nous réussissons à simuler la guerre civile pour éviter de la faire. L'alternance nous aura fait progresser dans l'art difficile de vivre ensemble. Elle sera, peut-être, le ciment de la France. Mais faut-il occulter les points négatifs ?

Au passif : le risque de perdre pied
dans la compétition internationale

Les épreuves sont une forme de la sélection naturelle. Quand elles ne nous affaiblissent pas, elles nous renforcent de les avoir surmontées. Quand elles ne nous renforcent pas, elles nous affaiblissent, ou nous tuent.

La France court-elle le risque de succomber à la dose de socialisme que lui aura inoculée la victoire de François Mitterrand ?

En faisant « payer les riches », on rendra les riches plus pauvres. Ce qui est, certes, un soulagement. Mais on pouvait espérer qu'en revanche, les pauvres s'enrichiraient. Quand ils se rendront compte qu'ils s'appauvrissent, ils auront peine à croire que c'est le prélude nécessaire à leur futur enrichissement — un futur qui s'éloignera de plus en plus. Ils se demanderont si les riches ne sont pas les poissons pilotes de la prospérité économique ; et s'il n'y a pas du vrai dans le proverbe chinois : « Quand les gros maigrissent, les maigres meurent. » Devant la persistance d'un déficit extérieur « exécrable », d'une monnaie malade, d'une invasion des voitures étrangères alors que l'automobile était notre plus gros poste d'exportation, ils finiront par deviner, malgré les chœurs de la complaisance, que la France, cas unique parmi les pays occidentaux, n'aura pas profité de la baisse des prix du pétrole et des matières premières pour rétablir ses grands équilibres. Ils constateront que la France est en train de sombrer économiquement.

Nous sommes à l'époque où le *Panzer* est devenu *l'attaché-case*. Une nation qui n'est pas capable de sortir la tête haute de la compétition économique se condamne au recul et bientôt à l'oubli. Elle abdique son rang et son rôle dans le monde.

La même mésaventure est arrivée à la fin du XVIe et au début du XVIIe siècle aux pays catholiques — Espagne, Portugal, Etats d'Italie, Flandre, nombreuses provinces de France. Sous l'impulsion de la Contre-Réforme, l'Inquisition ou les dragonnades pourchassèrent ceux qui ne s'inclinaient pas dévotement devant les dogmes enseignés. Les nations latines en furent presque stérilisées, tandis que les pays protestants étaient fécondés par la liberté de penser, d'écrire, d'imprimer, d'acheter, de vendre, de négocier, d'inventer, et par l'arrivée des esprits vifs qu'attiraient ces libertés. Les pays latins, qui avaient été le foyer d'une prodigieuse floraison — Renaissance, grandes découvertes, inventions et conquêtes — se flétrirent comme une fleur coupée. Les pays protestants, jusque-là calfeutrés au milieu de leurs brumes, furent à leur tour le siège d'une stupéfiante vitalité, qui avait émigré vers eux.

359

Il n'y a pas de défense de la « vraie foi » sans inquisition, d'inquisition sans oppression, d'oppression sans régression. La France en fait l'amère expérience. En sortant du peloton de tête des nations hautement industrialisées, elle risque aussi de sortir, pour longtemps, de l'Histoire.

Au passif : le risque de recrudescence de l'intoxication

Seuls, parmi les hommes « de gauche », les plus clairvoyants comprendront que la partie est perdue. Les moins lucides persisteront à s'aveugler, et redoubleront d'efforts pour aveugler les Français. Il faudra s'attendre à des débordements de propagande : on s'acharnera à masquer les échecs, à dénoncer les manœuvres du « grand capital », à pourchasser les « affreux réactionnaires », à culpabiliser des boucs émissaires.

Cette mise en condition s'adressera avant tout à la partie la plus fruste de la population. Il n'est pas exclu qu'on essaie de la faire échapper au jeu de la *catharsis,* pour la faire entrer dans un cycle de violence.

La démocratie parlementaire a été inventée pour prévenir la tragédie. Si l'Assemblée nationale n'est plus perçue que comme un rassemblement de faux élus qui ont cessé d'être représentatifs ; si le pouvoir s'obstine à refuser des élections législatives anticipées — alors la tragédie pourrait revenir au galop.

Les psychoses collectives, il est bien difficile d'en prévenir l'éclatement et d'en maîtriser le cours. Seul, un arbitre national y parviendrait. La transcendance gaullienne, forme moderne de la transcendance monarchique, y pourvoyait. Pompidou, pendant toute la durée de son séjour à l'Elysée — il est vrai, écourté —, Giscard, sauf la dernière année de son septennat, réussirent à sauvegarder ce charisme institutionnel.

François Mitterrand avait pris place avec aisance, tel le bernard-l'hermite en son coquillage, dans une statue qu'il dardait naguère de ses flèches. Sa « force tranquille » s'y prêtait à merveille. Mais, à partir du moment où il se conduit moins en chef d'Etat qu'en chef de majorité, voire de parti, en guide de la nation qu'en capitaine d'une moitié du peuple dans sa lutte contre l'autre moitié, s'évanouissent l'image de l'arbitre et les chances de l'arbitrage. Les Français attendent un rassembleur, qui aura su, au milieu de la thèse et de l'antithèse, sauvegarder les chances de la synthèse.

Les risques de séquelles durables

Le cartel des gauches ; le Front populaire ; le Front républicain. En 1924, en 1936, en 1956, le socialisme a déjà conduit à des situations de rupture avec l'Histoire. Chaque expérience socialiste a coïncidé avec une chute de la France sur la scène mondiale.

Plus l'expérience aura duré, plus les traces seront durables. Ni en 1924, ni en 1936, ni en 1956, les socialistes au pouvoir n'avaient entrepris, ou même envisagé, de collectiviser la société. La nationalisation de l'Institut d'émission ou des chemins de fer, la création de l'Office du blé, étaient loin d'atteindre le « seuil » de la « rupture » avec le capitalisme. Chaque fois, l'expérience socialiste n'avait pas duré deux ans. Cette fois, l'expérience a largement dépassé le fameux seuil. Et elle prétend n'avoir pas de fin.

L'Angleterre, qui avait si bien su se tendre contre l'épreuve de la guerre, s'est endormie dans la tranquillité de l'Etat-providence. Après trente-cinq ans de travaillisme, soit triomphant, soit conservé, et de renforcement des féodalités syndicales, pourra-t-elle s'arracher aux ornières du déclin ?

Enfin, bien que presque personne — en dehors des « kremlinologues », des dissidents soviétiques et des réfugiés des pays de l'Est — n'y croie pour le moment, se profile à l'horizon le risque de l'établissement d'une démocratie populaire. Et l'expérience montre qu'une démocratie populaire, une fois installé le pouvoir du « parti du peuple », ne change jamais de régime.

Suivant le sang-froid, la sagesse et le patriotisme des dirigeants politiques et syndicaux, les Français pourront tirer avantage de l'expérience en cours, ou au contraire s'y enliser. Que la poursuite d'une querelle ou d'une ambition les amène à faire passer une logique partisane avant le salut du pays, et la France bascule vers l'abîme. Qu'ils aient l'abnégation de s'effacer devant l'intérêt général, et elle s'élancera vers le renouveau.

Dans tous les cas de figure, tant que le droit de vote lui sera maintenu sans tricherie, la France pourra faire son choix. Elle connaîtra le socialisme dans sa réalité. Il aura été démystifié par l'Histoire. Il sera identifié. Si les Français retombent dans ses filets, c'est que, cette fois, ils l'auront voulu.

Conclusion

L'ESPOIR

La terre française est fertile en chimères. Il fallait les purger. Seule la réalité l'autorise. Il importe donc de laisser agir la purge. La seule question est de savoir si l'on a le droit de la laisser porter atteinte à la vie du malade...

L'intérêt de l'expérience socialiste aura été de permettre aux Français de ne plus « prendre des vessies pour des lanternes ». Une longue mystification, venue de bien avant le 10 mai, aura donné l'occasion d'une prompte démystification, qui n'était pas possible tant que la « gauche » échouait, soit avant de prendre le pouvoir, soit dès qu'elle l'avait pris.

Pouvait-on imaginer un socialisme grandeur nature, comme celui qui est sorti des urnes le 10 mai ? L'expérience que vit bien réellement la France apparaissait à tous comme une pure hypothèse d'école. Le gouvernement aura pu gérer les affaires de l'Etat et de la France en toute liberté, en toute responsabilité.

L'exécutif, entre les mains des partis socialiste et communiste ; la fonction publique, arrachée à sa neutralité institutionnelle ; les syndicats de « gauche », régnant presque sans partage sur les entreprises publiques et les administrations ; les médiats audiovisuels sous contrôle. Maîtres absolus de tous les pouvoirs et contre-pouvoirs, les socialo-communistes ne seront pas crus, s'ils prétendent qu'ils n'ont pas les moyens de conduire leur expérience conformément à leurs idées.

Les désillusions ressenties seront donc à la mesure des illusions entretenues. Les réquisitoires rétrospectifs sur « l'héritage » se retourneront contre ceux qui les dressent. Les socialistes ont gagné les élections parce que, devant une situation difficile, ils avaient proclamé : « Nous seuls pouvons la rétablir ! » Ils ne sont pas recevables si, après avoir arraché les responsabilités des mains qu'ils qualifiaient d'inexpertes, ils proclament : « C'est encore pire que nous ne pensions ! C'est irréparable. »

Et comment pourrait-on admettre que le pouvoir « de gauche » s'excuse, sur le passif qu'il a reçu, de créer un passif beaucoup plus grand ?

Les institutions de la IIIe et de la IVe République comportaient un tel enchevêtrement de responsabilités, que la « gauche » pouvait toujours prétendre, non sans quelque raison, qu'elle n'avait pas été pleinement libre de tenter jusqu'au bout son expérience. Aujourd'hui qu'elle détient tous les leviers, elle a perdu tout alibi : à pouvoir total, responsabilité totale, échec total. Les utopies que vingt-trois ans de progrès économique et social n'avaient pas exorcisées, mais avaient fini, au contraire, par nimber de prestige, ne seront plus, sans le rêve, que ce qu'elles sont.

La solidité des institutions aura permis aux socialistes d'aller jusqu'au bout de leur doctrine ; mais justement, elle leur interdira de prétendre que la doctrine était bonne et qu'ils ont été empêchés de le démontrer.

Par une fabuleuse leçon de choses, les Français auront compris le respect qu'on doit aux grands équilibres monétaires et budgétaires ; l'exigence de ne pas dépenser plus qu'on ne gagne, de ne pas acheter plus qu'on ne vend ; la nécessité de protéger la sécurité des citoyens ; la fragilité du tissu social ; l'extrême délicatesse des ressorts de la liberté...

L'expérience socialiste se prolongera-t-elle longtemps, grâce à une habile correction de trajectoire, qui la ramènerait vers une prudente social-démocratie ? Ou, poursuivant vers l'utopie d'un socialisme intégral, finira-t-elle par une brusque explosion, quand elle recevra le choc du réel ? Dans un cas comme dans l'autre — si l'on exclut les hypothèses plus dramatiques — elle aura eu le grand mérite d'amener une bonne partie des Français qui lui faisaient confiance à se désabuser de leurs chimères.

Les socialistes eux-mêmes se désabuseront peut-être. En tout cas, le socialisme, cette forme aiguë du mal français, sera devenu impossible — avec ou sans eux. Le malentendu sera dissipé pour de bon. Tel est l'espoir.

Annexes

I. LE MALENTENDU LINGUISTIQUE

Sondage inédit sur le vocabulaire des élèves de seconde d'un lycée de Rennes

1. Le test ci-après a été soumis, pendant les premières semaines de l'année scolaire 1981-1982, à des classes de « seconde indifférenciée » du lycée Chateaubriand à Rennes, par les équipes pédagogique et administrative sous la direction de Mme Claude Lebrun, professeur de français.

Il s'agit d'un lycée situé dans un quartier résidentiel proche de l'université de Rennes-Beaulieu. Un bon nombre d'élèves sont issus d'un milieu socio-culturel favorisé ; notamment, des fils et filles de professeurs de cette université. Un sondage analogue a été effectué au cours des premières semaines de l'année scolaire 1982-1983 dans un lycée d'une Z.U.P. (zone à urbaniser par priorité) de Rennes à forte population ouvrière et immigrée. Il ne laisse percer aucune différence significative avec ceux qui ont été effectués au lycée Chateaubriand (dans ce dernier, un nouveau sondage a été effectué parmi les sept classes de seconde en octobre 1982 ; il a donné des résultats du même ordre).

2. Ces enquêtes font apparaître comme périmées les analyses, traditionnelles depuis Bourdieu et Passeron, sur la différence de culture entre les « héritiers », qui suceraient la culture avec le lait maternel, et les « boursiers » qui, issus d'un milieu défavorisé, n'arriveraient jamais à rejoindre leurs camarades des beaux quartiers. La corrélation entre le niveau de vocabulaire et le milieu socio-culturel tend à disparaître. Notamment, voici une quinzaine d'années encore, les enseignants s'intéressaient de près au travail scolaire de leurs enfants, leur faisaient faire leurs devoirs et réciter leurs leçons, parlaient à table des sujets scolaires. Aujourd'hui, des distances se sont introduites entre les générations. Les enfants sont plus éloignés de leurs parents et plus près de leurs camarades. L'école « parallèle », la télévision et les liens horizontaux entre camarades ont remplacé, dans une large mesure, la transmission verticale de la culture parentale. Cette évolution est d'autant plus vraie que l'on s'élève dans l'échelle sociale, contrairement à ce qui se passait autrefois. Plus élevée est l'activité intellectuelle des parents, moins ils ont l'esprit disponible pour s'occuper de leurs enfants. Ce sont souvent les enfants des professeurs d'université les plus brillants, qui se signalent le plus par un langage d'une pauvreté consternante.

3. « Il s'agissait d'apprécier si les élèves étaient armés pour comprendre les cours qui leur sont destinés. Possèdent-ils le vocabulaire *usuel* nécessaire pour comprendre un cours ou un manuel d'histoire ou de géographie par exemple (ou un débat télévisé) ? Disposent-ils du vocabulaire leur permettant de saisir le sens d'un texte littéraire simple ? Leur vocabulaire révèle-t-il qu'ils maîtrisent les notions indispensables au travail intellectuel (temps, espace, ordre de grandeur, accord et désaccord, vérité et erreur) ? » *

4. Chacune des expressions proposées est suivie de trois chiffres. Le premier, en caractères gras, représente le pourcentage de réponses exactes ; le second, le pourcentage de réponses approximatives mais inexactes ; le troisième, le pourcentage de réponses complètement fausses ou d'absences de réponse (mots inconnus).

« Les Hébreux ont longtemps vécu dans la *sujétion* » : **12** ; 6 ; 82. « La France a joué un rôle *prépondérant* dans cette affaire » : **26** ; 56 ; 18. « Une forêt *séculaire* » :

---

* Les phrases entre guillemets sont extraites du rapport établi par l'équipe pédagogique.

20 ; 2 ; 78. « On trouve des *anachronismes* dans certaines pièces de théâtre » : **34** ; 16 ; 50. « Un auteur *contemporain* » : 8 ; 88 ; 4. « Un *indigent* » : 2 ; 2 ; 96. « Se *coaliser* » : 22 ; 10 ; 68. « On est en présence de forces *antagonistes* » : **32** ; 8 ; 60. « C'est une information *erronée* » : **20** ; 10 ; 70. « Il y a eu des fêtes pour son *avènement* » : **26** ; 26 ; 48. « Une intervention *intempestive* » : 6 ; 12 ; 82. « Un homme *intègre* » : 8 ; 1 ; 91. « Faites un exposé *succinct* » : 28 ; 2 ; 70. « Il y a un *litige* pour le remboursement des frais » : **26** ; 20 ; 54. « L'*apogée* de la civilisation grecque » : **23** ; 10 ; 67. « Un peuple *belliqueux* » : **22** ; 6 ; 72. « Il a des idées *subversives* » : 6 ; 8 ; 86. « A quel mot s'oppose *profane* ? » : **14** ; 10 ; 76. « Une ville *cosmopolite* » : **17** ; 4 ; 79. « Un *athée* » : **32** ; 24 ; 44. « Des manifestations *concomitantes* » : 3 ; 0 ; 97. « Toute sa vie, elle a fait preuve *d'abnégation* » : 2 ; 4 ; 94. « C'est le *prélude* d'un changement » : **34** ; 48 ; 18. « Le danger est *imminent* » : **48** ; 10 ; 42. « Qu'exprime un écrivain dans un texte *lyrique* ? » : **16** ; 10 ; 74. « Sens du préfixe *omni* dans omnivore » : **48** ; 2 ; 50. « Des occupations *prosaïques* » : 0 ; 4 ; 96. « Construisez une courte phrase avec un mot en *apostrophe* » : **10** ; 0 ; 90. « Quel mot s'oppose à *statique* ? » : **44** ; 10 ; 46. « Dans certains pays, beaucoup d'enfants ont des *carences* » : **46** ; 4 ; 50. « Il y a une *corrélation* entre ces deux décisions » : **10** ; 0 ; 90. « Il ne cesse *d'éluder* les questions qui lui sont posées » : **12** ; 2 ; 86. « *N'anticipons pas* » : **42** ; 30 ; 28. « Il tient à *réfuter* cette démonstration » : **24** ; 4 ; 72. « Il poursuit ses *investigations* » : **46** ; 2 ; 52. « Il se trouve placé devant un *dilemme* » : **14** ; 14 ; 72. « C'est un exposé *incohérent* » : **32** ; 44 ; 24. « Des conséquences *inéluctables* » : **14** ; 0 ; 86. « Un métal *inaltérable* » : **40** ; 22 ; 38. « Une remarque *pertinente* » : **14** ; 10 ; 76. « Une réponse *sibylline* » : 8 ; 0 ; 92. « Il s'est enfui avec *vélocité* » : **40** ; 2 ; 58. « La rue avait un aspect *insolite* » : **32** ; 52 ; 16. « Il redoute la *défection* d'une partie des soldats » : **22** ; 6 ; 72. « Il est tombé *d'inanition* » : **18** ; 2 ; 80. « Ils ont découvert qu'ils avaient des *affinités* » : **44** ; 8 ; 48. « C'est un *velléitaire* » : 6 ; 0 ; 94. « Pour la présidence, ils se sont mis d'accord sur le principe de l'*alternance* » : **42** ; 16 ; 42. « C'est une information *indubitable* » : **16** ; 0 ; 84. « Une occupation *estivale* » : **50** ; 1 ; 49. « Il a employé une *périphrase* » : **16** ; 4 ; 80. « Il a des forces *potentielles* » : 4 ; 6 ; 90. « Il est *pudique* » : **46** ; 22 ; 32. « Elle a un tempérament *mystique* » : **14** ; 2 ; 84. « Ce sont des lésions *irréversibles* » : **38** ; 32 ; 30. « Il a tenu des propos *irrévérencieux* » : **14** ; 8 ; 78. « L'Autriche est *annexée* » : **36** ; 12 ; 52. « C'est un peuple *prolifique* » : **28** ; 8 ; 64. « Des *insulaires* » : **12** ; 0 ; 88. « Faire *abstinence* » : **12** ; 20 ; 68. « Le début des *hostilités* » : **23** ; 18 ; 59. « Un exposé trop *abstrait* » : **12** ; 50 ; 38. « Des opinions *divergentes* » : **28** ; 36 ; 36. « Une vie *ascétique* » : 4 ; 8 ; 88. « Sa pensée est *sclérosée* » : 8 ; 2 ; 90. « Un texte *subjectif* » : 2 ; 4 ; 94. « Un texte *suggestif* » : 8 ; 24 ; 68. « Un *hémistiche* » : 2 ; 4 ; 94. « Une *parodie* » : **30** ; 18 ; 52. « Une activité *illicite* » : **34** ; 4 ; 62. « Un *néologisme* » : 4 ; 4 ; 92. « Des *allitérations* » : 4 ; 0 ; 96. « Un *hiatus* » : 4 ; 10 ; 86. « Ressentir avec *acuité* » : **28** ; 6 ; 66. « Un caractère *irascible* » : **26** ; 10 ; 64. « Agir avec *duplicité* » : **16** ; 6 ; 88. « Une personne *prolixe* » : 0 ; 0 ; 100. « Une *élision* » : 0 ; 4 ; 96. « Une expression *inusitée* » : **36** ; 0 ; 64.

5. « On peut remarquer que les meilleurs résultats sont obtenus pour les mots ayant un rapport avec les difficultés économiques : l'univers des élèves est celui de la crise. » « Un emploi *précaire* » : **70** ; 0 ; 30. « Des prix *compétitifs* » : **70** ; 8 ; 22.« Une activité *rentable* » : **98** ; 0 ; 2. « Un salaire *dérisoire* » : **92** ; 0 ; 8. « Il *investit* dans une entreprise » : **92** ; 0 ; 8. « Des revenus *exonérés* d'impôts » : **62** ; 18 ; 20. « Un travail *lucratif* » : **54** ; 6 ; 30.

« En revanche, le vocabulaire à tonalité morale et religieuse est terre inconnue : " Des propos *irrévérencieux* ". " Elle fait preuve *d'abnégation* ". " Un *indigent* ". " Un *athée* ". " Un tempérament *mystique* (le terme donné pour *mystique* a été le plus souvent *mystérieux*) ". " *Profane* ". " Faire *abstinence* ". " Une vie *ascétique* ". " Il est *pudique*. " " Un caractère *irascible* ". " Agir avec *duplicité* ". " Un *velléitaire* ".

« De même, la faiblesse de vocabulaire est grande dans des champs lexicaux comme le temps, les mots rencontrés principalement en histoire et en géographie, les termes nécessaires pour l'étude des textes et de la langue, la notion de grandeur et d'importance, l'accord et le désaccord, le permis et le défendu, les termes ayant un rapport avec les opérations logiques, la vérité et l'erreur. »

6. « Beaucoup plus inquiétantes que les chiffres sont les réponses fausses » :
A — « *La définition donnée est contraire au sens du mot* » :
Ex : « Le début des *hostilités* = le début de l'*amitié* ». « *Aride* = *cultivable* ».
« *Parodie* = *louange* » (à cause de *apologie*). « *Pudique* = sans gêne ». « *Annexée* =
libérée ». « *Néologisme* = quelque chose d'*ancien* ». « *Réfuter* = *améliorer* ».
« *Hétérogènes* = qui ont tous des *points communs* ». « *Athée* = *chrétien* ». « *Eluder* =
résoudre ». « *Apogée* = *fin* ». « *Simuler* = *cacher* » (à cause de *dissimuler*). « *Concomi-tant* = *successif* ». « *Corrélation* = *opposition* ». « *Anticiper* = *continuer* ». « *Adéquat* =
indécent ». « *Ephémère* = qui *dure longtemps* ». « *Intermittent* = *continu* ». « *Nocif* =
un bon produit ». « *Unanime* = *minoritaire* ». « *Se coaliser* = se *fâcher* avec
quelqu'un ».
B — « Les réponses révèlent mépris de la langue, absence du *sens de la précision* et
de la propriété des termes ; c'est le règne de la confusion » :
« *Omnivore* = qui mange de l'homme ». « *Duplicité* = *complicité* ». « *Insulaire* =
fiche de renseignements à remplir » (à l'aide de *formulaires*). « *Elision* = action
d'*élire* ». « *Requête* = *enquête* » ou « *quête* ». « *Insulaire* = quelqu'un qui *vit seul* ».
« *Hémistiche* = *perruque* (postiche) ». « *Inusitée* = qui ne *s'use jamais* ». « *Proscrit* =
prescrit ». « *Estival* = *de fête* » (à cause de *festival*). « *Se coaliser* = entrer en
collision ». « *Intègre* = qui *se met facilement dans un groupe* ». « *Pertinente* = *insolente* »
(à cause de *impertinente*). « *Investigation* = *investissement* ». « *Profane* = *admirateur* »
(à cause de « *fan* »). « *Inanition* = *stupeur* ». « *Velléitaire* = qui *voyage* ». « *Lucratif* =
de bureau ». « *Séculaire* = en forme de *cercle* ». « *Intempestif* = contre la *peste* ».
« *Archaïque* = qui fait partie de l'*art* ». « *Carence* = *bouton* ».
7. Ces sondages « obligent à se demander si la constitution de classes " hétérogè-nes " dans les collèges ne relève pas d'un souci de démocratisation mal compris. Elle
contraint à aligner l'enseignement sur les plus faibles, c'est-à-dire les moins capables
d'abstraction, au détriment des élèves capables de suivre un second cycle ».
« Si l'on pense en outre à tous les jeunes qui terminent leur scolarité en troisième »
— et dont le vocabulaire est évidemment, dans l'ensemble, inférieur à ce qui est
constaté en classe de seconde — « il est inquiétant de constater qu'ils ne pourront
comprendre avec précision informations et débats, autrement dit le monde actuel. »

II. « UNE SORTE D'ESCROQUERIE »

Extraits de Frontière.
Les Cahiers du C.E.R.E.S., 15 mars-15 avril 1974

L'affrontement inévitable*

Comment s'effectuera *la transition au socialisme ?* Comment, par la victoire d'une
coalition d'unité populaire sur la base du Programme commun de gouvernement,
construirons-nous *une société fondamentalement différente ?* Le parti socialiste s'est
prononcé à Epinay pour une stratégie de rupture avec le capitalisme et l'a définie par
un double mouvement d'en haut et d'en bas : le Programme commun scellé un an
après et l'autogestion inscrite dans notre programme sous la forme du *contrôle des
travailleurs* tout au long de la période de transition, sont ces deux mouvements
complémentaires d'une même démarche, qui tend à ouvrir la voie au socialisme dans
notre pays.

---

* Les intertitres et la mise en italique de certaines expressions sont de nous. Les points de
suspension entre parenthèses désignent les coupures à l'intérieur d'une phrase.

Mais qui *dit rupture dit affrontement* (...) Il n'y a que deux méthodes : renoncer à appliquer notre programme, ou *nous donner les moyens de l'affrontement.*

Le programme socialiste n'a pas ignoré cette logique de l'affrontement. A l'aube de la révolution socialiste, la conquête du pouvoir d'Etat par un gouvernement d'Union de la gauche marquera le début d'une période de transition qui, *loin de supprimer la lutte des classes, en élèvera progressivement l'enjeu.*

(...) Cette coexistence ne sera pas compromission si le socialisme s'enracine dans le soutien populaire, s'il *sait faire surgir des profondeurs des masses, des exigences nouvelles, irréconciliables avec l'ordre existant des choses.*

Le putsch préventif ou rédempteur

Il n'y a pas d'exemple dans l'Histoire d'une transition pacifique au socialisme. L'Autriche, le Front populaire, l'Espagne, l'Indonésie, la Grèce, le Chili sont la moisson des échecs auxquels la voie de la légalité bourgeoise a conduit le prolétariat dès lors qu'il semblait en mesure de l'emporter.

C'est parce que la France, où la gauche semble désormais plus unie que la droite — avec à l'horizon la menace de difficultés de tous ordres — est arrivée dans ces eaux-là, que la question de la transition, du *putsch préventif ou rédempteur,* et par conséquent de l'*Etat populaire,* doit être posée.

1. Le premier front : l'économie.

La maîtrise de l'économie figure justement parmi les objectifs que s'assignent aussi bien le programme socialiste que le Programme commun.

Les moyens de chantage de la réaction ne manquent pas d'être utilisés pour dissuader la gauche d'appliquer son programme. Seules les mesures très brutales annoncées à l'avance (nationalisations, sanctions et pénalités frappant les spéculateurs notamment) permettront d'enrayer ce processus *.

La maîtrise de l'économie dépendra certainement aussi du soutien actif des travailleurs : le contrôle des travailleurs sur la production, les échanges, les circuits financiers, devra s'organiser sans délai.

Pour casser les processus de désintégration de l'économie (inflation, fuite des capitaux, etc.), une politique de *stabilisation à outrance* (...) apparaîtra comme une simple mesure de prudence.

— Une *fiscalité brutale sur les revenus élevés et sur les entreprises.*

— La mise en œuvre rapide de *nouveaux mécanismes de financement des entreprises (crédit sélectif).*

— Le *blocage temporaire de nombreux prix « de base ».*

— Le *contrôle des marges.*

— Le *contrôle du commerce extérieur.*

C'est une restructuration de l'ensemble du processus économique qu'il convient d'opérer. A notre sens, une politique des revenus n'est pas concevable dans le cadre d'une économie dont la logique resterait capitaliste.

2. Une ligne de couverture : la politique étrangère.

En admettant que cet objectif de stabilité puisse être atteint autant par le *soutien des travailleurs et de leurs organisations dans le pays* que par l'effet de *la campagne d'explications lancée par le nouveau gouvernement à la télévision,* dans ce cas, notre politique extérieure devrait tenir compte des mêmes obstacles que celle de Michel Jobert : inconsistance de l'Europe et poids des hégémonies dans le monde, mais bénéficierait de plus d'atouts : la palette en peut être facilement répertoriée. Outre l'amitié soviétique et *le rapprochement avec le tiers monde,* la France pourrait compter en Europe avec la sympathie d'une large fraction de l'opinion.

---

* La « classe politique » a eu la naïveté de croire que l'annonce des nationalisations en juillet 1981, les poursuites engagées contre les dirigeants de Paribas en octobre 1981, étaient des décisions prises sous la pression des circonstances. On peut constater qu'elles n'étaient que l'accomplissement de ce plan.

3. La ligne de dernière résistance : l'appareil d'Etat.

Mais on ne peut tout à fait exclure que *la dégradation de la situation économique, le déficit extérieur, la dépendance étrangère,* enfin *le développement du mécontentement dans la population* encore soumise aux conditionnements de la période antérieure, ne créent à plus ou moins bref délai les conditions d'un *renversement du pouvoir populaire.* C'est là que se pose le problème de l'appareil d'Etat.

Une complète révolution militaire

Par souci de clarté, il faut se borner à étudier le noyau coercitif de l'appareil d'Etat : Administration, Justice, Police, Armée.

Si l'affrontement ne peut être limité au plan de l'économie, il se produira alors au niveau physique.

Quelles sont les voies qui, dans la période de transition, permettent d'obtenir la *neutralisation de l'appareil offensif de l'Etat bourgeois, voire l'appui d'une partie au moins de l'armée ?*

Il n'y a pas de révolution possible sans cela.

C'est en fait *une complète révolution militaire, modifiant en profondeur les structures de l'armée actuelle,* qui doit accompagner la révolution des structures économiques et des esprits. Cette révolution doit permettre la mise en place d'une véritable dissuasion populaire. Il s'agit de *donner sa dimension militaire à notre projet de société autogestionnaire.* (...)

Une série de réformes radicales touchant à l'anatomie même de l'appareil d'Etat bourgeois en vue de mettre en place une administration, une justice, une police faisant corps non pas avec l'Ancien Régime * mais avec le nouveau, tels sont les trois axes d'une politique visant à la transformation immédiate de l'appareil d'Etat.

D'aucuns s'étonneront de ne pas voir évoquer encore le dépérissement de l'Etat.

A notre sens, il convient de distinguer nettement ce qui sera possible de faire à chaque étape :

1) *Le mouvement des masses débordera* sans doute rapidement l'appareil d'Etat bourgeois, déterminant ainsi dans les faits un *transfert de pouvoir vers les syndicats, les partis, les collectivités locales, les entreprises, les conseils, les comités de luttes,* etc.

2) *C'est en s'appuyant sur ce mouvement de masses que le nouveau gouvernement devra mener à bien* les transformations nécessaires en vue de *jeter les bases d'une armée, d'une police, d'une justice, d'une administration nouvelles.*

3) Dans la période de transition, on peut opérer une redistribution du pouvoir, on ne peut se passer d'un Etat populaire. Il faudra aller vite et loin sur la voie de la décentralisation.

4) Mais il serait utopique et dangereux d'imaginer que la transition au socialisme n'exigera pas la mise en œuvre d'instances centrales de planification.

5) Bien entendu, il dépendra du *mouvement populaire* lui-même que ces instances centrales ne prennent pas leur autonomie par rapport à lui.

Ce nouvel Etat comptera parmi ses fonctionnaires à la fois de nombreux serviteurs de l'Ancien Régime et des militants fraîchement promus, éventuellement portés à se griser de leurs nouveaux pouvoirs.

C'est pourquoi *la nécessité du contrôle populaire* tout au long de la période de transition doit être affirmée.

La mobilisation populaire

En réalité, il conviendrait de distinguer plusieurs niveaux : le soutien populaire au nouveau gouvernement, la *mobilisation populaire* (comités de luttes, etc.), *contrôle avec ou sans occupations d'usines et arrêts de production, création de pouvoirs parallèles.*

Le développement d'une telle dynamique est nécessaire. Jusqu'où ? Comment graduer le processus en fonction des exigences de la situation ?

---

* La « classe politique » a cru, au printemps 1981, que cette expression était une exagération improvisée et plaisante.

S'il ne faut pas refuser le rôle d'impulsion et de stimulant de ces organes de pouvoir surgis de l'affrontement, bien évidemment nous ne pouvons accepter leur érection en pouvoirs de substitut. Chacun sait ce que recouvre le mot d'ordre : « *Tout le pouvoir aux Soviets* » ; *cela signifie que le pouvoir, en dernière analyse, revient au parti qui manipulera le mieux le Soviet.*

C'est pourquoi la mise en place de *nouvelles structures de gestion* dans le secteur public, *l'extension des pouvoirs des comités d'entreprise et d'établissement* dans l'ensemble de l'économie, *la décentralisation*, la régionalisation et d'une manière générale, la restructuration la plus audacieuse de l'économie et de l'organisation administrative de la France nous apparaissent comme des *mesures prioritaires dès le début de la transition.* Seule la mise en place à tous les niveaux de la société de nouvelles structures de pouvoir garantira la coalition populaire de la contre-offensive réactionnaire. *C'est là que se situent les véritables mesures irréversibles.* Il s'agit que le mouvement « d'en bas » s'incarne rapidement dans un *nouveau type d'organisation sociale décentralisé mais cohérent.*

La France, le Chili et la logique de l'affrontement

« A l'aube de la Révolution socialiste, la conquête du pouvoir d'Etat par un gouvernement d'Union de la gauche marquera le début d'une période de transition... » (programme du P.S. français). C'est donc bien, en France, comme au Chili, du socialisme qu'il s'agit, de la transition au socialisme. C'est-à-dire de la Révolution. La force du programme commun comme du programme de base de l'Union Populaire Chilienne est d'inscrire l'action du gouvernement d'Union de la gauche, ou pour mieux dire, l'occupation temporaire par la gauche d'une partie de la superstructure étatique, dès le début, dans une perspective dynamique : celle d'un mouvement continu et que l'on souhaite irréversible.

Bref, *il ne s'agit pas d'« occupation du pouvoir » pour une « gestion loyale ». Il s'agit de commettre, en toute lucidité et en toute conscience, ce que Blum appelait « une sorte d'escroquerie » : mettre à profit la faille ouverte dans le système, pour changer, désarticuler, briser la machine étatique de la bourgeoisie en même temps que les bases de son pouvoir économique, construire une société et un Etat fondamentalement autres : tout le pouvoir, pour tous les travailleurs.*

Les élections : la voie de la révolution

Le choix d'une stratégie intégrant la lutte — et la victoire — électorale est la seule voie effectivement ouverte d'ouvrir un processus révolutionnaire.

La victoire d'une Unité populaire où socialistes et communistes sont hégémoniques, sur un programme anti-capitaliste clair, avec le socialisme pour objectif, provoque *un tel espoir chez les travailleurs, une telle crainte mêlée de haine dans la bourgeoisie, que l'affrontement est là, dès le premier jour, sans compromis possible.* Si l'on veut capituler, il faut capituler totalement, et quitter la position conquise ; ou avancer.

Une leçon pour la France

En France, il faut en tirer au moins cette leçon : *le problème central du processus révolutionnaire, c'est la capacité à mettre au service d'une ligne les moyens qu'exige sa victoire.* Reste entier le problème de la nature « mixte » d'un appareil d'Etat occupé par les représentants des travailleurs. « Gestion loyale », étape de transition, ou révolution ininterrompue ? Dans tous les cas, comment — et quand ? — doit se produire le passage de l'Etat bourgeois au pouvoir populaire ?

Si l'on accepte l'idée que la révolution, suivant le mot d'Allende, « n'est pas un barrage, mais un fleuve », (...) il faut en accepter les conséquences, et transformer les structures, y compris les structures d'Etat, au rythme même du mouvement des masses. *Faire du gouvernement — avec, en France, cette immense supériorité sur le Chili de pouvoir dissoudre, conquérir la majorité parlementaire, légiférer — l'instrument qui guide le mouvement des masses, se transforme et s'adapte en fonction de ses progrès.* « *Changer la vie, c'est d'abord changer la loi* » (G. Defferre). Certes, y compris la loi fondamentale, s'il le faut, quand il le faut. (*Dans un premier temps, la proportionnelle à tous les niveaux,* la liberté des communes et des quartiers, une large autonomie régionale, la mise en place de la planification démocratique, le contrôle des travailleurs permettent d'ancrer solidement un « *pouvoir populaire* » qui se développera à partir de ces points d'appui.) *La dialectique qui n'a pas pu s'établir au Chili* entre un gouvernement paralysé par les entraves constitutionnelles et ne pouvant les rompre sans déclencher le coup d'Etat, et un mouvement de masse sans cesse plus ample et plus fort, *peut s'établir en France ; les mécanismes constitutionnels le permettent.* Le *changement* d'institutions n'y implique pas obligatoirement une rupture de légalité. Encore faut-il le vouloir, *ne pas sacraliser l'appareil d'Etat tel qu'il est, savoir le briser quand il faut.*

Vers un puissant parti de classe

Une telle expérience (...) exige à la fois une grande autonomie des partis à l'égard du gouvernement (...) et *une grande docilité du gouvernement à l'égard des partis.*

Reflet et instrument, le gouvernement n'est acteur que dans la mesure où il traduit la politique que les partis entendent mener au niveau de l'appareil d'Etat, front de lutte non négligeable. Dans le cas de la France, cela suppose bien entendu qu'existe un puissant Parti socialiste. Poser le problème en ces termes (...) c'est mettre au premier plan, comme une priorité absolue, la construction d'*un puissant parti de classe et de masse, capable d'intervenir sur tous les terrains.*

La conscience de classe de la bourgeoisie, sa haine de classe, son organisation, sa cohésion idéologique lui donnent dès le début un immense avantage. Et elle ne reculera devant aucun moyen, elle combattra pied à pied, en France comme au Chili.

La logique de la transition reste celle d'un affrontement. Peut-être un gouvernement, une coalition d'Unité populaire disposant de pouvoirs infiniment plus étendus que ceux dont disposait Allende — ceux-là même que s'est donnés la bourgeoisie triomphante de la Vᵉ République — *pourrait-il mieux isoler ses ennemis.*

L'affrontement peut-il être retardé, et gagné ? Sans doute, mais on ne l'éludera pas, et la façon dont il sera retardé et gagné dépendra de l'ampleur du mouvement populaire, de la profondeur des mutations intervenues, du caractère irréversible du processus.

La seule question, le P.S. chilien l'avait posée, dès le début, dans sa tragique simplicité : « ou bien nous ferons, ou bien nous ne ferons pas, la Révolution socialiste ». La gauche chilienne a l'immense mérite historique d'avoir tenté l'expérience... A qui le tour ?

Contre les appuis que la réaction bourgeoise pourra trouver au sein de l'appareil d'Etat, la gauche doit dès maintenant s'organiser.

La gauche a trop raisonné comme si l'appareil d'Etat était neutre, comme s'il n'avait pas dans le contexte de la lutte des classes un poids politique spécifique.

La classe ouvrière, a dit Marx (La guerre civile en France), ne peut se contenter de prendre tel quel l'appareil d'Etat et de le faire fonctionner pour son propre compte. C'est en ces termes que nous devons poser le problème.

Pendant la période de transition, le pouvoir politique, à l'évidence, n'appartient pas encore à la classe des travailleurs, encore que cette étape doive déboucher sur la prise du pouvoir par cette dernière.

Un gouvernement de gauche, appliquant le Programme commun, ne pourra utiliser l'appareil d'Etat comme un instrument neutre. Il devra évidemment se prémunir contre les possibilités d'appuis au sein de l'appareil d'Etat par la réaction bourgeoise inévitable ; mais il pourra et devra tout autant utiliser à fond les appuis que lui offrira virtuellement cet appareil.

Placer des hommes sûrs

C'est dès le début que doivent être mis en place les premiers éléments d'un pouvoir populaire. Les véritables révolutionnaires seront ceux qui tout à la fois agiront à l'encontre des réformistes pour le développement d'expressions autonomes des masses au niveau politique, et à l'encontre de l'ultra-gauche, pour l'utilisation à fond et le développement de toutes les virtualités démocratiques que recèle encore l'appareil d'Etat actuel.

Le gouvernement de la gauche devra donc très rapidement remplacer par des hommes sûrs les fondés de pouvoir placés par le régime précédent dans tous les postes clés, tels que préfectures, postes de direction les plus importants des administrations centrales et de certaines entreprises nationales. Mais s'il faut occuper les postes clés, il faut prendre garde aussi à n'occuper que ceux-là. Il serait contraire à l'intérêt des partis de gauche de détacher dans l'appareil d'Etat un nombre excessif de militants qui lui feraient ensuite défaut pour l'accomplissement des tâches politiques de contrôle des élus, d'orientation de l'administration, d'organisation et d'impulsion des masses.

Le contrôle populaire : surveiller les déviations

Certains ne manqueront pas de prôner le « contrôle populaire », auquel effectivement de larges possibilités seront ouvertes par la levée du secret des activités administratives. Mais il serait illusoire de croire que la mobilisation populaire pour le contrôle de l'appareil d'Etat serait capable de tout résoudre.

Il appartiendra sans doute aux partis de gauche, sans prétendre se substituer aux autorités administratives, de *constituer à tous les niveaux des organes de surveillance,* chargés de relever dans les plus brefs délais les insuffisances ou les déviations, et de les signaler aux autorités responsables d'y remédier.

Tout endoctrinement politique imposé doit être exclu. Il n'en est que plus nécessaire que les syndicats et les partis sans distinction puissent librement s'exprimer et disposent sur les lieux de travail des moyens nécessaires en temps, en hommes et en matériel.

Aux travailleurs, reviendra le droit, largement ouvert, d'organiser et de suivre les débats syndicaux et politiques qu'ils souhaiteront. Il ne s'agit pas, bien entendu, de désorganiser le travail par un système d'assemblées permanentes, mais de *favoriser une prise de conscience pour que l'administration réponde aux impulsions du gouvernement avec le maximum d'efficacité dans l'intérêt des travailleurs.*

L'exemple actuel des syndicats de la magistrature ou de policiers définissant les principes de leur action et les limites du pouvoir politique à leur égard démontre l'intérêt qu'il y aura à obtenir l'adhésion sans réserve de ces corps de fonctionnaires.

Dès la phase de l'exécution du Programme commun, sera posé, en même temps que le problème de la démocratisation de l'appareil d'Etat, celui de son *dépassement par de nouveaux modes d'expression et d'intervention des masses populaires.*

En tout état de cause, *l'intervention active des masses représente la seule chance de victoire du mouvement socialiste sur les multiples formes de la réaction bourgeoise.*

Or, à l'époque du capital monopoliste, la seule force essentielle et motrice capable de mener à bien une transformation démocratique est la classe des travailleurs exploités.

S'imaginer que l'on va amorcer le dépérissement de l'Etat dès la victoire électorale de la gauche relèverait de la même illusion réformiste que de croire que l'autogestion va pouvoir se développer dans des îlots isolés à l'intérieur d'une société qui n'a pas aboli la propriété privée de tous les grands moyens de production, ni transféré le pouvoir politique entre les mains de la classe travailleuse.

La mobilisation des masses doit, en tout premier lieu, tendre à soutenir le gouvernement de la gauche, qui est celui des travailleurs, quels que soient ses défauts. Mais on peut et on doit tout autant se prononcer contre ceux qui s'opposeraient à une expression autonome des masses.

Concrètement, la possibilité d'une organisation autonome des masses dépassant l'appareil d'Etat dépend de deux facteurs : le degré d'organisation actuellement atteint par les masses, dans les différents secteurs de la vie sociale ; le degré de désorganisation de l'appareil d'Etat.

1° L'administration de gestion et d'organisation économique constitue la partie la plus solide de l'appareil bureaucratique. Compte tenu des points d'appui que les partis de gauche pourront trouver dans certains corps de fonctionnaires qui occupent des positions stratégiques, ils ne devraient pas éprouver d'insurmontables difficultés à faire rentrer les impôts selon les nouvelles règles.

2° Les conditions ne sont pas les mêmes dans l'appareil idéologique de propagande et d'enseignement.

3° *Le seul grand service public où se trouvent réunies les deux conditions de désorganisation administrative et d'organisation parallèle des usagers est celui de l'enseignement.* Une profonde transformation du système d'enseignement serait l'œuvre des parents d'élèves, des élèves et étudiants et des enseignants eux-mêmes.

4° Il reste que c'est d'abord sur les lieux de production que prendra forme l'organisation spontanée des masses.

Ces rassemblements mettront en place des organes permanents : collectifs, commissions, comités d'action qui agiront, comme on le voit déjà dans les luttes actuelles, sous le contrôle des assemblées générales du personnel. Les responsabilités et les compétences de ces comités auront tendance à s'étendre à tous les aspects de la gestion : saisies de documents comptables et « confidentiels », contrôle des licenciements, de l'embauche, des conditions de travail, des marges, des investissements.

5° Dans le monde agricole, l'organisation spontanée des agriculteurs visera en priorité le contrôle de la répartition des taxes, et avant tout les cumuls abusifs, ainsi que le contrôle des circuits commerciaux, coopératives ou circuits de grossistes privés. *Ces mouvements seront localisés dans un premier temps aux zones d'activité actuelle des paysans-travailleurs* (Ouest, Centre-Ouest). *Ils feront probablement tache d'huile.* Ils risquent de prendre des formes particulièrement brutales (violences physiques, destructions, etc.) qui ne manqueront pas de soulever de graves problèmes au sein du monde agricole et rural.

6° Dans le cas où le gouvernement ne parviendrait pas à endiguer une inflation accélérée par la spéculation et les phénomènes de marché noir, on verrait surgir dans les quartiers ou les localités des *comités de contrôle des prix et des circuits d'approvisionnement.*

Une dynamique révolutionnaire

On verrait ainsi se tisser progressivement un réseau d'organisations de plus en plus serrées, directement mises en place par les masses pour résoudre leurs problèmes les plus urgents. *Cette dynamique serait proprement révolutionnaire.*

La probabilité et l'importance des formes nouvelles d'interventions directes des masses ne doivent pas faire perdre de vue les possibilités d'intervention de leurs avant-gardes organisées que sont les partis et les syndicats.

Le contrôle des partis de masses sur les organes politiques de l'Etat est un élément essentiel de réalisation tout à la fois de la démocratie et du pouvoir populaire.

La pratique du mandat impératif doit, plus que jamais, rester « la règle fondamentale de la démocratie ouvrière »; les élus parlementaires ne sont responsables que devant leur parti*, qui est, lui, responsable de leur action devant le peuple.

---

* Rappelons que cette doctrine est radicalement contraire à la Constitution (Article 27 : « Tout mandat impératif est nul. Le droit de vote des membres du Parlement est personnel. »).

Notes documentaires et références

INTRODUCTION

[1] Il est absurde d'écrire : un *média,* des *médias.* Dit-on un *référenda,* des *référendas ?* un *sanatoria,* des *sanatorias ? Media* est un pluriel, à la fois latin et anglais, qui ne prend, dans aucune de ces deux langues, ni accent ni *s.* Si on veut respecter l'origine de ce mot, il faut dire : un *medium,* des *media.* Si on veut le franciser, il faut dire : un *médium,* des *médiums.* Pour garder la sonorité de *media,* passée dans le vocabulaire courant, je propose médiat(s), mot d'une construction classique en français, et qui rappelle la fonction de médiateur — entre donneurs et receveurs d'informations — qu'exercent les grands moyens de communication.

[2] *François Mitterrand, l'homme, les idées, le programme,* 1981.

PREMIÈRE PARTIE : ÉPIGRAPHES

[1] Discours prononcé en 1970, in *François Mitterrand, l'homme, les idées, le programme,* op. cit.
[2] Dans *Frontière :* cahiers du C.E.R.E.S., 15 mars-15 avril 1974.
[3] *Ici et maintenant.*

CHAPITRE PREMIER

[1] Fustel de Coulanges, *la Cité antique,* Livre IV, Les Révolutions, Chapitre 12 : Riches et pauvres.
[2] Jean Charlot, *Quand la gauche peut gagner,* Paris 1973.

CHAPITRE 2

[1] Déclaration de F. Mitterrand, radio-télévisée à 22 heures le 10 mai 1981.
[2] Déclaration de F. Mitterrand à l'Elysée, à l'occasion de sa prise de fonctions, le 21 mai 1981.
[3] Définition de Pierre Daninos dans *les Carnets du major Thompson.*
[4] Cette énumération de grandes dates est fréquente dans les écrits et les discours de F. Mitterrand. Cf. *L'Abeille et l'Architecte,* page 165, édition de poche.
[5] Bernanos, *les Grands Cimetières sous la lune.*

[6] Cf. *Année politique 1974* et *1978.* Jean Charlot : le double enchaînement de la défaite et de la victoire. *Revue politique et parlementaire,* N° 892, mai-juin 1981, p. 15-28.
[7] Selon les matrices de transfert tirées par Lucien Boucharenc et Jean Charlot du dernier sondage disponible avant le jour du vote, 71,5 % de l'électorat de Chirac se sont reportés sur Giscard, 15, 5 % sur Mitterrand, 13 % sur l'abstention. Selon un sondage post-électoral de la S.O.F.R.E.S., 73 % des suffrages de Chirac se sont reportés sur Giscard, 16 % sur Mitterrand, 11 % dans l'abstention. Même en ne retenant que ce dernier sondage, cette déperdition équivaut à 1 365 000 voix, ce qui dépasse l'écart entre les deux candidats.
[8] Par la S.O.F.R.E.S., enquête inédite du 22 au 26 mai, relatée par Jérôme Jaffré dans *Pouvoirs* n° 20 (1981).
[9] *Le Monde* du 9 et 10 novembre 1981.
[10] Jérôme Jaffré dans *Pouvoirs* n° 20 (1981) ibid.
[11] Article à paraître dans *Pouvoirs.*

CHAPITRE 3

[1] Dans *Libération* du 17 mai 1982.
[2] F. Mitterrand — *l'Unité* du 1er décembre 1978.
[3] F. Mitterrand — *Ici et maintenant,* p. 171.
[4] *Ibid.*
[5] F. Mitterrand — *Ici et maintenant,* p. 43.
[6] F. Mitterrand — Congrès de Metz du 6 avril 1979.
[7] *L'Humanité* du 8 décembre 1980.
[8] La *Pravda* du 13 mars 1981.
[9] F. Mitterrand — *Ici et maintenant,* p. 42.
[10] F. Mitterrand — Club de la Presse d'Europe n° 1 du 26 novembre 1978.
[11] *Ibid.*
[12] F. Mitterrand — *Ici et maintenant,* p. 126.
[13] Guy Claisse, p. 183.
[14] F. Mitterrand, dans *le Point* du 2 mai 1981.
[15] Peinture des illusions de l'amour par Molière dans *le Misanthrope,* II, 2.
[16] F. Mitterrand, dans *le Point* du 2 mai 1981.
[17] V.G.E. à la T.V., 2 mars 1981.
[18] *Projet socialiste,* p. 7.

[19] J.-P. Chevènement, *Face au public,* le 17 janvier 1981.
[20] *Projet socialiste,* p. 363.

CHAPITRE 4

[1] Conférence de presse de F. Mitterrand le 9 juin 1982.
[2] Documentation du ministère du Travail : Bulletin mensuel de l'A.N.P.E.
[3] Source I.N.S.E.E., Cf. rapport Bloch-Laîné.
[4] F. Mitterrand, 13 avril 1981, campagne télévisée.
[5] *Manifeste de Créteil,* § 2.
[6] *Ici et maintenant,* p. 199.
[7] *Manifeste de Créteil,* § 2.
[8] *Manifeste de Créteil,* § 2.
[9] F. Mitterrand, *la Rose au poing* — juin 1975.
[10] *L'Express* du 24 octobre 1978.
[11] *Le Monde* du 1er décembre 1972.
[12] *Le Monde* du 15 mai 1976.
[13] *Le Monde* du 15 mai 1976.
[14] Péguy, *la République,* p. 101.
[15] *Manifeste de Créteil,* 1981.
[16] *Le Matin de Paris,* 17 octobre 1977.
[17] *Le Nouvel Observateur,* 5 mai 1981.
[18] *Manifeste de Créteil,* 1981.
[19] Discours pour le centenaire de l'Ecole des Hautes Etudes commerciales, de Pierre Mauroy.
[20] Cf. *le Monde* du 16 septembre 1982, p. 36.
[21] *Ici et maintenant,* p. 196.
[22] *Le Nouvel Observateur* du 5 mai 1981.
[23] Bien que le nombre des nouveaux emplois ait crû moins vite que celui des demandeurs, en raison d'une part de l'arrivée sur le marché de l'emploi des classes pleines qui viennent remplacer les classes creuses, d'autre part, de suppressions d'emplois dans certains secteurs, notamment dans l'agriculture. Le ministère du Travail annonce un solde positif de 360 000 emplois créés de 1974 à 1980 (*Revue du travail,* 2e trimestre 1981, p. 28). Le chiffre avancé par *l'Etat de la France,* présenté par V. Giscard d'Estaing, est de 386 000 (p. 97). Du 1er semestre 1981 au 31 décembre 1982, le nombre des emplois privés a, en revanche, diminué de 237 000 (1,8 % de l'effectif salarié du secteur privé, soit 13 000 000) (rapport n° 99 du Sénat 1982).

CHAPITRE 5

[1] *Le Nouvel Observateur,* 5 mai 1981.
[2] *Le Monde* du 3 juillet 1982.
[3] 10 juillet 1982.

[4] Le 21 septembre 1982, P. Mauroy : « La mission des troupes françaises au Liban avait pour objectif de sauver la direction de l'O.L.P. » (J.O., p. 4990).

CHAPITRE 6

[1] Roger Barberot, général Binoche, général Buis, Pierre Dabezies, Jacques Debu-Bridel, Léo Hamon, Jean-Marcel Jeanneney, André Lwoff, Etienne Manac'h, Gabriel Matzneff, Claude Mauriac, Paul Milliez, Jacques de Montalais, Françoise Parturier, David Rousset, Françoise Sagan, Philippe de Saint-Robert, Jacques Thibau.
[2] *Le Monde* du 16 avril 1980.
[3] *In Lettre* de Michel Jobert, juillet 1981.
[4] Philippe de Saint-Robert, *le Monde* du 28 juillet 1981.
[5] *Le Monde* du 23 janvier 1982.
[6] Jacques de Montalais, *le Monde* du 23 janvier 1982.
[7] Dans *Projet* de mai-juin 1982.
[8] *Le Monde* du 23 janvier 1982.
[9] *Journal du Parlement,* 30 octobre 1981.
[10] *Lettre* de Michel Jobert, février 1982.
[11] Id., septembre 1982.
[12] *Le Monde,* 7 janvier 1981.

CHAPITRE 7

[1] Selon M. Boucharenc, cité par J. Charlot, les électeurs de Brice Lalonde se sont ainsi répartis au deuxième tour : 49,95 % : F. M. 23,71 % : V. G. E. Le reste se répartit entre abstentions, blancs et nuls.
[2] *Ici et maintenant,* p. 185.
[3] *Le Monde* du 30 septembre 1981.
[4] *Ibidem.*
[5] *Le Monde* du 30 septembre 1981.
[6] *Le Monde* du 8 octobre 1981.
[7] *Le Monde* du 9 octobre 1981.
[8] *Le Monde* du 9 octobre 1981.
[9] Cité dans *le Monde* du 9 octobre 1981.
[10] Cité dans *le Monde* du 15 décembre 1981.

DEUXIÈME PARTIE : ÉPIGRAPHES

[1] Discours prononcé à Château-Chinon le dimanche 26 mai 1968.
[2] Discours d'investiture prononcé au Congrès d'Epinay, 1971.
[3] Préface de François Mitterrand au programme socialiste « Changer la vie », 1972.
[4] Pierre Joxe, cité par Jean-François Bizot : *Au parti des socialistes,* 1975, p. 89 — et par Branko Lazitch : *l'Echec permanent,* 1978, p. 204.
[5] François Mitterrand, 1978, Convention nationale du P.S., 25-26 novembre 1978.

CHAPÎTRE 8

[1] La Fontaine, *Fables* (II, 13).

[2] Cf. *le Mal français*, IIe partie : le mal romain.

[3] Cahiers de la Quinzaine, 25 janvier 1906 ; in *Œuvres en prose*, Pléiade, p. 959.

[4] Ibid. Texte complet, en Pléiade, p. 955-962.

[5] + 25,3 en France ; + 23,1 en Belgique ; + 17,4 au Japon ; + 15,5 en R.F.A. ; + 10,1 en Grande-Bretagne ; + 2 % aux Etats-Unis.

[6] *L'Express*, 18 septembre 1981.

[7] Charles Gide, *Cours d'économie politique*, T. II, p. 426, 1884.

[8] Sources I.N.S.E.E., C.E.E.

[9] Au cours de cette première année, les cours mondiaux des matières premières importées par la France baissaient de 6,3 % en un an ; le prix du pétrole brut en dollars, qui avait encore triplé en 1979 et 1980, baissait de 4,5 % dans la première année du nouveau septennat. Il est vrai qu'entre-temps, le dollar avait grimpé ; mais tous les autres pays étaient à égalité en face de ce nouveau facteur.

[10] Pendant qu'en France l'évolution des prix de détail montait de 12,5 % (entre avril 1980 et mars 1981) à 14,1 % (entre avril 1981 et mars 1982), elle tombait en Allemagne de 5,5 % à 5,2 % ; en Belgique, de 7,6 % à 7,1 % ; en Angleterre, de 12,6 % à 10,4 % ; en Italie, le seul pays de la C.E.E. où l'inflation demeurât plus forte qu'en France, de 20,1 % à 16,1 %. Aux Etats-Unis, elle reculait de 10,5 % à 6,8 % ; au Japon, de 6,3 % à 2,8 %.

[11] On a donné à cette différence de taux d'inflation la traduction, d'apparence savante, de « différentiel d'inflation ».

[12] Pour l'ensemble de l'année 1981, le déficit du budget de l'Etat a presque triplé par rapport à 1980, et doublé par rapport aux prévisions du ministère du Budget d'avril 1981 : il est passé de 30,3 milliards de francs en 1980 (1,1 % du Produit Intérieur Brut) à une prévision de 48 milliards pour 1981 (1,6 % du P.I.B.) à la veille du 10 mai, à une réalisation de 80,9 milliards à la fin de 1981 (2,6 % du P.I.B.) et à une réalisation de 98,9 milliards (2,74 % du P.I.B.) pour 1982 (il aura été réduit par des annulations drastiques de crédits à la fin de 1982).

La création de monnaie, après quatre années de ralentissement ininterrompu, s'est accélérée depuis le 10 mai : de mai 1981 à avril 1982, le montant des bons du trésor placés dans les institutions financières a triplé, passant de 35 milliards 695 à 113 mil-liards 051 (J.O. 7 août 1981 et 30 octobre 1982, opérations du Trésor).

[13] Tous ces facteurs ont imposé une hausse du taux d'intérêt sur le marché monétaire, dans le même temps où les taux américains commençaient à baisser. Ce taux a grimpé en France de 12,25 % le 8 mai 1981 à 16,5 % le 7 mai 1982, tandis qu'il baissait aux Etats-Unis de 17,9 % à 14,5 % et en Allemagne occidentale de 12 % à 9 %.

[14] Il s'accroît aussi vite que le déficit de l'Etat. Estimation : 60 milliards pour le déficit de 1983 (Sécurité sociale + U.N.E.D.I.C.).

[15] 42,5 % du Produit Intérieur Brut à la fin de 1980, au lieu de 36 % en Allemagne fédérale, dirigée par un gouvernement « socialiste ».

[16] A 43 % en 1982. Il faut prévoir 44,5 % à 45 % en 1983.

[17] Bergson, *Deux sources de la morale et de la religion*, II, p. 184.

[18] *Le Monde* du 6 juin 1982.

[19] 4 octobre 1981.

[20] 24 septembre 1981.

[21] 12 juin 1982.

[22] 9 juin 1982.

[23] *L'Express* de Cologne, du 14 juin 1982.

[24] J. Lang, Assemblée nationale, 17 novembre 1981, J. O., p. 38-71.

CHAPÎTRE 9

[1] J. Jaurès, article de *la Dépêche de Toulouse* du 28 mai 1890.

[2] Le père de Marx était avocat ; celui d'Engels, propriétaire de filatures en Allemagne et en Angleterre ; celui de Lénine — qui appartenait à la noblesse de service public — était inspecteur des écoles, de même que celui de Kerenski.

[3] *Programme commun*, p. 114.

[4] Dans *les Communistes et l'Etat*, p. 149.

[5] Dans le *Projet socialiste*, p. 129.

[6] E.D.F. et les Télécommunications, qui représentent 70 % des investissements des sociétés nationalisées, investissent plus de la moitié de leur chiffre d'affaires, en empruntant sur le marché financier. Leurs frais financiers atteignent des montants élevés, de l'ordre de 15 % du chiffre d'affaires. Les entreprises déficitaires — R.A.T.P., S.N.C.F., Charbonnages — dont le déficit cumulé a atteint 11 milliards de francs en 1980, ont pu investir 10 milliards de francs, grâce à des emprunts portant sur 7 milliards de francs. Une partie de ces ressources a servi à boucher les trous du budget de fonctionne-

ment. Pour répondre à ses besoins, l'ensemble du secteur public s'est déjà réservé la plus grande part des ressources à long terme du marché financier. L'Etat et les organismes publics ont drainé 95 % du marché obligataire en 1980, c'est-à-dire pratiquement la totalité.

[7] *Comptes de la nation* pour 1979.

[8] Pierre Mauroy en 1972, à propos de la signature du *Programme commun.*

[9] P. 93.

[10] En un sens différent mais voisin, Lionel Stoléru, dans *La France à deux vitesses,* oppose les Français qui se battent sur le front de la compétition mondiale, et ceux qui restent à l'arrière.

[11] *Le Monde,* 7 août 1982.

[12] Pierre Dreyfus, P.-D.G. de la Régie de 1955 à 1975, après en avoir été le vice-président de 1948 à 1955.

CHAPITRE 10

[1] Renan, *Discours et conférences,* « Qu'est-ce que la nation ? » II.

[2] Séguéla a eu le bon esprit d'emprunter ce slogan à une marque de chariot élévateur.

[3] Remarquable ouvrage de l'historien suisse Herbert Lüthy, paru en 1955.

[4] François Mitterrand, 5 mai 1981, *Nouvel Observateur.*

[5] Face à face avec Giscard, le lendemain.

[6] Discours de Guéret, lundi 3 mai 1982.

[7] Pour ne rien dire du choix symbolique des personnalités assistant à son intronisation : les socialistes chassés du pouvoir (comme Soarès et Brandt) ou leurs épouses (comme Mme Allende).

[8] François Mitterrand, in *le Monde* du 5 décembre 1979.

[9] François Mitterrand, *le Coup d'Etat permanent,* passim.

[10] *Id, ibid.*

[11] Manifeste de Créteil — préface aux « 110 propositions » — janvier 1981.

[12] Face à face avec Giscard, le 6 mai 1981.

[13] Dans son face à face du 6 mai 1981.

[14] *Le Matin de Paris,* 7 septembre 1981.

[15] *Politique,* p. 536-537.

[16] *Politique,* p. 370.

[17] Cette thèse est encore plus celle de Lénine que celle de Marx — la *praxis* marxiste, encore plus que les idées de Marx.

[18] Projet socialiste, 1980, p. 363.

[18] Déclaration de Louis Mermaz, au Congrès de Valence, 23 octobre 1981.

CHAPITRE 11

[1] *Manifeste de Créteil,* 1981, chapitre 4.

[2] *Télé 7 jours,* 10 juin 1972.

[3] *Ici et maintenant,* p. 11.

[4] *François Mitterrand, ses idées, son programme,* p. 112.

[5] *L'Ancien Régime et la Rév.,* ch. XIX.

[5] bis *Le Poing et la Rose.* 22-4-81.

[6] Loi que Villèle fit voter en 1825, pour accorder une indemnité aux anciens émigrés dépossédés par la Révolution.

[7] La loi « de justice et d'amour » était un projet de loi du garde des Sceaux Peyronnet, en 1826, destiné à bâillonner la presse par l'élévation du droit de timbre.

[8] Loi que le ministre de l'Instruction publique de Louis-Napoléon fit voter en 1850 pour favoriser l'enseignement confessionnel et congréganiste.

[9] Du 21 octobre 1981, non publiée.

[10] Francis Bacon, *De dignitate et augmentis scientiarum,* Londres, 1623, VIII, 2.

CHAPITRE 12

[1] *Le Matin de Paris.*

[2] 2 avril 1982.

[3] 26 septembre 1981.

[4] 4 avril 1982.

[5] A Radio Monte-Carlo.

[6] R.T.L.-*le Monde.*

[7] La Fontaine, fable II-2.

[8] Article de Pierre Mauroy, dans *le Monde* du 20 avril 1982 : « Gouverner autrement ».

[9] Déclaration de François Mitterrand du 24 avril 1981.

[10] Dans *le Mal français,* chapitre 44.

[11] Dans *la Nef,* avril 1959.

[12] Comme ne disait pas de Gaulle, mais Paul Ramadier.

[13] *Manifeste de Créteil,* § 1.

[14] *Manifeste de Créteil,* § 4.

[15] François Mitterrand à l'Assemblée nationale, le 17 avril 1980.

[16] François Mitterrand, discours à l'Elysée, le 21 mai 1981, jour de sa prise de fonctions.

[17] *Ici et maintenant,* p. 11-12.

[18] Discours de prise de fonctions à l'Elysée, le 21 mai 1981.

CHAPITRE 13

[1] Cf. François Fejto, *la Social-démocratie quand même.*

[2] Europe n° 1, octobre 1972.

[3] France-Soir, 1970.

[4] *Ibid.*

[5] *Ibid.*

[6] Entretien avec l'auteur, le 20 septembre 1972, La Havane.

[7] *Le Monde* du 14 septembre 1973, p. 7.

CHAPITRE 14

[1] Alain Besançon, *la Confusion des langues*(1978). Le paragraphe ci-dessus résume sa pénétrante analyse.

[2] Cf. Jean-Manuel Garrigues — « L'Eglise et l'Etat libéral » dans *Commentaires*, n° de l'hiver 1979-1980.

[3] Cité *in* Marcel Clément : *le Christ et la Révolution*, p. 128.

CHAPITRE 15

[1] Pascal, *les Provinciales*, première lettre.

[2] Balzac, *le Médecin de campagne*, œuvres complètes, tome 8, p. 366.

[3] *Manifeste du parti communiste*, 1848, p. 46, III,2.

[4] *Ibid*, page 51, III,3.

[5] Congrès de Metz en 1979.

[6] K. Popper, *la Quête inachevée*. 1982 — p. 53-54.

[7] *La France, ton café fout le camp* — *l'engrenage de la démocratie populaire*, Flammarion, 1982.

CHAPITRE 16

[1] En fait, L. Blum a *assisté* à cette rupture plus qu'il ne l'a provoquée ; mais il a condamné le communisme en termes d'une rare lucidité.

[2] Ce sont les communistes qui ont *voulu* la scission en 1947. Maurice Thorez, supplié par Paul Ramadier de rester, a fait comprendre que les ordres de Moscou étaient formels (*Mémoires* de Vincent Auriol, année 1947).

[3] A la Libération, il était difficile à celui-ci d'agir autrement. Les chefs de gouvernement des pays d'Europe occidentale libérés, où le parti communiste avait joué un rôle important dans la Résistance, firent de même.

[4] La formule était de Depreux. Guy Mollet l'avait adoptée.

[5] En fait, le premier effondrement caractérisé du parti communiste eut lieu en 1958, quand il passa d'un pourcentage habituel des suffrages exprimés situé entre 25 et 27 %, à un pourcentage autour de 20 %. Le nombre des députés communistes tomba à 10 : le scrutin majoritaire eut pour effet de les marginaliser. Aucune autre explication n'a pu être donnée de ce recul, que l'arrivée du général de Gaulle et la fondation de la Vᵉ République.

[6] L'image a été utilisée par M.-F. Garaud le 10 janvier 1982 au Club de la Presse d'*Europe n° 1*.

[7] Lénine, *La Maladie infantile du communisme*, Ed. Sociales, 1946, p. 31.

TROISIÈME PARTIE : ÉPIGRAPHES

[1] Jean-Pierre Chevènement, *France Inter*, 24 mars 1982.

[2] *Plan socialiste pour l'éducation* (Plan Mexandeau), 1975.

[3] *Projet socialiste*, 1980.

[4] Lewis Carroll, *la Traversée du miroir*.

[5] Salvatore Allende, déclaration du 8 avril 1971, à l'occasion de son discours inaugural pour le Congrès des journalistes de gauche.

CHAPITRE 17

[1] Au Festival d'Avignon de 1974.

[2] *Ici et maintenant*, p. 163.

[3] Discours de Jack Lang pour présenter à l'Assemblée nationale le budget 1982 du ministère de la Culture, novembre 1981.

[4] *Ibid*.

CHAPITRE 18

[1] *Ici et maintenant*.

[2] *Manifeste de Créteil*, ch. 4 § Liberté.

[3] *Programme commun*, p. 72.

[4] *Plan socialiste pour l'éducation*, p. 6.

[5] *Ibidem*, p. 30.

[6] *Projet socialiste* de 1980, éd. 1981 p. 132 et 311.

[7] Lénine, cité par Kowotzoff, dans *la Revue des deux mondes*, 1ᵉʳ août 1929.

[8] Plan Mexandeau VI-2, 3.

[9] En mai 1977, devant le Congrès de la F.E.N.

[10] *Ici et maintenant*, p. 155.

[11] Plan Mexandeau I-1, 1.

[12] *Ibidem* I-1, 2.

[13] *Ibidem*, avant-propos.

[14] Numéro 68 (novembre 1973).

[15] *Ibid*.

[16] *L'Humanité* du 31 octobre 1975.

[17] Plan Mexandeau VI-2, 3.

[18] *Ibidem* VI-4, 2.

[19] *Ici et maintenant*, p. 155.

[20] Ainsi, une circulaire officielle du maire communiste de Nangis l'annonce publiquement aux parents d'élèves en octobre 1982.

CHAPITRE 19

[1] Voir note 5, épigraphes de la troisième partie.

[2] Communiqué du 6 mai 1982.

[3] *La Rose au poing*, 22 avril 1981.

[4] Discours de Pierre Mauroy à Guéret, novembre 1981.

[5] L'agence Havas (dirigée par M. Rousselet) et le groupe Roux-Séguéla (dirigé par Jacques Séguéla) s'adjugent 64,4 % du total.

[6] *Ici et maintenant*, p. 113.

CHAPITRE 20

[1] *Ici et maintenant*, p. 156.
[2] *Ibid.*, p. 211.
[3] Montaigne, *Essais*, I-9.
[4] *Tocqueville Review*, summer 1982.
[5] *France-Soir* du 15 août 1982.
[6] *Le Figaro-Magazine* du 30 octobre 1982.

CHAPITRE 21

[1] Jacques Attali, Club de la Presse. *Europe 1*, 17 janvier 1982.
[2] *Europe 1*, 18 janvier 1982.
[3] Jean Poperen : « Action offensive pour la rentrée » in *le Quotidien de Paris*, 4 octobre 1982.
[4] *Ibid.*, du 12 juillet 1982.
[5] *Ibid.*
[6] Rapport de Georges Marchais devant le XXIVe Congrès du 3 février 1982.
[7] Circulaire du 20 janvier 1982, publiée par *le Figaro*, 5 février 1982.

CHAPITRE 22

[1] Interview de M. Pierre Mauroy au *Point*, 20 juillet 1982.
[2] Interview de M. Bérégovoy au *Nouvel Observateur* du 20 juillet 1982.
[3] Déclaration du 15 juillet 1982.
[4] François Mitterrand, *Ici et maintenant*, p. 110.
[5] *L'Unité*, 1975 *Politique I* p. 170.
[6] Sondages du *Nouvel Observateur* du 28 août 1982 et du *Point* du 29 août 1982.

QUATRIÈME PARTIE : ÉPIGRAPHES

[1] Remarque attribuée à Abraham Lincoln, président des Etats-Unis au moment de la guerre de Sécession, sans que l'on sache les circonstances où elle a été prononcée.
[2] *Consolation à Dupérier.*
[3] Cahiers du C.E.R.E.S. « *Frontière* » 15 mars-15 avril 1974.
[4] Projet socialiste, p. 77.
[5] Dans *le Monde* du 13 octobre 1981.

CHAPITRE 24

[1] Jacques Toubon, le 28 janvier 1982.
[2] S.O.F.R.E.S. — *Figaro* du 28 avril 1982.
[3] Sondage S.O.F.R.E.S. dans la revue *Tribune médicale* du 24 octobre 1982.
[4] Editorial, intitulé *l'Audace*, de la *Lettre mensuelle* du 30 juillet 1982 de Michel Jobert, qui est d'autre part ministre d'Etat.
[5] Interview dans *Paris-Match* du 6 août 1982.

[6] *Ibid.*
[7] *Ibid.*
[8] Dépêche A.F.P. du 2-9-1982.

CHAPITRE 25

[1] F. Mitterrand, déclaration à *l'Express*, le 14-10-1978.
[2] La formule sur la vigie, que je ne garantis pas, doit être de Julien Green.
[3] F. Mitterrand, Convention nationale du P.S. 25-26 nov. 78.
[4] *Démocratie en Amérique*, tome 2, IV, 6 « Quelle espèce de despotisme les nations démocratiques ont à craindre. »
[5] Dans *le Quotidien de Paris* du 19 octobre 1982.
[6] Dans *Volonté socialiste*, mensuel édité par le C.E.R.E.S. en juin 1982.
[7] Pierre Mauroy, déclaration du 16 juin 1982 à l'Assemblée nationale.
[8] Discours de Figeac, le 27 septembre 1982.
[9] Discours à Tarbes, 27-9-1982.
[10] Diderot, *le Neveu de Rameau.*

CHAPITRE 27

[1] *Ici et maintenant*, p. 76.
[2] Gambetta, discours prononcé à Lille le 15 août 1877.
[3] *Le Monde*, 19 mars 1977.

CHAPITRE 28

[1] Fénelon, Télémaque, III.
[2] *Figaro-S.O.F.R.E.S.*, avril 1982.
[3] *Libération* du 2 novembre 1981.
[4] Louis Mermaz, Club de la Presse d'*Europe n° 1* du 5 juillet 1981.
[5] Cf. George Gilder, *Wealth and Poverty*, New York 1981, 11, 15.
[6] Voir Pierre Chaunu, *Histoire et décadence*, 1981, p. 329 à 334.
[7] N° 5, mai 1982 (Cahiers du communisme).
[8] *Ibid.*
[9] Georges Séguy : le 6 mai 1982. Discours prononcé à Gradignan, près de Bordeaux, dans une ancienne fabrique de jerseys occupée depuis décembre 1976 par la C.G.T.
[10] Sondage I.F.O.P. dans *le Point*, n° 441.
[11] *Le Monde* du 2 avril 1978.
[12] Déclaration de Gaston Defferre à *Radio Monte-Carlo* le 28 septembre.
[13] Le brigadier Guy Hubert, 27 novembre 1981.
[14] Le 13 mars 1958.
[15] *Journal officiel* du 22 mai 1968.

[16] Conférence de presse du 22 mai 1968.
[17] Cf. Emission « Nouveau Vendredi » sur *F.R. 3* le 29 octobre 1982.
[18] Le 6 juillet 1982.
[19] Le 14-Juillet 1982.

CHAPITRE 29

[1] Cité par *le Monde* du 13 octobre 1981, dernière page.
[2] Jean Poperen cité par Q.P. le 4 octobre 1982.
[3] Déclaration de P. Mauroy le 4 novembre 1982 : « Pas de changement ».
[4] Jean Poperen (*op. cit. ibid*).
[5] Robespierre, *Sur les Principes du Gouvernement révolutionnaire*, 25 décembre 1793.
[6] F. Mitterrand, 4 janvier 1978.
[7] *Ici et maintenant,* p. 137.
[8] *Ibid,* p. 187.
[9] F. Mitterrand, 26 novembre 1978.
[10] Bertrand de Jouvenel, *Du pouvoir,* Hachette, 1972, p. 264.
[11] *Ibid.*
[12] *Ibid,* p. 265.
[13] Décret n° 26-269 du 17 mars 1956, paru au *Journal officiel* des Lois et décrets du 19 mars 1956, p. 2656.
[14] Zinoviev, *Sans illusions,* 1979.

CHAPITRE 30

[1] Il le fait déjà : voir diverses déclarations de Lajoinie.

CINQUIÈME PARTIE : ÉPIGRAPHES

[1] Discours à New York (9 juillet 1975).
[2] Cité par *Frontière,* revue du C.E.R.E.S., mars-avril 1974.
[3] Rapport Mexandeau, § 3, 1, p. 13 (1975).

CHAPITRE 31

[1] *Le Monde,* 21 octobre 1981.
[2] *Le Mal français,* p. 461.

CHAPITRE 33

[1] *Figaro-Sofres,* 10 novembre 1982.

CHAPITRE 35

[1] J. Michelet : *Histoire de France,* Tome II, livre 3, Tableau de la France p. 122 et 123.

CHAPITRE 36

[1] Cf. Charles Hargrove « *La double illusion* », dans *le Monde* du 12/05/82.
[2] *Le Monde* du 1er juillet 1982.
[3] Charles Hernu dans *le Monde* du 5 août 1977.
[4] Pierre Mauroy au *Point* (16-25 septembre 1977).
[5] Cf. F. Deloffre — *Guide pratique du Programme commun* p. 130.

CINQUIÈME PARTIE : PROGRAMMES

1 Discours à New York (7 juillet 1975).
2 Cité par Frontière, revue du C.E.R.E.S., mars-avril 1974.
3 Rapport Alexandreau, § 5, 1, p. 13 (1975).

CHAPITRE 31

1 Le Monde, 21 octobre 1981.
2 Le Mal français, p. 461.

CHAPITRE 32

1 Figaro-Soir, 10 novembre 1982.

CHAPITRE 33

1 J. Madiran : Histoire de France, Tome II, livre 3, Tableau de la France p. 722 et 723.

CHAPITRE 34

1 C. Charles Hargrove « Le diable illisible », dans le Monde du 12/3/81.
2 Le Monde du 1er juillet 1982.
3 Charles Hernu dans le Monde du 5 mai 1977.
4 Pierre Mauroy en Poitou (16-25 septembre 1977).
5 Cf. P. Delaître — l'Etat pratique du Programme commun p. 150.

16 Conférence de presse du 22 mai 1968.
17 Cf. Entretien « Nouveau Vendredi » sur
18 R.R. 3 le 29 octobre 1982.
19 Le 6 juillet 1982.
19 Le 14 juillet 1982.

CHAPITRE 29

1 Cité par le Monde du 15 octobre 1981, dernière page.
2 Jean Poperen cité par Q.P. le 4 octobre 1982.
3 Déclaration du P. Mauroy le 4 novembre 1982 : « Pas de changement ».
4 Jean Poperen (op. cit. idid.)
5 Robespierre, Sur les Principes du Gouvernement révolutionnaire, 25 décembre 1793.
6 P. Mitterrand, 4 janvier 1978.
7 Id. et notamment p. 137.
8 Ibid. p. 182.
9 P. Mitterrand, 26 novembre 1971.
10 Bertrand de Jouvenel, Du pouvoir, Hachette, 1972, p. 204.
11 Ibid.
12 Ibid. p. 265.
13 Extrait n° 76 295 du 17 mars 1956, paru au Journal officiel des Lois et décrets du 19 mars 1956, p. 2658.
14 Zinoviev, Sans illusions, 1979.

CHAPITRE 30

1 Il le fait déjà : voir diverses déclarations de Lavenir.

Table

Achevé d'imprimer en février 1983
sur presse CAMERON
dans les ateliers de la S.E.P.C.
à Saint-Amand-Montrond (Cher)
pour le compte de la Librairie Plon
8, rue Garancière - 75006 Paris

Dépôt légal : janvier 1983.
N° d'Éditeur : 11034. (Édition brochée).
N° d'éditeur : 11040. (Édition reliée).
N° d'impression : 305.

Imprimé en France

Un livre d'une exceptionnelle richesse... d'abord par sa bonne foi.

J. BARSALOU, *La Dépêche du Midi.*

On a dit que s'il y avait un Tocqueville aujourd'hui, cela se saurait. Depuis *le Mal français,* cela se sait.

R. BOURGINE, *Valeurs actuelles.*

Je l'ai lu avec un préjugé défavorable à la première page, et un certain enthousiasme à la dernière : un ouvrage magnifique, fondamental pour la pensée politique française.

J.-D. BREDIN, Forum *Historia.*

Une prodigieuse méditation sur l'histoire de l'Occident... Ce livre est mieux qu'un discours, une grande action qui peut encore changer le cours du destin... Une grande politique nous est désormais proposée, au terme d'une réflexion informée au meilleur de l'histoire, de la science humaine et de la pratique politique, par un de nos meilleurs talents littéraires.

Pierre CHAUNU, *Usine nouvelle.*

Un livre important et emportant.

Maurice CLAVEL, *Nouvel Obs.*

Très important ouvrage... Des exemples dont je gage qu'ils deviendront célèbres... Une approche globale, neuve et convaincante d'un problème qui se pose à tous les Français, quelles que soient leurs préférences politiques.

François GOGUEL, *Le Monde.*

Peyrefitte a bondi sur un piédestal avec vue imprenable sur l'avenir. Son irruption éclaire le panorama de notre littérature. Le premier de nos grands écrivains politiques... Le Tocqueville du siècle de l'atome... Comme tous les grands créateurs, il fait éclater les carcans des genres, pour en fonder un, à sa mesure.

Paul GUTH, *Voix du Nord.*

Un livre à vrai dire si brillant, si perspicace, si ample et si riche qu'on reculerait devant la difficulté d'en rendre un compte exact...

Dominique JAMET, *L'Aurore.*

La culture historique de Peyrefitte est impressionnante... Des suggestions toujours stimulantes... Quelques révélations croustilleuses... Prestement écrit, parsemé de formules, vite lu.

E. LE ROY LADURIE, *Nouvel Obs.*

Ses révélations sont peut-être les plus passionnantes qui aient encore jamais été faites sur l'histoire récente.

Jean MAURIAC, *A.F.P.*

Cinq cents pages subtiles, fortes, émouvantes, bouleversantes.

L. PAUWELS, *J. du Dimanche.*

Un grand talent d'écriture... La démonstration, informée aux meilleures sources, servie par une dialectique éblouissante, emporte la conviction.

René RÉMOND, *Le Figaro.*

Un témoignage capital.

J.-F. REVEL, *L'Express.*

Un livre admirable.

R.-G. SCHWARTZENBERG,
Forum *Historia.*

Quel esprit de synthèse, quel talent dans l'expression simple et limpide des choses graves ! Quelle aisance à se mouvoir au travers de disciplines multiples !

P.-L. SEGUILLON, *Tém. Chrétien.*

Je ne connais pas M. Peyrefitte. Dans ce livre, nous nous retrouvons sur l'essentiel : rendre les Français responsables. Il parle de manière tout à fait concrète. C'est ce qui me plaît.

J.-J. S.-S., *France-Inter.*

Le livre le plus important qui ait été écrit sur notre pays depuis la guerre.

Georges SUFFERT, *Le Point.*

Les Chevaux du lac Ladoga

La justice entre les extrêmes

Intellectuel et homme d'action : tel est Alain Peyrefitte, superbe mécanique dont je ne me lasse pas, depuis trente ans, d'admirer le fonctionnement. Au cours d'anecdotes significatives, un portrait saisissant de notre système judiciaire... On ne pourra plus parler de justice sans avoir lu ce maître-livre.

Pierre DE BOISDEFFRE, *Le Figaro.*

Comme dans ses précédents best-sellers, Alain Peyrefitte empoigne un sujet, l'illumine, le rend captivant et capital. Jamais encore l'auteur n'avait poussé à une telle perfection l'art de rendre son lecteur plus intelligent.

Jean CAZENEUVE,
Dernières Nouvelles d'Alsace.

L'analyse la plus lucide de la justice au XXᵉ siècle.

Bâtonnier André DAMIEN,
La Gazette du Palais.

Le génie de l'auteur jaillit à chaque page. Une culture étincelante, le mot précis, une langue claire, des références moulées étroitement au récit, un souffle remarquable. Peyrefitte s'affirme comme le Tocqueville de notre temps.

Doyen Charles DEBBASCH, *Lu.*

Le livre d'Alain Peyrefitte constitue, j'ose l'écrire, l'événement le plus important dans la philosophie pénale depuis plus de deux siècles. Avec un bonheur d'expression inégalé, il arrache aux « idées dominantes » leur masque d'humanisme.

Doyen André DECOCQ,
La Semaine juridique.

Le tour de force était risqué ; il est réussi.

Gabriel DUPIRE, *La Croix.*

Une réflexion subtile et profonde... Voilà établis dans une clarté inaccoutumée les principes d'une justice vraiment libérale et vraiment sociale, parce qu'elle protège et la liberté et la société.

FAVILLA, *Les Echos.*

Son livre qui, écrit par d'autres, aurait pu être un rapport pour la *Documentation française,* se lit comme un roman.

Danièle GRANET,
Le Nouvel Economiste.

Le spécialiste ne peut se défendre d'un sentiment d'agacement devant cet « étudiant » trop brillant et trop perspicace qui expose de façon lumineuse plus d'un problème qu'il ressent lui-même depuis longtemps sans avoir jamais réussi à le formuler avec une telle clarté... Il étourdit par son talent inné pour le mot, la formule, la maxime...

MICHÈLE-LAURE RASSAT
Valeurs actuelles.

Particulièrement brillant... La maestria d'un homme dont on ne peut, sans tomber dans le sectarisme, nier la très haute tenue intellectuelle... La gauche devrait se féliciter d'avoir trouvé enfin en face d'elle un adversaire qui la combat sur le terrain de l'intelligence.

Jean-Marie ROUART,
Le Quotidien de Paris.

Quiconque s'intéresse de près ou de loin à l'univers de la justice lira le livre d'Alain Peyrefitte, ministre singulier qui trace imperturbablement sa route sous les clameurs, à coups de livres.

Georges SUFFERT, *Le Point.*

Un ouvrage fondamental ; une philosophie pénale cohérente pour l'âge ingrat de la démocratie post-industrielle...

Jean-Marc VARAUT,
La Revue des deux mondes.